Ralf Kohnen

Pharmaka und soziales Verhalten

Psychologia Universalis

Herausgegeben von
Gustaf Adolf Lienert, Viktor Sarris,
Hans-Joachim Steingrüber und Hans Thomae

Band 50

Die Reihe erschien bis Ende 1986 im Hain Verlag bei Athenäum.

Ralf Kohnen

Pharmaka und soziales Verhalten

athenäum

CIP-Kurztitelaufnahme der Deutschen Bibliothek

Kohnen, Ralf:
Pharmaka und soziales Verhalten / Ralf Kohnen.
– Frankfurt am Main : Athenäum, 1987.
(Psychologia universalis ; Bd. 50)
ISBN 3-610-09709-4

NE: GT

Reproduktion, Druck und Bindung: difo-druck schmacht, Bamberg
Printed in West-Germany
ISBN 3-610-09709-4

I N H A L T

TEIL 2: RESÜMEE UND KONSEQUENZEN

TEIL 3: EMPIRISCHE UNTERSUCHUNGEN

VORWORT

Diese Arbeit handelt davon, wie Pharmaka soziales Verhalten beeinflussen. Forschung in diesem Feld kann nur dort sinnvoll begonnen und aufrechterhalten werden, wo Freude an interpersonalen Beziehungen und Kompetenz im Umgang mit anderen vorhanden ist. Beides gibt es weder im Elfenbeinturm noch im verbissenen Bemühen um wissenschaftliche Anerkennung. Sozio-pharmakopsychologische Forschung wurde in Nürnberg betrieben:

Gelassenheit und Souveränität auf allen Ebenen des mitmenschlichen Umgangs waren sicherlich ein entscheidender Beitrag meines Lehrers, Prof. Dr.Dr. G.A.Lienert, für das Beginnen und Gelingen der hier beschriebenen Versuche, weil sie vorbildhaft die Bewältigung alltäglicher und schwieriger sozialer Situatioen unserer Gruppenexperimente) vermittelten. Aus tiefem Wissen um die Bedeutung und die Wirkung sozialer Beziehung hat er das erste Experiment initiiert und alle weitere Forschungsarbeit bedingungslos unterstützt.

Prof. Dr. H.P.Krüger war der "Stressor" nur als Versuchsleiter in den Aufruf-Studien dieser Arbeit, in allen Bereichen unseres Zusammenarbeitens dagegen ein idealer "Facilitator". Seine soziale Neugier wie seine wissenschaftliche Kompetenz taten der hier beschriebenen Forschungsarbeit in besonderem Maße gut.

Aus den Versuchen mit vielen Studierenden sind nicht nur während der Experimentierzeit selbst befriedigende Rückmeldungen gekommen (Wann ist der nächste Versuch?), sondern sie haben langfristig in allen Bereichen des universitären Zusammenlebens gewirkt. Ein persönlicher Gewinn für den sozio-pharmakopsychologischen Forscher besteht ganz gewiß darin, daß er Bindungen zwischen Menschen entstehen und wachsen sehen darf.

Dr. Richard Pertzsch und Dr. Klaus-Dieter Stoll waren geduldige Begleiter der Untersuchungen; sie haben allzu idealisierte Vorstellungen über die Bedeutung der Versuche auf das rechte Maß zurückgeführt, vor allem aber, als mutige Repräsentanten ihrer Firmen (Degussa Pharma Chemiewerk Homburg und CIBA-GEIGY, Frankfurt), das Risiko des Scheiterns unserer Forschung mitgetragen.

Ich danke Anne-Rose Barth und Elke Ripperger für ihre ausgiebige und oftmals selbstlose Unterstützung bei der Durchführung der Versuche und der Anfertigung des Manuskripts. Peter Barth, Dr. Klaus Heidenfelder und Wilhelm

Georg Winkler haben in zwei Untersuchungen die aufwendige Datenerhebung und erste Auswertungen übernommen, wofür ich ihnen sehr verpflichtet bin. Karlheinz Pfahler war die "gute Seele" unserer Forschungen und der Begleiter vieler Nachtstunden: ich kann seine Mitarbeit und Hilfe nicht hoch genug schätzen. Meine Schwester, Heiderose Kohnen, und meine Frau Rosemarie haben die mühselige Aufgabe der Fertigung von Abbildungen und Tabellen übernommen: sie waren echte Freunde.

Meiner Frau Rosemarie widme ich diese Schrift als Dank für alles Miteinander von Anfang an.

Nürnberg, im September 1987 Ralf Kohnen

PS. Diese Arbeit wurde von der Philosophischen Fakultät I der Universität Erlangen-Nürnberg als Habilitationsschrift angenommen. Sie ist hier gekürzt wiedergegeben und entspricht dem wissenschaftlichen Kenntnisstand des Jahres 1986.

1. EINFÜHRUNG

In dieser Arbeit geht es vordergründig um die Frage, ob und gegebenfalls wie chemische Substanzen das soziale Miteinander von Menschen beeinflussen. So selbstverständlich und nützlich sich die Frage nach den Wirkungen von Pharmaka auf das soziale Verhalten anhört, so schwierig scheint es zu sein, auf sie überhaupt zu kommen. Wir haben bisher keine einleuchtende (und sagbare) Erklärung dafür gefunden, warum die Frage nach der Steuerung des sozialen Verhaltens in den biologisch orientierten Wissenschaften (hierzu rechnen wir die Pharmakologie) bisher so vernachlässigt ist; erst in den letzten 5 Jahren sind ernst zunehmende Forschungsimpulse zu beobachten. (Womit nicht behauptet sein soll, daß in den sog. Sozialwissenschaften die Grundfragen des sozialen Verhaltens viel weiter gediehen seien.)

Der Versuch einer empirischen Untersuchung dieses Themas kann nur vor dem Hintergrund einer Soziopharmakologie und einer Sozio-Pharmakopsychologie gelingen, denn er braucht Prüfmodelle und Prüfmethoden - und einen theoretischen Rahmen. Die Suche nach Konzeptionen dieser Wissenschaftsdisziplinen gestaltete sich mühsam, ihr Ertrag war mager. Es wird, im ersten Teil dieser Arbeit, also häufig vom "*noch nicht*" die Rede sein:

- die Frage nach Wirkungen von Pharmaka auf soziales Verhalten ist *n o c h n i c h t* klar gestellt;

- Antworten auf diese Frage können für viele Substanzen *n o c h n i c h t* gegeben werden, zumindest dann nicht, wenn sie eine wissenschaftliche Fundierung haben sollen;

- Prüfmodelle und Prüfmethoden zur Untersuchung dieser Frage sind *n o c h n i c h t* oder nicht hinreichend entwickelt;

- theoretische Erklärungen für pharmakonbedingte Veränderungen des sozialen Verhaltens liegen *n o c h n i c h t* vor, und

- die Soziopharmakologie hat, wiewohl schon einige Jahrzehnte betrieben, *n o c h n i c h t* ein wissenschaftliches Fundament gebildet, eine Sozio-Pharmakopsychologie existiert *n o c h n i c h t*.

Das häufige "*noch nicht*" muß, um die Eingangsfrage beantworten zu können, in ein mehr oder weniger deutliches "*jetzt schon*" überführt werden. Dieser Aufgabe will sich die vorliegende Arbeit stellen. Dennoch, um es offen zu sagen, auch wir hatten das Ziel, eine Sozio-Pharmakopsychologie begründen zu helfen, zu Beginn unserer Forschungsarbeit "noch nicht" im Auge.

Sie nahm ihren Anfang in der Suche nach neuen Stressoren für die pharmakopsychologische Forschung. Traditionelle Belastungsbedingungen sind durch Verarbeitungsprozesse auf seiten der Versuchspersonen enorm differenzierbar; die Involviertheit in "ernsthafte" soziale Kontakte schien zur Reduktion einiger wesentlicher Störfaktoren wie z.B. von Kompensationsprozessen geeignet. Aus diesen Überlegungen entsprang die experimentelle Konzeption "sozialer Stressoren", die in der Aufrufsituation ein Prüfmodell fand.

Auslöser für den qualitativen Sprung von der Aktivierungs- zur sozialen Frage war der Mut, gruppendynamische Situationen unter den standardisierten Bedingungen des psychologischen Labors zu realisieren. Zwar stand bei den Planungsüberlegungen noch immer der Streßgedanke Pate, doch ließen die Versuche selbst das "Genuß-Erleben" sozialer Interaktionen deutlich hervortreten. Die Annäherung an den anderen war zum Thema geworden, und die Beobachtung, daß Psychopharmaka die soziale Wahrnehmung und das soziale Klima in Gruppen veränderten, lenkte die Forschungsrichtung hin zur Sozio-Pharmakopsychologie. Im Beobachten der Versuchspersonen in facilitativen, die Interaktion erleichternden und stimulierenden Situationen, liegt der eigentliche Ausgangspunkt dieser Arbeit.

Was danach kam, war einerseits Erlernen und Verfeinern des soziopharmakopsychologischen Handwerks; von diesem Lernprozeß und seinem Ertrag berichtet der zweite Teil der Arbeit. Der Blick über den Zaun, erst spät gewagt, zu anderen, die auch an Fragen des sozialen *Verhaltens* arbeiten, stellte andererseits unsere psychologische Welt auf den Kopf. Von der Überzeugung ausgehend, daß soziales Verhalten im Laufe der Entwicklung gelernt und aktuell über komplexe, vor allem kognitive Prozesse gesteuert wird, lehrten Biologie und Verhaltensforschung, daß auch in diesem Bereich sehr basal anzusiedelnde Vorgänge ablaufen. Die Idee, soziales Verhalten als "geschlossenes" (genetisch programmiertes), nicht aber als "offenes" (gelerntes) System zu betrachten, war auf den ersten Blick allenfalls ein Thema für Studien an Tieren. Der zweite Blick, beschrieben in Kapitel 8 dieser Arbeit, enthüllte erstaunliche Konstanzen auch beim Menschen.

Der Versuch, eine Systematik des sozialen Verhaltens aufzuzeigen, für die eher Belege als Nachweise vorgelegt werden, stellt einen Beitrag dieser Arbeit zu aktuellen Diskussionen in der Psychologie (die "biologische" Psychologie) dar. Der grundwissenschaftliche Tenor des Schlußteiles, aber auch die Pointierung des behavioralen Aspektes des Sozialen nimmt dieser Arbeit gleichzeitig den Charakter des Provokativen. Genau betrachtet, liegt sie in einem theoretisch und fachpolitisch bedeutsamen Spannungsfeld, das durch Polaritäten wie

Medizinisches Krankheitsmodell	vs	sozialwissenschaftliches Krankheitsmodell
Biologische Psychiatrie	vs	Sozialpsychiatrie
Pharmakotherapie	vs	Psychotherapie

gespeist wird und das für unser Thema die Gefahr der Isolierung oder Bekämpfung in sich birgt. Vom Ansatz, von den verwendeten Methoden und von ihren Befunden her gehört sie zu den linksstehenden, "biologischen" Polen, und wir wünschen uns, daß dies vor allem in den medizinischen Disziplinen so gesehen werden kann. Dort hat "soziales" Verhalten noch die Qualität des "Weichen", das nicht klar faßbar und von beliebig vielen Faktoren zu beeinflussen ist - ein unergiebiges Thema. Andererseits hoffen wir darauf, daß sich mit der Möglichkeit des "harten" Eingriffs in den Organismus via Pharmakon auch für jene neue Forschungsfragen eröffnen können, die sich von der sozialen Seite dem interpersonalen Verhalten und seinen Störungen nähern.

Teil 1

Pharmaka und soziales Verhalten:

Zum Stand der Forschung

2. PHARMAKONWIRKUNGEN UND SOZIALES VERHALTEN - AUSGANGSPUNKT, ZUGÄNGE, MOTIVE, EINTEILUNGEN

2.1. DER AUSGANGSPUNKT DER ARBEIT

Diese Arbeit befaßt sich hauptsächlich mit der Frage, ob Arzneimittel Auswirkungen auf das soziale Verhalten von Organismen, insbesondere der Menschen, haben und wie gegebenenfalls solche pharmakologisch gesetzten Veränderungen im sozialen Verhalten erfaßt und beschrieben werden können.

> Mit "sozialem Verhalten" ist interpersonales Verhalten (soziale Interaktionen, Kommunikation etc.) gemeint, also im weitesten Sinne das Verhalten, das Menschen in direktem Kontakt mit- und gegeneinander zeigen. Die Forschung über das Verhalten, das Tiere derselben Art mit- und gegeneinander zeigen, wird dort einbezogen, wo sie Erklärungshilfen für pharmakonbedingte Veränderungen des menschlichen Verhaltens anbietet (siehe dazu Kap. 3).

In ihrem 1. Teil geht es darum, den Bestand des vorhandenen, in wissenschaftlichen Studien gewonnenen Wissens über Auswirkungen von Pharmaka auf das soziale Verhalten zu erheben und zu dokumentieren. Ein solcher Versuch gestaltet sich aus verschiedenen Gründen als nicht einfach.

Ein erstes Problem besteht darin, einschlägige Veröffentlichungen zu diesem Thema ausfindig zu machen. Was die deutschsprachige Forschung betrifft, ist das Thema so gut wie nicht bearbeitet. International ist das Forschungswissen umfangreicher, allerdings weit verstreut publiziert und nur schwer zu sammeln.

Die Schwierigkeit, vorhandene Literatur zum Thema zu finden hat auch damit zu tun, daß die Frage nach Wirkungen von Pharmaka auf das soziale Verhalten Gegenstand verschiedener Disziplinen ist. Erfahrungen der Medizin (Pharmakologie, Psychiatrie u.a.), der Biologie und der Soziologie sind ebenso vorhanden wie pharmakopsychologische und sozialpsychologische Kenntnisse. Wenn man das Thema weiter faßt und aus grundsätzlichen Erwägungen heraus ganz allgemein nach externer Steuerung des Verhaltens fragt, kommen Psychotherapie und Verhaltensforschung als weitere einschlägig arbeitende Wissenschaften hinzu. All diesen Disziplinen begegnet die Variation des sozialen Verhaltens, und jede hat Antworten auf die Frage nach der Beobachtung und der Erklärung dieser Variation vorgelegt, wobei Frage wie Antworten eine fachspezifische Ausrichtung haben.

Als Anspruch an eine Dokumentation des Forschungsstandes zu dem Thema der Arbeit ist zu erheben, daß eine Schnittmenge aus interdisziplinär erhobenen Daten und Gedanken gebildet wird, die die bisherige Forschung zum Einfluß von Pharmaka auf soziales Verhalten ordnet und ihre Weiterentwicklung stimulieren kann. Bisherige Reviews, etwa von GRITZ & JARVIK (1975), BABOR (1978), STITZER et al. (1981b) oder MCGUIRE et al. (1982), fassen vorwiegend eigene Arbeiten unter einem besonderen thematischen Schwerpunkt zusammen, streben jedoch nicht einen allgemeinen Überblick an.

Auch in dieser Arbeit muß festgelegt werden, wonach in den verschiedenen Disziplinen im Sinne relevanter Informationen gesucht werden soll. Das erforderliche Auswählen orientiert sich zweckmäßig und dem Usus eines empirischen Ansatzes entsprechend

a. am *Gegenstand:* soziales Verhalten soll in jenen Ausschnitten betrachtet werden, die durch Arzneimittel direkt oder indirekt beeinflußt werden können; diese Forderung erfüllt das sog. interpersonale Verhalten;

b. an der *Methodik:* soziales Verhalten, insbesondere Änderung des sozialen Verhaltens, soll mithilfe empirischer Methoden untersucht werden können;

c. an den *Arzneimitteln*: Wirkungen auf das soziale Verhalten sollen theoretisch erwartet werden können; aufgrund ihres Wirkortes im Organismus (im Zentralnervensystem) gilt dies insbesondere für Psychopharmaka.

2.2. WISSENSCHAFTLICHE ZUGÄNGE

2.2.1. SOZIOPHARMAKOLOGIE

Die Einnahme von ausgewählten Substanzen zur Veränderung des sozialen Verhaltens hat innerhalb menschlicher Kulturen eine lange Tradition; man denke an die Verwendung von Aphrodisiaka zur günstigen Beeinflussung sexueller Interaktionen oder an die Wirkung von stimulierend-berauschenden Substanzen für kriegerische Auseinandersetzungen.

Eine prominente Referenz für die Aussage über sexuelle Kontakte ist neben Ovid Shakespeare. In einem Gespräch zwischen MacDuff und dem Pförtner in "MACBETH" wird die These vertreten, daß Alkohol das sexuelle Verlangen steigere, jedoch die Fähigkeit zum Beischlaf behindere. CARPENTER & ARMENTI (1972, S.510) zeigen auf, daß in zahlreichen pharmakologischen Lehrbüchern auf diese Szene zurückgegriffen wird mit dem Tenor, daß auch nach ausgiebiger wissenschaftlicher Untersuchung des Themas die These nach wie vor gültig sei: "Shakespeare is still the chief authority for the effect of alcohol on sexual activity" (GANTT, 1952).

Die erste wissenschaftliche Untersuchung stammt u.W. aus dem Jahr 1945 (MAJOR'S COMMITTEE ON MARIHUANA, 1945); sie veröffentlichte die Ergebnisse einer vom New Yorker Bürgermeister LAGUARDIA im Jahre 1938 in Auftrag gegebenen Untersuchung zu den sozialen (und physischen) Auswirkungen des chronischen Marihuanagenusses. Diese Studie gilt üblicherweise als der Beginn der sog. "Sociopharmacology", wenngleich den Terminus selbst erstmals LENNARD (1964) verwendet und er danach nur einige Male wieder aufgegriffen wurde (von STIX, 1974 und MCGUIRE et al., 1982).

"Sociopharmacology" wird in den genannten Arbeiten jedoch (noch) nicht im Sinne einer Definition (z.B. 'Soziopharmakologie ist die Wissenschaft von ...') eingeführt, sondern sie pointiert vorwiegend die auf das Soziale gerichtete Fragestellung der Untersucher.

LENNARD (1964) verwendet Sociopharmacology in Anführungszeichen und meint mit ihm das Feld der Zusammenarbeit zwischen "experimental psychiatrist" und "sociologist" (S.128), für die er ein Programm entwirft. STIX (1974) greift den Begriff mit Bezug auf LENNARD auf, kennzeichnet "sociopharmacological research" aber genauer als "research on the effects of mind-affecting substances on aspects of interpersonal behavior" (S.387). Bei MCGUIRE et al. (1982) ist "Sociopharmacology" der Titel eines Reviews; auch sie sprechen jedoch nicht von einer eigenen (Teil-) Wissenschaft: "Sociopharmacology began when investigators became convinced that it was necessary to assess the effects of pharmacological agents - primarily psychotropic agents - on the behavior and feelings of individuals in social settings" (S.643). Historische Angaben und eine inhaltliche Diskussion des Gegenstandsbereiches der Soziopharmakologie fehlen. JOYCE et al. (1970) schlagen die Bezeichnung "social psychopharmacology" vor, die den Einfluß psychoaktiver Substanzen auf soziale Interaktionen zum Gegenstand habe.

Die Frage nach pharmakonbedingten Veränderungen des interpersonalen Verhaltens (dem Gegenstand soziopharmakologischer Forschung) ist somit mehrfach gestellt; es fehlt an einer Erarbeitung und Systematisierung von Beantwortungsstrategien (Methoden der Soziopharmakologie) und der Antworten auf diese Frage (Ergebnisse der Soziopharmakologie). Soziopharmakologie ist bisher noch kein gängiger Terminus und kennzeichnet auch nicht einen etablierten Wissenschaftsbereich. MCGUIRE et al. (1982) konstatieren: "Sociopharmacology is a field desparately in need of a conceptual framework to order its findings and direct its future research" (S.644). Die Autoren selbst legen ein erstes Klassifikationsmodell vor, das sie mit Ergebnissen aus Tierversuchen füllen. Sie ordnen darin auch Arbeiten ein, die nach ihrem Urteil im weitesten Sinne soziopharmakologische Fragestellungen zum Gegenstand hatten. Mit einigem Recht kann man in diesem Review den eigentlichen Beginn der "Sociopharmacology" sehen.

Aus dieser historischen Betrachtung ist für unsere Arbeit der Schluß zu ziehen, daß innerhalb der medizinischen Forschung die Untersuchung der Wirkungen von Pharmaka auf soziales Verhalten bisher nicht systematisch angegangen ist. Dem steht nicht entgegen, daß es wissenschaftliche Untersuchungen zu der Frage nach Veränderungen des interpersonalen Verhaltens oder, allgemeiner, des Verhaltens in sozialen Situationen, gibt. Solchen Studien ist im wissenschaftstheoretischem Sinne ein Erkundungscharakter sensu METZGER (1975) zuzusprechen.

2.1.2. SOZIO-PHARMAKOPSYCHOLOGIE

Der Terminus "SOZIO-PHARMAKOPSYCHOLOGIE" ist völlig neu und wird hier erstmals eingeführt. Er kennzeichnet ein Teilgebiet der Pharmakopsychologie, das sich mit der Beschreibung und methodischen Erfassung der Auswirkungen von Pharmaka auf das soziale Verhalten befaßt und nach psychologischen Erklärungen für solche Wirkungen sucht.

Das Grundwort "Psychologie" im Terminus "Sozio-Pharmakopsychologie" klassifiziert ihre grundlegende Ausrichtung an psychologischen Fragestellungen. DÜKER (1949/50) hatte deshalb von "Pharmakopsychologie" gesprochen, weil er klarmachen wollte, daß Pharmaka - als Substanzen, die Veränderungen im Erleben und Verhalten herbeiführen - sinnvoll dabei helfen können, psychologische Theorien zu untersuchen: "drugs as tools in behavioral research" (RUSSEL, 1960). Im Unterschied zur Psychopharmakologie (sensu KRAEPELIN, 1892) interessiert die Wirkungsprüfung von Pharmaka lediglich unter dem Aspekt, die zur Forschung eingesetzten Methoden besser verstehen zu können (zur Begriffsklärung, vgl. KOHNEN, 1979, S.4). In der Wissenschaftspraxis ist das Begriffspaar häufig austauschbar (vgl. KOHNEN & LIENERT, 1981), international ist nur von Psychopharmacology die Rede.

Wozu dann die Einführung des Begriffes "Sozio-Pharmakopsychologie"? Er ist aus zwei Gründen wichtig: zum Einen signalisiert er im deutschsprachigen Bereich die Zugehörigkeit zur Pharmakopsychologie als einer etablierten Disziplin der Psychologie, grenzt durch das Bestimmungwort "Sozio" lediglich eine bestimmte Thematik ab. Dies geschieht in Analogie zur "differentiellen" Pharmakopsychologie (vgl. JANKE, 1964; FRANK, 1982; JANKE, 1983), die den Einfluß von Person- und Situationsmerkmalen auf die Wirkung von Pharmaka untersucht. Zum Anderen kann gegenüber dem pharmakologischen Zugang der psychologische Beitrag herausgestellt werden, was wissenschaftspolitisch als wichtig anzusehen ist. Dieser psychologische Beitrag zur Untersuchung der gemeinsamen Thematik Pharmaka und soziales Verhalten besteht vor allem in der Entwicklung von Methoden und in dem Einsatz von Pharmaka in experimentellen wie im Alltag vorkommenden sozialen Situationen.

Neben Tierpharmakologen sind und waren es fast ausschließlich Psychologen, die diese Thematik untersucht haben. Möglicherweise macht die Betonung der Psychologie die interdisziplinäre Zusammenarbeit schwer, weil seitens der naturwissenschaftlichen (biologischen) Medizin dem "Sozialen" der Anruch eines "weichen" Forschungsgebiets zukommt, auf das sie sich nicht begeben wollen. Diesem Vorurteil über das Soziale zu begegnen, will sich diese Arbeit bemühen.

Die vorliegende Schrift ordnet sich selbst der Sozio-Pharmakopsychologie zu. Sie versucht, innerhalb der Pharmakopsychologie Fragestellungen und Methoden zur Untersuchung der Wirkungen von Pharmaka auf das soziale Verhalten zu entwickeln, empirische Befunde zu sammeln und nach Erklärungsmöglichkeiten zu suchen. In diesem Sinne wird hiermit im deutschsprachigen Bereich wissenschaftliches Neuland betreten (mit der Ausnahme zweier Studien einer Schweizer Gruppe um BATTEGAY, SPIEGEL und ABT, s.u.); international gesehen, stellt sie einen der ersten Versuche dar, das vorhandene Wissen zur Thematik zu ordnen.

Zur Regelung des Sprachgebrauches: es wird von "Soziopharmakologie" immer dann die Rede sein, wenn auf publizierte Arbeiten zurückgegriffen wird, die sich selbst dieser Disziplin zuordnen oder wenn vorrangig die Frage nach den Wirkungen von Pharmaka auf das soziale Verhalten interessiert. "Sozio-Pharmakopsychologie" soll dagegen alle unsere eigenen Versuche beschreiben, Methoden und Situationen zu entwickeln und Erklärungsmodelle zu diskutieren.

2.1.3. TERMINOLOGISCHE VORSCHLÄGE

Bisher liegt keine allgemeinverständliche terminologische Kennzeichnung für die Wirkungen von Pharmaka auf das soziale Verhalten vor. Stattdessen werden die Indikatoren für das soziale Verhalten angegeben: behaviorale Wirkungen, Wirkungen auf die menschliche Konversation u.a.m.. Gelegentlich wird von "soziogenen" Wirkungen (STIX, 1974) gesprochen,doch scheint uns dieser Begriff zu eingeengt, weil er eher den modifizierenden Einfluß des Sozialen auf Pharmakaeffekte betont und die im Sozialen beobachtbare, genuin pharmakologische Wirkung nicht umfaßt.

Daß der Sprachgebrauch nicht geregelt ist, fordert dazu auf, sich frühzeitig zu überlegen, in welcher Weise man sich die Wirkungen von Pharmaka auf soziales Verhalten vorstellen will. Soziales Verhalten wird üblicherweise als das Endresultat einer Vielzahl wirksamer Einflußgrößen betrachtet (s. 3.1.). Daraus wäre leicht abzuleiten, daß die im sozialen Verhalten zu beobachtenden Pharmakaeffekte sekundäre Wirkungen darstellen, also beispielsweise auf Veränderungen psychischer Merkmale wie der Stimmung zurückzuführen sind. Die Annahme, daß Pharmaka auch auf direktem Wege soziales Verhalten verändern, ist deshalb schwer zu begründen, weil das Grundlagenwissen zur Steuerung von sozialem Verhalten über zentralnervöse Prozesse (auffallend) gering ist. Möglicherweise eröffnen aber gerade Untersuchungen zur Wirkung von Pharmaka auf soziales Verhalten einen wissenschaftlichen Zugang zu dieser vernachlässigten Thematik. Grundsätzlich sollen also beide Wirkungsvorstellungen, die direkte und die indirekte, als zulässig gelten.

In Analogie zu dem etablierten Attribut "psychotrop", das Veränderungen psychischer Merkmale wie der Leistungsfähigkeit oder der Befindlichkeit anzeigt, soll Pharmaka dann eine "soziotrope" Wirkung zugeschrieben werden, wenn sie das soziale Verhalten von Organismen verändern. Sowohl direkte wie indirekte Pharmakonwirkungen können soziotrop sein. Der Ausdruck "soziogen" möge dagegen weiterhin den nichtspezifischen Wirkungen des Sozialen (non-drug factors sensu RICKELS (1968), z.B. sozialer Status, Komponenten der sozialen Situation) zugeordnet bleiben.

In einem detaillierteren Verständnis ist die "*soziotrope*" Wirkung als förderlich" für soziales Verhalten von der "*soziopathotropen*" Wirkung als "hinderlich" für soziales Verhalten zu unterscheiden. Pharmaka, die nachweisbar Wirkungen auf das soziale Verhalten haben, können in Analogie zu Psychopharmaka als "*Soziopharmaka*" bezeichnet werden.

2.3. MOTIVE FÜR DIE FORSCHUNG

2.3.1. MOTIVE DER GESELLSCHAFT

J.F.KENNEDY, so wurde vermutet, habe während des Gipfeltreffens mit N.CHRUSCHTSCHOW 1961 unter der Wirkung eines Amphetamins gestanden (RENSBERGER, 1972), und es kann mit einigem Recht angenommen werden, daß die (gelegentliche) Einnahme von stimulierenden und beruhigenden Substanzen unter Staatsmännern, Politikern, Militärs u.a. eher häufig als selten vorkommt. Die Erwartung, daß Psychopharmaka in Verhandlungen wacher oder besonnener machen oder bei Entscheidungen optimistische Haltung und Selbstvertrauen beflügeln, scheinen die Hauptgründe für den vermuteten Konsum zu sein. Solche Informationen haben Beunruhigung, gelegentlich sogar helle Aufregung (STIX, 1974), deswegen verursacht, weil die Wirkung der Substanzen auf das individuelle Befinden zwar bekannt, ihr Einfluß auf den Prozess der Interaktion mit dem Verhandlungspartner aber nicht vorhersagbar ist.

Natürlich spielen bei solchen Hinweisen Besorgnisse herein, die wissenschaftlich (noch) nicht begründet sind und auf der allgemeinen Überzeugung beruhen, daß Pharmaka hochkomplexe und bedeutungsvolle Aspekte des sozialen Funktionierens verändern können. Negative Konsequenzen der Einnahme von Psychopharmaka (möglicherweise von Pharmaka allgemein) werden beispielsweise darin gesehen, daß das Rollenverhalten inadäquat wird, daß antisoziales Verhalten, unzureichende Kommunikation, gestörte soziale Wahrnehmungen, unbefriedigende soziale Beziehungen oder mangelhafte Motivation zu konventionellem Verhalten auftreten können. Selbstredend gibt es auch Erwartungen für die gegenteiligen Ausprägungen dieser Variablen als mögliche, jetzt positive, Pharmakonwirkungen: Erleichterung der Kommunikation, erhöhtes Selbstbewußtsein, Ermöglichung einsichtsvoller sozialer Wahrnehmungen, deutliche Gefühle der Intimität und der engen Identifikation mit anderen (vgl. BABOR, 1978). Ein wesentliches Leitmotiv soziopharmakologischer Forschung zielt auf die Begründung und stetige Erweiterung des wissenschaftlichen Knowhows über die Wirkungen von Pharmaka auf das Zusammenleben von Menschen in öffentlichen und privaten Angelegenheiten, ohne daß sich allerdings bisher daraus in größerem Umfange Forschungsprogramme (mit öffentlicher Unterstützung) ergeben hätten.

In den USA hat von Beginn an ein zweites Motiv umfangreiche Forschungsarbeiten geleitet: die Kenntnisse über die sozialen Auswirkungen übermäßigen Pharmakagenusses (der Drogenabhängigkeit) zu erweitern. Dafür standen und stehen erhebliche Ressourcen zur Verfügung. Die oben zitierte LAGUARDIA-

Studie wurde zweifellos unter starkem öffentlichen Druck in Auftrag gegeben. Forschungskliniken in Harvard und Baltimore profitierten in den 70er Jahren und ziehen bis heute Gewinn aus diesem sozialpolitischen und sozialmedizinischen Interesse am Suchtproblem; der Forschungsertrag dieser Studien bildet einen Großteil des untersuchten Fundaments der Soziopharmakologie dar. Medizinisch-psychologische Grundlagenarbeit wurde von diesen Gruppen insofern geleistet, als sie in den beobachtbaren positiven sozialen Konsequenzen des Drogenkonsums einen gewichtigen Faktor für die Ätiologie und die Progression des Suchtverhaltens herausarbeiten konnten (vgl. SCHIORRING, 1981).

2.3.2. INTERESSE AN GRUNDLAGEN DES VERHALTENS

Ist mit solchen theoretischen Beiträgen vorwiegend praktisch-therapeutischen und psychologisch-soziologischen Fragestellungen zugearbeitet, so stammen aus der Tier- oder Verhaltenspharmakologie Modelle und Ergebnisse zur biochemischen und physiologischen Vermittlung des komplexen menschlichen Sozialverhaltens. Auch dort hat erst in den letzten Jahren die Forschungsaktivität zugenommen, oder genauer: hat man erst kürzlich vermehrt soziopharmakologische Fragen gestellt. Dabei drängen sich in der Arbeit mit Tieren soziale Themen förmlich auf: die in Labors verwendeten Tiere werden häufig in Gruppen gehalten und auch in sozialen Situationen untersucht (z.B. FILE's "Social Anxiety"-Modell; FILE, 1985), vor allem deshalb, weil natürliches Verhalten von Tieren häufig erst im Kontakt mit Artgenossen auftritt. Man hat aus Beobachtungen zum sozialen Verhalten lediglich auf psychische Zustände (z.B. Angst oder Aggressivität) des untersuchten Individuums und auf psychotrope Pharmakonwirkungen geschlossen (z.B. GUY & GARDNER, 1985), das soziale Verhalten selbst und soziotrope bzw. soziopathotrope Pharmakonwirkungen dagegen nicht weiter beachtet. Ein typisches Beispiel sind Untersuchungen mit Tiergruppen (z.B. Affengruppen), die eine feste Rangordnung mit stabilen Verhaltensmustern der einzelnen Tiere ausgebildet haben (vgl. dazu WELKER, 1985); Veränderungen der Verhaltensmuster, evtl. sogar der Rangordnung durch eine Substanz können zwar als antiaggressive oder anxiolytische Wirkungen individuell interpretiert werden, aus anderer Perspektive stellen sie jedoch soziotrope Wirkungen dar. Mit einigem Recht kann man annehmen (wie früher auch für die psychotrope Wirkung, vgl. BENKERT & HIPPIUS, 1976, S.2), daß eine Vielzahl von Pharmaka auch auf das soziale Verhalten von Menschen förderliche Wirkungen hat, diese allerdings noch unentdeckt (im wissenschaftlichen Verständnis des empirischen Nachweises) sind. Die theoretische Vorarbeit, die hier zu leisten ist, besteht darin, die zentralnervösen und/oder humoralen Vorgänge aufzudecken, die das soziale Verhalten steuern, und damit soziopharmakologische Forschung im eigentlichen Sinne möglich zu machen.

2.3.3. KLINISCH-THERAPEUTISCHE MOTIVE

Das stärkste Motiv für medizinisch-psychologische Forschung wird sich freilich aus dem klinischen Bedarf für soziotrope Wirkungen von Pharmaka ergeben. Wie heißen die Indikationen für Soziopharmaka, welche Symptome und Syndrome sind damit zu behandeln? Die Antwort auf diese Fragen, die im Grunde bisher noch nicht gestellt wurden, braucht ebenso wie die Tierphar-.akologie den auf das Soziale hin erweiterten Blickwinkel.

Am Beispiel funktioneller Herzbeschwerden kann diese Forderung deutlich gemacht werden. Üblicherweise zielt die medizinische Behandlung dieses Beschwerdebildes auf eine Beeinflussung der Herzsensationen (z.B. mittels Betablokkern) und psychischer Auswirkungen der Angst (z.B. mittels Tranquilizern); zieht man psychoanalytisches Erfahrungswissen, wonach ein latenter Trennungskonflikt ein psychodynamisches Hintergrundsphänomen darstelle (RICHTER & BECKMANN, 1973), hinzu und deutet diesen als soziale Schwierigkeit, sich gegen den Partner durchzusetzen oder sich von ihm zu lösen, so eröffnet sich ein Einsatzfeld für soziotrop wirksame Substanzen. Deren Stoßrichtung sollte dann weniger darin bestehen, den Konflikt als entschärft zu sehen und ihn ertragen zu können, sondern darin, Aktivitäten zu stimulieren, die sich (wie auch immer) an den Partner richten. Umgekehrt können die vorhandenen Behandlungserfolge mit den genannten Arzneimitteln in der klinischen Praxis möglicherweise auch als soziotrope Wirkungen aufgefaßt werden.

Auch für die Indikationsfrage nach dem Einsatz von Soziopharmaka gilt also, daß u.U. zu streng individuell und zu wenig sozial gedacht wird und das trotz der Tatsache, daß Pharmaka vielfach gegen Belastungen im interpersonalen Verhalten verschrieben und eingenommen werden. In solchen Belastungen, die sich in Verdrängungs- und Vermeidungsverhalten äußern, ist auch eine Gruppe von Zielsymptomen für den späteren Einsatz von Soziopharmaka zu sehen.

2.4. KLASSIFIKATION VORLIEGENDER STUDIEN

Die oben aufgeführten Motive sind nicht vollzählig in ihrer Zahl und nicht gleich in ihrem Gewicht. Die Argumentation spricht eher dafür, soziopharmakologische Forschung überhaupt erst zu beginnen als sie fortsetzen und erweitern zu können. Den unten beschriebenen wissenschaftlichen Befunden, die die Auswirkungen von Pharmaka auf soziales Verhalten abbilden, kommt damit eine Pionierwirkung zu.

In einer groben Einteilung können die bisherigen Forschungsansätze und Befunde zum Themenkreis Pharmaka und "soziales Verhalten" in zwei Felder aufgeteilt werden:

a. eine Substanz wird als *unabhängige Variable* behandelt, die Auswirkungen auf das soziale Verhalten von Menschen hat; das soziale Verhalten ist im versuchsplanerischen Sinne abhängige Variable, die Fragestellung solcher Untersuchungen ist die der *E V A L U A T I O N* der Pharmakonwirkung;

b. das Soziale wird als *M O D I F I K A T O R* der Pharmakonwirkung betrachtet; es erhält hier also die Bedeutung eines wirkungsmodifiziе-den Merkmals (nondrug-Factor (sensu RICKELS, 1968); versuchsplanerisch kann dies zu unterschiedlichen Auswirkungen führen: das Soziale ist sowohl als unabhängige Variable (als eine Art eigene Behandlung, z.B. randomisierte Zuteilung von sozialem Streß in unterschiedlichen Ausprägungen), als Schichtvariable (z.B. soziale Schichtzugehörigkeit) wie auch als zu kontrollierende Variable (die soziale Situation als standardisierter situativer Test) zu betrachten.

Für Bereich a. interessiert sich zweifelsohne die Soziopharmakologie und damit Pharmakologie und Pharmako-Psychiatrie, Bereich b. eröffnet dagegen einen breiten Forschungsweg zu grundsätzlichen Fragen der Sozio-Pharmakopsychologie, für den RUSSELs (1960) Schlagwort von Pharmaka als Forschungswerkzeugen der Psychologie zutrifft.

Die Evaluationsbefunde werden in Kapitel 4 dieser Arbeit vorgestellt; über die Befunde zur Modifikatorwirkung des Sozialen berichtet Kapitel 5. Im folgenden Kapitel 3 soll vorerst der Frage nachgegangen werden, welche methodischen Möglichkeiten zur Erfassung der Wirkungen von Pharmaka auf das soziale Verhalten vorhanden sind.

3. METHODISCHE ANSÄTZE ZUR UNTERSUCHUNG DER WIRKUNGEN VON PHARMAKA AUF SOZIALES VERHALTEN

Im Kapitel 2 war soziales Verhalten als interpersonales Verhalten vorgegeben worden, ohne daß diese Auffassung näher erläutert worden wäre. Bevor über methodische Untersuchungsansätze berichtet wird, soll ein Exkurs explizieren, was unter sozialem Verhalten verstanden wird und was nicht.

3.1. EXKURS: WAS IST SOZIALES VERHALTEN?

Der Ertrag der Suche nach einer Definition des Terminus "soziales Verhalten" in aktuellen psychologischen Lexika und Lehrbüchern der Sozialpsychologie des deutschen Sprachgebietes ist mager. Mit wenigen Ausnahmen wird dieses Stichwort nicht geführt, und diese Ausnahmen verstehen unter sozialem Verhalten bestimmte Verhaltensmuster im Tierreich. In der angloamerikanischen Literatur ist der Begriff "social behavior" dagegen weit verbreitet (z.B. ALLPORT, 1924; HOMANS, 1961; KELVIN, 1969; HARRE & SECORD, 1972; ARGYLE, 1979).

Unter sozialem Verhalten soll in dieser Arbeit in einem sehr weiten Sinne das Verhalten verstanden werden, das Menschen mit- und gegeneinander zeigen. Diese Kennzeichnung lehnt sich einerseits an das Verständnis der Verhaltensforschung an: APFELBACH & DÖHL klassifizieren Sozialverhalten als "das Verhalten, das Tiere derselben Art mit- und gegeneinander zeigen" (1980, 147). Sie folgt andererseits dem angloamerikanischen Gebrauch, wonach soziales Verhalten im Prinzip jedes individuelle Verhalten meint, das entweder auf andere Individuen gerichtet ist oder aber eine Antwort auf das Verhalten anderer (social response) darstellt (vgl. ZIMBARDO, 1979, Glossar S. XX).

Die vorgegebene Kennzeichnung des sozialen Verhaltens wird in ihren wesentlichen Bestimmungsstücken und in einigen Implikationen nachfolgend erläutert.

3.1.1. DIE KONKRETE PERSONALE UMWELT ALS KONSTITUENS

Um ein Verhalten als "sozial" zu kennzeichnen, ist die Gegenwart eines anderen oder mehrerer anderer Menschen zwingend geboten. Die etymologische Analyse unterstreicht diese Festlegung; das lateinische "socialis" hat die Bedeutungen: a. kameradschaftlich, b. ehelich und c. bundesgenössisch, stellt also die Bezogenheit auf andere deutlich heraus. Über den im ursprünglichen Wortsinn angesprochenen Personenkreis, also vertraute Personen wie Freunde, Ehepartner, Familienangehörige oder Arbeitskollegen hinaus, soll sich soziales Verhalten grundsätzlich auf alle möglichen Personen beziehen, denen ein Individuum begegnet und mit denen es in direkten Kontakt tritt. TOMAN spricht in diesem Zusammenhang von Personenumgebung (1973).

3.1.2. DER EINFLUSS DER SITUATION

Es wird davon ausgegangen, daß das soziale Verhalten von Personen durch die Ausgestaltung der Situation, in der ihr Kontakt stattfindet, beeinflußt wird. Die soziale Situation hat verhaltensregulierende Wirkung, die durch folgendes Beispiel veranschaulicht werden kann: ZIMBARDO (1975; vgl. HANEY et al., 1973) mußte ein Experiment abbrechen, in dem er freiwillig teilnehmenden Studenten nach Zufall die Rolle von Gefängnisaufsehern bzw. Gefängnisinsassen zugewiesen hatte und sie in diesen Rollen über mehrere Tage in einem "natürlichen" Gefängnis leben ließ. Der Grund war die emotionale Belastung der "Gefangenen", die unter dem tyrannischen Verhalten der "Aufseher" gravierende Schädigungen ihrer psychischen Gesundheit befürchten ließen. Die in den unterschiedlichen Situationen des Aufsehers und des Gefangenen liegenden Verhaltensmöglichkeiten werden als entscheidende Varianzquellen aufgefaßt. ZIMBARDO legte, ebenso wie MILGRAM (1974) Wert auf die Feststellung, daß auf Grund des gänzlich unauffälligen Alltagsverhaltens das extreme Verhalten in der experimentellen Situation nicht vorhersagbar gewesen sei.

Eine systematische Analyse des Einflusses sozialer Situationen auf Verhaltensaspekte haben ARGYLE et al. (1981) vorgelegt, in der Person x Situation - Debatte ist innerhalb der Persönlichkeitspsychologie enormes methodisches und inhaltliches Material zusammengetragen (etwa durch die Arbeiten des Stockholmer Instituts unter MAGNUSSON (z.B. 1984)). Zunehmend wichtiger geworden ist der situative Aspekt des Sozialen vor allem durch neuere Arbeiten, die Konzepte der Verhaltensforschung wie social space, territoriality, privacy/accessibility aufgreifen (vgl. die Reader von VON CRANACH et al., 1980 und PAULUS, 1980) und die verhaltenssteuernde Wirkung der physikalischen und personalen Umgebung verdeutlichen.

3.1.3. POSITIVES UND AVERSIVES SOZIALES VERHALTEN

Wiederum über die etymologisch gefundene Bedeutung hinaus, soll nicht nur positives Verhalten wie z.B. prosoziales (Hilfeverhalten) oder affiliatives Verhalten (vgl. WISPE, 1972), sondern es soll jedes individuelle Verhalten, also auch ein für einen Beteiligten aversives Verhalten, als sozial klassifiziert werden. Offenkundig ist wiederum die Analogie zur Verhaltensforschung, die zum Sozialverhalten sowohl die Abgrenzung gegen den Artgenossen (innerartliche Aggression, Territorialverhalten) wie auch die Annäherung an den Artgenossen (Balzverhalten, Brutpflege) rechnet

3.1.4. DIE RÜCKKOPELLUNG IM SOZIALEN

Soziales Verhalten hat eine doppelte Funktion: es ist sowohl Stimulus wie Response, die Beteiligten sind Sender wie Empfänger. Durchsichtig zu machen ist diese Zweischichtigkeit an einem Beispiel aus der Gruppendynamik, dem sog. "kontrollierten Dialog" (ANTONS, 1975, 87). In einem Zweiergespräch über ein beliebiges Thema hat jeder Teilnehmer die Aufgabe, die Aussage des Partners zunächst zu wiederholen; er meldet damit den Empfang einer Information zurück, und erst wenn vom Sender bestätigt wurde, daß die Information richtig angekommen ist, darf der Empfänger selber zum Sender werden und seine Antwort auf die vorangegangene Information abschikken. Das soziale Miteinander wird aufgefaßt als Wirkung und Gegenwirkung, actio und reactio, als Rückkoppelungsmodell.

Obwohl das soziale Verhalten durch seinen Sequenzcharakter ausgezeichnet ist, wird häufig davon abgesehen und der Response-Aspekt besonders herausgestellt. Als Beispiel sei eine Definition der Sozialpsychologie von STEINER (1979, 514) gewählt, der diese definiert als "das Studium der Reaktionen eines Individuums auf soziale Stimulation" (vgl. dazu die Diskussion bei IRLE, 1975, 34). Ein solcher Ansatz stellt eindeutig eine Eingrenzung des Gebietes des sozialen Verhaltens dar, kann dessen Dynamik als Prozeßgeschehen nicht hinreichend erfassen. Der Vorteil dieses individualistischen Vorgehens besteht jedoch darin, relativ einfach strukturierte Daten zu gewinnen, die vorhandenen diagnostischen Methoden und individuumszentrierte Theorien anwenden zu können.

3.1.5. ZUR BEDEUTUNG KOGNITIVER PROZESSE

Das Grundwort "Verhalten" in dem Terminus soziales Verhalten rückt den behavioralen, den beobachtbaren Aspekt in das Zentrum des Interesses. Innerhalb der Sozialpsychologie stehen allerdings üblicherweise dem behavioralen Bereich innerpsychische Prozesse, insbesondere solche kognitiver Art, gegenüber; deren Funktion ist es, Informationen aus der Umgebung aufzunehmen (via Wahrnehmung), sie zu verarbeiten und zu bewerten und unter Einbezug eines Speichers von historischen Informationen (Gedächtnis) zu Entscheidungen über mögliche Handlungsalternativen zu gelangen. IRLE (1975, Kapitel 1) veranschaulicht und begründet diesen als kognitiv zu charakterisierenden Zugang "zur sozialpsychologischen Realität" (ebd., 30); KELVIN schreibt seine wissenschaftliche Bedeutung fest: "it seems inherently unlikely that the study of social behavior will ever be able to ignore this type of information" (1969, 4).

Trotz dieser Wertschätzung einer Sozialpsychologie "von drinnen" sind kognitive Prozesse, die Einfluß auf das soziale Verhalten von Personen nehmen, nicht Gegenstand dieser Arbeit. Für diese Entscheidung sind folgende Gründe anzuführen:

a. Sie will aktuelles und für die Beteiligten bedeutungsvolles soziales Verhalten von Individuen untersuchen, die sich im direkten Kontakt miteinander befinden, sei es im experimentalpsychologischen Labor oder in ihrem Alltag (vgl. HOMANS, 1969, 3). Der damit angesprochene Aspekt der Lebensnähe scheint allerdings die Crux der gegenwärtig vorherrschenden Sozialpsychologie zu sein. Es wird nämlich behauptet - und empirisch und/oder argumentativ belegt -, daß sie den Bezug zur sozialen Realität verloren habe. Dazu zwei Belege:

- In einer Inhaltsanalyse der sozialpsychologischen Veröffentlichungen des renommierten "Journal of Personality and Social Psychology" (Jahrgang 1982) konnte CARLSON (1984, Tabelle 2) anhand eines von ihm aufgestellten Kriterienkatalogs zur "socialness" (s. 3.1.5.) demonstrieren, daß mehr als zwei Drittel aller 58 Arbeiten zum Themenbereich "Attitudes and Social Cognition" und fast die Hälfte aller 36 Artikel zum Themenbereich "Interpersonal Relations and Social Cognition" nicht ein einziges seiner fünf Kriterien erfüllen. CARLSON kommentiert diesen Sachverhalt als "apparent lack of interest in phenomena of the real social world" (ebd., 1306).

- In einem kritischen Versuch einer Bestandsaufnahme der sozialpsychologischen Forschung und vor den Fragen der zukünftigen Entwicklung der Sozialpsychologie wird in den Beiträgen des Readers "The Development of Social Psychology" (GILMOUR & DUCK, 1980) die Krisendiskussion der 70er Jahre (z.B. CARLSON,1971; GERGEN, 1973; McGUIRE, 1973; ELMS, 1975; PEPITONE, 1976) wieder aufgenommen und eine Neubestimmung des methodischen Vorgehens, vor allem aber des Inhaltes der wissenschaftlichen Forschung angeregt. Insbesondere im Hinblick auf die Anforderungen einer zukünftigen Gesellschaft und mehr noch unter dem Aspekt des Bezugs zum Alltagsleben (applied social psychology; vgl. ARGYLE, 1980) sollen für das Zusammenleben der Menschen relevante Inhalte untersucht werden. BACKMAN (1980, S.179) hofft: "It still could happen that, after a decade of soul-searching on the part of social psychologists, there could be a return to the business of social psychology as usual".

In diesen Stellungnahmen drückt sich eine möglicherweise bevorstehende Umorientierung der Sozialpsychologie aus (die Fähigkeit zur Umorientierung ist der Sozialpsychologie, folgt man MURPHY & KOVACH (1972, S.462), in besonderem Maße ins Stammbuch geschrieben; vgl. auch INNES, 1980); Umorientierung heißt deutlicher formuliert, daß der derzeit eingeschlagene Weg nicht ergiebig oder nicht hinreichend ist, zumindest nicht, wenn aktuelles (lebensnahes) soziales Verhalten zur Untersuchung ansteht.

b. Es wird, dies soll deutlich sein, nicht in Abrede gestellt, daß kognitive Prozesse (z.B. die Orientierung des Verhaltens an Einstellungen, an Normen, an Rollen) das aktuelle soziale Verhalten beeinflussen können. Die Abkehr von einer - oder besser: das Nicht-Hinwenden zu einer - kognitiv orientierten Sozialpsychologie als Basis einer Untersuchung von Einflüssen von Pharmaka auf soziales Verhalten verlangt allerdings, andere Zugänge zu finden, die sehr viel ursprünglicher, quasi auf subcortikalen Wegen, das aktuelle soziale Verhalten eines Individuums beschreiben und erklären lassen. Der Blick in die Verhaltensforschung läßt solche Einflußwege erkennen. Die Territorialität, die Einteilung des Lebensraumes, hat im menschlichen Bereich ein Korrelat im Begriff der "sozialen Distanz". Bekannt ist die Arbeit von HALL (1959), der vier Distanzzonen beim Menschen anhand physikalischer (Abstand von zwei Individuen in Metern) und verhaltenspsychologischer (Sets von Verhaltensweisen, die in einem gegebenen Abstand möglich sind oder die auftreten, wenn der Abstand unterschritten wird) Kriterien unterscheidet und damit zur Erklärung und Vorhersage von Verhalten beitragen kann, ohne kognitive Vermittlung in Anspruch nehmen zu müssen (vgl. dazu KNOWLES, 1980).

Ein weiteres Argument dafür, sich von der Notwendigkeit des Rekurses auf Kognitionen zu befreien, stammt aus der Soziophysiologie (vgl. LEIDERMAN & SHAPIRO, 1964; WAID, 1974), die eine neue Ebene zur Beschreibung von sozialen Situationen in körperlichen Reaktionen (z.B. Erregungssteigerung) eingeführt hat. Zur Veranschaulichung ihrer Möglichkeiten diene ein altes sozialpsychologisches Phänomen, das "Verhalten im sozialen Kontext" oder besser bekannt als die "social facilitation" (ALLPORT, 1924) und seine Interpretation durch ZAJONC. ZAJONC (1965) hatte das Phänomen, daß die (bloße) Anwesenheit anderer Menschen ("compresence", vgl. ZAJONC, 1980) zu besseren Leistungen einer Versuchsperson führt als eine Leistungsuntersuchung unter isolierten Bedingungen, damit erklärt, daß durch die Anwesenden eine Erregungssteigerung bei der Vp ausgelöst werde; die Bearbeitung gewohnter Aufgaben würde im erregten Zustand positiv beeinflußt, die Lösung neuer oder schwieriger Aufgaben dagegen negativ. Der Bezug zu einem alten und bewährten aktivierungstheoretischen Modell, dem YERKES-DODSON-Gesetz (YERKES & DODSON, 1913) ist offenkundig. Zwar sind die empirischen, übrigens in Anbetracht einer insgesamt riesigen Fülle von Arbeiten sehr spärlichen, psychophysiologischen Belege für diese Social-Facilitation-These uneinheitlich (vgl. ROSCH, 1985, 18f.), doch hat sie trotz umfangreicher kognitionspsychologischer Deutung des Phänomens ihre Attraktivität erhalten. Der Ertrag für die hier geführte Diskussion ist darin zu sehen, daß soziales Verhalten eben auch als Aktivierungszustand aufgefaßt und im aktivierungstheoretischem Sinne beschrieben und verstanden werden kann (ausführlich dazu unten).

c. Gegenstand dieser Arbeit ist die Variation sozialen Verhaltens, die auf einen künstlichen Eingriff - via Pharmaka - in den Organismus zurückzuführen ist. Pharmaka können zwar kognitive Funktionen beeinflussen (vgl. z.B. WOLKOWITZ et al., 1985), nicht aber auf direktem Wege den Inhalt von Kognitionen. Veränderungen von Kognitionen sind allenfalls indirekte Pharmakonwirkungen, wie folgendes Beispiel zeigt: Klinischerseits ist bekannt, daß die Behandlung von Depressionen mittels Antidepressiva Auswirkungen auf die Häufigkeit hat, mit der destruktiv wirkende Gedanken auftreten; interpretiert wird dieser Effekt allerdings als vermittelte Wirkung: nach einer pharmakoninduzierten Stimmungsverbesserung kommt es zu positiveren Einstellungen zu sich und der Umwelt. Den Kognitionen kommt innerhalb der Pharmakopsychologie die Bedeutung von wirkungsmodifizierenden Einflußgrößen (non-drug factors sensu RICKELS (1968)) zu, was sich eindrucksvoll an Befunden der Placeboforschung (vgl. z.B. HIPPIUS & ÜBERLA, 1985) beobachten läßt. In diesem Sinne sind Kognitionen (z.B. Erwartungen bezüglich möglicher Wirkungen oder die Attribution von Veränderungen des Verhaltens im Gefolge einer Substanzeinnahme) als Einflußgrößen mittels versuchsplanerischer Maßnahmen zu kontrollieren.

3.1.6. KRITERIEN FÜR DAS SOZIALE

Wenn wie im vorangegangen Abschnitt das Argument verwendet wird, es sei in der gegenwärtig vorherrschenden Sozialpsychologie der Bezug zur sozialen Realität verloren gegangen, dann bedeutet dies umgekehrt für diese Arbeit, anzugeben, was denn das Soziale am sozialen Verhalten ausmache.

Verschiedene Autoren haben Kriterien für "socialness" vorgegeben. Unter diesen ist der Katalog von CARLSON (1984) nicht nur der aktuellste, sondern er kommt auch unserem eigenen Verständnis entgegen. Er fordert (ebd. S.1306; freie Übersetzung vom Verfasser):

a. Die untersuchten Personen werden so gewählt, daß sie sinnvoll definierte soziale Gruppen repräsentieren oder ihnen vergleichbar sind;

b. Die untersuchten Personen werden in echten sozialen Interaktionen mit echten Partnern untersucht (im Gegensatz zu Untersuchungen mit imaginären Partnern oder vorprogrammierten Konfidenten);

c. Soziale Strukturmerkmale (z.B. sozioökonomischer Status, Beruf) werden auf psychologische Meßgrößen bezogen.

d. Es werden soziale Einflüsse auf psychologische Funktionen beobachtet (z. B. Gruppenatmosphäre, Sprachge meinschaften, dyadische Beziehungen, soziale Klasse);

e. Die untersuchten Personen werden über soziale Aspekte befragt, die für sie bedeutungsvoll sind;

Für diese Arbeit haben nicht alle Kriterien gleiche Bedeutung. Von besonderem Interesse sind die Kriterien b und e (vgl. z.B. auch HOMANS, 1969, 2f.) sowie das Auswahlkritierum für Versuchspersonen (a). Kriterium d ist im Sinne einer Kontrollvariable zu behandeln. Das Kriterium c scheidet für die experimentellen Studien dieser Arbeit aus, stellt aber das entscheidende Kriterium zur Untersuchung "soziogener" Modifikation von Pharmakonwirkungen dar.

3.1.7. SOZIALES IM DRINNEN UND SOZIALES IM DRAUSSEN

Kriterium b. ist in seinem Inhalt genauer zu differenzieren. Dieser Forderung soll durch eine Unterscheidung in das "Soziale im Draußen" und das "Soziale im Drinnen" nachgekommen werden. Draußen und drinnen ist dabei vom Blickwinkel eines Individuums ganz lokal gesehen: so wie ein Wahrnehmungsgegenstand sich außerhalb einer Person befindet oder sie eine körperliche Empfindung innerhalb ihrer Haut spürt, kann sich das Soziale außerhalb oder im Inneren einer Person ereignen.

Das Soziale im Draußen hat einen anderen oder mehrere andere zum Gegenüber. Dieses Gegenüber ist konkret da: alle Beteiligten wirken aufeinander ein, sind sowohl Sender wie Empfänger. Dieses Aufeinander-Einwirken ist beschreibbar, seine Variation in Abhängigkeit von experimentellen Eingriffen (z.B. durch Pharmaka) oder von situativen Gegebenheiten (z.B. von der räumlichen Distanz, von der Anzahl der Kontaktpartner) anhand objektiv gewonnener Fakten zu erfassen; Beispiele sind etwa die Dauer eines Gespräches, die Häufigkeit von Berührungen, Aspekte des Blickverhaltens. Selbstverständlich sind auch die Beschreibungen und Beurteilungen, die die Beteiligten über ihr Erleben des Kontaktes zu einem oder mehreren anderen abgeben, wie auch physiologische oder biochemische Messungen an den Beteiligten (Soziophysiologie) als Wirkungen des Sozialen im Draußen zu erheben.

In Unterscheidung zu dem gerade beschriebenen anderen als Gegenüber, der sich außerhalb von mir befindet, ist es auch vorstellbar, daß sich der andere, das Soziale "in mir" befindet Am Beispiel des "beredten Schweigens" läßt sich das Gemeinte veranschaulichen: wiewohl keine Handlungen zwischen den Beteiligten beobachtbar sind, ist von allen eine enge Verbindung spürbar, die sogar einer bei den Partnern gleich verlaufenden Veränderung zugänglich ist. Zu erklären sind solche Prozesse möglicherweise im Sinne einer Synchronisierung von emotionalen oder auch von physiologischen Größen. Das Vorgehen von OLNJANSKAJA (1950), die eine Synchronisierung des Sauerstoffverbrauchs in Abhängigkeit von bestimmten Tätigkeiten arbeitender Personen zeigte, kann im Prinzip auch in sozialen Beziehungen zur Anwendung kommen; möglicherweise ist in der Fähigkeit zur Synchronisierung von Verhaltensabläufen in Abhängigkeit von Sozialpartnern ein sozialpsychologisch enorm bedeutsamer Parameter vorhanden, der etwa für die Attraktionsforschung hohen Erklärungswert hätte. Erste Ansätze stellten dazu KAPLAN et - al. (1964) zum Zusammenhang zwischen physiologischer Kovariation und soziometrischer Beziehung in Kleingruppen und KÖLTZOW (1985) über die Beziehung von Herzfrequenzkoalitionen und subjektiver Gruppenbefindlichkeit in analytischen Psychotherapiegruppen vor.

Die von ROGERS propagierte Empathie, das Sich-Einfühlen (oder genauer: das sich HINEIN-Fühlen) in den anderen, ist ein weiteres Beispiel für das Verständnis des Sozialen im Drinnen (und im Übrigen mit einer Synchronisierungshypothese gut erklärbar). Auch der Volksmund hat eine Ahnung vom Sozialen im Drinnen: jemand an sein Herz drücken, bedeutet ja, den anderen in sich hineinzunehmen.

Der Bereich des Sozialen im Drinnen ist nicht Gegenstand dieser Arbeit. Um hier wissenschaftliche Untersuchungen durchzuführen, sind vorher definitorische Abklärung, methodische Neuentwicklungen und die Elaboration von Erklärungsmodellen verlangt, von denen die hier angesprochene Synchronisationshypothese nur eines ist. Wenn dieses gelingen sollte und sich sinnvolle Forschungsergebnisse erheben lassen, ist allerdings für die Pharmakopsychologie des sozialen Verhaltens ein hochinteressantes Forschungsfeld erschlossen; es könnte dann nämlich geprüft werden, ob Medikamente das Soziale im Drinnen beeinflussen können. Im Sinne der Synchronisationshypothese könnten beispielsweise physiologische Prozesse bei verschiedenen Partnern medikamentös variiert, also einander angeglichen oder, im Gegenteil, sehr unterschiedlich gestaltet werden und in Abhängigkeit von Ähnlichkeit oder Unterschiedlichkeit Verhalten und Erleben der Partner individuell oder als Ganzes beobachtet werden. Die hier vorgelegte Arbeit muß sich vorerst jedoch damit begnügen, solche sozialen Phänomene zu untersuchen, die sich im Draußen ereignen.

3.1.8. SOZIALES VERHALTEN ALS GRUPPENVERHALTEN

Gegenstand dieser Arbeit ist nicht das Intra- und Intergruppenverhalten (vgl. z.B. TAJFEL, 1978), obwohl in unseren Versuchsanordnungen häufig Gruppensituationen gewählt werden sollen und frühe pharmakopsychologische Befunde (NOWLIS & NOWLIS, 1956, vgl. unten) in der Analyse des Gruppenverhaltens erfolgverheißende Beobachtungen berichteten. Die Untersuchung von Gruppenprozessen verlangt ein gänzlich anderes Instrumentarium als die Un- tersuchung des Verhaltens eines Individuums innerhalb einer Gruppe. Bereits LEWIN (1951) hat in methodischen Überlegungen zur Untersuchung von Gruppen vorgeschlagen, zwischen einer direkten Beobachtungen von Eigenschaften einer ganzen Gruppe und der Beobachtung des Verhaltens eines Gruppenmitglieds (ebd. S. 189f.) zu unterscheiden. Zugrunde liegt dieser Empfehlung der in der Gestaltpsychologie untersuchte Gegensatz zwischen Holismus und Individualismus, hier also der Frage, ob das Gruppenverhalten aus der Summe des Verhaltens der einzelnen Gruppenmitglieder erklärbar sei oder aber mehr als diese Summe, welche Frage LEWIN bekanntlich eindeutig zugunsten des Mehr beantwortet hat. Schließlich belegt auch ein statistisches Argument die Eigenheit der Gruppenprozesse: KRAUTH & LIENERT (1973) haben in einer Erläuterung des MEEHLschen Paradoxons die These formuliert, daß aus Doubleassoziationen (Korrelation zwischen je zwei Merkmalen) Triple-Assoziationen und höhere Assoziationen (Korrelationen zwischen mehreren Merkmalen) nicht vollständig erklären können.

Der Einfluß von Pharmaka auf solche Gruppenprozesse bedarf einer eigenen Forschungsinitiative, die ähnlich wie es in ROCHESTER (NOWLIS) möglich war, auf ausreichende personelle und finanzielle Mittel zurückgreifen können sollte. Die Thematik selber ist freilich enorm bedeutsam, wenn man daran denkt, daß auch Familien als Gruppen zu verstehen sind und mit einem Pharmakon, das einem Familienmitglied verabreicht wird, in den Gruppenprozess eingegriffen wird und es vermutlich die Familieninteraktion verändert.

3.1.9. ZUSAMMENFASSUNG

Das soziale Verhalten, so wie es in dieser Arbeit untersucht werden soll, beinhaltet jedes individuelle Verhalten, das eine Person im konkreten Kon- takt mit einer anderen Person oder mehreren anderen Personen zeigt; es wird aufgefaßt als durch Rückkoppelung vermittelte Sequenzen des gegenseitigen Aufeinander-Einwirkens. Variationen des sozialen Verhaltens sollen betrachtet werden in Abhängigkeit von experimentellen Eingriffen (Pharmaka), der personalen Umgebung sowie situativen Umweltgegebenheiten. Erfaßt werden objektiv beobachtbare Verhaltensmaße sowie physiologische und psychologische Zustände von Personen in sozialen Situationen. Nicht Gegenstand dieser Arbeit sind kognitive Prozesse als einflußnehmende oder reaktive Merkmale sowie Gruppenvorgänge.

3.2. OPERATIONALISIERUNGEN DES SOZIALEN

Soziales Verhalten wurde oben ganz allgemein als das Verhalten beschrieben, das Menschen mit- und gegeneinander zeigen. Aus dieser Kennzeichnung sollten sich keine größeren Schwierigkeit für die Realisierung sozialer Situationen ergeben. Nach dem Rezept, man nehme zwei oder mehr Personen, bringe diese im Labor oder im Feld zusammen und lasse sie etwas miteinander oder gegeneinander tun, ergibt sich eine Vielzahl von Gestaltungsmöglichkeiten der sozialen Interaktion. Ob der Umgang mit der sozialen Interaktion in wissenschaftlichen Situationen wirklich derart einfach ist und welcher Nutzen sich für soziopharmakologische Studien aus solchen Versuchsanordnungen ergibt, wird im Folgenden zu zeigen versucht.

Dabei wird der Versuch unternommen, die in der von uns eingesehenen Literatur verwendeten Operationalisierungen des Sozialen, soweit sie den in 3.1.9. genannten Kriterien genügen, zu systematisieren. Eine einfache Grobgliederung unterscheidet zwischen

a. Laborexperimenten mit dem Sozialen als unabhängiger Variablen,

b. Experimenten, die situative Tests einsetzen, und

c. Feldexperimenten.

3.2.1. LABOREXPERIMENTELLE OPERATIONALISIERUNGEN

Dem Sozialen kann in laborexperimentellen Versuchsanordnungen, wie oben (2.4.) bereits herausgestellt, der Charakter einer zweiten unabhängigen Variablen neben einem Medikationsfaktor (z.B. in den Ausprägungen Verum und Placebo) zukommen. Als unabhängige Variable muß sie randomisierbar in unterschiedlichen Ausprägungen vorgegeben werden können; beispielsweise steht eine soziale Situation mit Anwesenheit mehrer Sozialpartner einer Untersuchung unter Isolationsbedingungen (Einzeltestung) gegenüber, Versuchspersonen werden nach Zufall einer der beiden Versuchsbedingungen zugewiesen.

Untersuchungen mit einer herstellenden Realisation unterschiedlicher sozialer Bedingungen (Soziales als unabhängige Variable) sind sehr selten innerhalb der Soziopharmakologie durchgeführt worden. Ein Beispiel stammt von KOHNEN & LIENERT (1980; 1981), die von ihren Versuchspersonen verlangten, Kopfrechenaufgaben entweder alleine zu bearbeiten oder vor einer Gruppe von Beobachtern (dies wird als "Audience"-Bedingung bezeichnet); eine dritte Bedingung, in der die Versuchsperson gefilmt wurde mit der Information, der erstellte Film würde einem größeren Publikum vorgeführt, erfüllte das Kriterium des direkten Kontakts mit Interaktionspersonen nicht (wiewohl sie in ihren Effekten der Audience-Situation gleicht und als Quasi-Audience-Bedingung aufgefaßt werden könnte). Derselbe Einwand gilt für das der letztgenannten Quasi-Audience-Bedingung ähnliche Paradigma der Sprechangst ohne Publikumskontakt (vgl. z.B. ERDMANN et al., 1984a; ERDMANN et al., 1984b), in dem die Instruktion entweder ein im Nebenraum (nicht) vorhandenes Publikum ankündigt, das über Audiovision die öffentliche Rede einer Versuchsperson verfolgen werde oder die Vp darauf hinweist, daß ihre Rede auf Band aufgenommen und später von Psychologen beurteilt werde. Zur Kontrolle dient eine "neutrale" Bedingung ohne Verweis auf die (indirekte) Anwesenheit anderer.

Zum Einsatz kommt die experimentelle Variation des Sozialen fast ausschließlich innerhalb der Aktivierungs- und Emotionsforschung. Es läßt sich eindrucksvoll belegen, daß beispielsweise Pulsfrequenzsteigerungen unter sog. sozialen Stressoren (wie der Audience-Bedingung) drastisch höher sind als unter dem Einfluß der "klassischen" Stressoren wie Lärm (vgl. ERDMANN et al., 1984a; 1984b; ENGEL, 1985) oder in neutralen Situationen. Offen ist allerdings die Frage, wie die Qualität dieser Effekte zu benennen ist. Während KOHNEN & LIENERT die aufgefundene Aktivierungsänderung einfach als "sozialen Streß" bezeichnen, klassifizieren ERDMANN et al. die Wirkung der von ihnen verwendeten Situation als "high anxiety" bzw. "moderate anxiety" aufgrund von Änderungen physiologischer Parameter und der Punktwerte auf der Angstdimension einer Befindlichkeitsskala.

Der ganz allgemeine Vorteil sozialer Situationen für die Pharmakopsychologie besteht darin, daß Prozesse der Kompensation von Arzneimittelwirkungen erschwert werden. Das pharmakopsychologische Experiment ist für viele Versuchspersonen (Vpn) eine Herausforderung, dem Medikament "standzuhalten". Von einem Psychopharmakon nicht beeinflußt zu werden, stellt einen sozial erwünschten Wert für die gesunde, junge Person dar, vergleichbar dem Stolz, viel Alkohol zu vertragen. DÜKERs (1963) Modell der "reaktiven Anspannungssteigerung" hat Kompensationsvorgänge als Ausgangsbeobachtung. Die sozialen Versuchsanordnungen, die die Vp nicht in die artifizielle Versuchsleiter-Versuchsobjekt-Interaktion hineinzwingen, sondern die sie in lebensnahen Interaktionen mit anderen Vpn gefangen nehmen, helfen dabei, mitunter störende Kompensationsprozesse einzuschränken. Wie gut dies gelingen kann, belegt auch die Anordnung von SCHACHTER & SINGER (1962), in der ein Konfident des Versuchsleiter die verhaltenssteuernde Wirkung auf die Vp in einer dyadischen Interaktion ausübt. In der Interaktion zwischen Vpn wird die Verantwortung für das Verhalten einer Vp verschoben vom Versuchsleiter (VL) weg hin zur Vp. Sie ist selbst aktiver Interaktionspartner. Gelingt die Interaktion nicht, so muß sie sich dies selbst zuschreiben lassen und kann im Gegensatz zu Versuchsanordnungen, in der z.B. Lärm als Behandlung eingesetzt wird, ihre Reaktionen weniger dem VL anlasten (vgl. dazu KOHNEN, 1979; 1980; KRÜGER & KOHNEN, 1981).

Die Schwierigkeit sozialer Versuchsanordnungen liegt einerseits darin, jede Gruppe gleich zu führen und mit Ausweichverhalten der Vpn (z.B. Kichern, witzige Bemerkungen) so umzugehen, daß der Streß- bzw. Angstcharakter nicht zerstört wird; andererseits ist der Nachweis zu führen, daß die angestrebte Wirkung bei den verschiedenen Vpn auch ankommt, sie also unter Streß geraten oder Angst erleben. Üblicherweise erfolgt dieser Nachweis über post-hoc Analysen der in der Situation oder nach der Situation erhobenen psychologischen oder physiologischen Daten. KOHNEN & KRÜGER (1981) haben auf die differentielle Wirkung von sozialen Stressoren aufmerksam gemacht und gezeigt, daß geschlechtsspezifische Unterschiede in Leistungs- und emotional getönten Situationen auftreten können.

Die Effekte sozialer Situationen sind - qualitativ als bloße Aktivierungsänderung oder aber als emotionale Belastung aufgefaßt - beeindruckend; auffallend ist jedoch, daß die Wechselwirkung der "sozialen Behandlung" mit dem Medikationsfaktor nicht im Sinne soziotroper Wirkungen von Medikamenten interpretiert wird, sondern aktivations- oder emotionsabhängig als streßprophylaktische oder anxiolytische Einflußnahme. Hier bietet sich eine Möglichkeit zur Reinterpretation von Untersuchungsergebnissen.

3.2.2. DIE VERWENDUNG VON SITUATIVEN TESTS

Situative Tests (FISKE, 1960, vgl. auch FLANAGAN, 1954; ARGYLE et al., 1981) sind als ein Kompromiß zwischen Beobachtungen des täglichen Lebens und Beobachtungen in den stark kontrollierten experimentellen Konstellationen zu betrachten. ENGLISH & ENGLISH (1958) definieren einen situativen Test als die Messung der Reaktion einer Person auf eine Situation, welche eher ein aktuell adaptives Verhalten denn ein bloßes Testverhalten erforderlich macht. Die Situation kann zwar vom Experimentator geplant worden sein, aber sie muß, unabhängig von ihrem Laborcharakter, von der Person als ein reales Problem aufgefaßt werden, das sie zu lösen hat. Statt standardisierte Reaktionen zu zeigen, kann und soll sie spontan und natürlich reagieren. Ein einfaches (nicht-soziales) Beispiel ist ein moderner Fahrsimulator zur Untersuchung der Fähigkeit zur Führung eines Autos.

Der situative Test überwiegt eindeutig innerhalb der soziopharmakologischen Forschung. Die verwendeten Situationen lassen sich einteilen in

a. Leistungssituationen,
b. Spielsituationen,
c. Therapie-analoge Situationen und
d. Alltags-analoge Situationen.

3.2.2.1. LEISTUNGSSITUATIONEN

Leistungssituationen werden in der Regel auf drei unterschiedliche Weisen gestaltet:

a. als Audience-Situation (*Prot*-aktion), in der ein Individuum vor konkret vorhandenem Publikum bestimmte Leistungsaufgaben zu bewältigen hat,
b. als *Ko*-aktions-Situation, in der eine Gruppe von Vpn die gleichen Aufgaben bearbeitet, ohne jedoch miteinander zusammenzuarbeiten, oder
c. als *Inter*-aktion, in der zwei oder mehr Partner gemeinsam ein Problem lösen sollen.

Ein Beispiel für die *Audience-Situation* ist der sog. Aufrufstreß (KOHNEN & LIENERT, 1980; 1981; KOHNEN & KRÜGER, 1982; 1986a), in der aus einer Gruppe von (z.B.) 6 Vpn jedes Mitglied für jeweils 1 Minute aufstehen und vor den anderen Mitgliedern Kopfrechenaufgaben (z.B. 18+89=?) bearbeiten soll, die ein Versuchsleiter mündlich vorgibt. Ein anderes Beispiel ist die Redeangst-Situation, in der die Versuchsperson über ein beliebig vom Versuchsleiter vorgegebenes Thema referieren soll, wobei die anwesenden Personen als Zuhörer agieren (als vorgestellte Situation ohne konkrete Zuhörer s.3.2.1).

Die *Koaction* wird in allen Gruppenexperimenten (Gruppe im Gegensatz zum Einzelversuch verstanden) realisiert, wenngleich sich die meisten Untersucher der sozialen Komponente solcher Versuchsanordnungen nicht bewußt sind. Als situativer Test, d.h. also als Setting, in dem der Einfluß der an der gleichen Aufgabe arbeitenden Personen als wirksame Größe betrachtet wird, ist die Koactionsbedingung in den Untersuchungen zu den wirkungsmodifizierenden Einflüssen der sozialen Situation regelhaft eingesetzt. Herauszuheben sind innerhalb der Pharmakopsychologie vor allem die Versuchsanordnungen von NOWLIS (NOWLIS & NOWLIS, 1956; NOWLIS, 1958; 1960) in ROCHESTER (s. Kap. 5).

Als Einflußgrößen nennt LENNARD (1964, S.130, er spricht von "system attributes"): Größe der Gruppe, Verteilung von Alter und Geschlecht der Vpn in der Gruppe, Aufgabenorientierung oder fehlende Aufgabenorientierung, Komplexität einer Aufgabe, therapeutische Ausrichtung. Innerhalb der Sozialpsychologie sind diese und andere Merkmale ausgiebig untersucht (vgl. BUNGARD, 1980; ARGYLE et al., 1981).

Beispiele für die *Interaktionssituationen* sind Diskussionsrunden, in denen die beteiligten Versuchspersonen ein vorgegebenes Thema erarbeiten sollen.

Diese Situation ist in den USA bevorzugt angewandt, weil sie ideales Ausgangsmaterial für die Anwendung von BALES' (1950) Interaktionsprozessanalyse liefert (s.u.). Die Themen dieser Diskusssionen haben entweder

a. etwas mit "human relations" zu tun, z.B. mit konkreten Schwierigkeiten im Klinikalltag oder in den Familien der Patienten, oder
b. sie sind künstlich eingeführt wie z.B. die Aufgabe, zu einer vorgegebenen Bildtafel (aus dem TAT) eine gemeinsame Geschichte zu finden (vgl. LENNARD et al., 1967; CHEEK & HOLSTEIN, 1971; SALZMAN et al., 1974; BABOR, 1978).

Als sog. "formale" Settings können sie mit sog. "natürlichen" Settings, also Gesprächen der Patienten im freien sozialen Kontext, leicht verglichen werden. Unterschiede treten selten auf, was dem oben skizzierten Anspruch des situationalen Tests, natürliches Verhalten zu evozieren, unterstreicht.

3.2.2.2. SPIELSITUATIONEN

Spielsituationen haben häufig ebenfalls Leistungscharakter, weil es in ihnen darum geht, zu gewinnen, sei es das Spiel insgesamt oder in Aussicht gestellte Belohnungen wie Geld. Aus der experimentellen Sozialpsychologie übernommen ist das dyadische Prisoner's Dilemma-Spiel ein "mixed-motive-game", das sowohl dem Motiv nach Wettbewerb wie auch dem nach Kooperation Bedürfnisbefriedigung anbieten soll.

Das sog. Gefangenendilemma (LUCE & RAIFFA, 1957; SCODEL et al., 1959; MINAS et al., 1960; RAPAPORT & ORWANT, 1962; zur Übersicht und Kritik vgl. IRLE, 1975, S. 420-424 und MANZ, 1980) gilt als Beispiel für ein Zwei-Personen-Nichtnullsummenspiel. Der Inhalt: "Two suspects are taken into custody and separated. The District Attorney is certain they are guilty of a specific crime, but he does not have adequate evidence to convict them at a trial. He points out to each prisoner that he has two alternatives: to confess to the crime the police are sure they have done, or not to confess. If they both do not confess, then the District Attorney states he will book them on some very minor trumped-up charge such as petty larceny and illegal possession of a weapon, and they would both receive minor punishment; if they both confess they will be prosecuted, but he will recommend less than the most severe sentence; but if one confesses and the other does not, then the confessor will receive lenient treatment for turning state's evidence, whereas the latter will get 'the book' slapped at him" (LUCE & RAIFFA, 1957, S.95). Die beiden Spieler haben in der Rolle der Gefangenen eine Entscheidung zu treffen. Anpassungen des Spieles auf unser Strafrechtswesen berichtet MANZ (1980).

HURST et al. (1969) und STIX (1973) haben innerhalb der soziopharmakologischen Forschung positive Anwendungserfahrungen gesammelt; STIX schlägt es als paradigmatischen Forschungszugang vor, weil sich aus den Spielparametern selbst Wirkungsmaße für soziotrope Pharmakoneffekte ergeben (z.B. Zuwachs an strategischer Rationalität).

Sinn von Gesellschaftsspielen (z.B. MONOPOLY) ist, ähnlich den Diskussions--Situationen (vgl. 3.2.2.1), direkte Interaktionen zwischen den Spieler auszulösen, die dann Gegenstand der Beurteilung durch nicht beteiligte Beobachter oder die beteiligten Spieler selbst werden. Eine Studie mit MONOPOLY stammt von BARTH (1985), der während des Spiels und nach seinem Ende die Methode der *WELTBESCHREIBUNG* (KRÜGER & KOHNEN, 1981) anwandte, mit der Verhalten und Befinden der beteiligten Personen zu beschreiben sind (s.u.). Aus dem MONOPOLY selbst wie auch aus manchen anderen Spielen können auch direkte Maße (die Gewinnsumme, der Rangplatz) erhoben werden.

Das Problem dieser Spiele ist darin zu sehen, daß der Verlauf des Spiels, aber auch Persönlichkeitsmerkmale der Spieler (bei MONOPOLY z.B. das Ausmaß an Extraversion: je stärker ausgeprägt dieses Merkmal ist, umso höher die apriori Gewinnchancen, vgl. KRÜGER & MESCHKE, 1981) bestimmte Gruppencharakteristika determinieren (z.B. lustige vs. ernste Atmosphäre) und sich daraus eine große Intergruppenvarianz ergibt.

Für den Einsatz in soziopharmakologischen Studien wäre die Prüfung der Frage zu fordern, welche "Persönlichkeit" ein Spiel hat oder welche Gefühle es überwiegend auslöst (vgl. MESCHKE & KRÜGER, 1981). Dann könnte vermutlich auch ihr Vorteil gewinnbringend genützt werden, der dann darin liegen würde, daß sie eine bestimmte Tönung des Gruppenprozesses auszulösen helfen: das SYMPATHIE-Spiel führt eher zu affiliativen Gefühlen (KEUCHEL & KOHNEN, 1981), MENSCH-ÄRGERE-DICH-NICHT eher zu einer Differenzierung in Stabile und Labile.

3.2.2.3. GRUPPENDYNAMISCHE und THERAPIE-ANALOGE SITUATIONEN

Gruppendynamische und therapie-analoge Situationen pointieren nicht den Leistungsaspekt, sondern wollen die beteiligten Interaktionspartner dazu veranlassen, eine genuin soziale Situation des Aufeinander-Einwirkens zu gestalten. Um eine gewisse Standardisierung der Situation zu erreichen und damit die Intergruppen-Varianz zu verringern, wird häufig auf Übungen zurückgegriffen, die sich innerhalb therapeutischer Anwendungen bewährt haben. KRÜGER & KOHNEN (1981) haben beispielsweise aus dem sich dafür eignenden Angebot der Gestalttherapie (STEVENS, 1975) eine Reihe von Übungen ausgewählt, die eine systematische Variation der sozialen Distanz zwischen je zwei Personen aus einer Gruppe von Versuchsteilnehmern (6 Personen) ermöglichten. Ein weiteres Angebot stellt die Verhaltenstherapie in ihren Trainingsvorschlägen zur Erhöhung der sozialen Kompetenz (ULLRICH & ULLRICH DE MUYNCK, 1977) zur Verfügung, mit denen unterschiedliche Grade von Unsicherheitserlebnissen zu realisieren sind. Rollenspiele, der klassische Mediator sozialen Lernens und ein wesentliches Element einiger Therapieansätze, wurden von WINKLER (1985) verwendet; in einem Partnergespräch sollte ein Teilnehmer als Ratsuchender ein persönliches Problem im sozialen Umgang mit anderen vortragen, während der andere Teilnehmer in der Rolle eines Beraters die Aufgabe hatte, ihm bei der Suche nach Lösungsmöglichkeiten zu helfen.

Auch diese therapie-analogen Situationen haben den Sinn, Interaktionen zu induzieren, die dann Gegenstand von Beurteilungen und Beobachtungen sind. Allerdings ist es gleichzeitig mit geeigneten Methoden auch möglich, die Wirkung der einzelnen Situationen und die Pharmakonwirkung in der Situation zu erfassen. Der Gewinn aus diesem Vorgehen besteht darin, alltägliche soziale Verhaltensweisen, vor allem aber soziale Schwierigkeiten simulieren zu können. Schwierig sind diese Anordnungen insofern, als zwischen experimentellen Anforderungen (Standardisierung zwischen verschiedenen Gruppen) und Ansprüchen der therapeutischen Situation (Erwartungen der Vpn) vermittelt werden muß.

3.2.2.4. ALLTAGS-ANALOGE SITUATIONEN

Alltagsanaloge Situationen (everyday-settings) wurden vor allem von der Forschergruppe am BALTIMORE CITY HOSPITAL (BIGELOW, GRIFFITHS, LIEBSON, STITZER u.a.) entwickelt. Bewährt hat sich ein Setting, das verbale Interaktionen initiieren soll: in einem Versuchsraum befinden sich zwei Personen, die, an einem Tisch sitzend, eine Stunde gemeinsam verbringen sollen. Sie können ihre Aktivität frei wählen, entweder Zeitschriften anschauen oder auch miteinander reden. Gemessen wird mittels einer stationären Einrichtung die Zeit, die jede der beiden Personen spricht (vgl. GRIFFITHS et al., 1977; STITZER et al., 1981a; STITZER et al., 1984). Die Analogie zu einer Wartezimmer-Situation liegt nahe. Freie Gespräche in Gruppensituationen, in denen via BALES-Methode die Interaktionen beobachtet werden, ist ein zweites, gleichfalls häufig gewähltes Setting (vgl. z.B. BABOR, 1978). Die berichteten Situationen bringen erhebliche organisatorische

Schwierigkeiten in der Klinik mit sich, haben aber gegenüber den Verhaltensbeobachtungen im Klinikalltag (s. nächster Abschnitt) den Vorteil einer besseren experimentellen Kontrolle.

3.2.2.5. KOMMENTAR

Die laborexperimentelle Forschung zum sozialen Verhalten, zu der auch die Verwendung der standardisierten situativen Tests gerechnet werden, birgt eine Reihe von methodischen Problemen, die hier nicht weiter besprochen werden sollen (vgl. dazu BUNGARD, 1980; GILMOUR & DUCK, 1980). Innerhalb der soziopharmakologischen Forschung sind die Möglichkeiten des experimentellen Zugangs zum Sozialen bei weitem noch nicht ausgenützt, so daß eine zusammenfassende Beurteilung noch nicht möglich ist. Ein Vorteil laborexperimenteller Forschung besteht ganz allgemein darin, daß in Untersuchungen mit Gesunden die Versuchspersonen zu einem aktiveren Verhalten angeregt werden: sie sind für die Gestaltung von Interaktionen verantwortlich und müssen sich im sozialen Kontext selbst behaupten. Ausweichen aus der Situation, etwa nach dem Motto: das ist ein Versuch, ich mache halt, was von mir verlangt wird, ist angesichts eines konkreten Gegenübers schwieriger als in Leistungssituation, in der die Versuchsperson eine Leistungsaufgabe vor sich hat. In jedem Fall ist die prinzipielle Voraussetzung gegeben, daß soziotrope Wirkungen von Pharmaka sich entfalten können und beobachtbar werden.

3.2.3. FELDEXPERIMENTELLE UNTERSUCHUNGEN

Der Unterschied zwischen labor- und feldexperimentellen Studien besteht im Grundsatz darin, daß der Untersucher im Labor die sozialen Bedingungen plant und vorgibt (herstellt), im Feld werden sie dagegen in der natürlichen Umgebung einer Person aufgesucht. Die Bedingungskontrolle ist im Feldexperiment entschieden geringer als im Laborexperiment, die Natürlichkeit der Untersuchungsbedingungen und ihre Alltagsrelevanz dagegen drastisch höher. Innerhalb der Sozialpsychologie wird das Feldexperiment zunehmend häufiger als unverzichtbar betrachtet (vgl. GILMOUR & DUCK, 1980), trotz seiner methodischen "Weichheit".

Die u.W. ausführlichste Einführung in beide Forschungsstrategien bieten COOK & CAMPBELL (1975) für das Feldexperiment und FROMKIN & STEUFFERT (1975) für das Laborexperiment; eine Beispielsammlung zum Feldexperiment in der Sozialpsychologie findet sich bei BICKMAN & HENCHY (1972), zum Laborexperiment bei IRLE(1973).

In der Soziopharmakologie wurde feldexperimentelle Forschung vor allem in drei Kontexten durchgeführt:

a. dem Klinikalltag,
b. in Therapiegruppen und
c. im Alltagsleben.

Auch hierzu werden charakteristische Aspekte und Beispiele nachfolgend aufgeführt.

3.2.3.1. STUDIEN IM KLINIKALLTAG

Feldexperimentelle Studien im Rahmen eines stationären Aufenthaltes innerhalb einer KLINIK dominieren in all jenen soziopharmakologischen Studien, die an Drogenabhängigen (Suchtproblematik) durchgeführt wurden (in BALTIMORE und HARVARD). GRIFFITHS et al. (1977) haben mit einer Time-Sampling-Prozedur beobachtet, ob sich die behandelte Person (innerhalb eines gemeinsam genützten Gruppenraumes) in Interaktion mit anderen Patienten befand (mit ihnen sprach, spielte, irgendetwas gemeinsam machte) oder sich alleine beschäftigte. BABOR (1978, vgl. auch BABOR et al., 1976a; 1976b; MENDELSON et al., 1976) unterschied danach, ob die Einnahme von Marihuana oder Heroin dazu führte, daß Patienten sich zurückzogen (Isolation), die Gegenwart von anderen Patienten ohne direkte Interaktion (Koaction) wählten oder mit anderen Patienten zusammen etwas taten (Interaktion). Umgekehrt wurde in beiden Kliniken beobachtet, wie groß in Abhängigkeit von der sozialen Situation, in der sich eine Person befand (Isolation, Koaktion, Interaktion), die konsumierte Menge der jeweiligen Droge im Rahmen von Selbstapplikationsprozeduren war. Der Wert dieser Untersuchungsbedingungen besteht darin, daß die erhaltenen Ergebnisse im Sinne von Erklärungsmodellen für die Ätiologie und die Aufrechterhaltung des Suchtverhaltens unmittelbar Verwendung finden (vgl. STITZER et al., 1981b). Aus anderer Perspektive bilden sie soziotrope Effekte der verwendeten Drogen ab (s.u.).

3.2.3.2. STUDIEN AN THERAPIEGRUPPEN

Die Untersuchung von Pharmakonwirkungen in Therapiesituationen (Gruppentherapie) wurde in HARVARD im Sinne von "formellen" Klinikbedingungen vorgenommen (BABOR et al., 1978). Die Wirkungsbeobachtungen in diesem Kontext unterschieden sich dabei nicht von Wirkungen im freien Klinikalltag. Negative Ergebnisse, d.h. keine Verum-Placebo-Differenzen, in Gruppenversuchen fand eine Schweizer Untersuchergruppe mit verschiedenen Substanzen, in denen die Häufigkeit verbaler aggressiver Äußerungen in einer Gruppensituation mit jeweils 6 männlichen Studenten interessierte (vgl. BATTEGAY et al., 1970; SPIEGEL et al., 1971; BATTEGAY et al., 1974). Dagegen berichteten JAFFE et al. (1972) und NATALE et al. (1979) von positiven Erfahrungen mit einer dyadischen Therapeut-Klient-Situation, wobei sie Sprechparameter als Wirkungsmaße verwendeten. Zwar sind es bisher zur wenige Studien, die praktische Erfahrungen gesammelt haben (bedauerlicherweise werden in den Stuttgarter Untersuchungen (vgl. ENKE & TEUFEL, 1985) keine Pharmaka geprüft); dennoch überrascht es, daß die in laborexperimentellen Anordnungen vielfach gefundenen Effekte nicht in ähnlicher Weise auftreten bzw. nachzuweisen sind.

3.2.3.3. UNTERSUCHUNGEN IN ALLTAGSSITUATIONEN

Untersuchungen im ALLTAG von gesunden Versuchspersonen oder Patienten scheiterten bisher daran, daß eine geeignete Methodik zur Erfassung der Wirkungen von Pharmaka in diesem Bereich nicht zur Verfügung stand. Retrospektive Beurteilungen galten immer schon als unzureichend. Mit der Entwicklung des tragbaren Sprechregistriergerätes LOGOPORT ist ein erster methodisch anspruchsvollerer Zugang zu diesem Lebensbereich erschlossen. BARTH (1985), HEIDENFELDER (1985), KRÜGER (1985), WINKLER (1985) und KOHNEN & KRÜGER (1986) haben in Studien, die sich über mehrere Tage erstreckten, die Validität dieses Sprechaufzeichnungsgerätes ebenso demonstrieren können wie auch die Sensitivität für pharmakonbedingte Veränderungen des Kommunikationsverhaltens. Diese Befunde stehen im Einklang mit den Labor-Ergebnissen aus BALTIMORE (vgl. GRIFFITHS et al., 1977; STITZER et al., 1981a; STITZER et al., 1984), indem sie zeigen, daß das Miteinander-Sprechen ein substantielles und alltagsvalides Element des sozialen Verhaltens von Menschen ist, in dem sich soziotrope Effekte von Pharmaka in der Regel abbilden lassen sollten.

3.2.4 ZUSAMMENFASSUNG

Die Darstellung methodischer Zugänge zum sozialen Verhalten in Labor- und Feldexperiment zeigt, daß in einer Reihe von Vorschlägen Ansätze zur Auslösung und Abbildung soziotroper Wirkungen von Pharmaka entwickelt wurden.

Die Ausrichtung dieser Ansätze ist breit gespannt, vom Streßmodell über Sprechanordnungen bis hin zu Alltagskontakten. Auffallend ist, daß zwar soziale Situationen in den Versuchsanordnungen verwendet, aber keine soziopharmakologischen (sondern aktivierungs- und emotionstheoretische oder klinisch-ätiologische) Hypothesen geprüft werden. Vor dem Hintergrund der sozialpsychologischen Forschung imponiert vor allem, daß die Soziopharmakologie den Minimalkriterien einer Erforschung des realen sozialen Verhaltens regelhaft Rechnung trägt.

Dennoch darf nicht übersehen werden, daß die Zahl soziopharmakologischer Untersuchungen klein ist; der Erfahrungshintergrund, die Differenziertheit der Versuchsanordnungen und der Methoden ist davon nicht unbeeinflußt; das muß nicht zwangsläufig gegen die bisherige und zukünftige Forschung sprechen, wie dies auch nicht die Tatsache tut, daß es in der Regel keine Sozialpsychologen (im Sinne ihrer psychologischen "Herkunft"), sondern klinische oder Pharmakopsychologen sind, die diese Untersuchungen durchführen.

3.3. INDIKATOREN DES SOZIALEN

Indikatoren des Sozialen sind im versuchsplanerischen Verständnis die abhängigen Variablen, also die Meßzugänge (Verfahren), die zur Abbildung der Operationalisierungen des Sozialen angemessen scheinen. Diese Messungen werden auf verschiedenen Ebenen vorgenommen, wie anhand bisheriger empirischer Erfahrungen im nachfolgenden Abschnitt diskutiert wird.

3.3.1.PHYSIOLOGISCHE UND BIOCHEMISCHE INDIKATOREN

Physiologische Überlegungen zur zentralnervösen Steuerung des sozialen Verhaltens gehen einerseits von der Frage aus, welche Hirnregionen an der Steuerung des Sozialen beteiligt sein könnten. KRÜGER & PRIBRAM (1954) haben bereits früh vermutet, daß ein Teilsystem des sog. Riechhirns (Rhinencephalon) diese Funktion ausübe. Zu diesem Teilsystem rechnen sie die phylogenetisch alten Gebiete im frontalen Bereich (area subcollosa) sowie das Septum und den basolateralen Anteil des nucleus amygdalae. Belege für diese Lokalisations-These stammen aus neueren Untersuchungen an Tieren, z.B. von ALBERT & CHEW (1980) zum aggressiven Verhalten oder von CLARKE & FILE (1981) zum aggressiven und affiliativen Verhalten, die jeweils im Septum eine Sozialregion des Hirnes untersuchten. Allerdings ist diese Überlegung nicht so zu verstehen, als wäre die genannte Hirnregion spezifisch für die Beeinflußung des sozialen Verhaltens, d.h. also, daß nur hier soziales Verhalten gesteuert würde und/oder daß aus dieser Region keine Einflüße auf andere Verhaltensaspekte ausgingen. Wie die Beispiele zeigen, ist die Trennung von sozialem Verhalten und es begleitenden Emotionen über zentralnervöse Mechanismen bisher nicht möglich. Damit gewinnen ZNS-physiologische Interpretationen des sozialen Verhaltens an Bedeutung, die eher eine vermittelt-sekundäre Steuerung vermuten lassen, etwa über emotionale Änderungen (z.B. MICZEK et al., 1981) oder über Änderungen im gesamten Aktivierungssystem (z.B. GUTTMANN, 1982). Die Frage, welche Veränderungen des sozialen Verhaltens mit welchen Veränderungen im ZNS und/oder im vegetativen Nervensystem einhergehen, ist gegenwärtig noch nicht eindeutig so zu beantworten, daß spezifische Untersuchungshypothesen (insbesondere zu den Psychopharmaka) formuliert werden könnten. Anzunehmen ist aber, daß Aktivierungsänderungen die Variationen des sozialen Verhaltens begleiten.

Damit werden Indikatoren der psychophysischen Aktivierung wichtig, die allerdings schwierig zu bestimmen sind. In der Regel führt die Ableitung physiologischer Maße zu einer massiven Störung der sozialen Situation. Der Bewegungsspielraum der untersuchten Personen (hier ganz einfach psychomotorisch verstanden) wird eingeschränkt (z.B. durch Kabel oder sonstige Erfordernisse stationärer Meßgeräte) oder die Situation muß zum Zwecke der Messung unterbrochen werden; in beiden Fällen verliert das soziale Verhalten seine Natürlichkeit. Vielversprechend sind hier jedoch methodische Weiterentwicklungen mit transportablen Meßeinrichtungen, die erst eine genuin sozio-physiologisch ausgerichtete Forschung ermöglichen (vgl. WAID, 1974; STEFANSKI, 1984) sollten. Einschlägige positive Erfahrungen mit der telemetrischen Messung der Herzfrequenz in Gruppen haben KRÜGER & KOHNEN (1982) bei der Untersuchung der Frage gesammelt, welchen Einfluß ein Benzodiazepin auf variierende Ausprägungen der sozialen Distanz zwischen je zwei Personen (z.B. einander streicheln vs. miteinander reden) habe, weiter auch bei der Verwendung sozialer Leistungssituationen (KOHNEN & KRÜGER, 1982).

Die Untersuchung sozialer Verhaltensaspekte auf biochemischer Ebene hat im letzten Jahrzehnt im Tierversuch erhebliche Fortschritte gemacht. Catecholamine (MICZEK et al., 1981; Dopamin: GUILD & DUNN, 1982; Serotonin: SCHLEMMER et al., 1979) und Endorphin-Systeme (PANKSEPP et al. 1978; FABRE-NYS et al. 1982; PUGLISI-ALLEGRA & OLIVIERI, 1983) wurden auf ihre agonistischen und affiliativen Wirkungen hin untersucht; die jeweils verfolgten Hypothesen fanden in der Regel Stützung in den Ergebnissen. Besonders interessant sind dabei Hinweise, daß unterschiedlichen sozialen Situationen (z.B. Separations-Stress vs. soziale Bindung) spezifische endokrine Variationen zugeordnet werden können (z.B. Opiatrezeptor-Blockade vs. Opiatrezeptor-Stimulation, vgl. HERMAN & PANKSEPP, 1977). Diese Befunde lassen weiterhin hoffen, daß trotz der Komplexität der interaktiv wirksamen Neurotransmitter-Systeme wie auch der sozialen Interaktionsformen zentralnervöse Basisprozesse für Klassen des sozialen Verhaltens identifiziert werden können - eine Voraussetzung für pharmakologische Erklärungen pharmakonbedingter Änderungen im sozialen Verhalten.

Wiederum schlagen allerdings auch bei der Untersuchung endokriner Vorgänge methodische Probleme zu Buche: Serum- oder gar Liquorproben sind vermutlich nicht zu gewinnen, ohne die soziale Interaktion zu beeinflussen (MCGUIRE et al., 1982). Fortschritte erlauben hier allenfalls Methoden der Bestimmung biochemischer Parameter im Speichel; im sozialen Kontext haben KOHNEN et al. (1986) negative praktische Erfahrungen gemacht; allerdings reicht das bisherige Grundlagenwissen für eine Anwendung im freien Feld des Sozialen noch nicht aus.

Das Defizit an Methoden- und Erfahrungswissen zu physiologischen bzw. biochemischen Indikatoren innerhalb der Soziopharmakologie koninzidiert, das erhellt dieser kurze Überblick, mit einem Defizit an Basiswissen über die zentralnervöse und/oder humorale Steuerung des sozialen Verhaltens überhaupt. Eine deutliche Zunahme an Forschungsaktivität auch in der Verhaltensforschung bietet eine günstige Ausgangsposition für verstärkte Kooperation von Soziopharmakologie und Biologie/Verhaltensforschung (vgl. z.B. VON CRANACH et al., 1979; PAULUS, 1980). Einen Überblick über die Möglichkeiten und Schwierigkeiten neurobiologischer Zugänge zum sozialen Verhalten gibt das Review zur "Sociopharmacology" von MCGUIRE et al. (1982).

3.3.2. SUBJEKTIVE INDIKATOREN

Zu den subjektiven Indikatoren zählen jene Vorgänge, welche sich sozusagen im Inneren einer Person, die sich in einer sozialen Situation befindet, abspielen. Umfaßt werden damit Kognitionen, Gefühle und körperliche Empfindungen, die gegen Indikatoren des Verhaltens abgegrenzt sind. Kognitionen (Einstellungen, Orientierung an Normen, Rollen, Bewertungen usw) sind derzeit als Wirkungsparameter innerhalb der Pharmakopsychologie noch wenig in

Gebrauch; neben den genannten Arbeiten zum Gefangenendilemma (HURST et - al., 1969; STIX, 1974) sind hier vor allem die Untersuchungen im Rahmen der Social Judgment Theorie zu nennen (HAMMOND & JOYCE, 1975). Der wichtigste subjektive Indikator des sozialen Verhaltens ist der Erlebensbereich, insbesondere der Bereich der Emotionen. Dies ist deshalb der Fall, weil, wie oben aus physiologischer Perspektive berichtet, Veränderungen im sozialen Verhalten häufig mit Veränderungen der Emotionen einhergehen. Die Frage: was kommt zuerst? kann nicht eindeutig beantwortet werden: Fluchtverhalten, das Angsterlebnissen folgt, ist ebenso vorzufinden wie Gefühle der Wärme und Geborgenheit nach einer affiliativen sozialen Handlung.

Es sind nicht viele Untersuchungen, die subjektive Indikatoren des sozialen Verhaltens verwendet haben. In der Regel hierher laborexperimentelle Untersuchungen, in denen sich die methodischen Probleme der Datengewinnung bewältigen lassen. Ein Beispiel ist die Anwendung des GOTTSCHALK-GLESER-Verfahrens (1969; hier insbesondere die Hostility-Skala und die Skala Social alienation; vgl. dazu den Literaturbericht von WASKOW, 1967). In der Regel wird aber seit NOWLIS & NOWLIS (1956) so vorgegangen, daß im Anschluß an eine soziale Situation eine Selbstbeurteilungsskala (Eigenschaftswörterlisten, z.B. bei STITZER et al., 1981a) vorgegeben wird. Abbildbar ist das Erleben im Sozialen in einem Gesamtscore oder in Teilscores auf den Dimensionen dieser Skalen. Im deutschsprachigen Bereich steht mit der Eigenschaftswörterliste (EWL, JANKE & DEBUS, 1978) ein einschlägiges Verfahren zur Verfügung, das in zwei Subskalen (Extravertiertheit, Introvertiertheit) soziale Aspekte zu erfassen erlaubt. Die von der BALTIMORE-Gruppe erhobenen Daten sprechen für die Eignung dieses Zugangs zur Beschreibung subjektiver Wirkungen in sozialen Situationen (vgl. GRIFFITHS et al., 1977; STITZER et al., 1977; STITZER et al.,1981a; STIZTER et al., 1984), weil sie hoch mit Verhaltensparametern korrelieren. In der Mehrzahl der vorliegenden Studien kommen selbstkonstruierte Verfahren zum Einsatz, die weiter interessierende Dimensionen des Sozialen messen wollen wie Dominanz, Wärme, Bewertung des Kontakts als angenehm/unangenehm, Unsicherheit, Hostilitität, Aggressivität, Angst, sexuelle Gefühle. BABOR (1978) bemängelt hier zu Recht, daß über die meßtheoretischen Skaleneigenschaften keine Erfahrungen mitgeteilt werden und Ergebnisse, die mit ihnen gewonnen wurden, mit der Hypothek möglicherweise beträchtlicher Meßfehler behaften sein können.

Zwar stehen auch zur Abbildung von körperlichen Empfindungen innerhalb sozialer Situation eine Reihe von Verfahren zur Verfügung, die sich anderswo schon bewährt haben. Es konnte allerdings keine Untersuchung gefunden werden, die diesen Zugang wählte. Allenfalls werden freie Nennungen der untersuchten Personen zu körperlichen Empfindungen gesammelt. Die Vernachlässigung somatischer Veränderungen fällt insbesondere deshalb auf, weil sich Soziales massiv körperlich manifestieren kann, wie der Volksmund weiß: Redewendungen wie "der sitzt mir im Nacken", "der haut mich um", "die geht mir unter die Haut" versinnbildlichen diesen Sachverhalt.

Insgesamt hat die Beschreibung subjektiver Veränderungen in soziopharmakologischen Untersuchung gegenüber Verhaltensmaßen nur nachgeordnete Bedeutung. Damit ist dem Sachverhalt Rechnung getragen, daß sich das Soziale "im Draußen" ereignet und es am Verhalten der beteiligten Personen - quasi objektiv - identifiziert werden muß. Die Argumentation zu den körperlichen Empfindungen wäre ein Beleg dafür, daß sich das Soziale auch "im Drinnen" ereignen kann. Das "beredte Schweigen" oder das Konzept der EMPATHIE deuten darauf hin, daß so etwas wie Synchronisierung zwischen Sozialpartnern möglich ist; im psychotherapeutischen Kontext konnten NATALE et al. (1979) oder die Arbeitsgruppe um ENKE (z.B. KÖLTZOW, 1985) dem Subjektiven diese genuin soziale Dimension bereits zuweisen. Ob allerdings die bisher entwickelten Erhebungsverfahren (Fragebogen) der geeignete methodische Zugang zum Sozialen "im Drinnen" sind oder zu seiner Erfassung ausreichen, muß der Ertrag zukünftiger Forschung zeigen. Hier ist es wichtig, für den vermehrten Einsatz subjektiver Indikatoren sowie für Anstrengung bei der Weiter- und Neuentwicklung geeigneter Verfahren zu plädieren.

3.3.3. VERHALTENSINDIKATOREN DES SOZIALEN

Parameter des sozialen Verhaltens im engeren Sinne, also der interpersonalen Aktivität, sind von zentralem Interesse für die Untersuchung von Pharmaka im Sozialen. Erhellt wird diese Aussage bereits durch die Wortwahl in den Titeln der einschlägigen Arbeiten, wo von Social Interaction (McNAMEE et al., 1968; Thornton et al., 1976; GRIFFITHS et al., 1974) von Interpersonal Behavior (BABOR et al., 1976a,b), von Social Contact (MARTORANO, 1974) oder von Socialization (NATHAN et al., 1970; NATHAN et al., 1971) die Rede ist und solche situativen Bedingungen dem Einzelversuch ohne interpersonale Aktivität gegenübergestellt werden: Social Isolation (NATHAN et al., 1970; BABOR et al., 1976); No Interaction (GRIFFITHS et al., 1974), Solitary Activity (MILES et al., 1974) oder No Social Stress (KOHNEN & LIENERT, 1980) bezeichnen die nicht-sozialen Bedingungen.

Amerikanische Untersuchungen, die eindeutig überwiegen, sind sehr stark anwendungsorientiert; in einer langen Tradition untersuchen vorwiegend Klinikpsychologen die Auswirkungen des chronischen Drogenkonsums auf soziales Verhalten der Abhängigen während Entzug und Rehabilitation (vgl. BABOR, 1978; STITZER et al., 1981b). Dabei waren Verhaltensbeobachtungen möglich, z.B. dahingehend, ob sich eine hospitalisierte Person in Kontakt mit einem Mitpatienten oder dem Personal befindet oder ob sie sich alleine beschäftigt (GRIFFITHS et al., 1977). BABOR et al. (1976a,b) führen als weitere Bedingung die Coaction ein, bei der sich zwei oder mehr Personen ohne direkte Kommunikation mit derselben Sache (z.B. Fernsehen) beschäftigen. Solchen eher globalen Beobachtungseinheiten kommt unmittelbare klinische Bedeutung zu, wie amerikanische Studien mit sog. Selbstapplikations-Anordnungen zeigen können. Bei diesem Ansatz haben Patienten während der Rehabilitation in bestimmten Zeitabschnitten Zugang zur Droge und können eine limitierte Menge nach eigenem Gutdünken konsumieren (vgl. BIGELOW et al., 1975; 1976; MELLO, 1972). Korreliert man konsumierte Menge (Zahl der Zigaretten, Menge der Drinks) mit den Interaktionseinheiten, können klinische (was ändert sich?), pharmakologische (Wirkungseintritt, Wirkungsverlauf) und psychologische (das Soziale als Verstärker) Fragen geprüft werden. Die Erfahrungen mit Selbstapplikations-Prozeduren sind direkt übertragbar in experimentell-psychologische Versuchspläne, wobei hier der Untersucher (doppelblind) a priori festgelegte Dosierungen verabreicht statt sie von der Versuchsperson nach eigenem Gutdünken wählen zu lassen. Pionierarbeit haben in diesem Feld die Psychologen des BALTIMORE CITY HOSPITAL's gelei- stet (vgl. GRIFFITHS et al., 1975; GRIFFITHS et al., 1977; STITZER et al., 1977; STITZER et al., 1981a; STITZER et al., 1981b; STITZER, 1984; STITZER et al., 1984), die neben anwendungsorientierten Problemen bei der Therapie von Drogenabhängigen auch Grundlagenfragen der (Pharmako-)Psychologie (lerntheoretische Modelle) geprüft haben.

Sind im vorhergehenden Abschnitt eher Grobklassen des Verhaltens als Gegenstand der Verhaltensbeobachtung angesprochen, so beschäftigt sich die Beobachtung des nonverbalen Verhaltens im engeren Sinne mit Details des Verhaltens einer Person in der sozialen Interaktion. BABOR (1978) schlägt für die Klassifizierung des Verhaltens in "sozial engagiert" vs "sozial isoliert" folgende Parameter vor: Augenkontakt, entspannte Haltung, sich mit dem Körper anlehnen, Sprechbetonung, Berührung, Aktivität des Gesichtsausdrucks, Handbewegung und physikalische Distanz. DOWRICK (1979) erprobte bei einer Einzelfallstudie mit einem autistischen Kind die Beobachtung einfacher Spielhandlungen wie einem anderen Kind etwas geben oder wegnehmen u.a. (vgl. auch KALVERBOER, 1976; ELLGRING, 1983).

Dominierend bei der Erfassung des sozialen Verhaltens sind freilich nicht Verhaltensbeobachtungen, sondern Maße der sozialen Kommunikation, wie sie innerhalb der sozialen Konversation, im Interview oder in einer Gruppendiskussion erhoben werden können (vgl. dazu die Übersichten bei WASKOW, 1967 und FELDSTEIN & WEINGARTNER, 1981 zur Abbildung von Pharmakonwirkungen in Sprechparametern). Als Verhaltensparameter interessiert dabei nicht der Inhalt eines Gesprächs (wie bei GOTTSCHALK et al., 1965; GOTTSCHALK, 1977; VINEY, 1983) oder die Sprechflüssigkeit (als psychomotorischer Parameter, vgl. SOBELL & SOBELL, 1972; GOTTSCHALK, 1977), sondern der formale Aspekt des Sprechens. Auf der MACRO-Ebene des Sprechens sind erprobte Maße die Dauer eines Gesprächs, die Zeit zwischen zwei Gesprächen oder die Zahl der Gespräche in einem definierten Zeitraum (z.B. bei KRÜGER, 1985; KOHNEN & KRÜGER, 1986), die Beteiligung an einem Gespräch (wieviel Prozent der Gesamtdauer des Gesprächs entfällt auf je einen Partner; z.B. bei JAFFE et - al., 1972; KOHNEN & KRÜGER, 1986 und in den Untersuchungen der BALTIMORE-Gruppe) und die Dauer von Pausen zwischen zwei Gesprächen (KOHNEN & KRÜGER, 1986). Während die genannten Parameter aus Gesprächen oder aus Tagesbeobachtungen gewonnene summative Maße darstellen, können auf der MESO-Ebene des Sprechens als direkte Verlaufsmaße die ON-OFF-Muster des Sprechens, also die Folgen von Äußerungen (Utterances) und Pausen, innerhalb von Sequenzanalysen bestimmt werden (z.B. HEIDENFELDER, 1985) oder auch die Länge von Pausen in einem Gespräch (vgl. STARKWEATHER & HARGREAVES, 1964). Untersuchungen von MICRO-Einheiten des Sprechens (im Millisekundenbereich) sind auf die Digitalisierung der Schallenergie bei hohen Frequenzen angewiesen.

Die Frequenzanalyse bedient sich hoher Digitalisierungsraten (üblicherweise bei 8 KHz) und hat in der Grundfrequenz (SCHERER, 1982) einen auch für pharmakologische Fragen interessanten Parameter. Viel niedrigere Digitalisierungsraten (zwischen 20 und 100 Hz) werden bei der Untersuchung von ON-OFF-Mustern des Sprechens (hier im Mikrobereich) verwendet (vgl. JAFFE & FELDSTEIN, 1970; FELDSTEIN & WELKOWITZ, 1978; KRÜGER, 1986). Dieser letztgenannte Zugang ist deshalb von besonderem Interesse für die Prüfung von Pharmakawirkungen auf das soziale Verhalten, weil er in Rhythmusmaßen oder Sequenzparametern das Aufeinandereinwirken ("Comotions" bei KRÜGER, 1986) zweier oder mehr Sprecher (Dialoge, Multiloge) untersuchbar macht. NATALE et al. (1979) konnten beispielsweise zeigen, daß es in Therapeut-Patient-Gesprächen unter dem Einfluß von Psychotomimetika zu einer Koordinierung des Konversations-Rhythmus beider Gesprächspartner kommt (vgl. auch JAFFE et al., 1972).

Die meisten der hier genannten Ansätze stellen hohe Anforderungen an das eingesetzte Personal bzw. die eingesetzten Methoden. Direkte Beobachtungen des Verhaltens innerhalb der Station sind sorgfältig zu planen und praktisch nur unter Verwendung von Time-sampling-Prozeduren durchführbar (vgl. GRIFFITHS et al., 1977). Die Beobachtungen des nonverbalen Verhaltens sind nur dann reliabel, wenn dazu nötige Rater gut geschult sind. Das Sprechverhalten von Personen in Interaktionen zu untersuchen, verlangt entweder eine fest installierte Möglichkeit zur Aufzeichnung (so in den Untersuchungen der BALTIMORE-Gruppe mittels Kehlkopfmikrofonen; für Frequenzstudien genügen auch Tonbandmitschnitte) oder tragbare Recorder (so das LOGOPORT; vgl. KRÜGER, 1985, 1986; KOHNEN & KRÜGER, 1986).

Alle hier vorgestellten methodischen Zugänge haben sich in soziopharmakologischen Untersuchungen unterschiedlich, mehr oder weniger gut, bewährt, d.h. es konnten auf einigen Ebenen Auswirkungen von Pharmaka auf das soziale Verhalten der untersuchten Person erfaßt werden. Selbstverständlich sind hier die Möglichkeiten der Gewinnung von Indikatoren des sozialen Verhaltens nicht vollständig aufgelistet Im Prinzip sind alle denkbaren Aspekte des Sozialen, soweit sie sich im Verhalten äußern, als Prüfgrößen für Pharmakonwirkungen zu verwenden. Einschlägig sind hier die Erfahrungen der Verhaltenstherapeuten, die in ihren Aktivitätsinventaren einen Fundus an beobachtbaren Merkmalen vorgelegt haben. BABOR et al. (1976a,b) haben mit dem Behavior Inventory ein Instrument vorgelegt, das über Selbstbeschreibungen der untersuchten Person diese Linie aufgreift. Aber auch die Häufigkeit von Telefongesprächen, die Häufigkeit, mit der sich eine Person zu sozialen Ereignissen außer Haus begibt, die Häufigkeit, mit der eine Person eine soziale Interaktion einleitet usw. sind einfach zu erhaltende, direkte Maße des sozialen Verhaltens. Weitgehend ungenützt sind Distanzmaße, also z.B. die physikalische Entfernung zwischen zwei Personen, wie sie die Verhaltensforschung mit Gewinn anwenden konnte (vgl. PAULUS, 1980).

3.3.4. DIE SOZIALPARTNER ALS DATENQUELLE

Eine Besonderheit des sozialen Verhaltens ist sein prozessuales Geschehen als Wechselwirkung zwischen einer Untersuchungsperson und ihrem Sozialpartner (oder mehreren Sozialpartnern bei Gruppenstudien). Damit ist es möglich, den anderen in differenzierter Weise in die Untersuchung der Wirkungen von Pharmaka auf soziales Verhalten direkt mit einzubeziehen. LENNARD et al. (1967) haben gefordert, in Bezug auf den Sozialpartner folgende Aspekte zu untersuchen:

a. Veränderungen im Verhalten der Person, die mit der behandelten Person interagiert;
b. das Ausmaß, in dem Sozialpartner Veränderungen am Verhalten der behandelten Person wahrnehmen.

Ist unter a. das Verhalten des Sozialpartners im Sinne eines (indirekten) Wirkungsparameters zu betrachten, so wird unter b. die Kontaktperson zum kompetenten Beurteiler des Verhaltens der behandelten Person, liefert damit ein direkteres Wirkungsmaß ab.

Veränderungen im Verhalten der Personen, die mit der behandelten Person interagieren, sind vor allem von der BALTIMORE-Gruppe untersucht worden. In Dialogsituationen mit einer behandelten und einer unbehandelten Person wurde der Anteil bestimmt, in dem beide Personen während einer experimentellen Einheit von 50 Minuten gesprochen haben. Die Ergebnisse aus Meßwiederholungsstudien zeigen, daß kein genereller Effekt beim Partner zu beobachten ist, daß aber in Einzelfällen die Wirkung beim Partner in gleicher Richtung wie bei der behandelten Person auftritt (GRIFFITHS et al., 1977). Andere Untersuchungen (STARKWEATHER, 1959; CHEEK, 1963; REISS & SALTZMAN, 1973; SICE et al., 1975) berichten ebenfalls Befunde über Wirkungen am Partner und durch den Partner. Die Einbeziehung des Sozialpartners verlangt eingehende und systematische Untersuchungen, die derzeit nur vereinzelt vorliegen (z.B. STARKWEATHER, 1959). Dazu muß der Sozialpartner gleichfalls behandelt werden (ein zusätzliches Treatment im Versuchsplan), so daß alle Kombinationen zwischen der Behandlung der Versuchsperson und ihres Partners (Verum-Verum, Verum-Placebo, Placebo-Verum, Placebo-Placebo) prüfbar sind. In Gruppenuntersuchungen haben NOWLIS & NOWLIS (1956) jedenfalls feststellen können, daß sich die Wirkungen einzelner Substanzen in der Gruppe in Abhängigkeit von der Behandlung, die die einzelnen Mitglieder der Gruppe erhielten, veränderte: ein Sedativum wirkt nur dann bei einem Gruppenmitglied sedierend, wenn auch die anderen Mitglieder diese sedierende Substanz erhalten haben, nicht aber, wenn die Partner mit einem Stimulanz behandelt wurden (s. Kapitel 5).

Auffallenderweise ist der zweite Untersuchungsansatz (b.), der den Sozialpartner als kompetenten Beurteiler des Verhaltens der behandelten Person einbezieht, in den amerikanischen Untersuchungen bisher nicht verfolgt worden. KRÜGER & KOHNEN (1981) haben in ihrer Methode der sog. "Weltbeschreibung" ein psychologisches Konzept vorgelegt, das diese Datenquelle erschließt (s. dazu den empirischen Teil dieser Arbeit).

Neben den unter a. und b. genannten Verfahren werden in Studien mit Gruppen häufig auch Analysen der Interaktionen zwischen den Gruppenmitgliedern vorgenommen. Einschlägig ist hier insbesondere die BALES'sche Methode der Analyse des Interaktionsprozesses in Kleingruppenuntersuchungen (BALES, 1950) und ihrer Adaptationen (vgl. MCGRATH & KRAVITZ, 1982). Meist handelt es sich um aufgabenorientierte Gruppen, deren Interaktionen systematisch beobachtet werden; diese Beobachtungen werden dann im Hinblick auf formale Aspekte (instrumentelle Akte: wer gibt, wer empfängt?) und die emotionale Tönung des Gruppenprozesses (expressive Akte: z.B. Hostilität, Anspannung, Solidarität) in verschiedene Dimensionen integriert. Eine Sammlung einschlägiger Arbeiten ist in WASKOW (1967) aufgeführt.

Dem Einbezug des Sozialpartners kommt bei der Untersuchung von soziotropen Wirkungen von Pharmaka ganz entscheidende Bedeutung zu; erst das Vorhandensein von Partnern konstituiert eine soziale Situation. In den meisten Parametern des Sprechens ist das aufgefangen, was das Soziale der sozialen Situation ausmacht. In diesem Abschnitt wurde der andere explizit eingeführt. Es ist wichtig, sich die beiden prinzipiell möglichen Zugänge noch einmal vor Augen zu führen und ihre methodischen Implikationen zu bedenken:

a. Der eine Zugang (Forderung a. bei LENNARD et al. (1967), s.o.) betrachtet *individuelle* Wirkungen von Pharmaka auf die an einer sozialen Interaktion beteiligten Personen; die Wirkungen können an deren Verhalten beobachtet oder über Beschreibungen ihres Befindens erfragt werden. Die Interaktion wird hier als situativer Test (FISKE, 1960) aufgefaßt, in dem sich soziotrope und soziopathotrope Wirkungen von Pharmaka entfalten können. Die Analogie zur Erfassung von Veränderungen der Leistungsfähigkeit in Leistungssituationen ist evident.

b. Der andere Zugang (Forderung b bei LENNARD et al. (1967), s.o.) sieht dagegen *die Interaktion als Einheit*, der besondere Eigenschaften, auch durch Pharmaka variierbare Eigenschaften, zukommen. Die Untersuchung von Gruppenprozessen verlangt ein gänzlich anderes Instrumentarium als die Untersuchung des Verhaltens eines Individuums innerhalb einer Gruppe. Bereits Kurt LEWIN (1951) hat in methodischen Vorschlägen zur Untersuchung von Gruppen nahegelegt, zwischen einer direkten Beobachtung von Eigenschaften einer ganzen Gruppe und der Beobachtung des Verhaltens eines Gruppenmitglieds strikt zu trennen. Zugrunde liegt dieser Empfehlung der Gegensatz zwischen Holismus und Individualismus, wie ihn die Gestaltpsychologie untersucht. Die Frage, ob Gruppenverhalten aus der Summe des Verhaltens der einzelnen Gruppenmitglieder (Individualismus) erklärbar sei oder aber mehr als diese Summe, wurde von LEWIN eindeutig zugunsten des Mehr beantwortet Eine Uminterpretation der oben bereits erwähnten Erfahrungen von NOWLIS & NOWLIS (1956; vgl. auch NOWLIS, 1958; 1960) stützen diese Trennung: NOWLIS hatte auf den die Pharmakonwirkung modifizierenden Einfluß der Gruppe beim Einzelnen abgehoben; in der hier verfolgten Sichtweise würden seine Befunde als nicht-additive Wechselwirkung zwischen den Behandlungen der einzelnen Gruppenmitglieder schließen las- sen; diese Wechselwirkung ist die Eigenschaft der Gruppe.

Alle Untersuchungsansätze, die lediglich individuelle Wirkungen (als einzige Datenquelle) erheben, müssen sich die Frage gefallen lassen, ob der beobachtete Effekt verallgemeinerbar auf andere als die untersuchten Bedingungen ist oder ob er lediglich unter bestimmten sozialen Gegebenheiten zu erwarten ist. Eine Antwort auf diese Frage verlangt den Rückgriff auf die zweite Datenquelle, die im Wesentlichen aus Eigenschaftsparametern des Gruppenprozesses besteht. Daß beide Datenquellen erschlossen werden sollen, die individuelle und die Gruppenebene zu betrachten sind, macht die ganze Schwierigkeit der Untersuchung soziotroper Wirkungen von Pharmaka durchsichtig.

3.3.5. ZUSAMMENFASSUNG

Der Überblick über verwendete und vorhandene Verfahren zur Messung soziotroper Wirkungen von Pharmaka zeigt, daß auf allen Ebenen, die sich in der pyschopharmakologischen und der pharmakopsychologischen Forschung bewährt haben (vgl. DEBUS & JANKE, 1978), einschlägige Erfahrungen vorliegen. Gegenüber der bisherigen Forschung haben sich allerdings die Gewichte der einzelnen Ebenen deutlich verschoben. Physiologisch/biochemische und subjektive Verfahren sind bisher von untergeordneter Bedeutung gewesen; sie sind es gegenwärtig vor allem deshalb noch, weil Adaptationen oder Neuentwicklungen für die Anwendung im Sozialen und die Erfassung soziotroper Effekte weitgehend ausstehen. Es dominieren Verhaltensparameter, insbesondere Sprechmaße, die objektiv zu gewinnen und valide für den Zugang zu einem zentralen Bereich des menschlichen Sozialverhaltens, der Kommunikation, einzusetzen sind. Das Methodenrepertoire zur Beschreibung des sozialen Verhaltens erlaubt im Labor und im Feld eine breite Anwendung. Während die *individuumsorientierte* Erforschung der Wirkungen von Pharmaka auf soziales Verhalten in den letzten Jahren deutliche Fortschritte - im Sinne einer systematisch vorgehenden Strategie - gemacht hat, ist das Interesse an *systemischen* Wirkungen derzeit noch nicht erwacht. Wir haben dafür vor allem methodische Defizite verantwortlich gemacht; mit gleichem Recht kann aber auch auf das Forschungsinteresse der Untersucher verwiesen werden, das sich vor allem in den USA auf den Patienten als Individuum richtet.

4. WIRKUNGEN VON PHARMAKA AUF SOZIALES VERHALTEN

Nach der Darstellung methodischer Zugänge zum sozialen Verhalten auf verschiedenen Wirkungsebenen werden nun Erfahrungen aus einschlägigen E V A - L U A T I O N S - Untersuchungen über Pharmakonwirkungen im Sozialen (entsprechend der Aufteilung in Kapitel 2.4.) zusammengefaßt. Diese Untersuchungen wurden durchgeführt

a. im Rahmen von Forschungsarbeiten zum Drogenmißbrauch
b. als Arbeiten der klinischen Psychopharmakologie und
c. als pharmakopsychologische Studien.

Die größte Zahl an Arbeiten existiert innerhalb der Verhaltenspharmakologie am Tier, die hier nur passager betrachtet wird. Die Einteilung der nachfolgend dargestellten Wirkstoffe oder Wirkstoffklassen orientiert sich an dem Klassifikationsschema von PÖLDINGER (1982). Die Angaben zur Wirkungsweise der einzelnen Substanzen entstammen dem ROCHE LEXIKON Medizin (1985).

4.1. HYPNOTIKA

Unter den Hypnotika sind jene Substanzen besonders untersucht, für die eine psychophysische Abhängigkeit bekannt ist. Dies sind Alkohol und Barbiturate.

4.1.1. ALKOHOL

Im Alltagsverständnis werden dem Alkohol in der Regel förderliche (löst die Zunge), gelegentlich aber auch hinderliche (macht die Zunge schwer) Wirkungen auf das soziale Verhalten zugeschrieben. Daß Alkohol den sozialen Kontakt erleichtert, geht aus Studien an freiwilligen Versuchspersonen hervor.

PLINER & CAPPELL (1974) entwickelten für Verhaltensbeobachtungen einen sog. "amusement index", der die Häufigkeit des Vorkommens von Verhaltensweisen wie Lächeln, lautes Gelächter, Späßemachen u.a. in einer sozialen Situation erfaßt. Sie konnten zeigen, daß dieser Index in Gruppen von je drei normalen Freiwilligen nach Alkoholgabe (0.5 mg/kg) im Vergleich zu Placebo-behandelten Kontrollgruppen höher war. SMITH et al.(1975) verwendeten Sprechmaße aus Dialogen: akut verabreichte Dosen von Alkohol (1 ml reiner Alkohol pro kg Körpergewicht), die beide Gesprächspartner erhielten, führten im Vergleich zur Nichtbehandlung zu einem kleinen Anstieg in der Dauer des Sprechens, in der Häufigkeit, mit der Gespräche begonnen wurden und in dem Anteil des gleichzeitigen Redens (sich überlappende Gesprächsteile).

Systematische Untersuchungen der BALTIMORE-Gruppe stützen gleichfalls die Hypothese einer sozial positiven Wirkung des Alkohols. STITZER et al. (1981a) untersuchten, ebenfalls in dyadischen Interaktionen, Versuchspersonen gleichen Geschlechts über mehrere 1-stündige Sitzungen hinweg unter Alkohol in verschiedenen Dosierungen (1,2,4,5,6 oz (1 oz = 29.6 ccm oder 11.1 mg), eines 48 %igen-Alkohols (=95 proof) in Fruchtsaft) auf Auswirkungen im Sprechen. Dazu hatten sie eine festinstallierte Einrichtung entwikkelt, die automatisch und für jeden Teilnehmer getrennt mittels Kehlkopfmikrofon alle Lautäußerungen in einem fix vorgegebenen Zeitintervall (1 Stunde) aufzeichnet. Nur ein Partner erhielt Alkohol, der andere Partner dagegen Placebo. Dosisabhängig stieg die Sprechzeit beim Alkoholbehandelten Partner an, während der Placebo-behandelte Partner keine Veränderungen im Sprechen zeigte.

Die Autoren der genannten Studien interpretieren die Alkoholwirkungen im Sinne einer Erhöhung oder Erleichterung der sozialen Konversation (Facilitations-Hypothese).

Einheitlich sind die Befunde aber nur bei fester Verabreichung des Alkohols. Studien, in denen der Alkohol im Rahmen einer mehrtägigen Untersuchung in einer Klinik frei zugänglich war und die "normalen" Versuchspersonen selbst entscheiden konnten, wann und wieviel sie trinken wollten (die sog. Selbstapplikations-Bedingung), erbrachten widersprüchliche Ergebnisse: MCGUIRE et al. (1966) beobachteten förderliche Wirkungen des Alkohols (keine Dosisangaben) im Vergleich zu Untersuchungszeiten, in denen kein Alkohol verfügbar war, während NATHAN & O'BRIEN (1971) sowie BABOR et al. (1978a) keine Unterschiede zwischen beiden Versuchsbedingungen fanden und auch keine Dosis-Wirkungs-Kurve bestimmen konnten. Als Indikator für Wirkungen im Sozialen wurde die Variable "Socializing" verwendet, worunter die unterschiedliche Nutzung des freien Zugangs zu allen Stationsbereichen (sich in die Isolation zurückziehen, Kontakt mit Personal oder Patienten/-Vpn suchen) verstanden wird.

Patienten-Studien (Alkoholabhängige) mit Selbstapplikationsprozeduren erbrachten bereits in den Pionierarbeiten (MENDELSON, 1964; MCNAMEE et al., 1968) den Nachweis, daß das soziale Verhalten, das bei diesen Patienten in hoher Auftretensrate vorkommt, auch bei starkem Trinken intakt bleibt und erst bei sehr hohen Alkoholdosen zusammenbricht. Die Untersuchung unmittelbarer Alkoholwirkungen, also in Zeiträumen kurz nach Alkoholeinnahme, zeigte eine Erhöhung des Auftretens sozialer Verhaltensweisen (DIETHELM & BARR 1962; DOCTER & BERNAL, 1964; MCGUIRE et al., 1966; THORNTON et al., 1976). GRIFFITHS et al.(1974) fanden, daß soziales Verhalten unter Alkoholeinfluß häufiger auftrat als an Tagen, an denen kein Alkohol verfügbar war. Besonders eindrucksvoll konnte die Facilitation-These von GRIFFITHS et al.(1975) belegt werden; in ihrer Versuchsanordnung war eine Wahlmöglichkeit (Verstärker) zwischen Geld und sozialem Kontakt dafür vorgegeben, daß die Patienten unter Selbstapplikationsbedingungen eine bestimmte Alkoholmenge nicht überschritten. Sozialer Kontakt wurde unter Alkoholeinfluß im Vergleich zur Placebobehandlung signifikant häufiger gewählt als Geld.

Die berichteten Studien belegen übereinstimmend, daß Alkohol auch bei chronischen Alkoholikern das Auftreten sozialen Verhaltens begünstigt (im Sinne einer quantitativen und/oder qualitativen Steigerung). Den Untersuchern, die diesen Nachweis nicht erbringen konnten (NATHAN et al., 1970; NATHAN & O'BRIEN, 1971; NATHAN et al., 1971; MARTORANO, 1974), wird vorgeworfen, durch ihre Versuchsanordnungen die Möglichkeiten für das Auftreten sozialen Verhaltens eingeschränkt zu haben (vgl. GRIFFITHS et al., 1978). Die Annahme, daß Alkohol das Auftreten sozialen Verhaltens behindere, wird durch die berichteten Befunde weitgehend als unzutreffend belegt. Sie entspringt wohl eher dem Stereotyp des Alkoholikers, der als sozial isoliert und mit geringer Motivation oder Fähigkeit zum Eingehen von interpersonalen Beziehungen gilt (vgl. z.B. NATHAN et al., 1972).

Eine weitere Annahme, daß Alkohol auch ungünstige Auswirkungen im Sinne einer Zunahme von aggressivem Verhalten zeige, diskutieren CARPENTER & ARMENTI (1972) ausführlich im Rahmen der sog. Disinhibitionsannahme (Alkohol setzt gehemmte Aggression frei). In einer kritischen Übersicht der vorliegenden Forschungsbefunde kommen sie zu dem Schluß, daß Alkohol aggressives (auch sexuelles) Verhalten nicht direkt herbeiführe. Alkohol modifiziere lediglich den Ausdruck aggressiven Verhaltens, wenn im Rahmen des situativen Kontextes aggressives Verhalten angemessen sei. JOYCE et al. (1970) haben in einem experimentellen Konfliktparadigma gleichfalls keine aggressionsauslösenden Alkoholwirkungen im Vergleich zu einer Kontrollbehandlung festgestellt. An negativen Effekten des Alkohols bleibt also nur der Zusammenbruch der sozialen Interaktion bei extrem hohen konsumierten Mengen (vgl. STITZER et al., 1981a).

4.1.2. BARBITURATE

Barbiturate wirken auf den Hirnstamm im Sinne der Beeinflussung der physiologischen Schlafbereitschaft und werden klinisch als "Ein-" und "Durch"-Schlafmittel eingesetzt. Es konnten lediglich zwei Studien gefunden werden, die die Auswirkungen von Barbituraten (Secobarbital) auf soziales Verhalten explizit beschreiben. REISS & SALZMAN (1963) verabreichten 175 mg Secobarbital an das männliche Mitglied einer Drei-Personen-Familie, die als Gruppe eine Problemlösungsaufgabe bearbeiten sollte. Die Autoren beobachteten eine deutliche Förderung der verbalen Interaktion nicht nur beim (behandelten) Mann, sondern auch bei den anderen (nichtbehandelten) Mitgliedern der Familie, die unter Kontrollbedingungen nicht auftrat. STITZER et al. (1981a) untersuchten in der oben beschriebenen dyadischen Laborsituation unterschiedliche Dosierungen von Secobarbital (30 - 300 mg) und konnten dosisabhängig eine Zunahme des Sprechens beim behandelten Partner konstatieren, während der nicht-behandelte Partner keine konsistenten Wirkungen erkennen ließ.

Überraschend an diesen Befunden ist die sozial-förderliche Wirkung der Barbiturate. Im Leistungs- und Befindensbereich ist bekanntlich eine hinderliche Wirkung im Sinne einer Leistungsbeeinträchtigung und eine Sedierung der Regelbefund. Secobarbital gleicht in seiner Wirkung dem Alkohol, der, zumindest ab dem mittleren Dosierungsbereich (DÜKER, 1963), bei Leistungsaufgaben ebenfalls ungünstige Wirkungen herbeiführt, während, wie oben berichtet, das soziale Verhalten eher günstig beeinflußt wird.

4.2. NEUROLEPTIKA

Die bisher berichteten Befunde legen die Vermutung nahe, daß soziales Verhalten quasi invariant durch die Applikation von Pharmaka positiv beeinflußt würde und die Veränderung des sozialen Verhaltens treatmentunspezifisch, z.B. im Sinne eines HAWTHORNE-Effekts zu beurteilen wäre: in einer Klinik-Umgebung ein Medikament zu erhalten, fördere generell sozial erwünschtes Verhalten. Daß dem nicht so ist, zeigen Ergebnisse aus Studien mit Neuroleptika. Neuroleptika sind antipsychotisch wirksame Substanzen, die den vitalen Antrieb reduzieren und Erregung und Aggressivität dämpfen sollen. Bei geringer Dosierung führen sie lediglich zu einer affektiven Entspannung.

LENNARD et al. (1967) beschrieben in einer Studie mit 3-Personen-Gruppen, von denen ein Mitglied mit 50 mg Chlorpromazin behandelt worden war, daß die behandelte Person sowohl weniger Kommunikation begann als auch weniger kommunikative Zuwendung erhielt. Interviews mit Psychiatrie-Patienten (Streßinterviews mit dem Interaktions-Chronographen; s. CHAPPLE, 1949) zeigen ebenfalls eine Abnahme des verbalen Verhaltens im Gefolge einer Behandlung mit verschiedenen Neuroleptika (TUASON & GUZE (1961) bei einem gemischten Patientengut (Neuaufnahmen in der Klinik); WOOD et al.(1961) mit Schizophrenen). In der bereits erwähnten BALTIMORE-Studie (STITZER et al., 1981b) hatte jeweils ein Partner einer Dyade Dosierungen von Chlorpromazin zwischen 25 und 100 mg erhalten. Beim behandelten und beim nicht-behandelten Partner trat dosisabhängig eine Abnahme der Menge des Sprechens auf, die an substanzfreien Tagen wieder zurückging. Belege aus Tierversuchen stützen eindeutig diese Beobachtungen von soziopathotropen Wirkungen der Neuroleptika (vgl. MCGUIRE et al., 1982, S.647).

Die für das soziale Verhalten eher ungünstigen Wirkungen der Neuroleptika scheinen der psychiatrischen Erfahrung zu widersprechen, wonach im Gefolge einer Neuroleptika-Behandlung bei Schizophrenen eine verstärkte und realitätsangemessenere Zuwendung zur Umwelt stattfindet. Die Auflösung des Widerspruchs ergibt sich aus der Betrachtung der Versuchsbedingungen. Die oben berichteten Studien untersuchten in der Regel Einmalgaben (Akutversuch) von Neuroleptika in ihren Wirkungen auf das soziale Verhalten, dies sowohl an Versuchspersonen wie Patienten. Die psychiatrische Erfahrung beruht dagegen normalerweise auf Verlaufsbeobachtungen über längere Zeiträume. Werden Langzeitstudien aus der Psychiatrie betrachtet, so lassen sich die klinischen Erfahrungen durchaus empirisch belegen. VAN LOMMEL et. al. (1972) konnten für Pimozid resozialisierende Effekte belegen, die allerdings nur in einem das soziale Verhalten stimulierenden Setting auftraten (Soziotherapie), nicht aber auf der Station. Ähnliche Befunde berichten COLLARD (1979) zum Pimozid und BARNES et al. (1983, hier auch eine Übersicht über Literatur zu soziotropen Effekte von Neuroleptika bei Schizophrenien), die Pimozid und Depot-Fluphenazin untersuchten. Zu interpretieren ist dieser resozialisierende Effekt vermutlich als sekundäre Wirkung, die nach Beseitigung halluzinatorischer Symptome und/oder hochgradiger Erregungszustände möglich wird. BARNES et al. (1983) verweisen darauf, daß die schizophrene Symptomatik auch eine Belastung für die Umwelt der Pa- tienten darstellt, die unter Neuroleptika-Behandlung abklingt; dadurch wird eine Art "natürlicher" Prozess der Wiederherstellung der sozialen Beziehungen möglich. Unter Umständen ist auch eine direktere Wirkungen der Substanzen denkbar, wofür vor allem ihre klaren antiaggressiven Wirkungen sprechen (vgl. ITIL & WADUD, 1975).

Die Ergebnisse machen für Neuroleptika mehr als für jede andere Substanz deutlich, daß zwischen akuten und chronischen Effekten zu unterscheiden ist. Weiter wird unter diesem Aspekt zu trennen sein zwischen Wirkungen bei Schizophrenen und Wirkungen an Normalen. Als drittes Konstituens für die Neuroleptika-Forschung zum sozialen Verhalten ist ein Einbezug des sozialen Settings unumgänglich. Für psychologische Forschungen stellen Neuroleptika (in nicht zu geringen Dosierungen) eine sinnvolle Kontrollbedingung dar, unter der soziopathotrope Wirkungen zu erwarten sind.

4.3. TRANQUILIZER

Tranquilizer sind Beruhigungsmittel, ohne antipsychotische Eigenschaften, die psychische Einflüsse auf das Vegetativum hemmen und bei Angst und Spannungszuständen dämpfend (anxiolytische Wirkung) wirken sollen, ohne müde zu machen. In diesem Abschnitt werden ausschließlich Benzodiazepin-Derivate betrachtet.

Überraschenderweise ist trotz der therapeutischen Bedeutung der Benzodiazepine in den vergangenen 25 Jahren (PFLANZ et al. (1977) registrierten, daß 14.7% der Männer und 27.1% der Frauen, die eine Zufallsstichprobe von Bewohnern Hannovers im Alter von 50 Jahren darstellten, regelmäßig Tranquilizer einnahmen) in der internationalen Literatur im Vergleich zu anderen Pharmaka wenig systematische Forschung über die Auswirkungen von Tranquilizern auf das soziale Verhalten berichtet. Von Interesse war vor allem in den 70er Jahren die Beobachtung, daß im Gefolge der anxiolytischen Wirkung dieser Substanzen vermehrt aggressives Verhalten auftrat bis hin zu paradoxen Wutreaktionen (DAILY & KANE, 1965). Aus Tierversuchen, die im Wesentlichen Pro- und Contrabelege für diese klinische Erfahrung brachten, stammt der interessante Befund, daß die Attacken gegen einen provokativen Reiz durch Tranquilizer nicht beeinflußt wurden, wohl aber defensiv-aggressives Verhalten reduziert wurde (HOFFMEISTER & WUTTKE, 1969; LANGFELDT & URSIN; 1979). DIMASCIO (1973) berichtet in einem Review zu Humanversuchen widersprüchliche Ergebnisse: es wird sowohl eine Zu- wie eine Abnahme des aggressiven Verhaltens vermerkt; in seinen eigenen Untersuchungen beobachtete er vermehrtes Auftreten aggressiven Verhaltens. SALZMAN et al.(1974) vermerkten lediglich eine Zunahme hostiler Tendenzen, die nur dann verhaltenswirksam werden, wenn der situative Kontext (Frustration) das Auftreten aggressiven Verhaltens begünstigt. BATTEGAY et al. (1974) konnten im Rahmen einer Gruppentherapie keine Zunahme verbalen aggressiven Verhaltens registrieren, was sie damit erklären, daß in der Therapie-Situation nicht genügend aggressive Interaktionen provoziert werden konnten. Die Frage nach einer Zunahme oder Abnahme aggressiven Verhaltens unter Tranquilizer-Einfluß muß nach Durchsicht der einschlägigen Literatur als nach wie vor offen bezeichnet werden. DIMASCIO (1973) meint,daß die drch Tranquilizer möglicherweise erhöhte Hostilität entweder den Untersuchern nicht auffällt (weil sie nicht darauf achten) oder aber sogar ein wünschenswerter Effekt im Sinne einer verbesserten Assertivität sei.

Untersuchungen zu positivem sozialen Verhalten sind noch seltener als die Aggressionsstudien. Lediglich STIX (1974) hat methodisch anspruchsvolle Studien mit Chlordiazepoxid in Konfliktsituationen (Prisoner's Dilemma) durchgeführt und erhoben, daß die Substanz im Vergleich zu Plazebo und mehr noch im Vergleich zur Nichtbehandlung eine Steigerung des kooperativen Verhaltens auslöst, das kompetitive Element, das in dieser Anordnung enthalten ist, dagegen zurücktritt. BACK et al. (1970) fanden bei normalen Vpn eine erhöhte Zunahme an Konformität bei falschem Gruppenfeedback, was sie auf pharmakonbedingte Erhöhung von Anspannung und Angstgefühlen zurückführen. Es sind daher vor allem Tierversuche, die den positiven Effekt von Tranquilizern unterstreichen: MILHAUD et al. (1973) zeigten an Schimpansen, daß Einzelaktivitäten nach Diazepam-Gabe abnahmen, Interaktionen mit den Beobachtern und Lautäußerungen dagegen zunahmen. THIERRY et al. (1984) fanden eine Verlängerung des Begrüßungsverhaltens bei Rhesusaffen unter Diazepam gegenüber Amphetaminbehandlung, Präsentieren (das Tier wendet seinem Partner das Hinterteil zu und hebt den Schwanz) trat dagegen verkürzt auf; zu interpretieren ist dieser Effekt als eine konstruktive, nicht-aggressive Bewältigung einer Krisensituation. DELGADO et al. (1976) wiesen auf, daß Diazepam vor allem bei subordinierten Tieren (Rhesusaffen) Verhaltensänderungen hervorruft, die u.a. dominante Tiere dazu veranlaßt, - weil ihre Position nicht gefährdet ist, sich ihnen gegenüber weniger aggressiv zu verhalten. Es liegt nahe, diese Beobachtungen im Sinne einer entspannenden und damit Bedrohung reduzierenden Wirkung der Tranquilizer zu interpretieren.

Im deutschsprachigen Bereich wurden in Tranquilizerstudien mit gesunden Versuchspersonen in der Arbeitsgruppe um LIENERT (LIENERT, KOHNEN, KRÜGER) vielfache Erfahrungen gesammelt. In der sozialen Leistungssituation des sog. Aufrufstresses (Lampenfieber- und Versagensangst-Situation), konnten für verschiedene Benzodiazepine (Cloxazolam, Lopirazepam) leistungsfördernde Wirkungen aufgezeigt werden, während physiologische Messungen keine Unterschiede zu Placebo erbrachten (vgl. KOHNEN & LIENERT, 1980; 1981; KOHNEN & KRÜGER, 1982). Unter Verwendung eines gruppendynamischen Programms wurden dosisabhängige Wirkungen von Prazepam beobachtet (KRÜGER & KOHNEN, 1982). Die Interpretation aller Befunde basiert auf dem Aktivationskonzept sog. sozialer Stressoren: positive Tranquilizer-Wirkungen werden im Sinne einer Entlastung von der Wirkung der sozialen Situation erläutert. In den Studien von KOHNEN & KRÜGER fiel auf, daß das Geschlecht der Versuchspersonen die Streß-Wirkung der sozialen Situation und damit auch die Präparateffekte entscheidend beeinflußt; Frauen sind danach in sozialen Situationen mit interpersonalen Fragestellungen stärker belastet, Männer in sozialen Situationen mit Leistungscharakter; beide Geschlechter erfahren hier jeweils die deutlichsten Pharmakonwirkungen. Unter Anwendung der sog. Weltbeschreibung haben KRÜGER & KOHNEN (1981) mit Prazepam zeigen können, daß die Interaktionen mit den Verum-behandelten Versuchspersonen von deren Partnern als deutlich weicher, nachgiebiger, weniger aggressiv, aber auch verschwommener erlebt werden als die Interaktionen mit Placebo-behandelten Probanden. In gleicher Weise sehen die Verum-behandelten Personen die "Welt draußen" als weniger aggressiv, weicher, gefühlvoller. Es ist zu vermuten, daß sich in diesen Beobachtungen die soziale Komponente der sog. anxiolytischen Wirkung ausdrückt. Diese Deutung unterstützt auch ein Fallbericht von DOWRICK (1979), der nach einer Einmalgabe von 5mg Diazepam einen 5-jährigen sozial isolierten Jungen dazu veranlassen konnte, soziale Verhaltensweisen (Kontakt aufnehmen, verbale und nonverbale Interaktionen) zu zeigen, die nie vorher im Verhaltensrepertoire gefunden wurden oder extrem selten zu beobachten waren. Therapeutische Veränderungen sind allerdings erst durch Kombination mit einem verhaltenstherapeutischen Verfahren erreicht worden.

Der Literaturbericht zu den sozialen Wirkungen von Tranquilizern ergibt letztlich ein stimmiges Bild. Wie auch immer man deren Wirkung interpretiert, als anxiolytisch oder antiaggressiv, deuten doch die meisten Befunde auf ein verändertes Erleben von Situationen, die potentiell Konflikt- und Krisenverhalten auslösen können. Diese Veränderungen können verstanden werden als Verringerung der Äußerung von bedrohlichen Stimuli, aber auch und zugleich als verstärkte Erfahrung einer psychisch entspannenden Wirkung und einer vermehrten Beachtung affiliativer Reize. Genaueres Wissen, insbesondere zu wirkungsmodifizierenden Einflüssen der Persönlichkeit und der Untersuchungssituation, fehlt nach wie vor.

4.4. ANTIDEPRESSIVA

Antidepressiva sollen depressionslösend wirken; Thymoleptika hellen dabei vorwiegend die Verstimmung der Patienten auf, während Thymeretika dominant (psychomotorische) Hemmungen vermindern.

Es war lediglich eine empirische Studie in der Literatur aufzufinden, die in ähnlicher Weise wie die bisher berichteten Untersuchungen die Wirkungen von Antidepressiva auf das soziale Verhalten gezielt geprüft hat. BATTEGAY et al.(1970, vgl. auch SPIEGEL et al., 1971) verwendeten eine Gruppentherapiesituation mit 6 freiwilligen Vpn, um mithilfe der BALESschen Interaktionsprozeßanalyse, von inhaltsanalytischen und soziometrischen Methoden Veränderungen des Ausmaßes von verbalen Interaktionen unter der Wirkung von Desimipramin (25 mg) zu erfassen. Es konnte keine Verum-Placebo-Differenz gefunden werden, was die Autoren vorwiegend auf versuchsplanerische Schwierigkeiten zurückführen.

Experimentelle Studien mit Gesunden sind belastet durch die Hypothek, daß therapeutische Wirkungen der Substanzen schwer nachweisbar sind und werden daher selten durchgeführt. Diese Aussage ist allerdings bisher nur für Leistungs- und Befindensmerkmale belegt; möglicherweise ergibt sich eine andere Einschätzung der Prüfmöglichkeiten, wenn das soziale Verhalten Gegenstand der wissenschaftlichen Arbeit ist. Auch Patientenstudien sind selten. WEISSMAN et al. (1974; 1976) haben Psychotherapie und Amitriptylin-Behandlung im Hinblick auf die Frage einer sozialen Anpassung ambulanter Patienten nach Abklingen einer depressiven Phase verglichen; der Effekt des Antidepressivums bestand darin, daß es einen Rückfall verhindert hat, im Gegensatz zur Psychotherapie aber keine Verbesserung der sozialen Anpassung herbeiführte. Auch Arbeiten aus der Tierpharmakologie sind selten. Ein Beispiel stammt von SUOMI et al.(1978), die ein Separations-Modell bei Rhesusaffen verwendeten und zeigen konnten, daß Imipramin zur Verbesserung des unter dieser Versuchsbedingung ge- störten sozialen Verhaltens beitrug.

Sicherlich sind weitere Forschungsbefunde vorhanden; weder Literatursuchläufe noch die gezielte Suche in den uns zur Verfügung stehenden soziopharmakologischen Veröffentlichungen haben sie allerdings zu Tage fördern können. Daß Antidepressiva-Studien nicht an prominenter Stelle stehen, was ihre Publikationsrate angeht, verwundert angesichts der Tatsache, daß psychologische Depressionstheorien (z.B. Verstärkerverlust-Hypothese, Separations-Depressions-Hypothese, Konzept der gelernten Hilflosigkeit; vgl. BLÖSCHL (1978) zum Überblick) Veränderungen des interpersonalen Umfelds entscheidende Bedeutung für die Auslösung und Aufrechterhaltung von Depressionen beimessen. Der breite psychologische Erfahrungshintergrund, d.h. die Verfügbarkeit von theoretischen Konzepten, methodischen Zugängen und empirischen Befunden, böte einen ausgezeichneten Einstieg in die soziopharmakologische Forschung mit Antidepressiva, der bisher nicht genutzt wurde.

4.5. PSYCHOSTIMULANTIEN

Unter den Psychostimulantien als Gruppe der psychisch anregenden, vorwiegend antriebsstimulierenden Pharmaka wurde überwiegend das Amphetamin untersucht. Amphetamin wirkt nach dem vorliegenden Erfahrungswissen in hohen und niedrigeren Dosisbereichen unterschiedlich auf das soziale Verhalten. SCHIORRING (1977; 1981) hat anhand von Fallberichten und Übersichtsarbeiten recherchiert, daß chronisch hohe Dosen des Amphetamins zu einem Abbruch des normalen sozialen Verhaltens führen; d.h. zur sozialen Isolation mit keinen oder unangemessenen Reaktionen auf soziale Stimuli. Stattdessen sind vorrangig repetitiv stereotype Handlungen, die nicht auf andere Personen gerichtet sind, zu beobachten: kollektive Monologe, denen niemand zuhört, unbewegliches in-den-RaumStarren u.a.. Vergleichbare Phänomene finden sich auch im Tierversuch (vgl. KJELLBERG & RANDRUP, 1973): CROWLEY et al. (1974) belegten für Amphetamin bespielsweise vermehrt soziale Isolierung, nicht aber unter Alkohol (vgl. auch MICZEK et al., 1981; SMITH & BYRD, 1984). In der Drogenszene gelten "Speed Freaks" als die "Schizos", als die Außenseiter unter den Außenseitern. Das bizarre und a-soziale Verhalten der hoch intoxizierten Süchtigen gilt als Grund für den sozialen Ausschluß. Dieses Verhalten wird im Sinne von sog. Modellpsychosen interpretiert (vgl. ANGRIST & GERSHON, 1970; GRIFFITH et al., 1972; COLE et al., 1973).

Studien, in denen im Akutversuch geringere Dosen des d-Amphetamins (in den USA wird vorwiegend das linksdrehende d-Isomere verwendet) zum Einsatz kamen, zeigten dagegen, daß diese Substanz ungewöhnlich hohe Zuwächse an förderlichen Wirkungen im sozialen und verbalen Verhalten auslösen kann. Fallberichte und systematische Untersuchung mit Adjektiv-Skalen berichten von erhöhter Gesprächigkeit und freundlichem Verhalten nach Amphetamin-Gabe (SMITH & BEECHER, 1960; LATIES, 1961; WEISS & LATIES, 1961; KALANT, 1973). GRIFFITHS et al. (1977) hatten bei trockenen Alkoholabhängigen anhand von Verhaltensbeobachtungen innerhalb der Klinik eine dosisabhängige (5 bis 30 mg d-Amphetamin) Steigerung der Kontaktaufnahme und der Kontaktdauer (socializing) gesichert. In der gleichen Studie wurde eine Erhöhung der Menge des Sprechens bei dem behandelten Partner der dyadischen Wartezimmer-Situation beschrieben, der unbehandelte Partner blieb unbeeinflußt. Allerdings war der Amphetamin-Effekt nur bei 5 der 7 beschriebenen Versuchspersonen zu beobachten, bei diesen allerdings konsistent an mehreren Behandlungstagen. Trotz der kleinen Versuchspersonenzahl deuten diese Befunde darauf hin, daß bedeutsame interindividuelle Differenzen der Amphetaminwirkungen im sozialen Verhalten auftreten können (weitere Belege bei GRIFFITH et al., 1972; BELL, 1973). Steigerungen von verbalen Äußerungen wurden allerdings auch in schriftlichen (HURST et al., 1969) und mündlichen (GOTTSCHALK et al., 1971; JAFFE et al., 1972) Monologen beobachtet; eine Vergleichsstudie von STITZER (1984) ließ unter beiden Bedingungen einen Zuwachs der verbalen Aktivität unter Amphetamin im Vergleich zu Placebo erkennen.

Die Beurteilung der Effekte des Amphetamins auf soziales Verhalten fällt, relativ zu anderen Substanzen, schwer. Vergleicht man die Beobachtungen bei Süchtigen, die hohe Dosen konsumieren, mit den Befunden nach Akutgabe bei nichtabhängigen Normalen, so wird zwar durchgängig deutlich, daß das Sprechen durch die Substanz quantitativ zunimmt. Inwieweit dies eine soziale Handlung ist, also den anderen einbezieht, bleibt unklar. Vieles spricht dafür (die Wirkungen in Monologen, die fehlende Wirkung beim Partner, die kollektiven Monologe beim Süchtigen, die Isolation beim Tier), daß Amphetamin primär aktivierungssteigernd wirkt und auf diesem Wege auch Redseligkeit fördert, das Aufeinander-Eingehen aber hemmt. Gegen diese These sprechen Beobachtungen von NATALE et al.(1979), die eine Homogenisierung von Therapeut-KlientGesprächen aufzeigen konnten. Gegenargumente lassen sich auch aus Tierbefunden ableiten, die differentielle Wirkungen bei Tieren unterschiedlicher Rangposition feststellen: dominante Tiere wurden eher sozial zugänglicher, subordinierte Tiere zogen sich unter Amphetamin-Einfluß vorwiegend aus dem Kontakt mit anderen Tieren zurück (MICZEK et al., 1981).

Amphetamin könnte eine äußerst interessante Substanz für die Prüfung soziopharmakologischer Modelle werden, wenn neben quantitativen Aspekten auch qualitative Merkmale des sozialen Verhaltens betrachtet werden und sich zeigen sollte, daß dieses Pharmakon eher auf die Menge denn auf die Güte des interpersonalen Verhaltens wirkt. Vorstellbar ist ein solcher Effekt etwa als eine Erhöhung der (sozialen) Aktivierung bei gleichzeitiger Einengung der Sensitivität für soziale Stimuli. In diesem Fall wird Amphetamin eine Kontrollsubstanz darstellen, die soziales Verhalten stimuliert, ohne einen sozialen Inhalt des Verhaltens mitzuliefern. Ein zweiter Beitrag des Amphetamins zur Grundlagenforschung sollte in der Entwicklung einer differentiellen Soziopharmakologie bzw. Sozio-Pharmakopsychologie bestehen. Das verlangt, situative Aspekte und Personmerkmale systematisch in die Untersuchung einzubeziehen und Dosis-Wirkungs-Beziehungen mit einem breiten Dosisbereich zu analysieren. Die differentiellen Aspekte, das kann man generell behaupten, wurden im Humanversuch mit wenigen Ausnahmen (z.B. THORNTON et al. (1976) für das Persönlichkeitsmerkmal Extraversion; vgl. auch 5.3) bisher nicht beachtet.

4.6. PSYCHOTOMIMETIKA

"Zur Gruppe der Psychotomimetika sind alle psychotropen Pharmaka und Drogen zu rechnen, die in Dosierungen, die noch keine wesentlichen peripheren Wirkungen entfalten, beim Menschen regelhaft zur Manifestation psychopathologischer Phänomene psychotischen Gepräges führen. Dabei kann es sich um Störungen der Stimmung, des Denkens, der Wahrnehmung, des Ich-Erlebens, des Zeit- und Raumerlebens und um rauschartige Bewußtseinsveränderungen handeln" (BENKERT & HIPPIUS, 1976, S.226).

Im folgenden sollen Rauschgifte im engeren Sinne (Cannabis, Opiate, Halluzinogene) in ihren Auswirkungen auf das soziale Verhalten betrachtet werden. Diese Substanzen haben zu allen Zeiten der klinischen psychopharmakologischen Erforschung des Sozialen eine herausgehobene Stellung eingenommen. Bereits die erste soziopharmakologische Untersuchung war der Fragestellung gewidmet, welche körperlichen und sozialen Auswirkungen Rauschgift (hier Marihuana) zeitigt (MAYOR's COMMITTEE ON MARIHUANA, 1945). Die Rauschgift-Forschung hat, zweifellos durch öffentlichen Druck motiviert und mit umfangreichen öffentlichen Mitteln finanziert (vgl. MENDELSON et.-al., 1974), ein umfangreiches Erfahrungswissen, auch zu den Wirkungen dieser Substanzen auf soziales Verhalten, vorgelegt (zur Übersicht vgl. BABOR (1978) über CANNABIS und HEROIN und WASKOW (1967) sowie FELDSTEIN & WEINGARTNER (1981) zum LSD).

4.6.1. CANNABIS

Cannabis (Haschisch, Marihuana) ist in seiner Wirkung auf soziales Verhalten von der Kinetik, aber auch von differentiellen Merkmalen der untersuchten Personen abhängig. Übereinstimmend sehen alle Untersucher eine positive soziale Auswirkung darin, daß Drogenabhängige 80% (MENDELSON et al., 1976) oder sogar 94% (BABOR et al., 1974a,b) des in einer Selbstapplikationsanordnung innerhalb einer Klinik (McLEAN HOSPITAL, HARVARD) zur Verfügung stehenden Marihuanas (diese Bezeichnung wird in der amerikanischen Literatur bevorzugt) in Gegenwart anderer Personen konsumieren. Es dient als "Focus" für interpersonales Verhalten. Allerdings haben die Autoren erläutert, daß bei einer Unterscheidung zwischen Interaktion (etwas miteinander tun, z.B. miteinander sprechen) und Koaktion (zusammensein ohne direktes Aufeinandereinwirken) lediglich koaktives Verhalten nach Applikation zunimmt, interaktives Verhalten dagegen seltener auftritt und durch selbstversunkene Kontemplation ersetzt wird. Diese Aussage gilt insbesondere für die "leichten" Raucher, die üblicherweise und auch während der Studie nur geringe Mengen Marihuana konsumierten. Das heißt, Marihuana regt zwar dazu an, mit anderen zusammen zu rauchen, seine Wirkung besteht dann aber darin, in Gegenwart der anderen in einen kontemplativen, passiven und innerlich von den anderen losgelösten Zustand zu verfallen (BABOR, 1978). Differentiell sind diese Befunde insofern, als sie besonders für gemäßigte Raucher gelten; starke Raucher zeigen sich dagegen weniger in ihrem sozialen Verhalten verändert, und diese Veränderungen sind eher auf soziale Stimuli denn auf die Wirkung der Droge zurückzuführen.

Der oben als kontemplativ bezeichnete Zustand, den die Marihuana-Wirkung auslöst, wurde im Akutversuch von SALZMAN et al. (1976) genauer analysiert. In einem Kleingruppenexperiment konnten die Autoren zeigen, daß das Ausmaß an Hostilität, das durch einen frustrierenden Stimulus ausgelöst werden sollte, gegenüber einer Kontrollbehandlung abnahm. Man kann anhand dieser Beobachtung von einer "abschirmenden" Wirkung sprechen, die etwa als Einschränkung der Wahrnehmung von sozialen Stimuli und der Sensibilität für solche Reize zu bezeichnen wäre und sich u.a. in stereotypem Verhalten äußert. Ergebnisse aus dem Tierversuch stützen diese Interpretation. Beispielsweise haben MILLER & DECTS (1976) bei Affen die Beobachtung gemacht, daß die Gesichtsmimik eingeschränkt war und/oder die Mimik von anderen Tieren nicht angemessen interpretiert werden konnte. Auch in der Tierpharmakologie wird darüber berichtet, daß Merkmale der Umgebung einen wirkungsdifferenzierenden Einfluß ausüben.

4.6.2. OPIATE

Opiate (Heroin) zeigen unterschiedliche soziotrope Wirkungen bei akuter und bei chronischer Verabreichung. FRASER und seine Mitarbeiter (FRASER et al., 1961; MARTIN & FRASER, 1961; FRASER et al., 1963) haben gezeigt, daß eine erste Dosis Heroin (Akutgabe, 10 mg) zu erhöhter Soziabilität, insbesondere zu vermehrter Gesprächigkeit führt. BABOR et al.(1976a; 1976b) berichten ebenfalls eine Zunahme der interpersonalen Aktivität unmittelbar nach Applikation von Heroin. Diese Befunde wurden kürzlich von STITZER et al. (1984) bestätigt: Hydromorphon löst in einer dyadischen Partnergesprächsanordnung dosisabhängige (Dosierungen zwischen 10 und 18 mg) Zunahme des Sprechens beim behandelten Partner aus, keine Veränderungen dagegen beim unbehandelten Partner.

Chronische Applikation von Heroin führt dagegen nach den vorliegenden Untersuchungsbefunden (AUSUBEL, 1958; CHEIN et al., 1964; HAERTZEN & HOOKS,

1969; BABOR et al., 1976a,b) zu ungünstigen Auswirkungen auf das soziale Verhalten. Dabei trat sowohl Interesselosigkeit am anderen und sozialer Rückzug auf wie auch eine Zunahme von Aggressionen und hostilem Verhalten. Rückzug wie Aggression werden dabei als Coping-Verhalten aufgefaßt, das die negativen physiologischen und subjektiven Heroinwirkungen, die vor allem in den späten Phasen nach Einnahme auftreten, kompensieren hilft (MEYER et al., 1976). Die Untersuchung von Heroin gestaltet sich insofern schwierig, als die schnelle Gewöhnung an die Droge eine rasche Erhöhung der Dosis erforderlich macht, um die erwünschten euphorischen Zustände erleben zu können; mit der Erhöhung der Dosis verstärken sich allerdings auch die negativen Abstinenzphänomene und damit einhergehend die Interesselosigkeit am Sozialen. Solche "Autismus"-Symptome (SCHIORRING, 1981) sind wohl am besten als Nebenwirkung der chronischen Intoxikation zu betrachten und stellen sekundäre Einwirkungen des Heroins auf das soziale Verhalten dar.

Im Zusammenhang mit den Opiatstudien an Drogensüchtigen ist ein Forschungsinteresse an Substanzen mit Wirkung auf Opiatrezeptoren zu erwähnen, das sich in den letzten Jahren stark entwickelt hat. MELLER et al.(1981) berichteten nach Naltrexon-Gabe (ein Opiat-Antagonist) an männliche Affen eine Abnahme des sexuellen Verhaltens, eine Zunahme des Groomings (Fellpflege) und unverändertes aggressives Verhalten. Die Zunahme des Groomings und die Stabilität des aggressiven Verhaltens wurde auch von FABRE-NYS et al. (1982) unter Naltrexon und Naloxon belegt, nicht aber unter Sulpirid. HERMAN & PANKSEPP (1978) hatten bei einer vergleichenden Untersuchung von Morphium (Opiat-Agonist) und Naloxon (Opiatantagonist) beobachtet, daß Morphium Entzugssymptome erleichtert, Naloxon sie dagegen potenziert. Aus diesen Beobachtungen formulierten sie die nun mehrfach belegte Hypothese, daß dem affiliativen Verhalten ein suchtähnlicher Prozess unter Einfluß der Endorphine (körpereigene Opiate) zugrundeliegt. Hinweise auf eine direkte Wirkung in Endorphin-enthaltenden Systemen des ZNS hatten auch FABRE-NYS et al.(1982) gefunden. Mit dieser Hypothese, die ja auch die Dosissteigerungen bei Heroin-Süchtigen erklären könnte, ergibt sich eine Fülle von Untersuchungsmöglichkeiten auf nahezu allen Wirkungsebenen (vgl. Kap. 3.3), insbesondere der biochemischen Ebene, die nach ihrer Realisation im Humanversuch nicht nur zur Erklärung soziotroper bzw. soziopathotroper Wirkungen von Pharmaka beitragen, sondern ganz allgemein das Erfahrungswissen über die Steuerung des Sozialen vermehren.

4.6.3. HALLUZINOGENE

Unter den HALLUZINOGENEN wurde insbesondere LSD (meist in Dosierungen zwischen 50 und 100 mg) auf seine Auswirkungen im interpersonalen Verhalten untersucht. In Parametern der verbalen Kommunikation zeigt die Mehrheit vorhandener Studien einen Zuwachs an Interaktion. Studien mit Gruppen veranschaulichen einen deutlichen Anstieg in der Zahl der Interaktionen, bezogen auf Ausgangswerte vor Applikation des LSDs (ABRAMSON et al., 1958; CHEEK, 1963; SLATER et al., 1963), die dosisabhängig variieren (n-Kurve, vgl. CHEEK & HOLSTEIN, 1971). Differentielle Betrachtungen führten zu der Annahme, daß dieser Effekt vor allem dann auftritt, wenn die Gruppe eine konkrete Aufgabe (formal setting) hat, etwa ein Problem lösen soll oder therapeutisch arbeitet; er ist weniger deutlich in unstrukturierten sozialen Settings (informal setting). In einer Einzelsituation hatten AMAREL & CHEEK (1965) eine Abnahme der Zahl der gesprochenen Worte im Vergleich zu Prätestwerten beobachtet. Persönlichkeitsmerkmale und Indikation beeinflußen wahrscheinlich die berichtete Wirkung: bei aggressiven Patienten war die LSD-Wirkung eher negativ (offene Hostilität nimmt zu, vgl. CHEEK & HOLSTEIN, 1971). LENNARD et al. (1956) lieferten die Beobachtung, daß die Interaktionen unter LSD womöglich von kürzerer Dauer sind als unter Normalbedingung. Interaktionsanalysen mit dem BALES-System (BALES, 1950) erbrachten in fast allen der genannten Studien Hinweise darauf, daß Handlungen, die den Ausdruck von partner- oder gruppenbezogenen Gefühlen erkennen lassen (Solidarität vs. Antagonismus u.a.), häufiger vorkommen als instrumentelle Handlungen (Meinung erfragen oder Meinung bekunden u.a.). Besonders auffällig ist eine erhöhte Solidarität innerhalb der Gruppe. Trotz dieser positiven Effekte sind in denselben Studien (SLATER et al., 1963; CHEEK, 1963) unter LSD auch vermehrt antagonistische oder hostile Verhaltensaspekte zu beobachten, insbesondere dann, wenn die Gruppe keine Aufgabe hat, sondern in einer freien sozialen Atmosphäre zusammen ist.

Die Betrachtung der Rauschgifte hat wertvolle Hinweise für die Untersuchung von soziotropen und insbesondere von soziopathotropen Wirkungen von Pharmaka gebracht. Als besonders bedeutsam wird dabei angesehen, daß mit diesen Substanzen der Übergangsbereich vom interpersonalen zum isolierten Verhalten, aber auch vom sozial positiven zum sozial negativen Verhalten in den Blick gerückt ist. Interessant ist in diesem Zusammenhang ein Bericht von FOULKS & EISENMAN (1969) über eine teilnehmende Beobachtung in einer Gruppe von Leuten, die psychodelische Substanzen zu sich nahmen (rauchten). Während die Beobachter immer mehr das Verständnis für die sich ereignende Kommunikation verloren, hatten sie andererseits den Eindruck, daß unter den Rauchern eine intensive, intime und offene Kommunikation ablief. Die Autoren erklären die Art der Interaktion unter den Rauchern als Primärprozeß der Kommunikation, der seiner kulturellen Komponenten entkleidet ist. Daß in solchen Prozessen direkte pharmakologische Einflüße wirksam sind, lassen die Endorphin-Befunde vermuten. Die regelhaft beobachteten differentiellen Befunde unterstreichen aber auch die Bedeutung von Persönlichkeits- und Situationsmerkmalen. Der Kreis wäre zu schließen, wenn es gelänge, die Repräsentation solcher Persönlichkeits- und Situationscharakteristika in ZNS-Prozessen aufzuzeigen. Daß ein solches Ziel nicht utopisch sein muß, glauben MCGUIRE et al. (1982) in ihrem Forschungsansatz.

4.7. BETA-SYMPATHIKOLYTIKA

Beta-Sympathikolytika sollen über eine Besetzung von Beta-Rezeptoren die Sympathikusaktivität verhindern bzw. reduzieren; in der Psychiatrie werden sie zur Behandlung von Streß- und Angst-Zuständen eingesetzt (vgl. KIELHOLZ, 1978a;b). Sie werden allerdings häufig (noch) nicht zu den Psychopharmaka gezählt; z.B. fehlt ihre Darstellung in der neueren Einführung in die Psychopharmakologie von SPIEGEL & AEBI (1981).

Betablocker sind ausführlich an Gesunden in experimentellen und alltäglichen Angst-Situationen geprüft worden; sie haben sich in der Regel als gut wirksames Streßprophylaktikum und Anxiolytikum in Situationen mit konkreten Angstauslösern erwiesen. Nach soziotropen Effekten im Sinne einer Veränderung aktueller Interaktionen wurde bisher nicht gesucht.

TAGGART et al. (1973) verglichen Gesunde und Herzkranke bei der Aufgabe, eine öffentliche Rede zu halten; Oxprenolol unterdrückte die für Placebo typische Pulsfrequenzbeschleunigung und das Auftreten von EKG-Veränderungen (Extrasystolen). HARTLEY et al.(1983) konnten ebenso wie ERDMANN et al. (1984a; 1984b;) eine Verringerung der subjektiv erlebten Angst unter Betablocker-Behandlung im Vergleich zu Placebo. KRISHNAN et al. (1975) verglichen Diazepam und Oxprenolol in Prüfungssituationen von Studierenden; sie fanden bessere Examensergebnisse unter der Oxprenolol-Behandlung, während Diazepam die Überzeugung, durch die Substanz leistungsfähiger geworden zu sein, erhöhte, ohne daß die tatsächliche Leistung verändert war. Für die gleiche Alltagssituation der realen Prüfung berichten dagegen KROPE et al. (1982) keine Betablocker-Placebo-Unterschiede. Musiker während eines Konzerts (mit und ohne Soloauftritten) beobachteten LIDEN & GOTTFRIES (1974); JAMES et al. (1977); BRANTIGAN et al. (1982); NEFTEL et al. (1982) und JAMES et al. (1983). Alle Studien erbrachten eine Überlegenheit des jeweils eingesetzten Betablockers gegenüber Placebo im subjektiven Befinden, gelegentlich auch in der objektiven Leistung. SIITONEN & JANNE (1976) konnten bei Amateur-Bowlern keine Unterschiede zwischen Oxprenolol und Placebo in physiologischen, subjektiven und Leistungsmaßen feststellen (zum Überblick vgl. KELLY, 1978; ERDMANN, 1983a; LIEBOWITZ et al., 1985).

4.8. ZUSAMMENFASSUNG UND DISKUSSION DER UNTERSUCHUNGEN

Die uns zentral erscheinenden Ergebnisse der berichteten Befunde werden nachfolgend in wenigen kurzen Statements zusammengefaßt. Einige gleichfalls kurzgefaßte Diskussionsbemerkungen sollen auf kritische Aspekte der bisher durchgeführten Studien aufmerksam machen. Eine zusammenfassende Stellungnahme wird im Zusammenhang mit den in Kapitel 5 beschriebenen Studien zur Modifikationswirkung des Sozialen in Kapitel 6 vorgenommen.

4.8.1. DIE UNTERSUCHTEN SUBSTANZEN

Wenige Studien sind darauf ausgerichtet, Veränderungen im sozialen Verhalten im Sinne von therapeutischen Wirkungen oder von Nebenwirkungen zu untersuchen. Das bedeutet, die Frage nach den Wirkungen von Pharmaka auf das soziale Verhalten (z.B. im Sinne resozialisierender Wirkungen) ist innerhalb von Medizin, Pharmakologie und Psychologie noch nicht explizit gestellt und/oder wird in Forschung und Therapie noch nicht als bedeutungsvoll angesehen. Dafür spricht die Tatsache, daß die Mehrzahl der therapeutisch bedeutsamen Psychopharmaka wie Antidepressiva, Neuroleptika und Tranquilizer nicht systematisch und kaum beiläufig untersucht werden.

4.8.2. DAS PRIMÄRE FORSCHUNGSINTERESSE DER STUDIEN

Es liegen viele Studien zu Substanzen vor, für die eine psychophysische Abhängigkeit bekannt ist. Die Fragestellung dieser Untersuchungen ist einerseits auf die Nebenwirkungen des chronischen Abusus von Rauschmitteln im interpersonalen Bereich gerichtet und andererseits (als Ergebnis der vorgenannten Strategie) auf die Prüfung von Erklärungsmodellen zur Ätiologie und Progression des Suchtproblems konzentriert, in denen das Soziale einen entscheidenden Faktor darstellt. Aus diesen Studien wird nicht abgeleitet, daß Drogen (und Pharmaka) soziotrope Wirkungen haben, und sie arbeiten auch nicht darauf hin, eine soziopharmakologische Forschung zu etablieren.

4.8.3. AKUTE VERSUS CHRONISCHE APPLIKATION

Es ist nach den Befunden der Rauschmitteluntersuchungen anzunehmen, daß sich die akuten Effekte einer Substanz von den Wirkungen einer chronischen Applikation unterscheiden. Dabei muß nicht nur mit ungünstigen Wirkungen auf das soziale Verhalten wie im Falle der Rauschmittel gerechnet werden, sondern es sind auch positive langfristige Wirkungen möglich. Diese sind insbesonders für die Langzeitbehandlung mit Antidepressiva, Tranquilizern und Neuroleptika zu erwarten, zumindest dann, wenn man Veränderungen im sozialen Verhalten als sekundären Effekt der Behandlung versteht, wie es in der Diskussion der Neuroleptika-Langzeitbehandlung der Fall war.

4.8.4. ZUR VALIDITÄT DER FORSCHUNGSBEFUNDE

Aus Akutversuchen mit Einmalgaben der Substanzen haben sich vielfach Hinweise auf soziotrope, d.h. das soziale Verhalten förderliche Wirkungen ergeben. Allerdings ist die Validität dieser Befunde als soziotrope Effekte zu wenig beachtet und daher kritisch zu beurteilen, selbst in den methodisch anspruchsvollen Sprechuntersuchungen. In der Regel begnügt man sich mit dem Nachweis einer quantitativen Änderung, der Qualitätsaspekt wird zu wenig beachtet. Daß jemand mehr redet, bedeutet nicht automatisch, daß er sozialer wird. Die Frage nach dem Differentialdiagnostikum des Sozialen, also die Unterscheidung des sozialen Verhaltens von z.B. unspezifisch aktiviertem Verhalten, ist nicht ausreichend beantwortet. Der hier erfolgversprechende Zugang einer Mehrebenendiagnostik und einer multivariaten Auswertung der empirischen Daten wird selten genutzt.

4.8.5. DIE BEDEUTUNG THEORETISCHER KONZEPTE

Von den therapeutischen Bedürfnissen der Rauschmitteluntersuchungen abgesehen, erwecken viele Studien den Eindruck, als wollten sie ein Pharmakon oder eine Methode einfach einmal im sozialen Verhalten ausprobieren. Theoretische Grundlagen zum Sozialverhalten oder zur Wirkungserwartung von Pharmaka sind in der Regel nicht das Motiv für Untersuchungen zu Wirkungen von Pharmaka im sozialen Verhalten. Sie werden häufig auch nicht zur heuristischen post-hoc-Interpretation herangezogen, was zur Entwicklung von Untersuchungshypothesen für Folgestudien nützlich sein könnte. Dabei schlägt zu Buche, daß das Erfahrungswissen zur zentralnervösen Steuerung des Sozialen im Allgemeinen sehr begrenzt ist, was die Interpretation der pharmakologischen Wirkungsweise erschwert oder sogar unmöglich macht. Psychologische Konzepte zur Erklärung der Verhaltenswirkung stünden allerdings zur Verfügung, werden aber selten verfolgt (Ausnahme: Verstärkerkonzept, Streßkonzept).

4.8.6. DIE METHODISCHE BASIS DER UNTERSUCHUNGEN

Die methodische Qualität der Mehrzahl der Studien ist aus vielerlei Gründen nicht ausreichend. Der Haupteinwand gegen die Konklusivität der meisten berichteten Studien besteht in der regelhaft kleinen Versuchspersonenzahl: in vielen Studien wird ein N=10 nicht erreicht. Vor allem in Kleingruppenuntersuchungen wird häufig mit nur einer Gruppe gearbeitet. In den Rauschmittelstudien kommen Meßwiederholungspläne zur Anwendung, in denen die Teilnehmer bis zu 60 mal in Folge untersucht werden. Die carry-over Effekte verschiedener Provenienz sind unbekannt. BABOR (1978) diskutiert kritisch die verwendeten Versuchspläne. Die statistische Basis der berichteten Befunde wird vielfach nicht angegeben. Aus diesen und weiteren Gründen ergibt sich die Folgerung, daß viele soziopharmakologischen Ergebnisse nicht mehr als wichtige Informationen sind, jedoch keinen konklusiven Forschungsertrag erbracht haben.

4.9. ZUSAMMENFASSUNG

In diesem Kapitel wurde eine in Anbetracht der bisherigen Bedeutung der Soziopharmakologie (s. Kap. 2) überraschend große Anzahl von Untersuchungen zusammengetragen, die die Wirkung von Pharmaka auf interpersonales Verhalten zum Gegenstand haben. Eindeutig im Vordergrund stehen Untersuchungen zu Substanzen, für die eine psychophysische Abhängigkeit bekannt ist; wenig untersucht sind dagegen die seit mehr als zwei Jahrzehnten klinisch bedeutsamen Psychopharmaka. Der Mehrzahl der Befunde ist wegen methodischer Einschränkungen lediglich eine heuristisch-informative Bedeutung zuzuerkennen, sie bilden jedoch nicht ein Konklusivität beanspruchendes Forschungsfundament aus. Wichtige Aspekte, die für die Wirkung von Psychopharmaka im Leistungs- und Befindlichkeitsbereich Standard für wissenschaftliche Untersuchungen sind (differentielle Aspekte, chronische Applikation), wurden nicht systematisch untersucht. Besonders schwerwiegend von einem wissenschaftlichen Standpunkt aus ist die Tatsache zu beurteilen, daß in den meisten Fällen den Untersuchungen keine theoretischen Konzepte zugrundeliegen.

5. MODIFIKATION VON PHARMAKONWIRKUNGEN DURCH SOZIALE EINFLÜSSE

Untersuchungsergebnisse des vorangehenden Kapitels 4 können belegen, daß Pharmaka soziales Verhalten modulieren, also soziotrope Effekte haben. In diesem Teil der Arbeit sollen in umgekehrter Sichtweise empirische Nachweise dafür gesucht werden, daß das Soziale Pharmakonwirkungen zu verändern vermag.

Im Grundsatz greift diese Fragestellungen ganz allgemeine Erfahrungen der empirisch arbeitenden Psychologie auf, die unter dem Schlagwort von der "Sozialpsychologie des Experiments" (vgl. BUNGARD, 1980) seit langem bekannt sind. Auch in die Pharmakopsychologie hat die Bedeutung der Situation unter dem Aspekt der "differentiellen" Wirkung von Pharmaka in verschiedenen (experimentellen) Situationen in die wissenschaftliche Forschung Eingang gefunden. An dieser Stelle gilt das Augenmerk jedoch nur solchen Untersuchungen, die in systematischer Form Merkmale der formalen und personalen Umwelt in ihren Einflüssen auf die Wirkung eines Pharmakons an einer Vp überprüft haben.

Diese Merkmale wurden in Kap. 2.4. entsprechend der üblichen Sichtweise innerhalb der Pharmakopsychologie als soziale "M O D I F I K A T O R E N" der Pharmakonwirkung bezeichnet. An den wichtigen Ausschnitten der sozialen Situation und den Einflüssen der Interaktionspartner soll zunächst diesem Vorgehen gefolgt werden; am Ende dieses Kapitels (s. 5.4.) wird dann aber gefragt, ob der Gedanke der Wirkungsmodifikation durch das Soziale der Untersuchung von soziotropen Wirkungen nicht widerspricht.

Einige Untersuchungen dieses Kapitels sind ausführlich dargestellt, weil sie für die Fragestellung der Arbeit und die im zweiten Teil berichteten eigenen empirischen Studien von besonderer Bedeutung sind. Die Auswahl der vorgestellten Publikationen orientiert sich vorwiegend an deren exemplarischer Bedeutung für die Soziopharmakologie und Sozio-Pharmakopsychologie. Auf Vollständigkeit kann auch deshalb verzichtet werden, weil bereits in Kapitel 3 und 4 differentielle Aspekte der Untersuchungen angesprochen sind.

5.1. DER EINFLUSS DER SOZIALEN SITUATION

In einer einfachen Einteilung können die in der soziopharmakologischen Forschung verwendeten sozialen Situationen danach unterschieden werden, ob sie

a. vom Untersucher strukturiert geplant worden waren und nach vorgegebenen Regeln von der Vp absolviert werden mußten; derartige Situationen werden im folgenden "*formelle*" Situationen genannt; oder ob sie

b. vom Untersucher zur individuellen Gestaltung durch die Vpn freigegeben und als sog. "*informelle*" Situationen lediglich mit einen bestimmten sozialen Rahmen ausgestattet waren.

In beiden Typen von Situationen kann das Soziale vom Untersucher systematisch variiert werden (z.B. soziale Situation vs. Kontrollbedingung in Isolation) oder aber als situativer Test zur Anwendung kommen.

5.1.1. FORMELLE SOZIALE SITUATIONEN

An erster Stelle der strukturierten Situationen sind laborexperimentelle Studien zu nennen, die soziale Situationen auf der Basis verschiedener theoretischer Konzepte in unterschiedlicher Ausprägung planmäßig vorgaben und mit einer nicht-sozialen Kontrollbedingung verglichen. Versuchskonzeptionelle Überlegungen zu diesem Aspekt wurden in Abschnitt 3.2.1. bereits vorgestellt.

ERDMANN (1983a;b) und ERDMANN et al. (1984a) verglichen eine neutrale Situation mit zwei sog. "Angst"-Situationen. Obwohl die Autoren in ihren Arbeiten emotionspsychologische Fragestellungen verfolgen, sollen diese hier vorgestellt und aus soziopharmakologischer Perspektive kommentiert werden.

Die Autoren untersuchten (vor allem aus versuchstechnischen Gründen, vgl. BOUCSEIN & WENDT-SUHL, 1980) die Antizipationsphase eines angstbelasteten Ereignisses. In den beiden experimentellen Behandlungsbedingungen wurde den Vpn angekündigt, daß sie in ca. 25 Minuten eine freie Rede (vgl. LIPPER & MCNAIR, 1972) über ihre gegenwärtigen Studien und über ihre zukünftigen Berufsziele zu halten hätten. In der einen Bedingung, "high anxiety" genannt, erhielten sie die Information, daß ihre Rede videotechnisch in einen Nebenraum übertragen würde, wo sich eine Gruppe von Psychologen hätte, um den Inhalt und formale Aspekte ihrer Rede zu beurteilen. Zur Erhöhung der Glaubwürdigkeit sahen die Vpn ein Videoband, auf dem das Eintreffen dieser - tatsächlich nicht vorhandenen - Personen im Nebenraum zu beobachten war. In der anderen Behandlungsbedingung, als "moderate anxiety" definiert, kündigte der Versuchsleiter den Vpn an, daß ihre Rede aufgezeichnet und später von Psychologen beurteilt würde. Die Kontrollgruppe hatte die Anweisung, sich während der Antizipationsphase der beiden Behandlungsgruppen mit der Vorbereitung ihrer Antworten zu einem Fragebogen über Studien- und Berufsaspekte zu befassen. Berichtet wird hier über eine Studie (I), in der 20 mg Orciprenaline (ein beta-adrenerg stimulierendes Pharmakon) und 40mg Oxprenolol (eine beta-adrenerg blockierende Substanz) gegen

Placebo verglichen wurden (ERDMANN, 1983b); in einer zwei- ten Studie (II) waren 40 mg Oxprenolol, 5 mg Diazepam und Placebo die Medikationen (ERDMANN et al., 1984a). Über beide Arbeiten berichtet zusammenfassend die Habilitationsschrift von Gisela ERDMANN (1983a).

Die Ergebnisse der Untersuchungen sprechen für die Wirksamkeit der sozialen Situation. Die "high anxiety" - Bedingung erfüllt unsere Einschlußkriterien für eine soziale Situation, wonach ein konkreter anderer vorhanden sein müsse, im weitesten Sinne; sie kann als "Quasi-Audience"-Situation bezeichnet werden. JEGER & GOLDFRIED (1976) konnten bei einem Vergleich verschiedener Audience-Bedingungen keinen Unterschied zwischen der Freien Rede-Situation, wie sie ERDMANN et al. verwenden, und einer Situation mit kleinem Life-Publikum feststellen. Die Freie-Rede-Bedingung unterschied sich unter Placebo (Abschätzung des "reinen" Situationseffektes) in beiden Studien sowohl in der Herzrate wie auch in Angstskalierungen statistisch sehr signifikant (p= 0.01) von der Kontrollbedingung. Die Effekte der "moderate anxiety"-Bedingung, für die ein konkreter anderer nicht "sichtbar" vorhanden war, fallen deutlich ab: in Studie I sind keine Unterschiede gegenüber der Kontrollbedingung vorhanden, wohl aber zu der "high anxiety" Bedingung; in Studie II liegt die "moderate anxiety" Bedingung - wie von den Untersuchern erwartet - zwischen Kontroll- und hoher Angst-Bedingung. "Soziale" Stressoren erweisen sich nach diesen Befunden im laborexperimentellen Kontext als massiv wirksam, wie neben Studien des Verfassers (s.u.) auch Arbeiten von BOUCSEIN & WENDT-SUHL (1980) und ERDMANN et al. (1984b) ergeben haben.

BOUCSEIN & WENDT-SUHL (1980) verglichen die Antizipationsphase einer Freien-Rede-Situation mit Videoaufzeichnung und einer Freien-Rede-Bedingung, die lediglich zum Zwecke der Messung während des Sprechens gehalten werden sollte, also keine eigene "soziale" Instruktion beinhaltete, mit der Wartezeit einer Kontrollbedingung. Die Ankündigung der Videoaufzeichnung mit anschließender Beurteilung der Rede löste die deutlichste emotionale Erregung aus. "The announcement of videotaping and not the cognitive activity of preparing the speech itself, must be regarded as the most arousing factor in this experimental setting" (S.155). Die Autoren schreiben der Video-Instruktion eine "social anxiety component" (S.149) zu.

ERDMANN et al. (1984b) erprobten auf der Suche nach Laborstressoren folgende vier Bedingungen: (1) einen (emotional positiv getönten Charlie-Chaplin-) Film, (2) Schmerzantizipation, (3) intermittierenden Lärm von 95 dB (das ist ein sehr lauter, unangenehmer Lärm) und (4) Antizipation einer freien Rede. Die Intensität der Belastung, die anhaltende Wirkung der Belastung über ein festgelegtes Meßintervall

(Dauerwirkung) und die Breite der Wirkung (Mehrebenendiagnostik: physiologische (Herzfrequenz, Blutdruck, Atemfrequenz, Hautwiderstand) und psychologische (Eigenschaftswörterliste, Stimmungs- und Erregungsskalierungen) Maße. sind die von den Untersuchern vorgegebenen Kriterien zur Beurteilung der Eignung einer experimentellen Belastungssituation. Diese Kriterien "wurden von den in der Untersuchung erprobten Bedingungen am besten, zugleich aber auch eindeutig für die Bedingung 'Freie Rede' erfüllt" (S.541). Auch ERDMANN et al. schreiben der Freien Rede eine soziale Angstkomponente - wegen des Aspektes der "Öffentlichkeit" - zu, "durch die die Wirksamkeit dieser Situation erheblich verstärkt wird" (ebd.).

Im Zusammenhang mit der Fragestellung dieses Abschnittes der Arbeit ist die Wechselwirkung zwischen Medikation und Situation von besonderem Interesse. Nur in Studie II trat in der Herzfrequenz der gesuchte Effekt auf. In der stark erregenden "high-anxiety"-Bedingung reduzierte Oxprenolol die unter Plazebo massiven Pulsfrequenzerhöhungen; gleichzeitig war auch in beiden Angstbedingungen ein signifikanter Unterschied gegenüber der Diazepam-Behandlung aufgetreten. Der beta-adrenerg blockierende Effekt des Betablockers ist situationsspezifisch nachgewiesen. Auf den psychologischen Skalen fanden die Autoren dagegen keine Wechselwirkung.

Unter dem Aspekt der Modifikation von Pharmakonwirkungen durch die soziale Situation sind die genannten Studien wenig ergiebig. Sie stellen den Belastungscharakter bestimmter sozialer Situationen heraus, der pharmakonspezifisch im peripheren Bereich modifiziert wird. Verhaltensmaße, die Aufschluß über mögliche soziotrope Effekte der Substanzen in den genannten Situationen hätten geben können, wurden nicht erhoben (und können in den gewählten Versuchsanordnungen wegen des Fehlens der direkten Interaktion auch nicht erhoben werden). Der wichtige Beitrag der Arbeiten von ERDMANN für das Thema dieser Arbeit ist darin zu sehen, daß sie die vom Verfasser (vgl. KOHNEN & LIENERT, 1980; 1981) früher und auch in dieser Arbeit betonte Stressorwirkung des Sozialen belegen.

In den genannten Arbeiten des Verfassers mit G.A.Lienert diente die soziale Situation als Stress-Situation (social stressor). Die Untersuchungshypothese war als Wechselwirkungshypothese zwischen Medikation und Situation definiert: ein Tranquilizer (Cloxazolam) sollte seine streßprophylaktische Wirkung auf Leistungs- und physiologische Maße in stark belastenden Situationen entfalten, nicht aber unter Ruhebedingungen, für die eine hemmende Wirkung des Psychopharmakons erwartet wurde.

In der Untersuchung, über die die beiden Veröffentlichungen unter verschiedenen Aspekten berichten (1980: Leistung; 1981: Herzrate), kam die sog. Aufrufsituation zum Einsatz: eine Vp wurde vor einer (real vorhandenen) Gruppe von Beobachtern aufgerufen, um Leistungsaufgaben zu bearbeiten (z.B. im Kopf zweistellige Zahlen addieren, auf Tempo Fremdwörter mit Anfangsbuchstaben "S" (Wortflüssigkeit) aufzählen, u.a.), die ihr der Versuchsleiter mündlich vorgab. Diese Aufruf-Bedingung sollte in ihrer Wirkung durch eine sog. Filmstreß-Bedingung gesteigert werden, in der die Vp während der Leistungsaufgabe mit einer Videokamera aufgenommen wurde und die Instruktion eine später geplante Vorführung in einer psychologischen Lehrveranstaltung (also vor Kommilitonen) in Aussicht stellte. Zusätzlich belastend sollte in diesem Zusammenhang wirken, daß sich die Vp immer auf einem in Sichtweite stehenden Fernsehschirm beobachten konnte. In der Kontrollbedingung sollte die Vp die Lösung der mündlich vorgegebenen Aufgaben auf ein Blatt Papier schreiben; sie war also keiner unmittelbaren öffentlichen Beachtung ausgesetzt. Aufruf-Bedingung mit konkreten Beobachtern und Film-Situation unterschieden sich in ihren Effekten, beurteilt anhand der Pulsfrequenz, nicht.

Die Wechselwirkungshypothese hat für beide Datengruppen Gültigkeit. Bei den Leistungsaufgaben war - konform mit der Richtung der Hypothese - in der Kontrollgruppe (geringer Streß) Placebo der Tranquilizer-Behandlung überlegen, unter den beiden "sozialen" Streßbedingungen führte dagegen Cloxazolam zu besseren Leistungen als Placebo. Die Auswertung der Pulsfrequenzen erbrachte zur Ausgangshypothese inverse Befunde, wiewohl die Wechselwirkung erhalten blieb: Pulsveränderungen zwischen einem experimentellen Ruhepuls und dem Puls in der Testsituation waren in der Kontrollgruppe unter Plazebo höher als unter Cloxazolam, unter beiden Belastungsbedingungen steigerte sich die Herzrate unter der Tranquilizer-Behandlung stärker als unter der Plazebo-Behandlung. Pulssteigerungen nach Benzodiazepin-Gabe waren zum Zeitpunkt der Untersuchung noch überraschend, sind jedoch in der Zwischenzeit mehrfach wieder gefunden worden (z.B. auch von ERDMANN et al. 1984b). Mit dieser Untersuchung wird der wirkungsmodifizierende Einfluß der sozialen Situation auf die Pharmakonwirkung herausgestellt, wobei in den gewählten Versuchsanordnungen der Belastungsaspekt im Vordergrund steht, die soziale Situation also im Sinne einer Streßsituation aufgefaßt werden kann.

Die Untersuchungen von ERDMANN und des Verfassers belegen einhellig eine bereits früh von JACOBS & KOWALSKI (1965) aufgestellte Forderung: "a laboratory stressor, to allow for generalizations beyond the laboratory setting, should be socially and interpersonally oriented. ... Such a stressor, when compared with one of a primary physical nature, is more likely to elicit maximal physiological reactivity" (S.274). Die "soziale Aktivierung" (LÜCK, 1970) wird zum Vehikel der Streßforschung ganz allgemein.

5.1.2. INFORMELLE SOZIALE SITUATIONEN

Als "informell" sollen soziale Situationen, wie eingangs dieses Abschnitts erläutert, dann bezeichnet werden, wenn der Ablauf der Interaktion zwischen beteiligten Vpn vom Versuchsleiter nicht streng reglementiert ist (wie z.B. in den Situationen des Abschnitts 4.2.1. der Fall), sondern innerhalb eines sozialen Rahmens den Vpn Freiheitsgrade zur Ausgestaltung der Interaktion bleiben.

In diesem Abschnitt werden einige Studien berichtet, deren soziale Bedingungen auch unter der "interpersonalen" Betrachtung in 4.3. aufzuführen wären. Sie sind deshalb an dieser Stelle aufgeführt, weil mögliche personale Einflüsse nicht spezifiziert werden, also beispielsweise von einer 3-Personen-Gruppe die Rede ist, ohne daß auf Besonderheiten der einzelnen Personen der Gruppe eingegangen wird.

In einer Studie von PLINER & CAPPELL (1974) bearbeiteten normale Vpn während 20-minütiger Testungen "creative tasks" (Titel von Karikaturen zusammensetzen) unter Alkoholeinfluß (0.5 mg/kg Körpergewicht, 48%iger Alkohol) alleine oder in 3-Personen-Gruppen. In der Einzelsituation berichteten die Vpn, als Folge des Alkohols weniger klar denken zu können, sich schwindeliger und schläfriger zu fühlen, während die Vpn der Gruppensituation die Wirkung des Alkohols so beschrieben, daß sie sich als weniger gelangweilt und in gehobenerer Stimmung erlebt hätten. Sprechen diese Befunde dafür, daß der soziale Kontext die Qualität des Befindens beeinflußt (die Einzelsituation also desaktivierenden, die Gruppensituation emotional anregenden Charakter hat), so sind Einschätzungen der Wirkungsintensität eher kontextstabil: Befragungen, wie stark die Vpn die Wirkung des Alkohols erlebt hatten, erbrachten keine Unterschiede zwischen den beiden Versuchsbedingungen.

Ähnliche Befunde wie PLINER & CAPPELL hatte JONES (1971) in einer Marihuana-Studie berichtet. Vpn rauchten Marihuana-Zigaretten mit einem Wash-out-Intervall von einer Woche entweder alleine oder in einer 4-Personen-Gruppe. In der Einzelsituation fühlten sich die Vpn entspannt und schläfrig. In der Gruppensituation fehlten wiederum desaktivierende Wirkungen, die Vpn waren in angeregter Stimmung. Ratings über die Intensität der Marihuana-Wirkung stimmten in beiden Bedingungen überein. <u>Der wirkungsmodifizierende Einfluß der Situation betrifft nach beiden Studien vorwiegend die Qualität des Befindens, weniger die Intensität des Pharmakons oder der Droge.</u>

Dagegen haben KOHNEN & LIENERT (1981) auf der Basis von DÜKERs (1963) Modell der "Reaktiven Anspannungssteigerung" postuliert, daß unterschwellige Pharmakonwirkungen, die in einer Einzelsituation nicht von der Vp beobachtet werden, sich erst durch die Belastungswirkung einer sozialen Situation als hemmend für die Bearbeitung von Leistungsaufgaben erweisen. Die Schlußfolgerung, daß die Wirkungsintensität kontextstabil sei, muß sicherlich für verschiedene Tönungen des Sozialen und verschiedene Substanzen untersucht werden.

In Selbstapplikationsuntersuchungen betrachten die jeweiligen Untersucher - zum Zwecke der Aufdeckung ätiologischer oder stabilisierender Faktoren der Drogenabhängigkeit - die Menge der konsumierten Droge als Funktion von sozialen (social context) und nicht-sozialen (nonsocial context) Aufenthalts-Bedingungen innerhalb einer therapeutischen Einrichtung. "Isolation" bedeutet dabei, daß sich die Drogenabhängigen (erzwungenermaßen) alleine in einem Raum aufhalten; "Socialising" beschreibt die Möglichkeit des freien Zugangs zu Mitpatienten und dem Personal der Klinik. Die Ergebnisse einiger weniger Studien sind, wie nachfolgend berichtet, uneinheitlich.

Die meisten chronischen Alkoholiker einer Studie von NATHAN et al. (1970) beteuerten zwar, daß sie das Trinken alkoholhaltiger Getränke im Zusammensein mit anderen (free socialising) mehr genossen hätten als unter Isolationsbedingungen, die konsumierte Alkoholmenge war jedoch in beiden Kontexten gleich groß. Weitere Untersuchungen dieser Forschergruppe (z.B. NATHAN & O'BRIEN, 1971) stützen diesen Befund, wonach ein Zusammenhang zwischen konsumierter Alkoholmenge und situativer Rahmenbedingung nicht anzunehmen ist.

Ähnliche Befunde berichten FOX & SIMON (1978). Chronischen Alkoholikern war es erlaubt, in 30-minütigen Sitzungen ihr bevorzugtes Getränk entweder alleine oder in 3-Personen-Gruppen zu sich zu nehmen. In beiden Bedingungen konsumierten die Patienten die gesamte verfügbare Alkoholmenge, und auch in ihrem Trinkverhalten waren keine Unterschiede festzustellen. STITZER et al. (1981b) schließen aus diesen Beobachtungen, daß (1) mit derartigen Versuchsanordnungen bei Alkoholabhängigen die Wirkung von Umgebungseinflüssen nicht zu erfassen sei, weil die Verstärkereigenschaften (reinforcing properties) des Alkohols die subtilen Einflüsse des sozialen Kontextes deutlich überragten, oder (2) der soziale Kontext einen unwesentlichen Einfluß auf das Trinken von Alkoholikern ausübte.

Ihren Vorschlag, dieser Frage mit einem anderen Klientel (Nichtabhängige) nachzugehen, haben TOMASZEWSKI et al. (1980) realisiert. Diese Autoren überprüften den Einfluß von sozialen Hinweisreizen (social cues) auf die konsumierte Alkoholmenge von biertrinkenden College-Studenten. Eine Vp trank ihr Bier in experimentellen Sitzungen (1) zusammen mit einem Versuchsleiter-Konfidenten, der selbst alkoholfreie Getränke zu sich nahm ("social setting" genannt, mit dem Zweck, die "reine" Wirkung des sozialen Kontextes zu erfassen); (2) mit einem Konfidenten, der selbst auch Bier trank ("social drinking") oder (3) alleine. Die Vpn der Social-Setting-Bedingung tranken mehr Bier als die Vpn im Einzelversuch; dieser Unterschied trat überraschenderweise in der Social-Drinking-Anordnung nicht auf. Wie in den Studien von NATHAN und Mitarbeitern lag auch hier das Problem darin, daß die Vpn unter Isolationsbedingung eine erhebliche Alkoholmenge konsumierten. Ein klarer Nachweis, daß soziale Stimuli einen Einfluß auf die konsumierte Trinkmenge haben, konnte in den berichteten Studien somit nicht erbracht werden.

Unter Berücksichtigung prozessualer Gesichtspunkte des Drogenkonsums konnten BABOR et al. (1976) und MENDELSON et al. (1976) die Funktionen des sozialen Kontextes genauer aufklären. Sie beobachteten Interaktionen und Rollenverhalten in Diskussionsrunden und registrierten in einer Selbstapplikationsstudie mit starken und schwachen MARIHUANA-Rauchern die Häufigkeiten, mit der Interaktionen (mit anderen zusammen etwas tun), Koaktionen (in Gegenwart anderer etwas tun) und Einzelbeschäftigungen im Klinikalltag in Abhängigkeit von der konsumierten Drogenmenge vorkamen. Sie fanden, (1) daß Marihuana als eine "soziogene" Droge in dem Sinne wirkte, daß es für Patienten als ein Focus der Interaktion diente und sie zusammenbrachte; nach der Intoxikation wandte sich die Aufmerksamkeit der Patienten jedoch von den Mitpatienten ab, an ihre Stelle trat eine kontemplativ-internale Orientierung. Sie erhoben weiter (2), daß in den Diskussionsrunden die Aufgabenorientierung zurückging. (3) Bei der Analyse verzögerter (1 Tag nach dem Rauchen) Drogenwirkungen konnten die Autoren zeigen, daß konsumierte Menge und Interaktionshäufigkeit negativ korreliert waren: je mehr ein Patient an einem Tag rauchte, umso geringer war die Häufigkeit, mit der er am nächsten Tag mit anderen interagierte. Die Ergebnisse dieser Studie lassen sich so verstehen, daß die Substanzwirkungen durch den sozialen Kontext nicht entscheidend verändert werden, ihnen also eindeutig Hauptwirkungscharakter zukommt.

5.1.3. ZUSAMMENFASSUNG

Der Einfluß der sozialen Situation ist selten und bisher nur punktuell untersucht. Formelle, laborexperimentelle Situationen machen zwar die Streßeigenschaft des Sozialen deutlich, dessen modifizierende Wirkung ließ sich jedoch vorwiegend nur an physiologischen Meßgrößen aufzeigen. In Patientenstudien mit Drogenabhängigen wird in informellen Kontexten der Einfluß verschiedener sozialer Kontexte auf Drogenkonsum und Drogenwirkung überprüft, ohne daß ein Zusammenhang zwischen konsumierte Drogenmenge und Kontext oder ein wirkungsmodifizierender Einfluß des Sozialen bislang konsistent nachzuweisen ist. Der Mangel an aussagekräftigen Ergebnissen hängt auch damit zusammen, daß ein Teil der vorgestellten Studien eine Überprüfung der hier interessierenden Frage in ihrer Versuchsplanung gar nicht intendiert hatte, sondern von uns posthoc unter den Aspekt der Wirkungsmodifikation gestellt wurde. Daher schlagen methodologische Defizite (fehlende Indikatoren) zu Buche, die in gezielten Prüfungen dieser Frage zu vermeiden wären.

5.2. DER EINFLUSS DER INTERAKTIONSPARTNER

Nachfolgend werden Veröffentlichungen betrachtet, die die Frage nach der Wirkung des oder der Interaktionspartner(s) thematisieren oder doch zumindest am Rande beachten. Bei ihrer Darstellung wird nach den Einflüssen (1) eines einzelnen Partners (dyadische Interaktionen) oder (2) einer Gruppe von Partnern (polyadische Interaktionen) unterschieden.

5.2.1. DER EINFLUSS EINES EINZELNEN PARTNERS

STARKWEATHER (1959) hatte die Absicht, den Varianzanteil des Verhaltens, der auf ein Pharmakon zurückzuführen ist, von dem Varianzanteil, der auf die soziale Interaktion mit einem Partner zurückzuführen ist, zu trennen. In einem Repeated-Measurement-Versuchsplan verabreichte er an die beiden Vpn (insgesamt 8 Paare) alle Kombinationen einer hemmend (Phenobarbital) und einer stimulierend (Amphetamin) wirkenden Substanz (also Vp1=Phenobarbital und Vp2=Phenobarbital, Vp1=Phenobarbital und Vp2=Amphetamin usw.). Die Behandlung des Partners der Vp diente als "Schätzer" für die Wirkung der sozialen Interaktion.

Er verglich die Leistungen jeder Vp in dem sog. "Trail-marking"-Test, einer Sortieraufgabe, im Einzelversuch vor (Vortest) und nach (Nachtest) einer Partneraufgabe, in der ebenfalls der Trail-marking-Test und eine verbale Aufgabe gemeinsam zu bearbeiten waren. Seine Hypothese war, daß in der Einzeltestung vor der Partneraufgabe die Substanzwirkungen (erfaßt als Zeit von Beginn bis zur Beendigung der Sortieraufgabe) ohne systematische Modifikation durch die soziale Interaktion zu erfassen sei, während bei der zweiten Einzeltestung nach der Partneraufgabe die Modifikation durch die soziale Interaktion (operationalisiert über die pharmakologische Behandlung des Partners) beobachtbar sein sollte.

STARKWEATHER erwartete in der zweiten Einzeltestung ein additives Zusammenwirkung der Behandlung der Vp und der Behandlung des Partners: Wenn beide Partner Phenobarbital erhalten, ist die Bearbeitungszeit im Nachtest länger als im 1. Einzeltest; wenn beide Partner Amphetamin erhalten, ist die Bearbeitungszeit im Nachtest kürzer; wenn beide Partner unterschiedliche Behandlungen erhalten, heben sich die Pharmakoneffekte gegenseitig auf (NOWLIS & NOWLIS (1956) haben dies als "wash-out effect" bezeichnet): ein zuvor mit Phenobarbital behandelter Proband wird durch den Einfluß des mit Amphetamin behandelten Partners (etwas) schneller im Nachtest, eine zuvor mit Amphetamin behandelte Vp wird im Gefolge der Phenobarbital-Behandlung des Partners langsamer als im Vortest.

Die Erwartungen bezüglich der Pharmakonwirkung im Vortest konnten anhand der Daten bestätigt werden: Phenobarbital führte zu langer, Amphetamin zu kurzer Bearbeitungszeit. Dagegen widersprachen die Befunde STARKWEATHERs seinen Annahmen über den modifizierenden Einfluß der Behandlung des Partners auf die Wirkung der Pharmaka bei der Vp. Die kurze Bearbeitungszeit Amphetamin-behandelter Vpn im Vortest verlängerte sich im Nachtest, wenn ihr Partner ebenfalls Amphetamin erhalten hatte auf das Niveau der Phenobarbital-Behandlung. Umgekehrt beschleunigte sich die im Vortest lange Bearbeitungszeit der Phenobarbital-behandelten Vpn auf das Niveau der Amphetamin-Behandlung, wenn ihr Partner gleichfalls Phenobarbital erhalten hatte. Kombinierte Behandlungen veränderten dagegen das Ausgangsniveau nicht. Statistisch führen die Nachtestwerte zu einem signifikanten F-Wert der Varianzanalyse, der aber nicht mehr, wie im Vortest, mit dem von der Vp eingenommenen Medikament, sondern mit der Behandlung des Partners erklärt werden kann. Hat der Partner Phenobarbital erhalten, beschleunigt er die Leistung der Vp, hat er Amphetamin eingenommen, verlangsamt er deren Leistung. Dieser Befund tritt unabhängig davon auf, welche Substanz die Vp selbst erhalten hat und trotz der Tatsache, daß im Vortest die der Wirkungserwartung entsprechenden Effekte vorhanden waren. STARKWEATHER kommentiert humorvoll: "I should like to pose the question of whether the perception of a drug effect in another ... can be a strong enough influence to cancel and reverse the direct drug effect. Perhaps the question should be restated, should the doctor take a drug in order to influence the patient?" (S.170). In Kapitel 7 dieser Arbeit werden wir eine ähnliche Schlußfolgerung ziehen.

Aus dieser hochinteressanten Studie ist die Schlußfolgerung zu ziehen, daß unter bestimmten Bedingungen (gleiche Behandlung bei beiden Partnern)

Pharmakonwirkung und die Wirkung der sozialen Situation in nicht-additiver Weise kombiniert sind, oder anders formuliert, daß die unter nicht-sozialen Bedingungen vorhandene Hauptwirkung des Medikaments durch die sozialen Einflüsse massiv verändert wird.

STIX (1974) untersuchte kooperatives bzw. inkooperatives Verhalten junger Vpn mithilfe des Gefangenendilemma-Spiels unter Chlordiazepoxid, Placebo und einer Nicht-Behandlung (keine Medikation). Er fand, daß unter Chlordiazepoxid die wechselseitige Kooperation höher war und wechselseitig inkooperatives Verhalten seltener auftrat als unter Placebo und in der nichtbehandelten Gruppe. Allerdings kombinierte er die Paare seiner Versuchspersonen so, daß jeweils Partner mit gleicher Behandlung zusammentrafen, sodaß nach den Erfahrungen von STARKWEATHER nicht ausgemacht werden kann, ob die beobachteten Pharmakoneffekte als Hauptwirkungen oder aber als indirekte Wirkungen, die über die Behandlung des Partners zustandekamen, anzusehen sind.

GRIFFITHS et al. (1977) untersuchten die Wirkung von Amphetamin und STITZER et al. (1984) die Effekte von Hydromorphon auf die dyadische soziale Konversation. Ihre Versuchsanordnung sah vor, daß in einem Meßwiederholungsplan der eine Partner in unsystematischer Reihenfolge Verum oder Placebo erhielt, während der andere Partner nur mit Placebo behandelt wurde. Damit sollten direkte Pharmakonwirkungen (Hauptwirkungen) von Pharmakonwirkungen unterschieden werden, die auf indirektem Wege - z.B. als "Ansteckungseffekt" (vgl. NOWLIS & NOWLIS, 1956) - über die Interaktion mit dem Partner zustandekämen.

Wie oben (3.2.2.4.) berichtet, brachten die Autoren eine behandelte Vp und einen nicht-behandelten Partner in einen Versuchsraum mit der Aufforderung, eine Stunde dort zu verbringen. Die beiden Personen hatten an einem Tisch zu sitzen; sie konnten miteinander reden oder Zeitungen lesen. Gemessen wurde die Zeit (in Sekunden), die jede Person während der Versuchsdauer gesprochen hatte.

In beiden Studien konnten eindeutige Hauptwirkungen der Substanzen beobachtet werden, d.h. die Veränderung der Sprechzeiten trat nur beim behandelten Partner auf und dies nur dann, wenn er eine aktive Substanz, nicht aber Placebo erhalten hatte. Diese Beobachtungen sind insofern wichtig, als sie darauf hinweisen, daß sich Pharmakonwirkungen in sozialen Situationen entfalten können, ohne veränderte Reaktionen beim Partner auszulö sen. Nach STARKWEATHERs Befunden hätte man erwarten können, daß die stark angestiegene Redezeit unter Verum zu Ansteckungsreaktionen beim Partner führten (oder, lernpsychologisch betrachtet, die behandelte Vp Modellwirkung bezüglich des Kommunikationverhaltens auf den Partner ausübte). Daß keinerlei Reaktionen beim Partner zu beobachten waren, gibt Anlaß zu kritischen Überlegungen bezüglich der Medikamentwirkung und der Versuchssituation.

Die Befunde von GRIFFITHS et al. und STITZER et al. lassen einige Fragen offen. GRIFFITHS et al. berichten einen Einzelfall, dessen Redeanteil an allen (14) Tagen unter Placebobehandlung bei ca. 1000 Sekunden (bei einer Gesamtversuchsdauer von 3600 Sekunden) lag. Etwa gleich hoch war der Redeanteil des Partners. Unter Amphetaminbehandlung stieg die Sprechdauer des behandelten Partners an 6 von 8 Behandlungstagen auf ca. 3000 Sekunden an, in den verbleibenden 2 Versuchstagen sprach die Vp ca. 2000 Sekunden lang. Während also die Werte der Placebo-Tage auf ein gemeinsam bestrittenes Gespräch von ca. 20 Minuten Dauer verweisen, deuten die Verumwerte darauf hin, daß (1) während der gesamten Versuchsdauer von 60 Minuten gesprochen wurde und (2) der behandelte Partner davon 50 Minuten sprach. Man stelle sich den Kontrast vor, wenn man davon ausgeht, daß die beiden Partner über alle 22 Tage zusammen waren! Der Verdacht liegt nahe, daß der Partner die Aktivsubstanz erkannt und sich ihrer Wirkung passiv ergeben hat, in gewisser Weise also eine künstliche Interaktionssituation vorlag. Leider machen die Autoren dazu keinerlei Angaben. Diese Überlegungen stützen unsere These, daß Amphetamin und möglicherweise auch Hydromorphon, ein Opiumagonist, vor allem aktivierungssteigernd wirken, nicht aber die Qualität der sozialen Interaktion beeinflußen, sondern vielleicht sogar zu einer größeren Distanz zwischen Interaktionspartnern beitragen können. Untersuchbar wäre diese Überlegung, wenn eben auch der Partner aktive Substanzen erhalten hätte.

Die Argumentation zu der gerade geschilderten Untersuchung vermißt den Einfluß von modellierenden Effekten der Vp mit deutlichen, pharmakoninduzierten Verhaltensänderungen auf den nicht-behandelten Partner. Modellierung wurde in einer originellen Studie von CAUDILL & MARLATT (1975) innerhalb einer Selbstapplikationsstudie erstmals demonstriert.

Freiwillig teilnehmenden Collegestudenten wurde erzählt, daß sie an einer Weinprobe teilnehmen würden, in der sie die Wirkungen von 2 Karaffen mit Wein auf subjektiven Dimensionen einschätzen sollten. Die eigentlich interessierende Variable war jedoch die während der 15-minütigen Geschmacksprobe konsumierte Weinmenge. Die Vpn kamen mit einem von zwei Konfidenten zusammen (zufällige Zuteilung); ein Vertrauter der Untersucher war ein Modell für starken Konsum (700 ml), der andere konsumierte dagegen nur wenig (100 ml). In einer dritten Versuchsbedingung stand kein Modell zur Verfügung. Vpn, die die Weinprobe mit dem Modell für starken Konsum absolvierten, tranken signifikant mehr Wein als die Vpn in den beiden anderen Anordnungen; zwischen letzteren bestand kein Unterschied.

Ein zweiter starker Beleg für Modelling-Effekte ist einer Studie von GARLINGTON & DERICCO (1977) zu entnehmen, deren Ziel es war, in einer Selbstapplikationsanordnung die Anpassung des Trinkverhaltens der Vpn an das Modellverhalten eines Konfidenten, der unterschiedlich viel trank, zu erfassen.

In einem Meßwiederholungsplan waren die Konfidenten darauf trainiert worden, ihr Trinkverhalten (Bier) dem der Vp so anzupassen, daß sie entweder genauso viel wie die Vp tranken oder ein Drittel mehr oder weniger als die Vp zu sich nahmen. In 1-stündigen Testsitzungen sollten die Konfidenten ihr Trinkverhalten nach folgendem Abfolgeplan variieren: Baseline, Fast Rate, Baseline, Slow Rate, Baseline. Die Ergebnisse zeigen, daß die Vp in ihrem Trinkverhalten den Änderungen des Konfidenten recht genau folgte.

Neuere Studien zeigten die Allgemeingültigkeit des Modelling-Effektes, z.B. auch für Frauen und bei langjährigen Trinkern (LIED & MARLATT, 1979), oder in unterschiedlichen Versuchsanordnungen (Geschmackstest vs. "Freies" Trinken, CAUDILL & LIPSCOMB, 1980). Aus diesen bisher wenigen Studien zum Modelling ergeben sich Hinweise darauf, daß Sozialpartner das Konsumverhalten von Pharmaka deutlich beeinflussen; zu fordern wären Untersuchungen, die einerseits differen- tielle Aspekte des Modellings überprüfen (in welchen Situationen kommt es vor, in welchen nicht; vgl. dazu auch DERICCO & GARLINGTON, 1977; HENDRICKS et al., 1978; DERICCO & NIEMANN, 1980; STITZER et al., 1981b). Von eminenter Bedeutung für die soziopharmakologische Interaktionsforschung wären andererseits Studien, die nicht nur das vergleichsweise einfach nachzumachende Konsumverhalten zum Gegenstand haben, sondern auch qualitative Beeinflussungen der Pharmakonwirkung thematisieren. Einige Belege dafür, daß solche Modelleffekte auftreten können, werden im nächsten Abschnitt über Gruppenprozesse vorgestellt.

5.2.2. DER EINFLUSS DER GRUPPE

STARKWEATHER (1959) war in Fragestellung und Versuchsplanung seiner Studie von einer Arbeit von NOWLIS & NOWLIS (1956) beeinflußt, die - unter anderem - über die ausgiebigen Gruppenstudien in ROCHESTER (WENDT, CAMERON, NOWLIS) berichtet. Es ist dies neben einer allgemeinen Arbeit von NOWLIS (1960) der einzige allgemein zugängliche Bericht über die dort durchgeführten Studien, wiewohl aus unserer heutigen Perspektive unter unglaublich günstigen Bedingungen ein ungeheuer großes Datenmaterial gesammelt worden sein dürfte. Bekannt geworden sind daraus neben der genannten Arbeit nur die Eigenschaftswörterskalen von NOWLIS mit besonderer Betonung ihrer Anwendung auf die Untersuchung der Befindlichkeit, die Gruppeneffekte sind dagegen unseres Wissens nicht eingehend publiziert worden. Der folgende Auszug aus der Arbeit von NOWLIS & NOWLIS (1956) mag zur Illustration der Forschungsarbeit in ROCHESTER genügen:

> "Since 1951, G.R.WENDT and the authors, together with a number of collaborators, have been involved in a series of studies of the effects of moderate dosages of commonly used drugs such as amphetamines, antihistamines, and barbiturates on the social, emotional, and motivational behavior of college men under varying degrees of experimental control and in normal daily routines. The part of these studies with which the present authors have been primarily concerned has involved groups of 4 men interacting in a variety of situations in the laboratory before and after the ingestion of moderate dosages of a drug or a placebo. Dosages used produced effects well within the range of normal variation experienced by the individual over a period of a month or a year. Over the 5-year period, 95 men have been observed in approximately 2400 hours of controlled social observation and in about 4800 hours of relatively free activity in the group-work aspects of our studies. Wendt and others have about 1800 subject-days in other than 4-man groups." (S.345f.): Auf nach Rochester!

Die wenigen Befunde, die NOWLIS & NOWLIS zum wirkungsmodifizierenden Einfluß der Gruppe mitteilen, sind für unsere Fragestellung hochinteressant. Die Autoren hatten die Beobachtung gemacht, daß Pharmakoneffekte unterschiedlich ausfallen, je nach dem, welche Substanzen an die Gruppenmitglieder verabreicht wurden. Am Beispiel der subjektiven Wirkungen verschiedener Substanzen, erfaßt über Veränderungen in Items von Eigenschaftswörterlisten, berichten die Autoren:

> "At first we used the same drug for all 4 men. In those sessions, seconal, when compared with placebo, increased the checking of such words as expansive, forceful, courageous, daring, elated, and impulsive. In our first statistical analysis we were confronted with the stubborn fact that when the same drug is given to all 4 men in a group, the N that has to be entered into the analysis is 1, not 4. ... it may be denied that the effects of these drugs may be and often are quite contagious. Our first attempted solution was to run tests on groups in which each man had a different drug during the same session, such as 1 on seconal, 1 on benzedrine, 1 on dramamine, and 1 on placebo. What does seconal do? Cooped up with, say, the egotistical benzedrine partner, the withdrawn, indifferent dramamine partner, and the slightly bored lactose man, the seconal subject reports that he is destractible, dizzy, drifting, glum, defiant, languid, sluggish, discouraged, dull, gloomy, lazy, and slow! This is not

the report of mood that we got when all 4 men were on seconal. It thus appears that the moods of the partners do definitely influence the effect of seconal. Furthermore, this influence ... may also involve much more indirect conflictive social processes." (S.350).

Ausgehend von diesen Beobachtungen überprüften die Autoren die Hypothese, daß die Wirkung verschiedener Substanzen präparatspezifisch unterschiedlich stark durch die Behandlung anderer Partner beeinflußt werden könne, oder konkret: Seconal in seiner Wirkung stärker durch die Behandlung der Gruppenmitglieder modifiziert werde als Dramamin.

In vier Versuchsdurchgängen wurden folgende Medikamente in jeder Gruppe verteilt (hier die Betrachtung von einer der vier Vpn aus): (1) die Vp erhielt Dramamin, die anderen 3 Mitglieder Seconal; (2) die Vp und 2 weitere Gruppenmitglieder erhielten Dramamin, das verbleibende Mitglied nahm Seconal ein (2 Sitzungen); (3) die Vp erhielt Seconal, allen anderen Mitglieder wurde Dramamin verabreicht. Als Wirkungsmaße dienten Selbst- und Fremdurteile auf Eigenschaftswörterlisten. Statistisch prüften die Autoren die Hypothese anhand des Wechselwirkungsgliedes "drug x group" innerhalb einer varianzanalytischen Auswertung, das angibt, ob das Pharmakon sich in Abhängigkeit von der Behandlung der Gruppenmitglieder in seiner Wirkung unterschied oder nicht. In 5% der insgesamt 68 Varianzanalysen war dies für Dramamin, in 19% für Seconal der Fall, worin die Autoren einen (heuristisch zu nennenden) Beleg (sie selbst sprechen von "strong support", S.351) für ihre Hypothese sehen.

Die Auswertung der Daten, vor allem aber der lediglich kleine Ausschnitt aus der vermutlich großen Fülle von Befunden ist insgesamt enttäuschend, wenn Konklusivität der Befunde als Kriterium herangezogen wird. Sie beeindrucken eher durch ihre informativen und anschaulichen Hinweise auf den wirkungsmodifizierenden Einfluß der Interaktionspartner. STARKWEATHERs Beobachtungen erhalten damit einerseits eine Stützung, andererseits ist sein methodischer Ansatz weiter gefaßt durch die Vielzahl von Kombinationsmöglichkeiten der Behandlung von Vpn innerhalb von Gruppenstudien.

Weil diese Befunde - trotz ihrer nicht ausreichenden statistischen Basis - für die Fragestellung dieser Arbeit von enormer Wichtigkeit sind, soll abschließend ein weiteres Zitat aus der Arbeit von NOWLIS & NOWLIS zu der berichteten Studie den wirkungsmodifizierenden Einfluß der Interaktionspartner verdeutlichen: "When the lone man on seconal is grouped with 3 men on dramamine, he reports that he is more industrious, careful, vigorous, boastful, jittery, and defiant, and that he is less drowsy, leisurely, and intoxicated than when he has other partners on seconal. Three sluggish dramamine partners seem to sober him, alert him, and annoy and frustrate him. He reports a more positive mood when others are also on seconal" (S.351f.).

Der Einfluß unterschiedlicher Merkmale von Interaktionspartnern auf die Wirkung von Chlordiazepoxid ist Gegenstand einer Arbeit von BACK et al. (1970). Die Autoren untersuchten konformes Verhalten auf falsches Gruppen-Feedback in 4-Personen-Gruppen, die sie aus einander vertrauten ("Friends", Paare aus einer natürlichen Gruppe) oder einander fremden ("Strangers", individuell angeworbene Vpn) Personen zusammensetzten. Zwei Personen erhielten Vitamin B12 mit 50 mg Chlordiazepoxid, die anderen beiden nur Vitamin B12 intravenös gespritzt. Die Hauptwirkung Medikation, wonach Chlordiazepoxid zu stärker konformen Verhalten führt, wird durch die Bekanntheit der Versuchspersonen nicht modifiziert, das Wechselwirkungsglied (Drug x Acquaintance) ist nicht signifikant.

CHEEK & HOLSTEIN (1971) prüften den Einfluß verschiedener Dosierungen von LSD und der Gruppenzusammensetzung anhand von Einschätzungen des Gruppenprozesses in klinischen 4-Personen-Gruppen mit der BALES-Analyse. Die Gruppe der "reformatory inmates" einer psychiatrischen Klinik, die durch ausgeprägtes aggressives Verhalten zu charakterisieren sind, zeigte dosisabhängig zunehmend negatives sozio-emotionales Verhalten; zwei Alkoholiker-Gruppen, die zu einer 6-wöchigen Entzugsbehandlung sich in der Klinik aufhielten, ließen zunehmend positives sozio-emotionales Verhalten erkennen; eine Gruppe von Schizophrenen, die den Versuch abbrechen mußte, veränderte unter LSD sowohl ihr positives wie ihr negatives sozio-emotionales Verhalten. Die Gruppenzusammensetzung veränderte den Substanzeffekt, ohne daß anhand dieser Studie angegeben werden könnte, welche Merkmale der Gruppe die jeweilige Modifikationswirkung auslöste.

SICE et al. (1975) untersuchten die Wirkungen von 200 mg Secobarbital, 1,6 gr Meprobamat sowie einer Kombination aus 100 mg Secobarbital und 800 mg Meprobamat gegen Placebo in vier Gruppen zu 6-7 Personen mit dem Ziel, den Einfluß sozialer Interaktionen auf die Pharmakonwirkungen zu überprüfen. Die Gruppen trafen sich viermal zu einem ca. 9-stündigen Test mit einem Intervall von 4 Wochen. Als Indikator für die Pharmakonwirkung wurde das Addiction Research Center Inventory (ARCI), eine mehrdimenionales Selbstbeurteilungsskala, verwendet. Die Ergebnisse dieser Studie machen deutlich, daß die unterschiedlichen Interaktionen zwischen den Mitgliedern der vier Gruppen die subjektiv erlebten Pharmakoneffekte modifizieren, allerdings konnte keine allgemeine Beziehung zwischen beiden Merkmalen hergestellt werden. Anders formuliert, die Autoren fanden deutliche Intergruppen-Unterschiede in Bezug auf die Pharmakonwirkung.

Als einzige der von uns gefundenen Studien beschrieben FOULKS & EISENMAN (1969) in einem Fallbericht den Gruppenprozess ("peer network") als Ganzes.

Die Autoren waren teilnehmende Beobachter in einer Gruppe von 5 habituellen Rauchern sog. "psychodelischer" Drogen (in diesem Falle Marihuana), die sich in der Wohnung eines Mitglieds wöchentlich als eine Art Selbsthilfeeinrichtung traf (pad party). Die Autoren beobachteten einen Qualitätswechsel der Kommunikation innerhalb der Gruppe: in einem psychoanalytischen Modell unterscheiden sie den ICH-gesteuerten, seitens der Autoren nachvollziehbaren Sekundärprozeß der Kommunikation vor der Intoxikation von dem ES-gesteuerten, nur den Rauchern zugänglichen Primärprozeß nach der Intoxikation; der Primärprozeß ist dadurch gekennzeichnet, daß "each member gains from the group an increased sense of communicating to other group members his authentic feelings, whether they be socially appropriate or inappropriate" (S.394). Für die Fragestellung dieses Abschnitts wichtig ist die Beobachtung, daß die Kommunikation zwischen den Gruppenmitgliedern mit der Dauer des Bestehens der Gruppe zunahm, also die Wirkung der Drogen in der Zeit verändert wird.

Der Bericht läßt einerseits eine "ansteckende" Wirkung sensu NOWLIS & NOWLIS annehmen, gibt aber auch Anlaß zu der Vermutung, daß die Behandlungen der einzelnen Gruppenmitglieder nicht-additiv zusammenwirken und als Ganzes eine bestimmte Gruppenwirkung ergeben. Mit dieser Interpretation wäre ein soziopharmakologischer Beleg für die in Kap. 3.1.8. beschriebene Unterscheidung zwischen der individuellen Wirkung auf das einzelne Gruppenmitglied und der systemischen Wirkung auf die Gruppe, wie von LEWIN vorgeschlagen, vorgelegt. Auch FOLKS & EISENMAN beziehen sich auf LEWIN und erklären den Kommunikationsprozess mit seinem Konzept der HODOLOGIE (einem dynamisch aufgefaßten geometrischen Modell).

5.2.3. ZUSAMMENFASSUNG

Im Unterschied zu der Betrachtung situativer Einflüsse in Abschnitt 4.2.1. konnten in den hier dargestellten Untersuchungen zum wirkungsmodifizierenden Einfluß von Interaktionspartnern in dyadischen Beziehungen oder Gruppen deutliche Effekte herausgestellt werden. Beeindruckend sind vor allem die Studien, in denen auch die Interaktionspartner Pharmaka einnahmen, weil in diesem methodischen Ansatz der Einfluß der Interaktionspartner quasi substantialisiert ist und er dem Untersucher als systematisch variierbare und randomisiert zuteilbare Größe zur Verfügung steht. Die Hinweise sind gewichtig, daß die Wirkung eines Pharmakons an einer Vp durch die vom Partner oder von den Gruppenmitgliedern eingenommenen Substanzen qualitativ verändert werden kann. Als Wirkmechanismen sind bisher Modelling-Effekte mit ermutigenden Belegen untersucht. Auch die Studie, in der der Gruppenprozess als Ganzes betrachtet wurde, verdeutlicht das Zusammenwirken von Pharmakon und Befinden und Verhalten der Interaktionspartner. Trotz beeindruckender versuchsplanerischer Zugänge zur Untersuchung dieser Thematik sind viele inhaltliche und methodische Fragen unbeantwortet geblieben. Bedauerlich ist die Feststellung, daß die Forschungstradition der Gruppenversuche offensichtlich in jüngster Zeit nicht mehr fortgesetzt wird, erfreulich ist dagegen, daß mittels Partnerstudien einige wichtige Fragen der Interaktion von Pharmaka und personaler Umwelt angegangen sind, wenn auch bisher erst in dem umgrenzten Bereich des Drogenkonsums.

5.3. DIFFERENTIELLE GESICHTSPUNKTE

Von der europäischen Tradition einer differentiell ausgerichteten Pharmakopsychologie herkommend, sind Überlegungen wichtig, inwieweit Persönlichkeitscharakteristika der Personen, die an einer sozialen Interaktion beteiligt sind, einen wirkungsmodifizierenden Einfluß ausüben können. Diese Fragestellung ist in einigen Untersuchungen aufgegriffen.

5.3.1. ERGEBNISSE

NOWLIS & NOWLIS (1956) hatten ihre Vpn ausführlich psychodiagnostisch untersucht und eine große Menge von Persönlichkeitsmerkmalen gemessen. In 42% ihrer Analysen zu der oben berichteten Studie fanden sie signifikante Interaktionen Persönlichkeit x Medikation. Vor allem wegen der geringen Datenbasis (N=32) konnten sie jedoch keine konsistenten Beziehungen herstellen:

> "Since we have not had more than 32 men in any single experiment, our samples have been too small for us to make a satisfactory search for the personality variables realted to drug effects. We have nevertheless examined scores from many personality tests in an attempt to understand these individual differences. No standard personality test has yet helped us to predict with any degree of certainty individual differences in either the effect of a drug or social behavior in group situations" (S.352).

Obwohl die Autoren nur feststellen konnten, daß differentielle Effekte vorhanden sind, diese aber nicht in den Griff bekamen, hatte dieser Bericht insofern wissenschaftliche Bedeutung, als verschiedene Untersucher daran gingen, gezielte Prüfungen dieser Frage vorzunehmen.

ANNIS & COONS (1969), angeregt von der amerikanischen Diskussion der 60er Jahre über "non-specific drug effects" (vgl. SHERMAN, 1959; COONS et al., 1962; KLERMAN, 1963; BEECHER, 1963; RICKELS, 1963; 1968; HONIGFELD, 1964), versuchten in ihrer Studie, den Einfluß von Person x Situation - Interaktionen auf die Wirkung von Pharmaka zu bestimmen. Ihre Annahme war, daß individuelle Unterschiede zwischen Personen ihrerseits wieder durch unterschiedliche Wirkungen der sozialen Situation auf diese Personen verändert würden. Konsequenterweise griffen sie auf das Konzept der Suggestibilität zurück, das sie mit einer von SHERIF (1936) abgeleiteten Anordnung behavioral erfaßten.

Konformes Verhalten in der autokinetischen Situation hatte für die Autoren eine gewissen Ähnlichkeit mit der autoritären Atmosphäre innerhalb von Kliniken. Sie untersuchten 68 chronisch psychisch kranke Patienten aus einer psychiatrischen Klinik, die sie in der autokinetischen Situation mit Konfidenten zusammenbrachten, welche als "medical doctors" vorgestellt wurden und ihre Urteile in einer festen und entschiedenen Stimmlage abgeben sollten. Die Angaben der beiden Konfidenten lagen um 100% über den Baseline-Werten der Patienten. Als "high suceptible to social influence" wurden (n=35) Ptn bezeichnet, die 60% und mehr von ihrer Baseline als Folge der Beeinflussung durch die Konfidenten abwichen; die anderen N=33 Ptn wurden als Personen mit "low susceptibility to social influence" klassifiziert. Beide Stichproben wurden nach Zufall einer Chlorpromazin- oder einer Placebo-Behandlung zugeteilt oder erhielten überhaupt keine Behandlung. Zwischen den drei Behandlungsbedingungen konnten keine Unterschiede im Niveau der Anpassung innerhalb der Klinik (Fremdurteile) gefunden werden, was insbesondere die Wirkungserwartung bezüglich des Chlorpromazins enttäuschte. Eine differentielle Wirkung bezüglich der Suggestibilität trat gleichfalls nicht auf.

Die Konsequenz, die die Autoren aus dem Mißerfolg bei der Demonstration wirkungsmodifizierender Faktoren zogen, bestand darin, der sozialen Situation, erfaßt über Einstellungen des Pflegepersonals zu den verschiedenen Behandlungen, eine übergeordnete Bedeutung zuzuschreiben, die dem Wirksamwerden individueller Besonderheiten der Patienten entgegenstand. Indirekt gestehen sie damit der sozialen Situation eine (in diesem Falle unerwünschte) homogenisierende Wirkung im Hinblick auf differentielle Merkmale zu; ähnlich war unsere eigene Argumentation für die Elimination von Kompensationsprozessen gesunder Versuchspersonen in pharmakopsychologischen Untersuchungen, derzufolge die Anpassung an andere Vpn innerhalb der sozialen Interaktion (erwünschtermaßen) unterschiedliche Coping-Strategien der Vpn ausschaltet.

Zur Überprüfung solcher Überlegungen hatten ANNIS & COONS im Prinzip einen richtigen Weg beschritten: sie gingen davon aus, daß die Anpassung an den Klinikalltag bei Patienten, die stark empfänglich für soziale Einflüsse waren, unter Chlorpromazin besser sein müßte als bei Patienten, die weniger empfänglich für soziale Einflüsse sind. Sie hatten allerdings nicht damit gerechnet, daß das Pflegepersonal Hypothesen über die wahrscheinliche Behandlung der Patienten anstellte und, wegen ihrer positiven Einstellung zur Chemotherapie, die Ptn als besser angepaßt beurteilten, die ihrer Meinung nach Chlorpromazin erhalten hatten; unglücklicherweise war die Entdeckungsrate der "wahren" Behandlung seitens des Personals sehr schlecht. Der richtige Weg ist also darin zu sehen, daß eine möglichst gute Passung zwischen Persönlichkeitsmerkmal und sozialer Situation angestrebt wird, d.h. also, daß sich das Persönlichkeitsmerkmal in der sozialen Situation tatsächlich im Verhalten aktualisieren kann, es quasi durch die Situation provoziert wird. Ein gelungenes Beispiel dafür ist die MONOPOLY-Spielsituation (vgl. MESCHKE & KRÜGER, 1981; BARTH, 1985) für extravertierte vs. introvertierte Personen, weil das Spiel selbst extravertiertes Verhalten deutlich begünstigt. Weitere Beispiele sollen in unseren Untersuchungen des empirischen Teils gegeben werden.

JOYCE et al. (1970) diskutierten zu dieser Überlegung am Beispiel der "Passung" der Persönlichkeiten zweier Partner in einer dyadischen Interaktion. Bei der Untersuchung von Alkoholwirkungen auf Maße des interpersonalen "Konflikts" (eine theoretisch gut untermauerte Versuchsanordnung zum "Social Judgment"-Konzept, vgl. HAMMOND & JOYCE, 1975) hatten sie keinen konsistenten Einfluß von Persönlichkeitsfaktoren (u.a. Extraversion/Introversion) auf die Konfliktmaße feststellen können, weder unter noch ohne Alkoholeinfluß. Ihre Erklärungshypothese für den fehlenden Nachweis differentieller Effekte ist überzeugend, wenn sie nämlich fordern, stärker auf dynamische Prozesse des Aufeinandereinwirkens unterschiedlicher "Persönlichkeiten" zu achten:

"It appears more likely, however, that attention should be paid to dynamic aspects of the impressions made by one member of a pair on his partner. For example, although the behavior of a subject with a high extraversion score might be expected to change more under the influence of alcohol than that of his more introverted partner, if the latter were aware of the increased verbalization and greater social ease of his partner he might compromise more readily, so that the final judgments of the more extraverted member of the pair might deviate less from his original responses than would have been expected." (S.138). Sollten diese

Überlegungen empirische Evidenz erhalten, wären damit auch Basisprozesse des Modellings (s.o.) erfaßt. Die Autoren zitieren einen ersten Beleg ihrer Überlegungen in einer Studie von BONAUITO & BARTOLI, 1970), wonach Benzoctamin bei neurotischen Vpn nicht nur das Merkmal "Aggressivität" reduzierte, sondern auch die Konfliktscores, wenn diese Vp miteinander in der Versuchssituation gepaart wurden.

THORNTON et al. (1976) überprüften die Hypothese, daß Alkohol introvertierte Alkoholiker stärker dazu bewegen könnte, soziale Kontakte aufzusuchen, als extravertierte Alkoholiker, daß sich also Introvertierte die extravertierende Wirkung des Alkohols für erwünschte, ihnen ohne Alkohol nicht (so leicht) erreichbare, soziale Kontakte zunutze machten. Die Autoren konnten ihre Hypothese nicht bestätigen, Alkohol wirkte sich bei Introvertierten wie Extravertierten in gleicher Weise förderlich für soziales Verhalten aus.

5.3.2. ZUSAMMENFASSUNG

Die hier vorgestellten empirischen Arbeiten über den modifizierenden Einfluß von Persönlichkeitsmerkmalen auf Pharmakonwirkungen in sozialen Situationen haben zwar keinen Ertrag in dem Sinne erbracht, daß Zusammenhänge zwischen soziotropen Pharmakonwirkungen und Persönlichkeit nachgewiesen werden konnten. Alle Autoren, die diese Fragestellung untersucht haben, sind sich jedoch darin einig, daß damit nicht ihre prinzipielle Unergiebigkeit für die soziopharmakologische Forschung festgeschrieben ist. Vielmehr plädieren sie für eine ausgefeiltere Versuchsplanung, in der die Person x Situation - Interaktion eine möglichst guten Passung der beiden Merkmale erhält. Vorschläge dazu beinhalten die Forderung, dynamische Aspekte des Aufeinandereinwirkens von Personen mit unterschiedlichen oder ähnlichen Ausprägungen von Persönlichkeitsmerkmalen zu berücksichtigen oder zu prüfen, inwieweit die sozialen Untersuchungssituationen die Aktualisierung bestimmter Persönlichkeitsmerkmale im Verhalten überhaupt zulassen. Die wirkungsmodifizierende Bedeutung von Situation und Persönlichkeit wie auch ihrer Interaktion ist angesichts der wenigen vorliegenden Studien und deren uneinheitlicher Befunde vorläufig nicht einzuschätzen.

5.4. ZUSAMMENFASSUNG UND DISKUSSION DER UNTERSUCHUNGEN

Kurze Statements sollen nachfolgend den wesentlichen Ertrag der Analyse dieses Kapitels zusammenfassen. Allfällige oder mögliche Konsequenzen für die soziopharmakologische bzw. sozio-pharmakopsychologische Forschung werden im Zusammenhang mit den Ergebnissen der Evaluationsstudien (vgl. Kapitel 4) in Kapitel 6 gezogen.

5.4.1. DAS PRIMÄRE FORSCHUNGSINTERESSE DER STUDIEN

Anders als in den Evaluationsstudien, in denen eindeutig das klinische Interesse dominiert, sind in den Untersuchungen zur Modifikation von Pharmakonwirkungen durch das Soziale vorwiegend psychologische Überlegungen wirksam. Die Möglichkeiten der Streßinduktion über soziale Situationen werden unmittelbar in der Emotions- und der Aktivationsforschung genutzt (von dort kommen die Untersuchungen auch her); die Analyse von sozialen Situationen an sich oder die Veränderung der Pharmakonwirkung durch den oder die Sozialpartner in dyadischen oder polyadischen Beziehungen steht in Bezug zu sozialpsychologischen Problemen der Vorhersage des Verhaltens von Personen in Gruppen. Wenn in den Untersuchungen selbst auch meist nicht explizit geschehen, gehören Fragen nach dem Einfluß von Persönlichkeitsmerkmalen auf die Pharmakonwirkung der differentiellen Psychologie an, und in Beobachtungen zu Modelling-Effekten ist an die Lernpsychologie angeknüpft. Zwar sind die genannten psychologischen Zugänge nur in Ausnahmefällen (social judgment - Theorie) in ihrer möglichen Breite erschlossen oder gar schon wieder verschüttet (NOWLIS), doch gebührt ihnen der Verdienst, das psychologische Fundament einer Sozio-Pharmakopsychologie gelegt zu haben.

5.4.2. DER EINFLUSS DER SITUATION

Die steuernde Wirkung der Aufgabe oder der Umgebungsbedingungen als Charakteristika der sozialen Situation ist, soweit ihr *Belastungsaspekt* interessiert, überzeugend nachgewiesen. Der Gewinn aus den berichteten Studien für die Frage nach soziotropen Wirkungen ist nicht nur wegen der fehlenden Wechselwirkung Pharmakon x Situation in einigen Untersuchungen gering. Das Hauptargument für diese Einschätzung ist, daß in diesen Situationen (Audience und Quasi-Audience-Bedingungen) die Vp trotz - oder gerade wegen - der realen oder vorgestellten Anwesenheit anderer in gewisser Weise sozial isoliert ist, daß sie also der - reale oder vorgestellte -

psychische Druck, den die öffentliche Beachtung seitens der anderen ausgelöste, quasi auf sich selbst zurückwirft. Konsequenterweise müßte man folgern, daß die soziale Situation zwar aktivierende und/oder emotional vorwiegend negativ ge- tönte Prozesse im Individuum auslöst, deren Beeinflussung dann aber eher psychotrope denn soziotrope Wirkungen von Pharmaka bedarf.

Mit dem Streßaspekt sind jedoch bei weitem nicht alle Wirkungsklassen des Sozialen abgedeckt. Besonders naheliegend ist es, den *Entspannungsaspekt* - die social facilitation ganz wörtlich genommen - zu thematisieren. Dazu fehlen bislang einschlägige Untersuchungen. Einen ersten Schritt zu alternativen Realisierungen der Situation haben die klini- schen Studien des Abschnitts 5.1. unternommen. Die dort als Qualitätsänderungen der Pharmakonwirkung beschriebenen Effekte in der Gruppensituation, verglichen mit der Isolationsbedingung, zeigen erstmals die modulierende Wirkung der sozialen Situation unter Bedingungen, die entweder keine oder doch nur geringe Belastung (Hemmung) bei der Vp auslösten, sondern eher stimulierend wirkten.

Bei der Diskussion unserer eigenen Befunde werden wir am Ende der Arbeit noch einmal auf diese Beobachtungen zurückkommen und eine integrierende Interpretation soziotroper Effekte in Anspannungs- und Entspannungssituationen anstreben.

5.4.3. DER EINFLUSS DER INTERAKTIONSPARTNER

Die Pharmakoneffekte modulierende Wirkung des Sozialen läßt sich nach den vorliegenden Ergebnissen am eindeutigsten fassen, wenn es sich in konkreten Interaktionen mit realen Personen konstituiert. Es sind vor allem die frühen Untersuchungen von NOWLIS & NOWLIS (1956) und STARKWEATHER (1959), die wegweisende Forschungsansätze vorgestellt haben, bislang allerdings ohne Einfluß auf die Forschungspraxis. Indem sie den oder die Interaktionspartner selbst pharmakologisch behandelten, machten sie seinen/ihren Einfluß faßbar, homogenisierten ihn - und reduzierten ihn zugleich. Der Gewinn dieses Vorgehens ist auf methodischer Seite, daß in der Behandlung des Partners eine leicht verfügbare Möglichkeit erschlossen ist, den Einfluß der personalen Umwelt systematisch zu variieren. Inhaltlich kann der modifizierende Einfluß von Sozialpartnern auf die Pharmakonwirkung bei einem Individuum demonstriert werden, der wiederum als Qualitätsänderung der unter Isolationsbedingung (im Standardversuch) gefundenen sog. Hauptwirkung der Substanz zu Tage tritt. Kein anderer Zugang hat ähnlich deutliche Nachweise erbracht. Der Preis dieses Vorgehens besteht darin, daß die in der Interaktion aufgefundenen Pharmakoneffekte immer nur als (nicht-additive) Wechselwirkung zu verstehen sind. Eines haben weder NOWLIS noch STARKWEATHER gesehen: daß nämlich auch die Vp die Wirkung einer Substanz am Partner verändert. Auffallenderweise "personalisieren" beide Autoren die Pharmakonwirkung am Partner in ihren Beschreibungen, schreiben ihm Stabilität zu, Variabilität tritt nur bei der Vp auf. Richtigerweise muß man wohl von wechselseitiger Einflußnahme ausgehen, einem dynamischen Geschehen, auf das JOYCE et al. (1970) hinweisen und das FOULKS & EISENMAN (1969) beschreiben.

Die Untersuchungen machen das Problem des - einseitigen - individualistischen Vorgehens zur Analyse von Gruppenprozessen offenkundig, auf das LEWIN (1939) aufmerksam gemacht hat. In diesem Licht sind die Behandlungen einzelner Partner Start- und Endpunkte eines sozialen Geschehens, das selbst jedoch mehr oder anders ist als die Summe seiner Einflußfaktoren. Die Bezeichnung dieses "Ganzen" als dem Untersucher nicht mehr zugänglicher "Primärprozeß" der Kommunikation durch FOULKS & EISENMAN ist ein erster beeindruckender Versuch, sich diesem Phänomen theoretisch zu nähern; daß er als Fallbericht vorliegt, jedoch keine quantitativen Methoden verwendet, verweist auf methodische Schwierigkeiten, die dem Untersuchungsziel, solche Gruppenprozesse zu erfassen, entgegenstehen. Untersuchungen zum Einfluß von Interaktionspartnern auf Pharmakonwirkungen kommen nicht umhin, sowohl die Wirkung am Partner mitzubeachten wie aber auch die Interaktion selbst, als prozessuales Geschehen, zum Gegenstand des Interesses zu erheben. Daß Modelling-Effekte auftreten, aber auch nicht vorkommen, deutet an, daß Interaktionen unterschiedlich ablaufen; Modellwirkungen als einziges Prozeßmerkmal aufzufassen, reicht sicherlich nicht aus.

5.4.4. DER EINFLUSS VON PERSÖNLICHKEITSMERKMALEN

Einflüsse von Persönlichkeitsmerkmalen der behandelten Vp und ihrer Interaktionspartner auf die Wirkung eines Pharmakons an der Vp konnten bisher nicht nachgewiesen werden. Ihr Niederschlag im Verhalten und Befinden von Vpn und ihren Partnern ist vermutlich schwächer als die Auswirkung einer pharmakologischen Behandlung bei den an einer Interaktion beteiligten Personen (vgl. 5.4.3.). Allerdings gilt auch hier der Einwand, daß eine interaktive Betrachtung dieser Frage, also die kombinatorische Analyse der Persönlichkeitsmerkmale zwischen den Partnern (z.B. in Form zweier Schichtungsmerkmale im Versuchsplan), noch nicht in überzeugender Weise vorgenommen wurde.

Differentielle Unterscheidungen werden überwiegend - mit Ausnahme des experimentellen Versuchs von ANNIS & COONS (1969) - mit Fragebogenmethoden vorgenommen, die "klassische" Per sönlichkeitskonzepte erfassen. Im Falle der Extraversion- Intraversion lassen sich Erwartungen für das konkrete Verhalten ableiten; viele andere Konzepte (z.B. Neurotizismus) müssen in ihrer prädiktiven Bedeutung für das soziale Verhalten kritisch betrachtet werden (vgl. dazu BARTH, 1985). Hier sind grundsätzlich "sozialere" Dimensionen einzusetzen, etwa soziale Angst oder Dominanz/Submissivität. In Tierversuchen (z.B. SASSENRATH & CHAPMAN, 1976) hat sich die Dominanzdimension als gut geeignet erwiesen, um Pharmakoneffekte zu unterscheiden.

Vielleicht ist auch der eindimensionale Zugang, wie er regelhaft in der differentiellen Pharmakopsychologie zur Anwendung kommt, für soziale Fragestellungen ungeeignet. Das Aufeinandereinwirken mehrerer Partner als komplexes Geschehen verlangt - wie auch immer es getönt ist - ein breites Verhaltensrepertoire, das, um ein fiktives Beispiel zu nennen, sowohl aus neurotischen wie aus extra-/introvertierten Quellen gespeist wird. Mehrdimensionale Klassifikation der beteiligten Personen wäre die Forderung, eine enorme Steigerung des Stichprobenumfangs die Folge für die Überprüfung dieses Vorschlages.

Daher mag die oben vorgeschlagene erste Annäherung an die Möglichkeiten einer "differentiellen Soziopharmakopsychologie" darin bestehen, solche sozialen Situationen im Versuch zu schaffen, die der Aktualisierung eines bestimmten Persönlichkeitsmerkmals entgegenkommen. In den berichteten Studien war es vermutlich eher so, daß die soziale Situation dem Wirksamwerden von persönlichen Charakteristika der Vpn im Wege stand.

5.4.5. WIRKUNGSMODIFIZIERUNG VERSUS SOZIOTROPER EFFEKT

Die Arbeiten, die in diesem Abschnitt berichtet wurden, sollen Aufschluß darüber geben, inwieweit Umgebungsbedingungen die Pharmakonwirkung verändern, es ging um die in der Literatur so eingeführte Frage des wirkungsmodifizierenden Einflusses des Sozialen. Einige ernstzunehmende Befunde zeigen Änderungen der Qualität der Wirkung, wobei gegenteilige Wirkungsrichtung ebenso auftrat wie eine Pointierung anderer Wirkungsaspekte vorkam. Als Normwirkung gilt in dieser Sichtweise die Hauptwirkung des Medikaments im Einzelversuch, vor der Veränderungen in der sozialen Situation beurteilt werden. Diese Hauptwirkung ist, soweit sie auf Befinden und Verhalten bezogen ist, wegen der Versuchsanordnung notwendigerweise als "psychotrop" zu bezeichnen. Veränderungen psychotroper Wirkungen von Substanzen im sozialen Kontext sind für die Pharmakopsychologie, mehr noch für die klinische Pharmakotherapie ein wichtiges Untersuchungsfeld, wenn aus theoretischen oder klinischen Gründen ein Interesse daran besteht, die psychotropen Wirkungen zu nützen.

Auf der Suche nach soziotropen Wirkungen von Pharmaka ist der Gedanke der Wirkungsmodifikation durch das Soziale geradezu falsch. Wo, wenn nicht im sozialen Kontext sollen sich soziotrope Wirkungen entfalten? Radikal gedacht, stellt eine Pharmakonwirkung, die im Umgang mit Sozialpartnern auftritt und sich von der Wirkung im Einzelversuch unterscheidet, einen soziotropen Effekt dar, der dem psychotropen Effekt nicht zu gleichen braucht. Die Analogie zur Prüfung von Anxiolytika stützt diese Überlegung: Benzodiazepine haben unter Ruhebedingung eher sedierende Wirkung, anxiolytisch wirken sie erst, wenn die Situation einer solchen Wirkung bedarf. Selbst eine veränderte Befindlichkeit, z.B. der Übergang von einem desaktivierten Zustand im Einzelversuch in eine angeregte und aufgeschlossene Stimmung im Gruppenversuch, ist förderlich für die soziale Interaktion und damit ein soziotroper Pharmakoneffekt. Es ist an dieser Stelle noch zu früh, den Zusammenhang von psycho- und soziotropen Effekten zu klären. Hinzuweisen ist jedoch an dieser Stelle darauf, daß bisher keiner der zitierten Autoren diese Betrachtung seiner Ergebnisse angewandt hat.

Zur weiteren Veranschaulichung seien hier eindrucksvolle Wirkungsschilderungen einer Vp in einem unserer Experimente mit CGP 361/A, einem betablockierenden Pharmakon, für die soziotrope Wirkungserwartungen aufgrund von Ergebnissen in Tierversuchen vorlagen, wiedergegeben. Der junge Mann hatte unter dem Einfluß der Substanz alleine zu Hause Examensvorbereitungen zu erledigen. Er erlebte sich dort als depressiv, wenig leistungsfähig und ärgerlich, weil er den Schreibtisch nicht verlassen konnte. Am späten Nachmittag kam er zu einem gruppendynamischen Experiment mit vielen Partnerübungen. Hier beschrieb er sich - und verhielt sich so, wie er sich beschrieb - aufgeschlossen für andere, in aufgeräumter Stimmung, offen und bereit, sich auch in persönlich sehr nahe Situationen zu begeben; er war nur schwer zu bewegen, die Versuchsräume wieder zu verlassen. Der soziotrope Effekt ist klar zu beobachten; ihn als Modifikation einer ursprünglichen pharmakonbedingten Verstimmung zu verstehen, würde weder dem Bericht noch der Sache gerecht.

5.4.6. ZUSAMMENFASSUNG

Unter der Fragestellung, ob und wie Pharmakonwirkungen durch den sozialen Kontext verändert werden, wurde in diesem Abschnitt eine Reihe interessanter Studien vorgestellt. In einigen Studien konnten wirkungsmodifizierende Einflüsse des Sozialen deutlich gezeigt werden, andere lieferten nicht mehr als Hinweise, einige Studien waren ohne Ergebnis. Insgesamt sind Forschungsaufwand wie Forschungsertrag zu diesem Thema gering, vielfältige Untersuchungsmöglichkeiten sind nicht oder nicht ausreichend genützt. In der Diskussion dieser Befunde kommt dem Einwand besondere Bedeutung zu, daß das Interaktive innerhalb sozialer Kontakte, also die wechselseitige Beeinflussung mehrerer Sozialpartner, nicht beachtet worden sei, und die individualistische Zentrierung auf eine jeweils interessierende Person eine verkürzte Darstellung des sozialen Prozesses mit sich bringt. Weiter wurde ein *grundsätzlicher Perspektivenwechsel* erwogen, der den Blick abwendet von einer Orientierung an "psychotropen" Hauptwirkungen der Substanzen, die im Einzelversuch gewonnen und in der sozialen Situation modifiziert werden, und ihn hinwendet zu der Auffassung, daß Wirkungen, die im sozialen Kontext anders sind als im Einzelversuch, "soziotrop" zu nennen sind.

Teil 2

Resümee und Konsequenzen

6. RESÜMEE UND KONSEQUENZEN: DIE ENTWICKLUNG VON FRAGESTELLUNGEN FÜR EMPIRISCHE FORSCHUNG IN DER SOZIO-PHARMAKOPSYCHOLOGIE

Der Ertrag bisheriger soziopharmakologischer Forschung ist in den zusammenfassenden Teilen der vorangehenden Kapitel beschrieben und mit kritischen Anmerkungen versehen; die dort dargestellten inhaltlichen Details sollen hier nicht wiederholt werden. Stattdessen wird nachfolgend der Versuch unternommen, aus einer eher globalen Perspektive das gegenwärtige, in wissenschaftlichen Untersuchungen gewonnene Wissen über die Wirkungen von Pharmaka im sozialen Kontext einerseits als Grundlegung der Sozio-Pharmakopsychologie, andererseits als Ausgangspunkt für zukünftige (und damit auch unsere eigene) Forschungsarbeit zu betrachten.

Dazu bietet sich polarer Zugang an, der (a) einerseits fragt: *Was wurde getan?* und (b) andererseits aus den Antworten auf diese Fragen Konzequenzen zieht und der Frage: *Was ist zu tun?* nachgeht. Die Ordnung der folgenden Überlegungen hält sich an den Vorschlag aus Kapitel 2.1, der unterscheidet zwischen (a) dem Gegenstand der Forschung (das soziale Verhalten), (b) der Methodik zur Untersuchung der Wirkungen von Pharmaka auf soziales Verhalten und (c) den Arzneimitteln, die Wirkungen auf das soziale Verhalten haben (können). Zuerst wird die Sozio-Pharmakopsychologie aus wissenschaftssystematischer Sichtweise kommentiert.

6.1. SOZIO-PHARMAKOPSYCHOLOGIE ZWISCHEN GRUNDLAGEN UND ANWENDUNG

DEBUS & JANKE (1978) betrachten die Pharmakopsychologie als Grundlagenfach wie auch als angewandte Disziplin (S.2162). Sozio-pharmakopsychologische Forschung wurde bisher nicht explizit betrieben. Inwieweit sozio-pharmakologische Arbeiten den Zielen psychologischer Forschung nahekommen und ihre Erträge Grundlagen- bzw. Anwendungswissen der Sozio-Pharmakopsychologie etablieren, wird nachfolgend diskutiert.

6.1.1. GRUNDLAGEN

Als Grundlagenfach soll die Pharmakopsychologie nach DEBUS & JANKE (1978, S.2162)

a. biologisch-organismische Substrate von Verhalten und Verhaltensstörungen untersuchen, und
b. die Variabilität des Verhaltens erforschen.

Pharmaka als biologische Agenten der Steuerung des Verhaltens sind in ihrer Wirkung nur zu verstehen, wenn die Prozesse im Zentralnervensystem und im vegetativen Nervensystem aufgedeckt werden können, wenn also bekannt ist, welche Strukturen durch Pharmaka (im besten Falle selektiv) in ihrer Funktion angeregt bzw. gehemmt werden. Für eine Reihe der Psychopharmaka ist dieses Wissen vorhanden, woraus sich nach DEBUS & JANKE (ebd.) der Vorteil für die physiologisch orientierte Psychologie ergibt, daß sich Psychopharmaka in besonderem Maße als Forschungswerkzeuge zur Untersuchung somatopsychischer Beziehungen eignen.

Somatopsychische Beziehungen im Bereich der Emotion (vgl. ERDMANN, 1983a) oder der Aktivation (vgl. GUTTMANN, 1982) sind, nicht zuletzt dank der Verfügbarkeit von Pharmaka, wohl untersucht. Demgegenüber ist das Erfahrungswissen zur biologischen Steuerung des sozialen Verhaltens rückständig. Die neurobiologische Erforschung des sozialen Verhaltens steht vor enormen Problemen, die sich aus dem Grundlagenwissen zur Wirkungsweise der Nervensysteme ableiten lassen. Verhalten ist neurobiologisch als das Ergebnis mehrerer interaktiver - nervöser und biochemischer - Systeme zu betrachten. Für viele Neurotransmittersysteme ist jedoch nicht klar anzugeben, ob sie ein Verhalten steuern oder nur den neuralen Tonus liefern, der die Übernahme der Steuerung durch andere Systeme ermöglicht (vgl. MC-GUIRE et al., 1982). Umgekehrt wird auch in der Psychologie das soziale Verhalten als komplexes Resultat interaktiv wirkender Faktoren (wie personale und physikalische Umgebungsbedingungen, Persönlichkeitsmerkmale u. a.) aufgefaßt. Die Aufgabe ist es also, das Ineinanderwirken zweier je für sich komplexer Bereiche zu ergründen. Eine unlösbare Aufgabe?

Ziel kann vorerst wohl nur sein, auf einer Oberflächenebene Beziehungen zwischen neurobiologischen Vorgängen bzw. ihrer pharmakonbedingten Veränderung und damit einhergehenden Variationen des sozialen Verhaltens abzubilden. Der in den letzten Jahren in der biologischen Forschung sichtbare soziale Impetus hat erste Erfolge gezeitigt. Die Endorphinhypothesen können z.B. als ein Beitrag zur Klärung der Frage verstanden werden, ob soziales Verhalten spezifisch über bestimmte Hirnregionen gesteuert wird, und davon abhängig, ob soziotrope Wirkungen von Pharmaka auf den direkten Einfluß des Wirkstoffes zurückzuführen sind oder lediglich einen sekundären Effekt darstellen. Die Endorphinbefunde sprechen für die direkte Wirkung. Der psychologische Beitrag zu diesem interdisziplinären Thema kann und muß darin bestehen, solche sozialen Situationen im Labor zu generieren oder im Feld aufzusuchen, die vorhersagbare Wirkungen im Erleben und Verhalten von Personen auslösen, und Methoden bereitzustellen, die die Wirkungen der sozialen Situationen und deren Veränderung durch Pharmaka erfassen können.

Mit den letzten Bemerkungen wird die zweite Aufgabe (im Sinne von DEBUS und JANKE) vorrangig gemacht, Variationen des sozialen Verhaltens zu beschreiben und wesentliche Einflußfaktoren zu finden, wobei quantitative - wie bisher häufig der Fall - und qualitative Aspekte - bisher selten - bedeutsam sind. Ansätze wie Ergebnisse bisheriger Arbeiten lassen hoffen, daß der Einsatz von Pharmaka soziale Prozesse aufzuklären hilft.

Was ist aus dieser Forschung zu erwarten? Die Untersuchungen mit sozialen Stressoren haben gezeigt, daß öffentliche Beachtung (Audience) zu erstaunlich hohen physiologischen und psychischen Ausschlägen in Richtung hoher Aktivitation und vermehrter Angst führen. Diese Beobachtungen legen die (provokante?) Vermutung nahe, daß unter bestimmten Bedingungen das soziale Verhalten eher basal gesteuert wird und nicht generell, wie üblicherweise angenommen, als komplex bedingtes und interindividuell hochvariables Produkt einer Vielzahl von Einflußfaktoren, insbesondere kognitiver Art, zu begreifen sein muß. Dieser Frage geht Kapitel 9 unserer Arbeit nach.

Könnte einerseits der physiologisch-biologische Zugang zum sozialen Verhalten eine Vereinfachung der sozialpsychologischen Annahmen über seine Steuerung erbringen, so machten die Interaktionsstudien und die differentiellen Fragestellungen (s. Kapitel 5) eher eine Verkomplizierung wahrscheinlich. Sie veranschaulichen den Interaktionsprozess als ein Geschehen, das nicht allein aus einer individuumsorientierten Perspektive in den Griff zu bekommen sein dürfte (wir haben dafür den Ausdruck der "nicht-additiven Wechselwirkung" von Person und Umwelt verwendet). Daß diese Interaktion zugleich auch die Qualität von Pharmakonwirkungen zu beeinflussen scheint, stellt eine massive Herausforderung für Pharmakologie wie für die differentielle und Sozial-Psychologie dar.

Es dürfte kaum andere psychologische Experimente geben, in denen die Vp so auffällig als "Meßinstrument" behandelt wird wie in der Pharmakopsychologie (gleiches gilt für Pharmakologie und Pharmakopsychiatrie). Die Veränderung im Erleben wird von außen manipuliert. Anders als im allgemeinpsychologischen oder sozialpsy- chologischen Regelexperiment ist die Eingriffsvariable unübersehbar, "schluckbar" vorhanden. Die Vp wird als "passiver Empfänger" aufgefaßt, an dem sich die Wirkung der Substanz entfaltet. Gegen diese mechanistische Vorstellung sprechen Kompensationsprozesse (als psychologisches Modell) und paradoxe Reaktionen (als pharmakologisches Modell), die Ausdruck von (aktiven) Verarbeitungsprozessen seitens der Vp sein dürften. Die veränderten Wirkungsqualitäten in sozialen Interaktionen stellen die massivsten Belege dafür dar, daß nicht mit einer eingleisigen Input (Pharmakon) - Output (Verhalten) - Beziehung zu rechnen ist.

Wir haben dieser Herausforderung vorerst lediglich einen Namen gegeben, indem von "soziotropen" Effekten die Rede ist. Die Argumentation in den vorangehenden Kapiteln hat zwei Annahmen aufgegriffen: daß soziotrope Effekte auf direktem Wege zustandekommen oder aber indirekte Wirkungen einer veränderten "sozialen" Befindlichkeit darstellen. Letzteres Modell würde auf die oben angesprochene Anstoßwirkung des Pharmakons abzielen. Es ist nicht der Anspruch der vorliegenden Arbeit, die Mechanismen von soziotropen Wirkungen aufzuklären; an verschiedenen Stellen (vor allem in Kapitel 8) soll jedoch diese Frage aufgegriffen und an empirischen Belegen über ihre Angemessenheit und ihre Bedeutung für die Grundlagenforschung der Psychologie diskutiert werden.

Als einzige haben MCGUIRE et al. (1982) ein Modell vorgeschlagen, daß sich den Grundlagenfragen des Zusammenwirkens von (a) dem Pharmakon, (b) biochemischen, physiologischen und anatomischen Gegebenheiten und (c) dem sozialen Verhalten und der physikalischen Umgebung annähert (S.644):

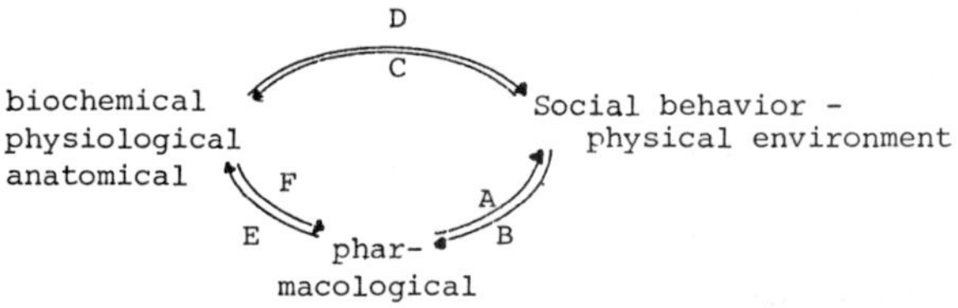

Sie fassen das Ineinanderwirken der einzelnen Faktoren idealisiert als Kreisprozeß auf, den sie in einzelne Sequenzen (Routes) zerlegen; die Möglichkeiten des Ansatzes veranschaulicht folgendes Zitat: "For example, a drug might be given to a single group-living animal. Suppose the drug alters certain biochemical variables (Route E) which, in turn, alter the animal's behavior (Route D). The behavioral changes may then alter group behavior towards the effected animal, in which case Route C may become relevant and resulting biochemical-physiological changes may enhance or dampen subsequent Route E effects" (1982, S.645). Ihr eigener Beitrag besteht darin, die einzelnen Sequenzen anhand tierexperimenteller Befunde zu veranschaulichen. Zur Veranschaulichung der Kettenwirkung fehlen gegenwärtig einschlägige Belege.

6.1.2. ANWENDUNG

Die Mehrzahl soziopharmakologischer Befunde ist leicht in den Anwendungsbereich der "klinischen" (Sozio-) Pharmakopsychologie einzuordnen, ohne allerdings damit den Anspruch zu verbinden, in den vorliegenden Ergebnissen auch nur die elementarsten Ansprüche dieser Disziplin bereits eingelöst zu haben.

DEBUS & JANKE (1978, S.2163) nennen folgende Problembereiche der klinischen Pharmakopsychologie:

a. Beschreibung und Aufklärung der Wirkungen und Wirkungsmechanismen therapeutischer Substanzen bei Gesunden und Kranken nach einmaliger Verabreichung mit den Teilaufgaben:

   aa. Entwicklung von Meßinstrumenten;
   bb. Entwicklung von geeigneten Prüfanordnungen;
   cc. Klassifikation von therapeutischen Substanzen;
   dd. Untersuchung und Kontrolle von wirkungsmodifizierenden Faktoren;
   ee. Untersuchung der Wirkung von Schein-Substanzen

b. Vorhersage von therapeutischen Wirkungen aufgrund von akuten Untersuchungen an Gesunden und Kranken;

c. Pharmakotherapiekontrolle;

d. Pharmakotherapie und Psychotherapie;

e. Pharmakotherapie und Rehabilitation.

Anhand dieser Aufteilung bearbeiten die bisher gesammelten Studien überwiegend die Aufgabe, Wirkungen und Wirkungsmechanismen therapeutischer Substanzen zu beschreiben. Alle anderen Ziele wurden bisher nicht verfolgt, was daran liegt, daß sie noch nicht (oder nicht konsequent genug) als soziopharmakologische bzw. sozio-pharmakopsychologische Fragestellungen aufgefaßt wurden.

Diese Arbeit will nicht mehr, als sich einigen der unter Punkt a. genannten Aufgaben (vor allem die Entwicklung von Meßinstrumenten und Prüfanordnungen) konsequent zu stellen. Sie kann damit vielleicht die Vorgaben machen, die in Pharmakopsychiatrie und klinischer Psychologie wie auch in der Sozialpsychologie zu eigenen Anwendungen führen könnten und den Anwendungscharakter der Sozio-Pharmakopsychologie dann fundieren.

6.2. DAS "SOZIALE VERHALTEN" ALS FORSCHUNGSTHEMA

6.2.1. ZUR KONZEPTION DES SOZIALEN VERHALTENS

Gegenstand von Soziopharmakologie und Sozio-Pharmakopschologie ist das soziale Verhalten von Individuen. Es interessieren, das haben die vorangehenden Überlegungen zum Grundlagenaspekt deutlich gemacht, die Beschreibung seiner Variationen und Erklärungen für seine Steuerung. Das Augenmerk dieser Arbeit richtet sich ausschließlich auf interpersonales Verhalten, also das Verhalten, das Menschen im direkten Kontakt mit- oder gegeneinander zeigen.

Die Spannweite der gewählten Operationalisierungen des sozialen Verhaltens, wie sie in einschlägigen Untersuchungen vorkommen, ist beträchtlich, sie reicht von laborexperimentellen Anordnungen (soziale Stressoren) über situative Tests (Leistungs- und Spielsituationen im sozialen Kontext) bis zu feldexperimentellen Konzepten (freie gewählte Sozialkontakte im Klinikalltag). Prinzpiell ist die Variabilität der Abbildung des sozialen Verhaltens nahezu unbegrenzt, da dem Untersucher über die Auswahl der sozialen Thematik (z.B. mit- oder gegeneinander), der Umgebungsbedingungen und der Interaktionspartner (Zahl, Persönlichkeitscharakteristika) immense Gestaltungsmöglichkeiten in die Hand gegeben sind. Eingeschränkt wird die Vielfältigkeit von Operationalisierungen durch die Aufgabe, pharmakonbedingte Variationen des sozialen Verhaltens abbilden zu müssen. Sichtbarer Ausdruck dieses Anspruchs ist die Dominanz von Versuchsanordnungen, die Verhaltens- oder allenfalls Befindensaspekte pointieren, während aktuelle Themen der Sozialpsychologie (z.B. kognitive Aspekte) selten oder gar nicht aufgegriffen werden. Inwieweit der tatsächliche Spielraum zur Konzeption des Sozialen genutzt ist bzw. wo er weiter erschlossen werden könnte, ergibt sich aus einem genaueren und zugleich über die Grenzen der hier behandelten Fragestellungen hinausreichenden Blick auf die wesentlichen Bestimmungsstücke der Versuchsplanung innerhalb von Soziopharmakologie und Sozio-Pharmakopsychologie. Diese sehen wir in der Realisierung sozialer Situationen und in der Beachtung des Einflusses von Interaktionspartnern.

6.2.2. SOZIALE SITUATIONEN

6.2.2.1. SOZIALE SITUATIONEN ALS STRESSOREN

Kürzlich haben ARGYLE et al. (1981) einen Überblick über "social situations" gegeben, in dem sie sowohl einen Vorschlag zur Analyse von sozialen Situationen machen wie auch theoretische Modelle zum Situationskonzept vorstellen.

ARGYLE et al. (1981) sehen in ihrem Konzept eine Alternative zu Modellen, die mittels multidimensionaler Skalierung gewonnen wurden (z.B. WISH & KAPLAN, 1977). Sie verstehen unter einer Situation "the sum of features of a social occasion that impinge on an individual person" (S.3). Die gemeinten Features gliedern sie auf in : (1) goals and goal structure; (2) rules; (3) roles; (4) repertoire of elements; (5) sequences of behavior; (6) concepts; (7) environmental setting; (8) language and speech; (9) difficulties and skills. In ihrer funktionalen Theorie der Situation ist die Zielorientierung das wichtigste Element: die Situation hat die Funktion "of enabling people to attain goals, which in turn are linked to needs and other drives" (S. 10). Alle anderen Features sollen es erleichtern, diese Bedürfnis-bezogenen Ziele zu erreichen. Wichtig ist der Hinweis, daß sich Situationen in der Bedeutung der einzelnen Features unterscheiden können. Wegen solcher Auswahl- bzw. Konfigurierungsmöglichkeiten bietet das Konzept, unabhängig von seiner theoretischen Ausrichtung, einen Zugang zur Analyse solcher Situationen, die in soziopharmakologischen Studien verwendet wurden oder in Zukunft ausgewählt werden.

Vor diesem Bezugspunkt erscheint die Verwendung der sozialen Situation in vielen soziopharmakologischen Studien als oberflächlich oder zumindest als einseitig. Regelhaft ist in den gemeinten Untersuchungen eine soziale Situation durch die Anwesenheit oder auch nur die vorgestellte Anwesenheit von anderen Personen (Zuschauern, Interaktionspartnern) definiert. Für die situative Ausgestaltung werden Aufgaben vorgegeben, die die Vp alleine oder mit anderen zusammen erledigen soll (eine Leistungsaufgabe in Gegenwart anderer bearbeiten, miteinander reden, ein Problem gemeinsam lösen, zusammen spielen u.a.). Es sind damit häufig "schwierige" Situationen, weil sie entweder den Vpn fremd sind, ihnen auch in ihrem Alltagsleben Schwierigkeiten bereiten ("Lampenfieber") oder durch die besondere Anordnung der Aufgabe zwischenmenschliche Konflikte provozieren (Gefangendilemma). Insofern gewichten die soziopharmakologischen Situationen das Feature 9 "difficulties and skills" von ARGYLE et al. besonders stark. Der kognitive Zugang zur Situation, also Erwartungen und Ziele der Vpn, wie auch physikalische Umgebungsbedingungen werden entweder als wenig wichtig betrachtet oder als konstant über alle Versuchsbedingungen hinweg angesehen.

Die Betonung schwieriger Situationen ist von der Sache her zwangsläufig: soziale Situationen sollen Personen in Zustände versetzen, in denen sie von der Wirkung eines Pharmakons profitieren können. In Situationen, denen die Person mühelos gewachsen ist, besteht kein Wirkungsbedarf.

Vermutlich sind jedoch nicht alle schwierigen Situationen "Streß"-Situationen im engeren Sinne, sodaß nicht grundsätzlich auf Streßanordnungen zurückgegriffen werden muß.

Zu rechtfertigen ist dieses Vorgehen dadurch, daß Untersucher nicht an individuellen Besonderheiten des Situationsverständnisses interessiert sind, sondern vielmehr auf eine für alle Vpn möglichst homogene Wirkung der Situation abzielen. Weil in den Studien, die die Situation als eigenen Faktor in den Versuchsplan einführen, in der Regel von einem aktivierungstheoretischen Konzept ausgegangen wird, ist es die intendierte Wirkung der Situation, die Vpn unter Streß oder in mehr oder weniger starke Angstzustände zu versetzen. Physiologische, subjektive und Verhaltensmaße zeigen deutlich, daß die Erwartungen der Untersucher realistisch sind und diese Anordnungen mit gutem empirischen Fundament als "soziale Streßsituationen" (vgl. MCGRATH, 1970) bezeichnet werden dürfen.

Damit werden die sozialen Situationen als Streßsituationen aufgefaßt. "A stressful situation is quite simply one that causes stress or anxiety in some sense to the person experiencing or perceiving it" definieren ARGYLE et al. operationalistisch diesen Situationstyp; ähnlich, aber detaillierter, verfahren BRYANT & TROWER (1974, S. 15): "The situation makes you feel anxious or uncomfortable, either because you don't know what to do, or because it makes you feel frightened, embarrassed or self-conscious".

Bei der Frage nach dem Unterschied sozialer Stressoren zu Stress-Situationen anderer Provenienz ist einerseits auf Belege zu verweisen, die eine stärkere Intensität der Streßwirkung des Sozialen herausstellen, andererseits aber auf einen Mangel an Erfahrungswissen über qualitative Ähnlichkeit oder Unterschiedlichkeit verschiedener Situations- (Stressor-) Typen. Es fehlt auch in der Sozialpsychologie eine Taxonomie von Situationen, aus der Erwartungen oder gar Ergebnisse darüber abzuleiten wären, wie verschiedene Situationen Verhalten beeinflussen.

Natürlich gibt es eine Reihe von Untersuchungen innerhalb der Sozialpsychologie, die in erster Näherung an das Taxonomie-Problem mit quantitativen Methoden die "Dimensionen" sozialer Situationen suchten. Insbesondere das Stockholmer psychologische Institut hat sich dieser Frage gestellt und eine Reihe von Ergebnissen vorgelegt (EKEHAMMAR et al., 1974; ENDLER & OKADA, 1975; EKEHAMMAR et al., 1975; MAGNUSSON & EKEHAMMAR, 1975; vgl. auch RICHARDSON & TASTO, 1976). ARGYLE et al. (1981, 328f.) schlagen nach Durchsicht der Literatur vor, folgende Typen schwieriger sozialer Situationen zu unterscheiden:

a. Intimacy (aktive Kontaktsuche mit relativ fremden (andersgeschlechtlichen) Personen);
b. Assertiveness (sich aktiv für seine Rechte einsetzen, z.B. sich über schlechten Service beschweren);
c. Focus of Attention (öffentlich beachtet werden, z.B. etwas vor Publikum tun);
d. Complex social routines and etiquettes (Rituale nicht kennen oder nicht beherrschen);
e. Failures and rejection (Gefahr der Selbstabwertung als Folge von Fehlern oder Zurückweisung);
f. Pain (physischer Schmerz oder Verletzung);
g. Loss and bereavement (sogar kurzzeitiger Verlust vertrauter Personen, insbesondere bei Kindern);

Ob eine soziale Situation als schwierig wahrgenommen wird, hängt ab von Merkmalen der untersuchten Person, von ihrer Persönlichkeit, ihrem Erfahrungshintergrund, vom kulturellen Kontext, in dem sie steht. Beispielsweise fand ENDLER (1975), daß Männer häufiger als Frauen Schwierigkeiten in Alltagssituationen hatten, während Frauen vor physischer Bedrohung und in nicht eindeutigen sozialen Situationen ängstlicher waren als Männer.

Der Blick in die Sozialpsychologie erhellt, daß innerhalb der Pharmakopsychologie bisher lediglich soziale Stressoren verwendet wurden, die über öffentliche Beachtung seitens eines "Publikums" bei der Vp Sorgen und Angst vor Kritik und Zurückweisung auslösen. Die Wirkungsqualität dieser Stressoren ist die der "social anxiety", was der Anstieg der Punktwerte auf Angstskalen unter dem Einfluß der Situation belegt.

In einer deutschsprachigen Studie von ULLRICH & ULLRICH DE MUYNCK (1977) wurde bei der Entwicklung des sog. "Unsicherheitsfragebogens UFB" unter vier Faktoren eine Dimension gefunden, die die Autoren mit "Angst vor öffentlicher Beachtung und Kritik" bezeichneten. Sie umfaßt die beiden Dimensionen "Assertiveness" und "Failure and rejection" von ARGYLE et al.. Dieses Ergebnis belegt die obige Interpretation der Wirkung des Aufrufstresses und der Redeangst-Situation.

Die Verwendung des Konzepts der "social anxiety" regt unmittelbar dazu an, neben der Sozialpsychologie auch die Psychopathologie zu Rate zu ziehen und danach zu fragen, welches Erfahrungswissen über die krankmachende Wirkung von Situationen dort vorliegt.

An dieser Stelle interessiert vor allem Symptomatologie und Ätiologie sozunennender "sozialer Störungen". Als Indikationen für "Soziopharmaka" sollen sie erst später diskutiert werden.

Es ist eine prominente Strategie der pharmakopsychologischen Forschung, in ihren Versuchsanordnungen psychopathologische Erscheinungsbilder nachzustellen, mit der Einschränkung, daß die im Labor erzeugten Phänomene nicht identisch mit natürlich vorkommenden Störungen, sondern als Analogie zur Psychopathologie zu betrachten sind (vgl. ABRAMSON & SELIGMAN, 1977); die Analogiebeziehung besteht sowohl zwischen Stressor und Störungsursache als auch zwischen Stressorwirkung und Symptomatologie. Insofern dienen soziale Störungen als Zielvorgabe für experimentelle soziopharmakopsychologische Forschung.

Als unsere Fragestellung treffendes psychopathologisches Konzept ist im Grunde lediglich die "*social phobia*" anzusehen, die LIEBOWITZ et al. (1985) im Titel eines kürzlich erschienenen Reviews als "neglected anxiety disorder" (S.729) vorstellen. Die Definition dieser Störung und damit auch ihre differentialdiagnostische Abgrenzung gegenüber anderen AngstBeschwerdebildern ist bis heute nicht geklärt, weil empirisches Material für Klassifikationsentscheidungen fehlt. Dem DSM III (1981), an dem sich die Psychiatrie gegenwärtig orientiert, wird genau aus diesem Grund Willkürlichkeit in seinen Vorschlägen zur Abgrenzung der "social phobia" gegenüber verwandten Phänomenen vorgeworfen. Auch in der klinischen Psychologie (Ausnahme: Verhaltenstherapie) und der Psychiatrie können somit Belege dafür gefunden werden, daß soziale Phänomene entweder individualisiert werden (Sozialphobien als sekundäre Phänomene anderer Störungen, etwa der Agoraphobie oder sogenannter "Panic attacks") oder - weil als spezifisch klinisches Problem angeblich selten vorkommend - noch nicht in den Blick gefaßt und untersucht wurden.

"Social phobia" wird in einschlägigen Veröffentlichungen unterschiedlich breit definiert. Gemeinsam ist allen Ansätzen das Bestimmungsstück, daß Sozialphobiker "scrutinity or evaluation by others" (LIEBOWITZ et al., 1985, S.729) fürchten; als Differentialdiagnostikum für sog. "primary social phobias" (spezifische soziale Phobien, die nicht Begleiterscheinung anderer Störungen sind) gilt, daß nur solche Situationen oder auch deren Antizipation zur Auslösung der phobischen Angst führen (ebd.). Alle Vorschläge listen spezifische soziale Situationen auf, die phobische Angst provozieren; am allgemeinsten sind MARKS & GELDER (1966), die Pioniere auf dem Gebiet der "social phobias": "fears of eating, drinking, shaking, blushing, speaking, writing or vomiting in the presence of other people" (S.378). Als Ursachen für die Ausbildung einer Sozialphobie werden genannt: Defizite an sozialen Fertigkeiten, traumatische frühe soziale oder Leistungserlebnisse, ungünstige Kognitionen (vgl. MARKS, 1981; EMMELKAMP, 1982) sowie eine Hypersensitivität auf Kritik und Zurückweisung (NICHOLS, 1974).

NICHOLS (1974) hat eine Reihe von Persönlichkeitsmerkmalen in einer Stichprobe mit Sozialphobikern erhoben und dabei folgende Besonderheiten gefunden: die Patienten hatten eine geringe Selbstwertschätzung und offenbarten eine unrealistische Tendenz, andere als kritisch oder mißbilligend zu erleben; sie verwendeten rigide Konzepte über geeignetes soziales Verhalten, waren sich vermehrt bewußt oder fürchteten sich davor, von anderen sehr genau geprüft (scrutinity) zu werden; sie hatten Furcht vor sozialen Situationen, die sie nur schwer unauffällig verlassen könnten; sie nahmen in übertriebener Form minimale somatische Symptome wie Erröten oder Sich-schwach-fühlen wahr; sie zeigten die Tendenz, auf körperliche Anzeichen von Angst übermäßig zu reagieren; sie fürchteten sich in übertriebener Weise davor, daß andere bemerken könnten, daß sie ängstlich seien. Inwieweit diese Beobachtungen als Ursachen der Sozialphobie oder deren Symptome gelten können oder ob sie überhaupt eine spezifische Bedeutung für diese Störung haben, ist bisher nicht geklärt.

Der kurze Einblick in das psychopathologische Phänomen der "social phobia" stützt - wie die sozialpsychologische Perspektive - das streßorientierte Vorgehen der Sozio-Pharmakopsychologie. Die Wirkung einer sozialen Situation, die Furcht vor öffentlicher Beachtung und Kritik auslö st, ist akzentuierter bei den Phobikern als bei normalen Personen, gleich ist der Situationstypus: die "Audience"-Konstellation. Bemerkenswert ist, daß in der klinischen Literatur die soziale Situation häufig Leistungscharakter hat, während sie die emotionale Dimension der Beliebtheit/Unbeliebtheit, nach sozialpsychologischen Erkenntnissen die zweite Säule des sozialen Erfolgs bzw. Versagens (vgl. HOFSTÄTTER, 1973), vernachlässigt. Damit untermauert sie zwar den Leistungsstreßversuch als Analogie-Situation klinischer Phänomene, klammert aber den Interaktionsprozeß als psychopathologische Determinante weitgehend aus. Darauf geht Abschnitt 6.2.2. näher ein.

Die vorangehenden Überlegungen regen dazu an, laborexperimentelle Studien mit sozialen Stressoren zu intensivieren. Dazu gehört einerseits die Suche nach weiteren sozialen Situationen, die Angst oder Streß erzeugen. Soziale Stressoren, das haben die berichteten Studien von ERDMANN et al. und KOHNEN & LIENERT nahegelegt, scheinen sich mehr als andere Stressoren dazu zu eignen, die Streßwirkung zu dosieren, also neben hohen Ausprägungen auch eine geringere Streßintensität zu verabreichen. Damit erschließen sich vermutlich ausgezeichnete Möglichkeiten, über Pharmakon x Situations- Interaktionen Basisprozesse der Steuerung des sozialen Verhaltens, aber auch der Emotion und Aktivation, zu erschließen. Andererseits sind prozessuale Aspekte der sozialen Aktivierung in Form von Habituation an die Situation bedeutsam: gerade unter dem Aspekt soziotroper Wirkungen von Pharmaka ist die Frage, ob sie die Anpassung an eine aktivierende Situation erleichtern, ein wichtiges Validitätskriterium. Zu beiden Aspekten werden experimentelle Untersuchungen in Kapitel 8 berichtet.

DIMSDALE & MOSS (1980) haben gezeigt, daß soziale oder Leistungsangst verschwindet, wenn Vpn Auslösersituationen mehrfach ausgesetzt werden; gewö hnlich tritt auch ein Adaptationsprozeß ein, der in der Situation zu einer Verringerung der Aktivierung und der Angstgefühle führt. Bei Sozialphobikern kommt es zu solchen Anpassungsprozessen nicht: "Their anxiety does not seem to attenuate during the course of a single social event or performance. Rather, they often report that their symptoms augment, as initial somatic discomfort becomes a further distraction and embarrassment to the already nervous individual, leading to further symptoms, which gives rise to more distraction, etc." (LIEBOWITZ et al., 1985, S.731).

6.2.2.2.SOZIALE SITUATIONEN ALS FACILITATOREN

Die BALTIMORE-Gruppe um BIGELOW, GRIFFITHS und STITZER und die BABOR und seine Koautoren in HARVARD haben in ihren Untersuchungen weniger die belastenden als vielmehr die belohnenden Aspekte des Sozialen aufgegriffen und in Selbstapplikationsstudien überzeugende Belege dafür vorgelegt, daß soziale Situationen Isolationsbedingungen vorgezogen werden. Nutzbar gemacht sind damit die lernpsychologischen, in der Verhaltenstherapie gut fundierten Erfahrungen mit den Verstärkereigenschaften des Sozialen.

Im Grunde geht es hier um die Kehrseite der Stressor-Medaille: was unter negativen Vorzeichen als bedrohlich wirkt, äußert sich in positiver Polung unterstützend. Die Beachtung seitens der anderen wirkt verunsichernd und ängstigend nur solange, als (mögliche) Kritik und psychische Verletzung befürchtet werden muß oder tatsächlich eintritt, sie somit den Charakter des "*Gegeneinanders*" hat; als Zuwendung und Aufmerksamkeit verstanden, fördert sie dagegen im Sinne eines "*Miteinanders*" Gefühle der Nähe und der Sicherheit und reduziert Gefühle der Langeweile und Einsamkeit. Dem Wunsch nach Vermeidung bedrohlicher Audience-Bedingungen korrespondiert das Streben nach positiv erlebter Geselligkeit.

Die Verwendung der Begriffe "gegeneinander" und "miteinander" nimmt Bezug auf die Charakterisierung des sozialen Verhaltens in dieser Arbeit (vgl. Kapitel 3.1.). In der Psychologie hat LERSCH (1964) ein differenzierteres Modell vorgeschlagen. Er unterscheidet den Einbezug der anderen in ein "Miteinander" und ein "Nebeneinander" (die Koaktionsbedingung in den soziopharmakologischen Studien) und gliedert das Miteinander nach

a. der Richtung in ein "Zueinander" und ein "Auseinander" und

b. der Intention in ein "Füreinander" und ein "Gegeneinander".

KRÜGER (1978) hat empirische Belege dafür beigebracht, die die von LERSCH postulierte Zweidimensionalität des Interaktiven belegen. In dem hier verwendeten Ansatz ist dagegen ein (verkürztes) eindimensionales Modell verwendet, das als erste Annäherung an die Klassifikation von Interaktionen anzusehen ist.

Im Blick auf die soziale Situation als Auslöser positiver Befindlichkeit stammen experimentelle Erfahrungen vorerst wiederum aus Streßuntersuchungen, allerdings wird nun das Soziale als streßreduzierender Faktor betrachtet. Die Mehrzahl der einschlägigen Untersuchungen belegt, daß unter aktuellen Streßbedingungen Kontaktpersonen, die als positiv wahrgenommen werden und/oder die sich in einer ähnlichen Situation befinden wie man selbst, Belastungen reduzieren.

Die sozialpsychologischen Arbeiten prüften zunächst die Hypothese, daß in Erwartung von Streß sozialer Kontakt in der Hoffnung auf Streßreduktion gesucht würde (z.B. SCHACHTER, 1959; SARNOFF & ZIMBARDO, 1961; FIRESTONE et al., 1978). Studien über Charakteristika der Kontaktpersonen ergaben, daß Personen, mit denen eine Vp positive Vorerfahrungen verband oder die sie als unterstützend erlebte, stärker streßreduzierend wirkten als unbekannte oder nicht als unterstützend wahrgenommene Kontaktpartner (vgl. KISSEl, 1965; BACK & BOGDONOFF, 1967; WILLEMS et al., 1972; KELLEY, 1973); Freunde wirken dagegen streßsteigernd (GLASS et al., 1970; GORDON, 1970; BUCK & PARKE, 1972), woraus geschlossen wurde, daß Streßreduktion unter Bedingungen größerer psychischer Distanz oder Anonymität auftritt. Ein entscheidender Einflußfaktor scheint die Gerichtetheit des Kontakts zu sein, d.h. daß vor allem solche Personen Belastung mindern, die sich in einer ähnlichen Situation befanden wie die Vp selbst (ZIMBARDO & FORNICA, 1963). Unklar ist jedoch, durch welche Faktoren der Prozess der Streßreduktion vermittelt wird (vgl. zur sozialen Streßreduktion LAUTH, 1980; 1981; BIERHOFF, 1984).

Eine einfache Interpretation dieser Arbeiten könnte lauten: die Anwesenheit von anderen oder der Kontakt mit anderen macht schwierige soziale Situationen weniger schwierig, womit <u>eine facilitative Wirkung des Sozialen</u> beschrieben ist.

Es fällt bei der Durchsicht dieser Forschungsarbeiten auf, daß soziophysiologische Ansätze selten verfolgt werden, ein Einwand, der oben bereits für den verwandten Bereich der Social Facilitation im engeren Sinne gemacht wurde. Für die Beurteilung von Pharmakonwirkungen auf die Streßreduktion im sozialen Kontext ist diese Dimension unerläßlich. Der psychologische Zugang selbst, nämlich die Anwesenheit anderer oder die Interaktion mit anderen im Sinne einer facilitativen Wirkung zu verstehen, eröffnet ein bisher ungenutztes Prüfmodell für soziotrope Effekte von Pharmaka.

Die Sozio-Pharmakopsychologie darf sich jedoch nicht rigide der Streßforschung und der Leistung verschreiben; sie muß den Aspekt des "Miteinanders" in seiner ganzen Breite ins Auge fassen, womit nicht nur die gemeinsame Bewältigung von Audiencesituationen gemeint ist, sondern die aktive Gestaltung sozialen Kontakts ganz allgemein, also ihn aufzunehmen, ihn aufrecht zu erhalten und ihn zu beendigen. Denn zu diesen eigentlichen Interaktions-Prozessen kommt es in der Regel in den beschriebenen Streßanordnungen nicht und in den Streßreduktions-Untersuchungen nur unter eingeschränkten (Konfidenten-) Bedingungen. Dort befindet sich die Vp, wie oben erläutert, einem sozialen Druck gegenüber, dem sie alleine oder mit Inanspruchnahme von Kontaktpartnern standhalten muß. Ihr Verhaltensrepertoire ist in der Streßsituation in Richtung Selbstbehauptung kanalisiert, mehr auf Reaktion denn auf Aktion eingestellt.

Wenn dem so ist, dann müssen soziale Situation, die Interaktionen stimulieren und/oder erleichtern sollen, eine andere Tönung erhalten, auch wenn ihnen nach wie vor der Charakter des Schwierigen zukommen darf. Falls also, um die Vergleichbarkeit zur Streßsituation zu bewahren, Druck in der Situation vorhanden ist, dann sollte dieser eher zur Interaktion denn zur Isolation zwingen. Aus der Liste von ARGYLE et al. (1981; s.6.2.2.1.) können die Situationstypen der "Intimacy" und der "Complex social routines and etiquettes" auf ihre Eignung für solche Untersuchungsziele geprüft werden.

> Diese Situationstypen sind inhaltlich mehrfach in empirischen Studien gefunden worden, wie beispielsweise in folgenden Studien (s. auch 6.2.2.1.): BRYANT & TROWER (1974) hatten Studenten 30 Alltagssituationen danach einschätzen lassen, wie schwierig deren Bewältigung für sie sei. Eine Faktorenanalyse lieferte zwei Faktoren: der erste umfaßte Situationen, in denen es um die Kontaktaufnahme mit Fremden ging, der zweite beinhaltete Situationen mit näherem sozialen Kontakt (z.B. "talking about self and feelings"). Der Unsicherheitsfragebogen hat neben dem Faktor "Angst vor öffentlicher Beachtung und Kritik" als Streßfaktor im obigen Sinne fünf weitere Faktoren ergeben, die Probleme des Zusammenlebens von Menschen erfassen, z.B. die Faktoren "Kontaktangst", "Forderungen an andere stellen", "Nicht-nein-sagen" können (ULLRICH & ULLRICH DE MUYNCK, 1977).

Für unser Verständnis facilitativer sozialer Situationen ist es wichtig, das Intimacy-Konzept nicht nur auf ganz enge, auch sexuelle Beziehungen (die im deutschen "Intimität" zum Ausdruck kommt) einzuschränken, sondern darunter ganz allgemein des "process of communicating warmth to one another" (ANDERSEN, 1985) zu verstehen. Um die Konnotation des Sexuellen zu vermeiden, führte MEHRABIAN (1966) den Terminus "*Immediacy*" ein, mit dem der Austausch von "harmonious messages" (ANDERSEN et al., 1979) zwischen Interaktionspartnern zu beschreiben ist.

ANDERSEN (1985) bietet vier Bestimmungsstücke für Immediacy-Situationen an:

a. Immediacy behaviors are approach behaviors;
b. Immediacy behaviors signal availability for communication;
c. Immediacy behaviors increase sensory stimulation;
d. Immediacy behaviors communicate interpersonal warmth and closeness (S.2).

Die praktische Bedeutung von Situationen, die Immediacy-Verhalten erleichtern, findet sich vorwiegend in der Psychotherapie. Gemeinsam ist vielen Ansätzen, daß sie Erfahrungen in der Abgrenzung gegenüber anderen vermitteln und sinnvolle Strategien des zwischenmenschlichen Kontakts aufbauen wollen. Die Wege zu diesen Zielen sind verschieden: Assertiveness-Trainings in der Verhaltenstherapie üben in gespielten und realen Kontakten mit anderen soziale Fertigkeiten ein, in klientenzentrierten Encounter-Gruppen werden Prozesse des Verschlossenseins und des Sich-Öffnens durchsichtig gemacht,die Gestalttherapie hilft im körpernahen Kontakt mit Partnern, sich seiner selbst bewußter zu werden. Einfach zusammengefaßt: wer ich selbst bin, erfahre ich am anderen, und Variationen des Verhaltens auf beiden Seiten bestimmen die Breite und die Grenzen des Erfahrungswissens über die eigene Person. KRÜGER (1978) hat der sozialen Interaktion die personale Dimension zugeschrieben, dabei in seinen Ergebnissen jene Einflußgrößen aufgedeckt, die auch über die Schwierigkeit einer sozialen Kontakt-Situation entscheiden: zwischenmenschliche Beziehungen sind in den Faktoren "Nähe" und "Distanz" abbildbar.

KRÜGER hat mit der Methode der Häufigkeitsskalierung von interaktiven Verhaltensweisen (Selbstbeurteilungen, individuelle Beurteilung des Kontakts mit anderen, Beurteilung dieses Kontakts von seiten der anderen) in Schulklassen und in Alltagskontakten mittels faktorenanalytischer Auswertungen einen zweidimensionalen Raum des Umgangs mit anderen aufgespannt: Nähe und Distanz. Dieser Ansatz steht in Kontrast zur klassischen soziometrischen Annahme, wonach Nähe und Distanz die Pole einer einzigen Dimension sind.

Die Sozio-Pharmakopsychologie braucht laborexperimentelle Untersuchungen, in denen systematische Variationen der sozialen Situation entlang der Nähe- und Distanzdimensionen in ihren Auswirkungen auf das Befinden und Verhalten von Vpn beobachtet werden. Sie erlauben es zu prüfen, inwieweit Angebote der Nähe zu anderen, die in der Situation vorgegeben sind, unter dem Einfluß von soziotropen Pharmakonwirkungen anders genutzt werden als ohne Behandlung, ob also Pharmaka das Immediacy-Verhalten in der Situation beeinflussen. Diese Arbeit will erste Schritte in diesem Feld der sozialen Situation als Facilitator für Kontakte mit anderen tun (vgl. Kapitel 9), in der Hoffnung, in einem experimentellen Zugang die klinischen Beobachtungen der Studien mit Drogenabhängigen zu belegen und gleichzeitig - als Analogiestudien - eine Brücke zu psychotherapeutischen Ansätzen zu schlagen.

6.2.3. INTERAKTIONEN

Mit den letzten Bemerkungen sind wichtige Gesichtspunkte der zwischenmenschlichen Interaktion thematisiert; der Schwerpunkt liegt dort noch auf der "Tönung" der Situation. In diesem Abschnitt wird das Augenmerk fokussiert auf das konkrete Miteinander zwischen Vpn und Kontaktpersonen.

In Kapitel 5 ist in unseren Beurteilungen der bisherigen Forschung wiederholt zum Ausdruck gebracht, daß dem interaktiven Untersuchungsansatz herausgehobene wissenschaftliche Bedeutung zukommt, die darin besteht, daß die Behandlung der Vp und ihres(r) Partner(s) die Möglichkeit eröffnet, die zwischenmenschliche Interaktion sozusagen von beiden Seiten experimentell zu variieren. Mit Abstrichen findet sich dieser systematische Zugang zur Interaktion auch dort, wo Partner zwar nicht behandelt, wohl aber nach bestimmten Voraussetzungen ausgewählt werden; der Gewinn besteht hier darin, daß theoretisch voraussagbar ist, wie der Partner auf die Vp einwirkt: Beispiele sind der extravertierte Partner der mit Alkohol behandelten Vp oder der neurotische Partner einer gleichfalls neurotischen Vp, die einen Tranquilizer erhält.

Die Sozio-Pharmakopsychologie hat die Aufgabe, diesen interaktiven Zugang weiter und intensiver zu nützen; man kann mit gutem Recht sagen, sie muß ihn erneut zum Leben erwecken. Nach überzeugendem Beginn in den Arbeiten von NOWLIS & NOWLIS (1956) und STARKWEATHER (1959) hat u.W. nur noch die BALTIMORE-Gruppe die versuchsplanerischen Möglichkeiten dieses Ansatzes erkannt, ihn aber nicht ausgeschöpft. Insofern soll in dieser Arbeit dort fortgesetzt werden, wo Ende der 50er Jahre aufgehört wurde.

Dennoch sind Ergänzungen möglich und nötig. Die frühen Arbeiten haben nur indirekte Maße des interaktiven Geschehens genutzt: NOWLIS & NOWLIS werteten vor allem Selbstbeurteilungen der Vp aus, STARKWEATHER schätzte die Wirkung des Kontakts aus der Veränderung zweier Einzel-Leistungsmessungen vor und nach der Interaktion. Fremdbeurteilungen, vor allem mit der BALES-'schen Interaktionsprozeßanalyse, sind - wiewohl bei NOWLIS & NOWLIS vorhanden - nicht ausgewertet; die Erfahrungen in vielen anderen Studien haben dieses diagnostische Verfahren wegen Unergiebigkeit der Mehrzahl der beurteilten Merkmale und Inkonsistenz der Ergebnisse über mehrere Studien hinweg nicht als die via regia der sozio-pharmakopsychologischen Interaktionsforschung ausgewiesen. Die Forderung, direkte Interaktionsmaße wie z.B. Verhaltensparameter zu suchen und zu verwenden, ist zwingend.

Gravierender ist der Einwand gegen die frühen Untersuchungen, daß in den meisten Fällen der Aufgabe der Interaktion wenig Beachtung geschenkt wurde. Positiv zu beurteilen sind die Arbeiten, die gemeinsame Leistungsaufgaben verwendeten, wie dies in STARKWEATHERs Trail-Marking-Test und seiner Wortflüssigkeitsaufgabe der Fall war. Auch die Konfliktsituation in den Arbeiten von JOYCE et al. (1970) genügt wegen klar definierter Interaktionsmaße den Anforderungen eines situativen Tests. Weniger kontrolliert sind dagegen Diskussionsrunden, in denen kein Einfluß auf die Aktivität der einzelnen Partner genommen werden kann; gänzlich vermißt werden Ansätze, in denen die Interaktion in ihrer Abfolgesequenz vom Versuchsleiter gesteuert ist. Wenn die Überlegungen des voranstehenden Abschnitts (6.2.2.) zur Anwendung kommen, kann das Erfahrungswissen im Hinblick auf die gegenseitige Einflußnahme von Partnern und die soziotrope Pharmakonwirkung in der Interaktion erheblich erweitert werden.

Schließlich fehlen Feldstudien im Alltag von Vpn und Patienten, in denen nicht nur - wie in den Arbeiten mit Drogenabhängigen - festgestellt wird, ob es zur Interaktion kommt oder nicht, sondern der Prozess der Interaktion selbst analysiert wird. Dazu bedarf es einer eigenen Methodik, zu deren Entwicklung diese Arbeit beitragen will.

Alle versuchsplanerischen Innovationen haben solange nur begrenzten Wert, als sie nicht zur Ausbildung oder Erweiterung theoretischer Modelle zur Erklärung der sozialen Prozesse und der soziotropen Effekte pharmakologischer Substanzen beitragen. Diskutiert sind bisher Modellwirkungen der Sozialpartner sowie verstärkungstheoretische Annahmen über die "reinforcing properties of drugs" und über eine diskriminative Bedeutung des Sozialen für den Pharmakonkonsum. Ungenutzt ist das breite Spektrum des Theorienwissens aus der Sozialpsychologie wie aus der Verhaltensforschung.

MCGRATH & KRAVITZ (1982) haben in einem Überblick über "group research" der letzten Jahre unter dem Titel "content of interpersonal interaction" drei Arbeitsschwerpunkte vorgestellt:

a. Interpersonal attraction;
b. Intimacy, reciprocity, and selfdisclosure;
c. Privacy and social penetration.

Social penetration, um eines der Themen zu veranschaulichen, erklärt die Entwicklung sozialer Beziehungen vom Stadium des einander Fremdseins über gelegentliche Kontakte bis hin zu eher intimen Bindungen (vgl. ALTMAN, 1973; ALTMAN & TAYLOR, 1973); Privacy wird als Grenzregulationsprozess aufgefaßt: "Privacy was viewed in terms of oppositional forces to be open and accessible to others versus forces to be closed and inaccessible to social contacts. The balance of these forces was hypothesized to shift with circumstances, yielding a dialectically based variation in self-other permeability (ALTMANN, 1979, 130; vgl. auch ALTMAN, 1975). In seinem neuesten Modell hat ALTMAN (ALTMAN et al., 1981) beide Elemente (openness-closedness, stability-change) verwoben, um mit einer "dynamic opposition of forces" ein Erklärungsmodell für aktuelle und lebenslange Beziehungen vorzulegen. Für die laborexperimentelle Sozio-Pharmakopsychologie verdient das Privacy-Konzept als dynamisches Modell besonderes Interesse, weil es den Einfluß von Umgebungsbedingungen - etwa in den Konzepten der Territorialität oder des Personal Space - einbezieht und allgemein genug ist, eine Brücke zur Biologie zu schlagen.

Es ist gegenwärtig noch nicht möglich, eine Entscheidung für die eine oder andere psychologische bzw. biologische Theorie zu treffen, die der Beschreibung und Erklärung soziotroper Pharmakonwirkungen am besten gerecht werden könnte. Dennoch ist es unerläßlich, sozio-pharmakopsychologische Forschung entlang einer Modellvorstellung zu betreiben. In dieser Arbeit wird ein biopsychologischer Ansatz verfolgt, der sowohl Streßanordnungen wie auch interaktives Verhalten in facilitativen Situationen (Nähe-Distanz) gerecht werden will. Elemente dieses Ansatzes werden im letzten Kapitel der Arbeit expliziert.

6.3. FORSCHUNGSMETHODEN

War es der Tenor des vorangehenden Abschnitts, neue Prüfanordnungen im Sozialen zu entwickeln oder vorhandene auszubauen, so muß die Forderung nach Innovation im Methodenbereich noch eindringlicher vorgebracht werden. Bisher beherrscht das individuumsorientierte Vorgehen die Forschung, in dem Selbstbeurteilungen (Eigenschaftswörterlisten), individuelle Verhaltensweisen (Sprechen) und auf die einzelne Person hin betrachtete physiologische Parameter als geeignet für die Abbildung soziotroper Pharmakonwirkungen gelten.

Für alle diagnostischen Zugänge ist die Validitätsfrage ungeklärt oder kann nur an inhaltlichen Überlegungen diskutiert werden. Sprechen ist definitionsgemäß eine soziale Handlung, wenn es in einer sozialen Situation erfaßt wird: der andere hört zu und reagiert vermutlich ebenfalls mit sprachlichen Äußerungen. Ob aber, so wurde oben argumentiert, eine Zunahme des Sprechens als soziotroper Effekt beurteilt werden kann oder lediglich eine Aktivierungsänderung ohne sozialen Bezug darstellt, muß offen bleiben. Diese methodische Kritik gilt in viel stärkerem Maße für Befindlichkeitsmessungen. Daß in Streßanordnungen Angstmaße ansteigen, legt nahe, von sozialer Angst zu sprechen; die Meßinstrumente selbst sind jedoch nicht als spezifische Indikatoren der sozialen Angst angelegt, und es könnte sein, daß die Angstwerte in einem passenden Instrument ungleich höher ausfallen.

Daraus folgt zunächst, daß der individuumsorientierte Zugang nicht konsequent befolgt wird. Ihn konsequent zu befolgen, würde heißen, daß Meßinstrumente oder aber geeignete Parameter entwickelt werden, die es intendieren und die gültig dafür sind, die Wirkung des Sozialen oder soziotrope Wirkungen von Pharmaka auf eine einzelne Person zu erfassen. Beispielsweise hat KRÜGER (1986) eine Reihe von Sprechmaßen diskutiert, die die Wirkung des anderen auf einen Gesprächspartner abbilden. Hilfreich ist es hier sicher schon, über die Pharmakopsychologie hinaus zu sehen und sich etwa in der Psychotherapieforschung (Verhaltensmaße) oder der Sozialpsychologie (subjektive Parameter) umzusehen und sich aus der Physiologie Erfahrungswissen für soziophysiologische Messungen zu holen.

Wichtiger ist aber die Schlußfolgerung, den oder die Sozialpartner als diagnostische Quelle zu erschließen. Immerhin sind solche Ansätze so weit gediehen, daß simultan zwei Individuen, die miteinander in Kontakt stehen, anhand von individuellen Meßgrößen jedes einzelnen betrachtet werden. Die gegenseitige Beurteilung der Interaktionspartner als einfachst zugängliche Datenquelle wird nicht genützt.

Der konsequenteste Schritt, die Interaktion als Geschehen selbst zu erfassen, ist zwar immer wieder über Fremdbeurteilungen angegangen worden, wie bereits erwähnt, aber nicht mit dem erhofften Erfolg. Fehlende Wirkungen sind häufiger als Wirkungsnachweise. Dieses Urteil ist nun keineswegs (alleine) dem methodischen Ansatz im Hinblick auf seine Eignung, soziotrope Wirkungen von Pharmaka abzubilden, zuzuschreiben; fehlende Veränderung im beobachtbaren Verhalten oder nicht feststellbare Unterschiede zwischen Behandlungsbedingungen mögen einfach deshalb nicht konstatiert worden sein, weil die Situation keine Wirkung hatte (vgl. etwa die Untersuchungen von

BATTEGAY, SPIEGEL et al.) oder das Medikament wirkungslos blieb. Interaktionsbeurteilungen seitens der Kontaktpartner selbst könnten ein Ausweg sein, über den anhand der Weltbeschreibung in Kapitel 8 berichtet wird.

Das Resümee über Forschungsmethoden der Sozio-Pharmakopsychologie fällt in der Summe äußerst negativ aus: ein Prüfmethoden-Repertoire für die Abbildung soziotroper Effekte von Pharmaka gibt es nicht, wenn der Anspruch aufrechterhalten soll, daß diese Methoden Validität für die Aufgabe gaben müssen. Ein solches Urteil ist nicht weiter erstaunlich, wenn man die Schwierigkeit der Aufgabe, Veränderungen eines komplexen Geschehens zu beschreiben, in Rechnung stellt. Die Veränderungsmessung ist in der diagnostischen Psychologie generell nicht weit über die mehrfache Statusmessung hinaus gediehen, selbst dort, wo es um individuelle Variation geht. Das Methoden-Defizit zur Erfassung soziotroper Pharmakonwirkungen überrascht insofern, als alle Planungen auf der unabhängigen Seite des Experiments - der sozialen Situation in ihren verschiedenen Facetten - ohne adäquate Methodik kaum überprüfbar sind und nicht ähnliche Verbesserungsanstrengungen auf der abhängigen Seite nach sich führten. Falsche oder unzureichende Maße mögen so das Aufblühen gestalterischer Ideen zum sozialen Verhalten verhindert haben; mehr noch, die Annahme ist nicht von der Hand zu weisen, daß die Unwichtigkeit soziotroper Effekte von Pharmaka darin begründet ist, daß ihre Bedeutsamkeit wegen fehlender Methoden nicht aufgedeckt werden konnte.

Wenn Soziopharmakologie und Sozio-Pharmakopsychologie wissenschaftlich sinnvolle Fragestellungen verfolgen und sie in Zukunft mit Recht höhere Beachtung seitens Psychologie und Medizin finden wollen, dann müssen zuallererst Prüfmethoden geprüft und neu entwickelt werden, die ähnlich wie die Befindlichkeits- oder Leistungsmessung in der traditionellen Pharmakopsychologie in ihren Meßeigenschaften bekannt sind. Diese Arbeit will sich der Aufgabe der Methodenentwicklung stellen und in physiologischen, in Urteils- und in Verhaltensparametern Vorschläge für eine sozio-pharmakopsychologische Methodik unterbreiten.

Nicht weiter eingegangen werden soll an dieser Stelle auf die bisher verwendeten Versuchspläne (vgl. dazu BABOR, 1978). Wir werden konsequent den Weg der Zufallsgruppen-Pläne gehen, weil nur so der Einfluß von Situation und Pharmakon relativ biasfrei abgeschätzt werden kann und nicht in den - häufig verwendeten - Meßwiederholungsplänen (unkalkulierbare) Übertragungsphänomene in Kauf genommen werden sollen.

6.4. SOZIOTROPE PHARMAKONWIRKUNGEN

Das umfangreiche Kapitel 4 demonstriert, daß für alle wichtigen pharmakologischen Klassen die Frage untersucht ist, ob sie Auswirkungen auf das soziale Verhalten haben. Dennoch kann man sich nicht des Eindruckes erwehren, daß soziotrope Wirkungen pharmakologischer Substanzen bei den Konsumenten besser bekannt sind und mehr geschätzt werden als bei den Personen, die sie therapeutisch nutzen könnten (sc. den Ärzten). Dafür spricht, daß das Forschungsinteresse bei Rauschmitteln bisher am stärksten ausgeprägt ist: Psychotomimetika verabreichen sich Personen aber vorwiegend selbst, um damit ein erwünschtes Befinden oder Verhalten auszulösen. Daß unter den erwünschten Effekten auch Veränderungen des sozialen Verhaltens vorkommen, wurde schon früh vermutet und in den wissenschaftlichen Befunden auch gefunden (und im Sinne erwünschter Effekte im zwischenmenschlichen Bereich erklärt).

Für die These, daß Menschen soziotrope Pharmakonwirkungen suchen, die aber wissenschaftlich nicht erarbeitet sind, spricht auch, daß für jene Substanzen, die zur pharmakotherapeutischen Behandlung von psychischen Störungen im eigentlichen Sinne ausschließlich verwendet werden (Tranquilizer, Neuroleptika, Antidepressiva) so gut wie kein systematisches Wissen über soziotrope Effekte vorliegt. Wohl sind sie klinischerseits bekannt, doch hindert die klassische Vorstellung von der Wirkungskette: Pharmakon - innerorganismische Veränderung - soziale Veränderung daran, die Wirkungsidee der soziotropen Effekte ernsthaft zu verfolgen. Diese Wirkungsidee schreibt der Interaktion zwischen innerorganismischen Veränderung und sozialer Veränderung eine entscheidende Bedeutung für die Qualität der resultierenden Pharmakonwirkung zu, ohne daß diese Interaktion allerdings schon beschrieben werden könnte. Vom biologischen Standpunkt aus ist sowohl eine Anstoßwirkung des Pharmakons für soziale Prozesse wie eine direkte Stimulation sozialen Verhaltens denkbar.

Solche Überlegungen führen schnell zu grundsätzlichen Fragen des Krankheitsmodells und der Steuerung menschlichen Verhaltens. Auf sie soll am Ende der Arbeit eingegangen werden. Hier ist es wichtig, einfach die Forderung abzuleiten, Wirkungen von Pharmaka im sozialen Verhalten nicht - oder nicht nur - als sekundäre Auswirkungen psychotroper Effekte der Substanzen zu sehen (durch die rosarote Brille nimmt man ja gerade die Umwelt rosarot wahr, aber man muß sie sich via Psychopharmakon erst einmal aufsetzen), sondern ihnen eine eigenständige Bedeutung zuzuschreiben.
Wir haben oben (Kap. 5) argumentiert, daß unter dem Aspekt der Wirkungsmodifikation vielleicht falsche oder zu eng gefaßte Fragen gestellt wurden.

Auf jeden Fall ist aus diesem Blickwinkel die Frage nach soziotropen Wirkungen nur halbherzig gestellt. Die Befunde aus Tierversuchen unterstützen die radikalere Annahme, daß Wirkungen von Pharmaka im sozialen Verhalten *e i n e   e i g e n e* Wirkungskategorie darstellen, und auch neuere Befunde zur Drogenabhängigkeit legen es nahe, von einer - relativen - Unabhängigkeit von subjektiven Wirkungen und verhaltensregulierenden Wirkungen auszugehen.

Für die Drogenabhängigkeit war lange Zeit angenommen worden, daß die subjektiven Wirkungen der Droge die Veränderungen im Verhalten determinieren (JASINSKI, 1973; 1975; WHO, 1975). JOHANSON & UHLENHUT (1978) konnten dagegen Belege für die relative Unabhängigkeit beider Wirkungsklassen beibringen. STITZER et al. (1981b) hängen gleichfalls dieser Vorstellung an und schlagen eine Prüfanordnung vor: "The fact that social context may alter qualitative subjective effects poses intriguing possibilities for distinguishing the contribution of specific subjective effects to the reinforcing properties of drugs (das sind die oben sog. verhaltenssteuernden Wirkungen, Anm. v. Vf.). For example, self administration could be compared in social situations which produce different affective states and hence different qualitative reports of subjective drug effect. If the quality of subjective effects attributed to drugs is important in determining reinforcing properties (e.g., elation versus depression), then self administration should differ in these situations. If degree of intoxication is a primary determinant, on the other hand, the specific context of affective milieu may have little impact on rates and patterns of selfadministration" (S. 149f.). Mit diesem Programm nähern sich die Autoren der Forschungsidee, die oben und hier von uns entwickelt wird.

Daß die Frage nach soziotropen Pharmakonwirkungen in den Humanwissenschaften bisher nicht in dieser Deutlichkeit gestellt ist, hat einerseits mit dem Methodendefizit zu tun, das verantwortlich dafür sein könnte, daß man nicht schon früher auf soziotrope Wirkungen hätte aufmerksam werden können. Wichtiger scheint uns aber, daß in den Versuchsanordnungen einschlägiger Untersuchungen im Grunde keine Fragestellungen zum sozialen Verhalten thematisch sind, oder, weniger streng, weite Bereich des sozialen Verhaltens bisher ausgeklammert wurden.

Noch einmal sei der Bericht von NOWLIS & NOWLIS (1956) über die Gruppenstudien in ROCHESTER herangezogen. Bei der Beschreibung des Versuchsablaufes hatten die Vpn an zwei Zeitpunkten die Aufgabe, zu einer gemeinsamen Entscheidung über eine für sie wichtige soziale Aktivität zu kommen: sie sollten sich einigen, wohin sie zum gemeinsamen Abendessen gehen wollten und sie sollten bestimmen, wie sie die Abendstunden gestalten wollten. Für beide Zeiträume und auch für ein freies Intervall zwischen den Leistungsaufgaben des Experiments verwenden die Autoren eindrucksvolle Beschreibungen: "provided the observers with the most useful cues", "the process of arriving at this decision was an interesting one, and it varied predictably according to the medications the men had received", "reaching this decision also provided interesting data" (S. 347). Weder sind diese Prozesse analysiert ("we understand that this is not the only unanalyzed collection of tapes in the laboratories of the country", ebd.) noch haben sie Eingang in spezifische Überlegungen zur Planung von Versuchsanordnungen gefunden, die sich systematisch diesen sozialen Interaktionen genähert hätten.

Die Suche nach soziotropen Pharmakonwirkungen verlangt es, in der Sozio-Pharmakopsychologie die Frage, in welchen Situationen sich diese entfalten können, sehr sorgfältig zu stellen. Es sind vor allem Anmerkungen von Untersuchern wie NOWLIS & NOWLIS, die auf geeignete Situationen aufmerksam machen. Wir nehmen an, daß sich soziotrope Effekte vor allem dort entfalten, wo die Personen in die Interaktion hineingezwungen oder nicht von ihr abgehalten werden. Dort sollten sich qualitative Besonderheiten der Wirkung von Pharmaka im Sozialen (gegenüber der Wirkung in einer Einzelsituation) aufklären lassen. In dieser Perspektive können sich Streßsituationen oder Leistungsaufgaben als durchaus hinderlich für den Nachweis soziotroper Effekte erweisen, weil sie es einfach machen, sich der Interaktion zu entziehen.

Es ist eine weise Erfahrung der Gruppentherapie, die Teilnehmer im Kreis Platz nehmen zu lassen und keine Barrieren wie z.B. Tische zu erlauben. Die "ungeschützte" Plazierung signalisiert Offenheit für soziales Geschehen. In (Grund-) Schulklassen ist es üblich, für sog. Gesprächskreise die Bänke oder Tische beiseite zu räumen, und sich im Kreis über persönliche oder zwischenmenschliche Probleme der Schüler zu unterhalten. Man denke auch an die quälende Situation, wenn in einer Wartesituation (Eisenbahnabteil, Wartezimmer) die Einfachthemen wie das Wetter ausgegangen sind und man weiß, daß man jetzt "sich selbst einbringen" muß. Das Soziale im engeren Sinne hat etwas "unmittelbares", was im Terminus "immediacy" gut eingefangen ist.

Inwieweit der damit beschriebenen Interaktion zwischen Pharmakon und Situation eine empirische Grundlage zukommt, wird in dieser Arbeit untersucht. Dabei hat die Auswahl von Pharmaka besondere Bedeutung. Um das bisherige Erfahrungswissen der Pharmakopsychologie möglichst breit nutzen zu können, aber auch zur Verringerung des defizitären Wissens der Soziopharmakologie mit Psychopharmaka werden Stellvertreter der Benzodiazepine gewählt. Darüberhinaus kommt eine betablokkierende Substanz zum Einsatz, für die aus tierexperimentellen Studien Hypothesen über soziotrope Wirkungen abgeleitet werden können. Mit beiden Präparattypen kann vermutlich eine Klärung der Frage nach soziotropen Pharmakonwirkungen in erster Annäherung erreicht werden.

6.5. DIE FRAGESTELLUNGEN DER ARBEIT

Die bisherigen Überlegungen dieses Kapitels laufen darauf hinaus, Wirkungen von Pharmaka auf das soziale Verhalten (soziotrope Wirkungen) in validen Situationen mit validen Prüfmethoden zu untersuchen. Es waren die entscheidenden Kritikpunkte an der bisherigen soziopharmakologischen Forschung, daß sie einerseits die Frage nach soziotropen Wirkungen nicht konsequent genug gestellt hat, andererseits den Gedanken der Methoden-Gegenstands-Interaktion sensu WITTE (1970) nicht genügend beachtet hat.

Als *erste* Aufgabe dieser Arbeit kann daher angesehen werden, nach soziotropen Pharmakonwirkungen zu suchen. Wir verstehen darunter Veränderungen des sozialen Verhaltens in seinen individuellen, auf die einzelnen Sozialpartner bezogenen wie auch in seinen interaktiven, auf den Prozess des Aufeinandereinwirkens gerichteten Ausschnitten.

Als *zweiter* Aufgabenbereich kann die Vertiefung und Neuentwicklung von Prüfmodellen für soziotrope Pharmakonwirkungen genannt werden. Vertieft und erweitert werden können Streßanordnungen, wie sie über Audience-Bedingungen (öffentliche Beachtung seitens anderer) bisher schon zum Einsatz kamen. Besondere Beachtung soll hier der Frage der Habituation an die soziale Situation finden. Neu zu entwickeln sind soziale Situationen im engeren Sinne, in denen Sozialpartner durch die situative Anordnung in direkter Interaktion miteinander stehen. Als Gestaltungselement sollten sich die Dimensionen der Nähe und Distanz eignen, die in verschiedenen Situationen vom Versuchsleiter variierbar sind. Schließlich sind auch Feldstudien im Alltag von Personen als Prüfkonstellation zu untersuchen. Der Anspruch, der an die Auswahl und die Gestaltung von Situationen gelegt wird, besteht darin, Prozesse des Aufeinanderzugehens und des Sich-voneinander-Entfernens (openness und closedness sensu ALTMAN, 1975; Immediacy sensu ANDERSEN, 1985) zweier oder mehrerer Sozialpartner zu initiieren.

Die *dritte* Fragestellung dieser Arbeit besteht darin, geeignete Methoden zur Beschreibung soziotroper Pharmakonwirkungen zu entwickeln und/oder zu prüfen. Grundsätzlich sollen verschiedene diagnostische Ebenen erschlossen werden, wobei in Anlehnung an die traditionelle Pharmakopsychologie und im Sinne der Anforderungen der Fragestellung selbst (a) Urteilsmaße (Selbst- und Fremdurteile über die Interaktion) (b) Verhaltensmaße (Sprechen) und (c) soziophysiologische Parameter (Herzfrequenz aller an der Interaktion beteiligter Partner) ausgewählt werden.

Der Ertrag verschiedener experimenteller Studien, über die nachfolgend berichtet wird, könnte zum Einen Anwendungsbedeutung haben, wenn Erfahrungswissen über soziotrope Wirkungen wenig untersuchter, aber häufig verwendeter Pharmaka (Tranquilizer, Betablocker) an Gesunden vorliegen (oder nicht vorliegen) und Prüfmodelle und Prüfmethoden sich bewähren sollten;

zum anderen besteht die Hoffnung, daß wissenschaftliche Erfahrungen mit Grundlagenbedeutung zur Variabilität und zur Steuerung des sozialen Verhaltens gewonnen werden, die die Emotionspsychologie ebenso nutzen könnte wie die Sozialpsychologie.

Teil 3

Empirische Untersuchungen

7. DIE UNTERSUCHUNGEN - FRAGESTELLUNG UND METHODIK

7.1. ALLGEMEINE ANMERKUNGEN ZU DEN UNTERSUCHUNGEN

Dieses Kapitel berichtet über die Planung einer Reihe von empirischen Studien, in denen die drei Fragestellungen des Kapitels 6.5., nämlich (a) labor- und feldexperimentelle Prüfsituationen zu erproben, (b) Prüfmethoden zu entwickeln und (c) Wirkungen von Pharmaka auf das soziale Verhalten zu beschreiben, untersucht werden sollen. In allen Versuchen sind naturgemäß jeweils alle drei Aspekte (a-c) enthalten, unterschiedliche Gewichtungen bringt das Thema der einzelnen Untersuchungen ein.

Als *Prüfsituationen* werden entsprechend der Aufteilung in Kapitel 6.2. Streßanordnungen sowie experimentelle Kontexte, die Interaktionen initiieren und erleichtern sollen, realisiert. Dabei war es eine grundsätzliche Entscheidung, weniger auf inferentiell abgesicherte Einmalbefunde auszugehen, sondern mehr auf Replizierbarkeit der situativen Effekte abzuzielen. Deshalb liegen zu beiden Situationstypen jeweils mehrere Studien vor, in denen die soziale Situation nur unwesentlich variiert wurde. Ziel einer Feldstudie war es, Untersuchungsmöglichkeiten für soziotrope Effekte im Alltag zu erproben.

Als *Prüfmethoden* werden Pulsfrequenzbestimmungen im sozialen Kontext (soziophysiologische Maße), die "Weltbeschreibung" als Beurteilungen der Interaktion seitens der beteiligten Personen sowie das LOGOPORT als methodischer Zugang zum sozialen Verhalten (Sprechen) auf ihre Eignung zur Abbildung soziotroper Pharmakonwirkungen geprüft.

Soziotrope Wirkungen sollen für zwei Benzodiazepine (Prazepam, Lopirazepam) sowie ein Sympathicolytikum (Betablocker CGP 361/A) gesucht werden. Diese Substanzen repräsentieren Pharmakagruppen, die in der soziopharmakologischen Forschung bisher vernachlässigt sind.

Es wären auch andere Möglichkeiten der Darstellung der empirischen Studien möglich gewesen, z.B. die einzelnen Versuche nacheinander darzustellen und in ihrer jeweiligen Zielstellung zu erläutern. Weil einerseits die Versuche thematisch zu gruppieren sind und es uns andererseits wichtig ist, die Planung der Situation und die Überlegungen zu den Methoden ausführlich zu erläutern, haben wir uns für eine Darstellungsform entschieden, die den grundsätzlichen Ansatz stärker betont als Details einzelner Versuche.

7.2. ÜBERLEGUNGEN ZUR VERSUCHSPLANUNG

7.2.1. ZUR GESTALTUNG SOZIALER SITUATIONEN

Die Planungsüberlegungen zur Gestaltung sozialer Situationen wollen grundsätzlich der Bedingung Rechnung tragen, aktuelle und direkte soziale Kontakte zwischen der Vp und geeignet gewählten Partnern im Laborexperiment zu ermöglichen. Das setzt voraus, daß die Versuche in Gruppen durchgeführt werden und eine Aufgabe stellen, die auf seiten der Vp dazu führt, sich anzustrengen (anderswo als EGO-involvierende Situation bezeichnet) und gleichzeitig die anderen als "echte" Gegenüber ihres Verhaltens anzusehen. Vermieden werden muß also der Eindruck bei der Vp, sie würde - wie die anderen auch - lediglich die experimentellen Aufgaben erledigen, wofür die sie ja auch bezahlt würde. In dieser Argumentation drückt sich die Forderung aus, für die Vp lebensnahe, natürliche Situationen im psychologischen Labor zu generieren, und dies mit dem Anspruch zu tun, die Variation der Versuchsanordnung über verschiedene Gruppen hinweg möglichst gering zu halten. Methodisch betrachtet, geht es in unseren Versuchen um die Konstruktion sozialer situativer Tests.

Der Forderung nach Lebensnähe ist dann nahegekommen, wenn es gelingt, die Vp in die Rolle eines aktiven Interaktionspartners in der Gruppe zu bringen und wenn verhindert werden kann, daß sie sich als passiv reagierendes "Meßobjekt" des Versuchsleiters versteht. Eine *erste* Voraussetzung zur Erreichung dieses Ziels besteht darin, sie mit Personen ihrer Peer-Gruppe zusammenzubringen, also mit anderen Vpn, denen sie ähnlich ist und mit denen sie üblicherweise auch im Alltag interagiert. *Zweite* Bedingung ist, daß sich die Vpn untereinander nicht kennen, um Cliquenbildungen zu verhindern und gleiche Ausgangslagen für alle möglichen Interaktionen zwischen zwei oder mehr Gruppenmitgliedern zu schaffen. Als *dritte* und wichtigste Voraussetzung ist die Aufgabe selbst zu betrachten, für die zu fordern ist, daß sie die Aufmerksamkeit der Vp vom Versuchsleiter weglenkt und die Interaktion mit den anderen Vpn bedeutsam macht, die also dafür Sorge trägt, daß die Vp den experimentellen Kontext weitgehend vergessen kann: die Aufgabe in der Gruppe sollte die Vp in eine Darstellungsproblematik bringen, was dann der Fall sein dürfte, wenn sie den Eindruck der Unausweichlichkeit aus der sozialen Situation und das Gefühl der Verantwortlichkeit der Vp für das Gelingen oder Mißlingen der Interaktion induziert.

Eine Grundsatzentscheidung bei der Planung der Versuche bestand weiter darin, über die methodische Funktion der sozialen Situation zu befinden. In fast allen Untersuchungen wird die soziale Situation als Repeated-Measurement-Faktor betrachtet; das bedeutet, daß eine globale soziale Situation anhand inhaltlicher Überlegungen in sinnvolle Teilabschnitte aufgeteilt und die intraindividuelle Variation des Verhaltens der Vp in den Teilsituationen betrachtet wird. Die soziale Situation erhält damit Sequenzcharakter, und Verhaltensänderungen auf seiten der Vp sind die interessierenden Daten. Daß die soziale Situation selbst nicht als eigener randomisierter Faktor (als unabhängige Variable mit Zufallszuteilung von Vpn zu den verschiedenen Ausprägungen des Faktors) eingeführt wird, ist so zu begründen, daß in allen bisherigen Untersuchungen (vgl. 6.2.2.) ein deutlicher Unterschied zwischen Sozialsituation und Isolationsbedingung festgestellt wurde, der nicht vordringlich weiterer direkter Nachweise bedarf; was dagegen fehlt, ist ein Erfahrungswissen dazu, welche Situationen im Vergleich zu anderen sozialen Situationen relativ deutliche, welche eher geringe Variation einführen. Weiter mangelt es an Belegen, die den Prozesscharakter des Sozialen abbilden, da alle bisher durchgeführten und für die Sozio-Pharmakopsychologie relevanten Untersuchungen lediglich Status-Aspekte (globale Einheiten des sozialen Verhaltens) betrachtet haben. Beide Kenntnislücken lassen sich mittels Meßwiederholungsplänen ökonomisch schließen.

7.2.1.1. SOZIALE SITUATIONEN ALS STRESSOREN

In der Untersuchung von KOHNEN & LIENERT (1980; 1981) hatte sich die Audience-Bedingung, in der die Vp vor einer Gruppe von Zuschauern Leistungen erbringen sollte, als soziale Streßsituation erwiesen. Die Belastungswirkung dieser Situation äußerte sich in Pulsfrequenzsteigerungen von bis zu 80% des "experimentellen" Ruhepulses (der, im psychologischen Labor in Erwartung des beginnenden Versuches unter Ruhebedingungen gemessen, vergleichsweise etwas höher liegen dürfte als der "natürliche" Ruhepuls). Diese sog. "Aufrufsituation" strebt Prüfungsbedingungen an, wie sie die meisten Menschen im Rahmen ihrer Schulerfahrungen kennengelernt haben. Sie gleicht der mündlichen Prüfung, in der ein Schüler vom Lehrer aufgerufen und auf vorhandenes Wissen oder erworbene Fähigkeiten abgefragt wird.

> In einer Feldstudie zur Validierung der Aufrufsituation wurden die insgesamt 35 Schüler zweier Schulklassen (5. und 6. Jahrgang) in verschiedenen Alltagssituationen des Schulunterrichts im Hinblick auf situationsspezifische Variationen der Pulsfrequenz untersucht. Als Situationen unterschieden wir eine schriftliche Prüfung (Diktat), Einzel-, Partner- und Gruppenarbeit, Frontalunterricht mit freiwilligen Unterrichtsbeiträgen und mündliche Prüfungen im Kopfrechnen. Abbildung 1 zeigt die Pulsverläufe über die Situationen, für die Daten von allen Kindern vorlagen.

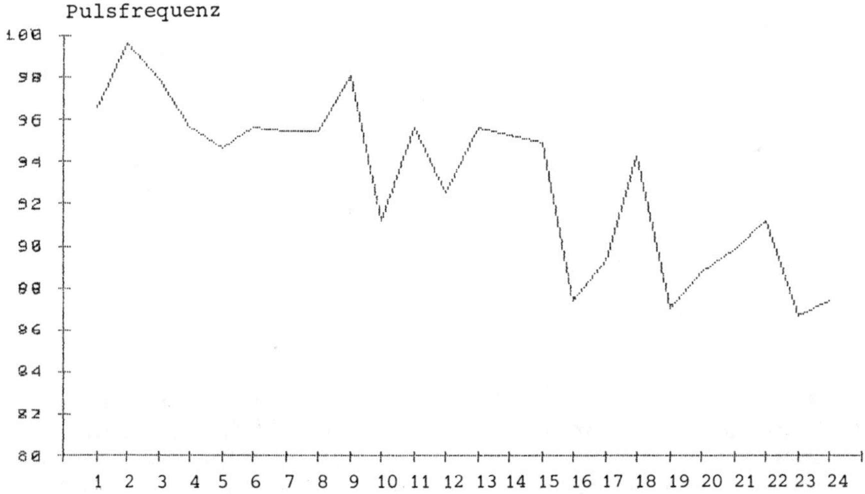

Abb. 1: Pulsverlauf (Mittelwerte über sinnvolle Zeiteinheiten) von N=35 Hauptschülern während einer Unterrichtsstunde.

Legende:

1: Pulsmessung vor Unterrichtsbeginn
2: Unterrichtsbeginn mit Lehrervortrag
3: Ankündigung eines Diktats
4: 1. Vorlesen des Diktats durch den Lehrer
5: Schüler schreiben 1. Satz
6: Schüler schreiben 2. Satz
7: Lehrer liest neuen Satz vor
8: Schüler schreiben letzten Satz
9: 2. Vorlesen des Diktats zur Fehlerkorrektur
10: Einsammeln des Diktats
11: Beginn des Frontalunterrichts
12: Mitte des Frontalunterrichts (Unterrichtsgespräch)
13: Ende des Frontalunterrichts
14: Beginn der Gruppenarbeit
15: Mitte der Gruppenarbeit
16: Ende der Gruppenarbeit
17: Wartezeit auf das Aufgerufenwerden zum Kopfrechnen (zufällige Reihenfolge)
18: Aufruf zum Kopfrechnen (mit Benotung)
19: Unmittelbar nach dem 1. Aufruf
20: Wartezeit, in der die anderen Kinder aufgerufen werden,
21: Wartezeit auf das 2. Aufgerufenwerden zum Kopfrechnen
22: Aufruf zum Kopfrechnen
23: Unmittelbar nach dem 2. Aufruf
24: Lehrervortrag am Ende der Unterrichtsstunde

Es zeigen sich deutliche Pulsvariationen mit relativen Pulsspitzen in Situationen, in denen die Unterrichtsform wechselt oder besondere Aufmerksamkeit der Kinder erforderlich ist (nochmaliges Vorlesen des Diktattextes), relative Pulstäler am Ende einer Unterrichtssequenz (besonders deutlich am Ende der Gruppenarbeit mit direkten Interaktionen der Kinder untereinander). Die Aufrufsituation zeichnet sich durch einen deutlichen Pulsanstieg von der Wartezeit (Antizipation des Aufrufes) zum Aufgerufenwerden selbst wie auch einen noch deutlicheren Abfall der Pulsrate nach Ende des Aufrufes aus. Allerdings gilt diese Aussage nur für den ersten Durchgang des Aufrufes. Bei der Wiederholung (nachdem jeder Schüler einmal aufgerufen war) ist die Aufrufspitze sichtbar schwächer, es setzt ein Adaptationsprozess ein.

In der Anordnung von KOHNEN & LIENERT wurde lediglich während der Belastung (also in der Pulsspitze) gemessen, weder die Antizipationsphase (die in der Redeangst-Situation von ERDMANN als Stressbedingung genutzt ist) vor dem Aufruf noch die Erschöpfungs- bzw. Erholungsphase nach dem Aufruf ist in die Untersuchung einbezogen. Sie zieht auch nicht in Betracht, daß es während des Aufrufes selbst oder aber bei mehrmaligen Wiederholungen der Aufrufsituation zu Adaptationen kommt, worauf die Feldstudie in Schulklassen aufmerksam machte.

Wenn man sich überlegt, wie denn Pharmaka in solchen Belastungssituationen wirken sollen und wirken können, dann sind sowohl Status-Aspekte wie prozessuale Gesichtspunkte wichtig. Die streßprophylaktische Wirkung kann ja nicht darin bestehen, eine Pulsvariation (Pulsanstieg) im Aufruf gänzlich zu unterdrücken, weil der Anstieg eine physiologische Bereitstellungsreaktion im Sinne einer Anpassung an eine schwierige Situation darstellt. Streßprophylaxe ist vielmehr zu verstehen als Verhinderung extremer Ausschläge und (rasch einsetzender) Reduktion der physiologischen (und psychischen) Aktivierung auf ein niedrigeres, im besten Falle mittle- res und damit z.B. im Sinne der YERKES-DODSON-Beziehung für Leistung optimales Niveau (Statusaspekt). Mindestens ebenso wichtig sind pharmakotherapeutische Einflüsse auf die Anpassung an die Situation, die etwa in geringer Aktivierung vor der Streßsituation, in kurzfristig auftretender Aktivierungsreduktion nach Einsetzen des Stressors und schneller Erholungswirkung nach Ende der Belastung zu sehen wäre (prozessualer Aspekt). Eine physiotrope Pharmakonwirkung könnte schließlich auch darin bestehen, bei wiederholtem Darbieten des Stressors zu einer intensiveren Anpassung zu führen, d.h. den Gewöhnungsprozeß, erfaßt über Aktivierungssteigerungen, zu beschleunigen (ein weiterer prozessualer Aspekt).

Als Konsequenz dieser Überlegungen müssen traditionelle Versuchsanordnungen, in denen punktuell gemessen wird (etwa "Ausgangslage" vor Einsetzen und "Reaktionslage" nach Einsetzen des Stressors wie bei ERDMANN (1983a)) ersetzt werden durch Bedingungen, die eine kontinuierliche Abfrage der interessierenden Merkmale erlauben. In keiner der uns bekannten Studien der Pharmakopsychologie kam der Zeitaspekt im Sinne einer Verlaufsmessung bisher zur Anwendung.

Die Aufrufsituation der hier berichteten Studien (A1, A2, A3) berücksichtigt sowohl die Anforderungen einer Verlaufsstudie wie auch die oben formulierten allgemeinen Bedingungen für soziale Situationen im Laborexperiment. Sie hat folgende Anordnung:

In fixer Reihenfolge wird jede Vp einer experimentellen Gruppe mit insgesamt sechs Mitgliedern von einem Versuchsleiter (VL) aufgerufen. Sie steht auf und versucht, im Kopf je zwei zweistellige Zahlen zu addieren, die ihr der VL (mündlich) vorgibt (z.B.: Wieviel ist 39+87?). Wenn sie die Lösung genannt hat, erhält sie eine nächste Aufgabe und so fort. Die Instruktion lautet, so schnell und so gut wie möglich zu rechnen. Die übrigen Gruppenmitglieder werden aufgefordert, das Verhalten und die Leistung der aufgerufenen Vp zu beobachten. Nach einer Minute Rechenzeit setzt sich die Vp und die neben ihr sitzende Vp wird aufgerufen. Insgesamt werden drei Durchgänge ausgeführt, d.h. wenn jede Vp einmal aufgerufen war, kommt die zuerst aufgerufene Vp ein zweites Mal dran, und so fort.

Eine fixe Reihenfolge des Aufgerufenwerdens wurde deshalb gewählt, um den Antizipationsprozeß klar abgrenzen zu können. Bei einer Anordnung, die, wie in der Schulklasse üblich, die einzelnen Teilnehmer unsystematisch aufruft, hätte mit einer kontinuierlich hohen antizipatorischen Reaktion gerechnet werden müssen, an der wir nicht interessiert waren. Die Auswirkung des Reihenfolgeeffektes auf die pharmakologischen Behandlungsbedingungen kann durch permutierte Zuteilung der Behandlungen auf die 6 Abfolgeplätze leicht konstant gehalten werden.

Die Aufrufsituation dauert insgesamt 3 x 6 = 18 Aufrufminuten; hinzu kommen je 1 Minute Antizipationszeit für die 1. aufgerufene Vp und eine Minute Erholungszeit nach dem dritten Aufruf der 6. aufgerufenen Vp; insgesamt werden 20 "experimentelle" Minuten erfaßt. Zwischen jedem Aufruf hatten die Vpn die Aufgabe, ihre psychische Anspannung zu skalieren (s. 7.3.), sodaß die Gesamtdauer des Aufrufes einschließlich Instruktion ca. 30 Minuten betrug.

Für die Verlaufsauswertung des Aufrufes können folgende Einheiten unterschieden werden:

a. die Minuten vor dem Aufgerufenwerden (V1,V2,V3), also die Antizipationsphasen;

b. die Minuten des Aufgerufenseins (A1,A2,A3), die Belastungsphasen;

c. die Minuten unmittelbar nach dem Aufgerufenwerden (N1,N2,N3), die im Sinne einer Entlastung oder auch Erschöpfung zu verstehen sind, sowie

d. die restlichen Minuten, in denen die Vp darauf wartet, selbst aufgerufen zu werden (W01,W02,W03,W04,W05 vor dem 1.Aufruf, W11,W12,W13 vor dem 2.Aufruf, W21, W22, W23 vor dem 3.Aufruf) oder sich bis zum Ende des Versuchs geduldet (W31, W32, W33, W34, W35 nach dem 3. Aufruf); in diesen Minuten vor allem kann sich die Aufmerksamkeit der Vp auf das Verhalten der anderen Vpn richten, gleichzeitig erlauben die Warteminuten nach dem Aufruf eine Erholung von der Belastungswirkung des Aufgerufenwerdens.

Wegen der zeitlichen Verschachtelung des Aufrufes der einzelnen Vpn liegen nicht alle genannten Einheiten für alle Vpn vor. So gibt es z.B. für die 1. Vp im Aufruf keine Wartezeiten auf den ersten Aufruf, für die 6. Vp fehlen Wartezeiten nach dem 3. Aufruf. Daher ist über alle Vpn neben der gemeinsamen Instruktionsphase das Intervall V1 bis N3, also von der Minute vor dem 1. Aufruf bis zur Minute nach dem 3. Aufruf auswertbar, das sind bei 6 Personen-Gruppen insgesamt 16 Minuten.

Unter prozessualen Gesichtspunkten interessiert neben dem Gesamtverlauf das Geschehen unmittelbar vor dem Aufruf, während des Aufrufes und unmittelbar nach dem Aufruf, also die eigentliche Belastungsphase. Zur Abbildung dieses Prozesses werden die je drei Minuten, in denen die Vp selbst aufgerufen war, in 10-Sekunden-Intervalle zerlegt und durch je zwei 10-Sekunden-Abschnitte vor und nach dem Aufruf ergänzt. Mit diesen Daten kann das Einsetzen, der Verlauf und das Abklingen der Belastung bestmöglich abgeschätzt werden.

7.2.1.2.SOZIALE SITUATIONEN ALS FACILITATOREN

Als charakteristische Wirkung der Aufrufsituation wird unter aktivationalen Gesichtspunkten eine (massive) Erregungssteigerung, unter sozialen Gesichtspunkten eine "Ich gegen die Anderen" - Beziehung, also eher ein Gefühl der Isolierung von den anderen, erwartet. Demgegenüber sollen soziale Situationen als Facilitatoren aus der sozialen Perspektive ein "Ich mit den anderen", ein Wir-Gefühl auslösen; aus der Sicht der Aktivationsforschung läßt sich ein rascher Wechsel unterschiedlich aktivierender Zustände erwarten, sozusagen ein vom Verlauf der Interaktionen abhängiges aktivationales Wechselbad.

Für die Versuchsplanung von facilitativen Situationen sind (mindestens) drei Forderungen wichtig:

a. Laborsituationen müssen natürliche Interaktionen vom Charakter des "Miteinanders" zulassen;

b. die Auswahl von Laborsituationen soll sich an einem psychologischen Konzept sozialer Interaktionen orientieren, d.h. Variationen auf der Basis einer oder mehrerer Dimensionen der sozialen Interaktionen realisieren;

c. Laborsituationen müssen bestmöglich standardisiert sein, um die Vergleichbarkeit zwischen Paaren bzw. Gruppen von Vpn zu gewährleisten.

Forderung (c) ist für Situationen, in denen zwei oder mehr Vpn direkt miteinander interagieren, ungleich schwerer zu erfüllen als in der Aufrufsituation, in der der VL einen größeren steuernden Einfluß auf das Verhalten der Vpn hat. Eine Lösung des Problems, daß Interaktionen zwischen Vpn von individuellen Charakteristika der beteiligten Partner sehr unterschiedlich ablaufen können, und zugleich eine Voraussetzung zur Erfüllung von Forderung (b) besteht darin, für die Interaktionen ein Thema sowie Verhaltensanweisungen vorzugeben, und dies so tun, daß Forderung (a) bestmöglich erfüllt wird: das Experiment braucht ein Interaktions-Programm, das in wechselnden Untersuchungsgruppen in immer gleicher Abfolge durchgeführt werden kann.

Zum Zwecke der Entwicklung eines solchen Programms zur laborexperimentellen Induktion natürlicher Interaktionen (Forderung (a)) werden Erfahrungen aus Psychotherapiegruppen und der angewandten Sozialpsychologie (Gruppendynamik) wichtig. Dort sind situative Mediatoren zur Auslösung unterschiedlicher Prozesse bei Klienten und Teilnehmern gesammelt, die sich in gewissermaßen "künstlichem" (Therapiesituation, Selbsterfahrungsgruppe, Trainingsgruppe) Kontext - wie ihn in schärferer Form auch das Experiment darstellt - bewährt haben. Als Auswahlkriterium für situative Gestaltungselemente (Forderung (b)) stehen nach den obigen Überlegungen (6.2.2.) die Dimensionen der Nähe und Distanz sozialer Interaktionen zur Verfügung, wobei für Situationen des Miteinanders hier die Nähedimension interessiert. Es sind also Situationen zu suchen, die ein unterschiedliches Ausmaß der Nähe einer Handlung zwischen Interaktionspartnern wahrscheinlich machen. Als Pool solcher Situationen wurden praktische Übungsvorschläge der Gruppendynamik (ANTONS, 1975) und therapeutische Situationen der Gestalttherapie (STEVENS, 1975; PERLS, 1976) als geeignet befunden.

Dabei ist es allerdings nicht so, daß die genannten Konzepte oder die gewählten Quellen die Dimension der Nähe von Handlungen oder von Interaktionen selbst schon als Steuer- oder Zielgröße ansehen. Die von uns gewählten Übungen laufen dort mit der Vorgabe, Kommunikationsprozesse verstehen zu lernen (ANTONS) oder sich in Interaktionen mit anderen seiner selbst mehr bewußt zu werden (STEVENS: "Kommunikation mit anderen", "zu zweit", "Gruppentraining" u.a.). Die Entscheidung, welche Nähegrade in verschiedenen Situationen des endgültigen Programms erreicht werden, fiel nach inhaltlichen Überlegungen.

Diese Arbeit berichtet über drei Studien, denen ein Kernprogramm gemeinsam ist, die sich aber im Umfang des Programms unterscheiden. Beabsichtigt war allen Studien eine stetige Verringerung der sozialen Nähe vom Beginn des Programms zum Ende hin. Die Tabelle 1 gibt eine stichpunktartige Zusammenfassung der Programme der umfassendsten Studie GD3. Der Instruktionstext ist beim Verfasser erhältlich.

Die Studien GD1 und GD2 sind nur dadurch unterschieden, daß GD2 um eine weitere Übung erweitert wurde. Sie werden zuerst dargestellt, Unterschiede der Studie GD3 am Ende dieser Beschreibung verdeutlicht.

Das Programm der Studien GD1 und GD2 startete mit einer Einführung in die experimentellen Ziele, die darin bestehen sollten, der Vp Erfahrungen ihrer selbst im Umgang mit sich selbst und mit anderen zu vermitteln. Es folgte mit der Situation des "Kontrollierten Dialogs" eine extrem verfremdete Situation, in der ein natürliches Gespräch nicht zustandekommen kann. Diese Situation sollte eine Bedingung geringster Nähe induzieren. Als Koactions-Situation zu verstehen ist die folgende "Meditationsübung", in der jede einzelne Vp durch die Instruktion des VLs auf (sensorische und emotionale) Wahrnehmungen des eigenen Gesichts und der eigenen Hände geleitet wurdekommunizieren ("Dialog der Hände"). Vorgegebene Kommunikationssituationen waren ein leises Spiel oder ein zärtlicher Tanz, jeweils ausgeführt über Handbewegungen. Mit geschlossenen Augen sollte der persönliche Raum jedes Partners erforscht werden, also erlebt werden, wie weit man selbst in diesen Raum des Partners eindringen will oder wie nahe man den Partner an sich heranläßt. In der vierten Übung war die Gesamtgruppe involviert. In kreisförmiger Sitzanordnung berührten die Vpn die Hände der Nachbarn zur Rechten und zur Linken und führten einen freien "Dialog der Hände", nachdem zuvor vom VL dazu angeleitet worden war, unterschiedliche Gefühle über Handbewegungen und -berührungen auszudrücken. In der nächsten Situation sollten sich je zwei Partner verschiedenen Geschlechts nacheinander im Gesicht zärtlich streicheln. Die jeweils gestreichelte Person hatte dabei die Augen geschlossen, sie wußte nicht, wer der streichelnde Partner war. Mit dieser Übung war das Programm der Studie GD1 beendet, in Studie GD2 schloß sich als letzte Übung die Aufgabe an, den zuvor gestreichelten Partner zu umarmen.

TAB. 1: **Programm der gruppendynamischen Studie GD3 mit Unterscheidung verschiedener Teilsituationen. (O=Organisatorisches; D=Diskussion, M=Meditation, E=Erwartungssituation, K=Körperkontakt; in Klammer gesetzte Zahlen entsprechen Seitenangaben in STEVENS, 1975)**

ÜBUNG	TEIL-SITUATIONEN	KL	KURZBESCHREIBUNG UND QUELLE
EINFÜHRUNG	01 Einführung Teil A	O	Allgemeine Einführung in das Experiment durch VL
	02 Einführung Teil B	O	Hinweise auf das gruppendynamische Programm
Einzelübung ERINNERUNG AN AUFRUF	03 Instruktion	O	Anweisung, sich an Aufrufsituation zurückzuerinnern
	04 Vor Aufruf	M	Augen zu, Erinnerung an Minute vor dem eigenen 1. Aufruf
	05 Während Aufruf	M	Erinnerung an die Minute des eigenen 1. Aufrufs
	06 Nach Aufruf	M	Erinnerung an die Minute nach dem eigenen 1. Aufruf
Einzelübung WAHRNEHMUNG DER HÄNDE	07 Hände A	M	Anweisung, Empfindungen mit Händen auszudrücken
	08 Hände B	M	Beginn eines Gesprächs mit den Händen (87)
	09 Hände C	M	Fortsetzung des Gesprächs mit den Händen
	10 Hände D	M	Besinnung über die Erfahrungen in dieser Übung
	11 Gruppendiskussion	D	Augen auf, Diskussion über die Meditationen in der Gruppe.
Partnerübung RAUMERFORSCHEN	12 Partnerwahl	O	Freie Wahl eines (neuen) Partners des anderen Geschlechts
	13 Platzsuche	O	Verteilen der Paare im Versuchsraum
	14 Augen-Kontakt	E	Gegenüberstehen der Paare mit Blickkontakt ohne Worte (187) Ankündigung: nach 1 Min. werden Hände aneinander gelegt
	15 Handberührung	K	Aneinanderlegen der Hände bei Blickkontakt, Kommunikation mit den Händen (187 f.)
	16 Bewegung der Hände	K	Experimentieren mit den Händen (187)
	17 Augen zu	K	Augen zu, leises Spiel, ein Tanz mit den Händen (187)
	18 Raum erforschen	K	Erforschen des persönlichen Raumes mit den Händen (188)
	19 Besinnung	M	Loslassen der Hände, Nachdenken über Übungen (188)
	20 Partner-Diskussion	D	Augen auf, Diskussion über Übungen mit Partner (188)

TAB. 1 (Forts.): Programm der gruppendynamischen Studie GD3

ÜBUNG	TEIL-SITUATIONEN	KL	KURZBESCHREIBUNG UND QUELLE
Partnerübung BILDHAUER	21 Partnersuche	O	Suche eines (neuen) Partners des anderen Geschlechts
	22 Augenkontakt A	E	Verteilung der Rollen als Bildhauer bzw. Modell; Bildhauer studiert ausführlich den Körper des Modells (239 f.)
	23 Modellieren A	K	Bildhauer formt den Körper des Modells zu einer Figur
	24 Augenkontakt B	E	Wechsel der Rollen, Bildhauer studiert Körper des Modells
	25 Modellieren B	K	Bildhauer formt den Körper des Modells zu einer Figur
	26 Partnerdiskussion	D	Die beiden Partner diskutieren über ihre Erfahrungen in den verschiedenen Rollen
	27 Rückkehr in Kreis	O	Sitzen im Kreis, Nachbarn jeweils anderen Geschlechts
Gruppenübung DIALOG DER HÄNDE IN DER GRUPPE	28 Augen zu	M	Augen zu, Aufforderung zum Ruhigwerden (213)
	29 Hände-Antizipation	E	Ankündigung: nach 1 Minute sollen die Hände der Nachbarn berührt werden (214)
	30 Hände ausstrecken	K	Berührung der Hände der Nachbarn (214)
	31 Dialog der Hände A	K	Kommunikation mit Nachbarn über die Hände nach Anleitung (214 f.)
	32 Dialog der Hände B	K	freie Kommunikation mit Nachbarn über die Hände
	33 Besinnung	M	Loslassen der Hände, Nachdenken über die Übung (215)
	34 Gruppen-Diskussion	D	Diskussion über Erfahrungen in der Gruppe (215)
Partnerübung STREICHELN DES GESICHTS	35 Partnersuche 3/A	E	Frauen schließen die Augen, je ein Mann setzt sich vor je eine Frau (219)
	36 Anschauen	E	Mann betrachtet das Gesicht der Frau eingehend
	37 Streicheln aktiv	K	Zärtliches Streicheln des Gesichts (219): Daten jeweils vom aktiven Partner
	38 Besinnung	M	Beendigung des Streichelns, Stilles Nachdenken
	39 Rückkehr zum Platz	O	Männer kehren in den Kreis zurück

TAB. 1 (Forts.): Programm der gruppendynamischen Studie GD3

ÜBUNG	TEIL-SITUATIONEN	KL	KURZBESCHREIBUNG UND QUELLE
	40 Partnersuche 3/B	E	Männer schließen die Augen, die Frauen werden den Partnern der Übung 28 zugeführt
	41 Anschauen	E	Frau betrachtet eingehend das Gesicht des Mannes
	42 Streicheln	K	Zärtliches Streicheln des Gesichts (219): Daten jeweils vom passiven Partner
	43 Besinnung	M	Beendigung des Streichelns, Stilles Nachdenken,
Partnerübung UMARMUNG	44 Augen-Kontakt	E	Öffnen der Augen, Gegenüberstehen der Partner, Blickkontakt ohne zu sprechen
	45 Erwartung Umarmung	E	Ankündigung: nach 1 Minute sollen sich Partner umarmen
	46 Umarmung	K	Umarmung des Partners, angenehmen Körperabstand suchen
	47 Augen zu	K	Augen schließen, Fortsetzung der Umarmung
	48 Zurückziehen	M	Beendigung der Umarmung, stilles Nachdenken über Übung
	49 Partnerdiskussion	D	Augen auf, Partner diskutieren über Erfahrungen
	50 Gruppen-Diskussion	D	Diskussion über Erfahrungen in der Gruppe
Gruppenübung AUSMESSEN DES RAUMES	51 Ausmessen: Platzwahl	E	Vpn laufen im Raum umher, suchen angenehmsten Platz (227f.)
	52 Beobachtung	E	Aufgabe, die Verteilung im Raum wahrzunehmen
	53 Beschreibung	D	Mündliche Mitteilung über die Gründe für Platzwahl
Gruppenübung GEFÜHLE ÜBER KÖRPER MITTEILEN (SOZIAL-AUFRUF)	54 Rückkehr in Kreis	O	Aufstellung der Mitglieder im Kreis
	55 Instruktion	O	Anweisung, zu jedem Mitglied zu gehen und ein Gefühl seiner Person gegenüber durch eine Berührung mitzuteilen
	56 Erster im Kreis	E	Ein Mitglied geht es erster im Kreis umher
	57 Selbst im Kreis	K	Die Vp beschreibt, wie sie die Situation im Kreis erlebt
	58 Andere kommen	K	Die Vp beschreibt, wie sie die Berührungen der anderen erlebt hat
	59 Gruppen-Diskussion	D	Diskussion in der Gruppe über die letzten beiden Übungen
ENDE	60 Ihr Befinden jetzt	M	Beschreibung des Befindens zum Zeitpunkt der Bearbeitung Beurteilungsbogens

Studie GD3 war insgesamt wesentlich umfangreicher, unterschied sich aber auch in Abfolge und Auswahl einiger Übungen von den gerade geschilderten Versuchsanordnungen. Diese Änderungen wurden auf der Basis der Erfahrungen mit den beiden ersten Studien zur Optimierung des Programms eingeführt. Der Kontrollierte Dialog fiel weg, anstelle der Meditation über das eigene Gesicht wurde eine Erinnerung an die Aufrufsituation mit ihren charakteristischen Phasen eingeführt. An die Meditation über die Hände und die Übung des Raumerforschens schloß sich jetzt die sog. "Bildhauer" - Situation an, in der der eine Partner nach eigenem Gutdünken den Körper des anderen Partners zu einer Figur modellieren durfte. Dialog der Hände in der Gruppe, Streicheln des Gesichts des Partners und Umarmung liefen wie in den vorangegangenen Studien ab. Ergänzt wurde Studie GD3 durch Übungen, die die im Streicheln und Umarmen erreichte Nähe zwischen Partnern sowohl wieder reduzieren wie auch differenzieren sollten. In der Übung "Ausmessen des Raumes" führten die Vpn ein sog. Sitzsoziogramm durch, verteilten sich also in einem eingegrenzten Bereich des Untersuchungsraumes in verschiedenen, ihnen jeweils angenehmsten Abständen zu den anderen Gruppenmitgliedern. In der Abschlußübung "Mitteilung von Gefühlen über Körperkontakt" ist eine Art "sozialer Aufrufsituation" realisiert: jede Vp sollte nacheinander auf jede andere Vp zugehen und über Körperberührungen zum Ausdruck bringen, wie ihre gefühlsmäßige Beziehung zu jedem einzelnen Partner war.

Innerhalb der einzelnen Situationskomplexe wurde jeweils über die Instruktion des Gruppenleiters eine Variation der Aktivierung angestrebt. Am Beispiel der Übung "Streicheln im Gesicht" verdeutlicht, ist eine durch Erwartungsangst gekennzeichnete Situation des Anschauens, in der der eine Partner die Augen geschlossen hat, der andere genau dessen Gesicht studiert, der tatsächliche Körperkontakt und eine abschließende Nachwirkungs- oder Besinnungsphase zu unterscheiden. Diese Instruktionen streben eine Trennung verschiedener Phasen der sozialen Interaktion an, wie sie in ähnlicher Form auch in der Aufrufsituation möglich ist.

Die geschilderten Situationskomplexe waren jeweils eingebettet in sog. flankierende Maßnahmen wie Partner- und Gruppendiskussionen und Selbstreflexionen, die den Zweck hatten, bei der Vp den Eindruck einer experimentellen Situation zu verwischen und stattdessen den Charakter der Selbsterfahrung im sozialen Kontext zu betonen.

Jede Gruppe setzte sich aus sechs Vpn, drei Männern und drei Frauen, zusammen. Alle Präparatbedingungen waren gleich häufig in jeder Gruppe vertreten. Das Gesamtprogramm dauerte zwischen 80 (Studie GD1) und 120 (Studie GD3) Minuten. Die Partner in dyadischen Situationen waren verschiedenen Geschlechts; jeder Mann agierte mit jeder Frau in der Gruppe u.u.. Reihenfolgeeffekte in der Streichel- und der Bildhauerübung wurden dadurch konstant gehalten, daß von Gruppe zu Gruppe abwechselnd Männer und Frauen zuerst aktiver, dann passiver Partner waren.

Ein wesentliches Element dieser gruppendynamisch-gruppentherapeutischen Programme (im folgenden: *gruppendynamische Situation*) ist eine maximale

Strukturierung, die den Interaktionen der Vp nur einen engen Rahmen für eigene Gestaltungsmöglichkeiten läßt. Konsequenterweise fehlen Rollenspiele, die ebenfalls als Analogon zu natürlichen Situationen aufzufassen sind und für die zahlreiche praktische Erfahrungen und technische Anleitungen zur Verfügung stehen (vgl. SCHÜTZENBERGER, 1976; WENDLANDT, 1977; SHAW et al., 1980; für Sozialangst: MÜNZEL, 1980). Rollenspiele als experimentelle Situationen bieten sich dort an, wo vorrangig die persönliche Involviertheit der beteiligten Personen erwünscht ist; allerdings muß eine sinnvolle Auswahl der gespielten Thematik dafür sorgen, daß trotz einer lockereren Struktur ein Inter-Gruppen-Standard erhalten bleibt.

Im Sinne der erwünschten thematischen Einengung strebte eine weitere Studie zu sozialen Situationen als Facilitatoren an, persönliche Schwierigkeiten im Bereich des sozialen Verhaltens zum Inhalt eines Rollenspiels zu machen, in dem die eine von zwei Vpn in der Rolle eines "Ratsuchenden" ihr ganz privates Problem der anderen Vp, die die Rolle eines "Beraters" einnahm, vortrug. Ziel dieses gemeinsamen Gespräches sollte es sein, nach Lösungsmöglichkeiten für die Probleme der Vp zu sorgen. Nach einem ca. 10-minütigem Gespräch wechselten die Rollen, der vormalige Berater war nun Ratsuchender u.u..

Diese Studie (R1) fand in Gruppen zu je 6 Vpn statt, die je zur Hälfte aus Frauen und Männer bestand. Die Vpn erhielten nach Eintreffen im Untersuchungsraum ein Blatt, auf dem sie gebeten wurden, eine Reihe von persönlichen Schwierigkeiten in ihrem sozialen Verhalten stichpunkthaft zu beschreiben. Ihnen wurde angekündigt, daß sie später eine dieser Schwierigkeiten auswählen und zum Gegenstand einer Versuchsaufgabe machen sollten.

In der experimentellen sozialen Situation kamen je ein Mann und eine Frau, die die gleiche pharmakologische Behandlung erhalten hatten, zusammen; sie wurden instruiert, eines der aufgeschriebenen Probleme auszuwählen, und so offen wie möglich in der Rolle eines Ratsuchenden diese Schwierigkeit dem Berater zu schildern. Der Berater sollte sich anstrengen, um der ratsuchenden Vp bei der Lösung ihrer Schwierigkeiten behilflich zu sein. Nach 10 Minuten Gesprächsdauer wechselten die Rollen und ein zweites Gespräch gleicher Länge schloß sich an.

Die hier vorgetragenen Planungsüberlegungen versuchen, den Argumenten des Kapitels 6 möglichst umfassend gerecht zu werden. Die entstandenen Versuchsanordnungen haben Pilotcharakter; wir konnten weder in der pharmakopsychologischen noch in der klinisch- oder sozialpsychologischen Literatur Vorbilder für derartige situative Tests finden.

7.2.1.3. SOZIALES VERHALTEN IM ALLTAG

Die Aufgabe dieser Arbeit, soziale Prüfsituationen für die Evaluierung soziotroper Effekte zu entwickeln, verlangt die Erprobung von Zugängen zum alltäglichen sozialen Verhalten von Menschen. Die Auswahl von Untersuchungsmöglichkeiten ist durch die vorhandene oder ausgewählte Methodik der Messung sozialer Verhaltensaspekte determiniert. Beobachtungsverfahren als bevorzugter methodischer Weg zur Erfassung des sozialen Verhaltens sind, wie die Studien mit Drogenabhängigen gezeigt haben, nur im Sinne von Time-Sampling-Prozeduren ökonomisch einzusetzen und liefern so lediglich Ausschnitte des Verhaltens. Eine Beschreibung des kontinuierlich ablaufenden Verhaltens benötigt automatische Registrierverfahren, die wiederum nur bestimmte Aspekte des sozialen Verhaltens abbilden können.

Das LOGOPORT (s.7.2.2.2.), dessen Entwicklung im Rahmen unserer Studien von H.P.KRÜGER zusammen mit dem Verfasser begonnen wurde, eröffnet einen methodischen Weg zur Messung von nonverbalen, d.h. nicht am Inhalt des Gesprächs orientierten Aspekten des Sprechverhaltens. Das Gerät erschließt kommunikatives Verhalten, das, wie WATZLAWICK et al. (1967) konstatieren, eine "conditio sine qua non for human life and social order" darstellt und das zu einem erheblichen Teil auf subtilen nonverbalen Niveaus abläuft.

Nach einer Erprobungsphase des Geräts wurde in einer Feldstudie (Studie F1) erstmals der Versuch unternommen, das Sprechverhalten ausgewählter Vpn in ihrem normalen Alltag über insgesamt vier aufeinander folgende Tage hinweg zu erfassen und soziotrope Auswirkungen einer Medikation zu beobachten. Als Vp dienten zwei Gruppen von Studenten, die sich selbst als "sozial belastet" bzw. "sozial unbelastet" klassifiziert hatten. Bestimmt wurde die Dauer von Gesprächen, die die Vp an diesen Tagen führte, ihre Gesprächsbeteiligung in diesen Gesprächen sowie die Dauer zwischen zwei aufeinanderfolgenden Gesprächskontakten.

In Gruppen zu je sechs Teilnehmern erhielten die Vp morgens (8 Uhr) die LOGOPORT-Geräte angelegt und wurden dann in ihren normalen Alltag entlassen. Sie kamen am Abend (18 Uhr) zurück, um die Geräte abzugeben. Ein längerer Beobachtungszeitraum, also insbesondere in den Abend hinein, wäre wünschenswert gewesen, konnte aber wegen der Speicherkapazität der Geräte (noch) nicht realisiert werden. Allerdings hatte die Begrenzung des Untersuchungszeitraumes den Vorteil, daß die studentischen Vpn im Rahmen ihres Studienalltags einen relativ ähnlichen Tagesablauf hatten. Die gesamte Untersuchungsdauer betrug vier Tage (Montag bis Donnerstag).

Die Teilnehmer hatten sich freiwillig auf eine Ausschreibung gemeldet (siehe Anhang "Material", Studie F1), in der nach Personen gesucht war, die sich selbst als sozial belastet, d.h. mit erheblichen Problemen im Umgang mit anderen, oder als sozial unbelastet, als eher problemfrei in sozialen Kontakten, eingeschätzt hatten. Ziel dieser Strategie, sog. "symptomatic volunteers" (GOLDSTEIN & BRAUZER, 1971) einzusetzen, war es, die Variabilität des Sprechverhaltens über eine Extremgruppenbildung abschätzen und zugleich differentielle Effekte der untersuchten Substanzen beurteilen zu können.

7.2.2. DIE UNTERSUCHUNGSMETHODEN

Die Neuentwicklung von Untersuchungsmethoden zur Bestimmung soziotroper Effekte von Pharmaka bzw. die Anpassung vorhandener Verfahren stellen einen wesentlichen Bestandteil dieser Arbeit dar. Globalziel ist es, auf relevanten Wirkungsebenen Meßverfahren zur Verfügung zu stellen. Berichtet wird über Erfahrungen mit soziophysiologischen Messungen der Pulsfrequenz, über das LOGOPORT als Methode zur Registrierung des Sprechverhaltens und über die Weltbeschreibung, ein Verfahren, das die Urteile der Vp und ihres/ihrer Partner über die gemeinsame Interaktion verwendet; im letzten Abschnitt werden traditionelle Methoden, die in unseren Studien zum Einsatz kamen, vorgestellt.

7.2.2.1. SOZIOPHYSIOLOGISCHE MESSUNGEN DER PULSFREQUENZ

Nach STERN & RAY (1984) können alle psychophysiologischen Experimente wegen der sozialen Situation zwischen VL und Vp als echte soziophysiologische Studien betrachtet werden. Die Autoren berufen sich auf eine Aussage von SHAPIRO & CRIDER (1969):

> "a growing understanding of the social psychology of the psychophysiological experiment points up sources of variation in physiological measures and, conversely, the remarkable sensitivity of those measures to social attitudes such as race, sex, and status leads to a fuller appreciation of the impact of social factors on individual behavior" (S.37-38).

In einem engeren Verständnis geht es der Soziophysiologie um die physiologischen Korrelate der Reaktion einer Vp auf komplexe soziale Situationen (so ÖHMAN & DIMBERG, 1984, S.81), womit eine planmäßige Realisation sozialer Situationen als Voraussetzung für die Qualifikation einer Studie als soziophysiologisch gefordert ist. Wir wollen als soziophysiologische Messungen die Ableitung interessierender physiologischer Maße im sozialen Kontext, d.h. an allen an einem interpersonalen Geschehen beteiligten Personen (nicht aber am Versuchsleiter, obwohl auch dieses eine interessante soziophysiologische Perspektive eröffnen würde), verstehen.

In allen unseren Studien wird ausschließlich die Pulsfrequenz als Indikator der physiologischen Aktivierung der Vp gemessen. Die Entscheidung für die Herzrate basierte zunächst darauf, daß alle uns verfügbaren Geräte lediglich einen Meßkanal anboten; eine Ausstattung ein und derselben Person mit zwei oder mehr Geräten, die jeweils verschiedene physiologische Indikatoren erfassen sollten, hätte eine unerwünschte Reduzierung der Gruppengröße erforderlich gemacht. Unter den physiologischen Meßgrößen zählt die Pulsfrequenz andererseits zu den am häufigsten gemessenen Indikatoren, wenngleich die Bedeutung von Pulsfrequenzänderungen nicht unumstritten ist (vgl. LEGEWIE, 1969). Da es uns aber weniger um Zusammenhänge zwischen physiologischer und psychologischer Ebene geht, sondern mehr um die Variationen in physiologischen Indikatoren an sich, wirken sich Interpretationsschwierigkeiten von Pulsfrequenzänderungen wenig aus.

Zur Registrierung der Herzrate wurde die kardiotachometrische Methode verwendet, mit der elektrische Spannungsschwankungen, die das Herz während seines Erregungsablaufes erzeugt, an Standardableitpunkten an der Körperoberfläche (bei uns der Brustwand) mittels EKG-Elektroden abgeleitet werden. Die Pulsfrequenz ergibt sich als die Häufigkeit sog. R-Zacken (das EKG-Maß für die Amplitude der höchsten von der Körperoberfläche abgeleiteten Spannungsspitze, vgl. GROLL-KNAPP, 1969) pro Minute. Auf eine Auswertung der Pulsrhythmik (R-R-Abstände, Pulsarrhythmien) mußte verzichtet werden, da keine EDV-mäßige Auswertungsmöglichkeit zur Bestimmung dieser Parameter zur Verfügung stand. Eine Handauswertung der Pulsfrequenzen ist mit erheblichem Aufwand möglich, der R-R-Abstände dagegen nicht zu leisten. Die zur Messung verwendeten Elektroden wurden mittels doppelseitig klebender Folien, die zwischen Haut und Elektrode gelegt werden, am Körper befestigt und mit Pflaster gegen eine unerwünschte Ablösung vom Körper gesichert.

Als wesentlicher Nachteil stationärer Meßeinrichtungen zur Ableitung physiologischer Maße wie der Herzrate gilt eine Behinderung des motorischen Bewegungsspielraumes der Vp; im Falle der gruppendynamisch-gruppentherapeutischen Situationen muß auch eine "atmosphärische" Störung durch die von der Vp abgehenden und im Raum herumliegenden Kabel (der Verbindung zwischen den Elektroden an der Vp und der Registriereinrichtung, z.B. einem Speicher- oder Schreibgerät) angenommen werden.

Alternativen zu stationären Meßeinrichtungen sind einerseits tragbare Recorder, die die fortlaufend gemessenen physiologischen Daten auf einem Tonband, das die Vp mit sich führt, abspeichern, andererseits telemetrische Meßverfahren, in denen die physiologischen Werte mittels eines Senders drahtlos an einen Empfänger abgegeben werden. Beide Möglichkeiten kamen in unseren Studien zur Anwendung, der weitaus größte Teil der Untersuchungen verwendete die telemetrische Methode.

Als Speichermethode benutzten wir das System "MEMOPORT" der Firma HELLIGE. Dreipunkt-Elektroden einer Brustwandableitung des EKGs (Elektrokardiogramms) sind mit einem tragbaren Recorder verbunden, der (unauffällig) an einem Gürtel befestigt ist. Maximale Registrierdauer in unserem Versuch (Studie A1) war 12 Stunden. Nach Abnahme des Gerätes können die Daten in einem zugehörigen Auslesegerät auf einem Schreiber ausgegeben werden, wobei variable Zeitintervalle zur Mittelung der physiologischen Daten anwählbar sind. Das Gerät hat sich zur Langzeitmessung insofern gut bewährt, als wenige Vp wegen technischer Fehler ("Ausschuß") eliminiert werden mußten und eine ausreichend genaue Abbildung globaler Aktivitäten während des Tagesablaufes möglich war. Abbildung 2 zeigt einen Ausschnitt aus einem MEMOPORT-Protokoll, aus dem einerseits motorische Aktivitäten wie Laufen, aber auch die drei Aufrufsituationen gut zu entnehmen sind.

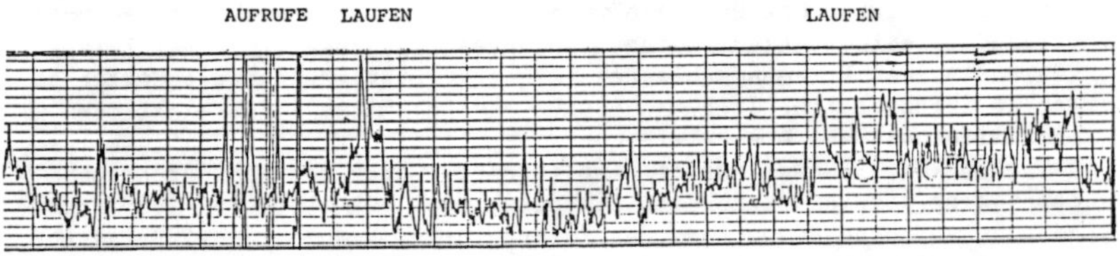

Abb. 3: MEMOPORT-Protokoll einer Vp. Tagesverlauf von 11.30 - 18.00 Uhr. Vergleich der Aufrufsituationen mit einem Lärmversuch und motorischen Aktivitäten (Laufen zum Labor und vom Labor weg). 1 Kästchen entspricht 10 Minuten. Abgetragen sind Variationen der Pulsfrequenz.

Der Nachteil des Verfahrens besteht darin, daß wegen Zeitinstabilitäten von bis zu 10 Minuten (über ein Intervall von 10 Stunden) eine sekunden- oder auch nur minuten-genaue Lokalisierung bestimmter sozialer Ereignisse anhand der Zeitskala des Ausgabeprotokolls nicht gelingt. Für medizinische Zwecke ist diese Zeitverschiebung belanglos, in psychologischen Untersuchungen, in denen eine eindeutige Zuordnung von physiologischen Zuständen zu Aktivitäten der Vp zwingend zu fordern ist, führt sie zu einer enormen Fehlerquelle der Auswertung oder macht diese sogar unmöglich. In Partner- oder Gruppenstudien, in denen eine Synchronisierung der physiologischen Verläufe bei zwei oder mehr Partnern interessiert, ist das uns damals zur Verfügung stehende Gerät nutzlos (mittlerweile soll die Zeitstabilität ausreichend hoch sein).

Die für unsere Versuche erforderliche zeitsynchrone Zuordnung von physiologischen Veränderungen zu Verhaltensaktivitäten ohne Beeinträchtigung der Vp ist gegenwärtig nur mittels drahtloser Telemetrie zu erreichen.

Der Vorgang der telemetrischen Messung von Pulsfrequenzen ist folgendermaßen zu beschreiben. Die an der Körperoberfläche abgeleiteten elektrischen Signale werden gefiltert (Unterdrückung von Störsignalen), verstärkt und in einen Sender eingespeist, der die Information in eine geeignete Frequenzlage versetzt und mit entsprechender Leistung versieht. Der Sender speist im Falle der drahtlosen Funk-Telemetrie gleichzeitig die Sendeantenne. Am Ende der Übertragungsstrecke (abhängig von der Leistung des Senders und der Geländebeschaffenheit bis zu mehreren Kilometern) nimmt ein Empfänger die Signale mittels einer Empfängerantenne auf, setzt die Information in die ursprüngliche Frequenzlage zurück und gibt sie, gegebenenfalls unter Einschaltung von Signalaufbereitungseinheiten (Analog-Digital-Wandler), an Schreiber oder an Speichereinheiten (Computer) weiter (vgl. dazu KALTSCHMIDT, 1974; SCHAFFLER & RIMKUS, 1977).

Das von uns verwendete 1-Kanal Telemetrie-System MONITEL 1 der Firma Messerschmitt-Bölkow-Blohm (MBB) erlaubt die simultane Erfassung von bis zu 12 Probanden, die sich in einem einzigen Raum befinden können. Um aber unter solchen Bedingungen saubere Signale zu empfangen, ist eine Trennung der Frequenzbänder erforderlich, die dieses System - trotz allfälliger Skepsis unter Psychophysiologen - ohne Schwierigkeiten leistet. Fehler bei der Datenübertragung waren durchweg auf Hardware-Probleme (lose Drahtverbindungen) zurückzuführen. Die Durchführung in Räumen mit Betonwänden erfordert eine geeignete Plazierung der Empfängerantenne, womit sorgfältige Vorversuche erforderlich werden. Der Empfänger und die Lärm verursachenden Schreibeinrichtungen können problemlos in einem angrenzenden Raum untergebracht werden, sodaß der Versuchsablauf nicht beeinträchtigt wird. Der von der Vp zu tragende Sender ist von der Größe einer Zigarettenschachtel und kann problemlos und unauffällig am Gürtel oder in Kleidertaschen befestigt werden.

Alle übertragenen EKG-Informationen wurden während des Versuchsablaufes auf einem EKG-6-Kanal-Schreiber (Linearcorder Mark VII, Typ WR 3101 WATANABE) ausgegeben. Eine Versuchsassistentin, die mittels Kopfhörer den Versuchsablauf mithören und an einem Versuchsprotokoll die verschiedenen Sequenzen identifizieren konnte, markierte auf dem EKG-Papier das Versuchsgeschehen (z.B.: Vp1 steht zum Kopfrechnen auf), womit eine eindeutige Identifizierung der einzelnen Situationen auf dem EKG-Ausdruck und damit die situationsspezifische Bestimmung der Pulsfrequenzen möglich war.

Die in dieser Arbeit berichteten Daten entstammen ausnahmslos einer Handauszählung der während des Versuches geschriebenen EKG-Protokolle. Dabei wurde so verfahren, daß pro Versuchssituation über den gesamten Zeitraum die Pulse ausgezählt und auf Minutenpulse umgerechnet wurden. Für einzelne Situationen, in denen kurzfristigere Verläufe interessierten (z.B. während des Aufrufes), werden die auf Minutenpulse umgerechneten Pulsraten in 10-Sekunden-Abschnitten herangezogen. Bei längeren Versuchsabschnitten, in denen keine situative Variation auftrat, wurden Minuten-Stichproben der Pulsfrequenzen ausgezählt, diese aber nur dann gemittelt, wenn die Pulswerte, von kleineren Abweichungen abgesehen, zu allen Meßzeitpunkten identisch waren.

Die praktischen Erfahrungen mit der soziophysiologischen Messung der Pulsfrequenz an bislang mehr als 200 Vpn zusammenfassend, kann davon ausgegangen werden, daß eine einwandfreie Datengewinnung bei minimaler Belastung der Vpn mit dem Telemetrie-Verfahren möglich ist. Unseres Wissens liegen außer den hier berichteten Daten keine weiteren umfangreichen Erfahrungen mit drahtlosen Übertragungen physiologischer Daten in der Psychologie vor (KÖLTZOW (1985) z.B. verwendet stationäre Einrichtungen in Therapiegruppen; vgl. auch die Literaturübersicht bei STEFANSKI, 1985).

7.2.2.2.DAS LOGOPORT: DIE ERFASSUNG DES SPRECHVERHALTENS

Mit dem LOGOPORT wurde unter Federführung von H.P.KRÜGER in Nürnberg und Würzburg ein neues Meßgerät entwickelt, mit dem es möglich ist, auf objektivem Wege Informationen über das Sprechverhalten von Personen in ihrem Alltagskontext zu erhalten. Die Technik des LOGOPORTs ist in folgender Weise zu beschreiben:

Ein Kondensator-Mikrophon wird am Hals der Vp befestigt und mit einem Recorder (Größe 15 x 10 x 3cm, Gewicht ca. 500 gr) verbunden, den die Vp am Gürtel trägt. Die am Kehlkopf gemessene Spannung wird - nach Filterung und Verstärkung - über ein fixes Intervall integriert (in unserer Untersuchung (Studie F1) 5 sec, andere Intervalle sind möglich; den

Abfragetakt steuert ein 4 MHz-Quartz). Jeweils am Ende des Intervalls prüft ein Mikroprozessor, ob die integrierte Spannung eine vorgegebene Referenz-Schwelle (Ansprechschwelle, die dazu eingeführt wird, um irrelevante Laute wie Räuspern oder Artefakte, die durch Hautbewegungen entstehen, zu eliminieren) überschreitet. Ist dies der Fall, wird eine "1" in einem 8Kbyte-Speicher niedergelegt, andernfalls eine "0". Die Stromversorgung entstammt zwei 6Volt-Akkus, die im Gerät eingebaut sind. Nach Abschluß der Aufzeichnung wird der Speicher über ein Interface ausgelesen, das kompatibel zu Standard-Mikrocomputern oder Personal Computern ist.

Die hier beschriebene 1. Generation des LOGOPORTs (mittlerweile existiert eine 2., leistungsfähigere Generation, vgl. KRÜGER, 1986) erlaubt somit die Registrierung der On-OFF-Muster des gesamten Sprechverhaltens einer Person über einen ganzen Tag hinweg (maximal 14 Stunden), also Aussagen darüber, in wievielen 5-sec-Intervallen die Vp gesprochen (ON=1) oder geschwiegen (OFF=0) hat. Aus der Verteilung der 1er und 0en können Gespräche der Vp identifiziert und in ihrem Verlauf rekonstruiert werden. In Studie F1 hatte die Vp in ein mitgeführtes Tagebuch einzutragen, wann sie ein Gespräch geführt hat und wie lange dies dauerte; mit diesen Informationen konnte das Meßprotokoll des LOGOPORTs validiert und gedeutet werden.

Abbildung 3 zeigt das Sprechverhalten einer einzelnen Person über einen Tag hinweg, wie es mit dem LOGOPORT abgebildet werden kann (vgl. HEIDENFELDER, 1985).

Auf der Abszisse ist zunächst der Zähler der 5 sec-Meßintervalle abgetragen, darunter findet sich die Tageszeit. Die untersuchte Person erhielt das LOGOPORT um 8.30 Uhr und brachte es um 15.01 Uhr zurück. Die gesammelten Daten sind in einem Daten-String der Länge 4750 (für 4750 5-sec-Intervalle = 23.750 sec = 6 1/2 Stunden) abgelegt, der eine Folge der Werte "1" (Sprechen) und "0" (Nicht-Sprechen = Pause) darstellt. In der Abbildung sind die Daten zu 5-Minuten-Intervallen (60 5-sec-Intervalle) zusammengefaßt und als Säulen abgebildet. Je höher die Säule ist, umso mehr hat eine Person in einer 5-Minuten-Einheit gesprochen. Die horizontalen schwarzen Balken im oberen Teil der Abbildung veranschaulichen die über ein Tagebuch bestimmten Gespräche der untersuchten Person (hier sind es deren vier). Die Gespräche sind als "Berge" zu erkennen, womit inhaltlich ein Ansteigen der Sprechaktivität am Anfang des Gesprächs und ein Absinken an seinem Ende gemeint sein soll.

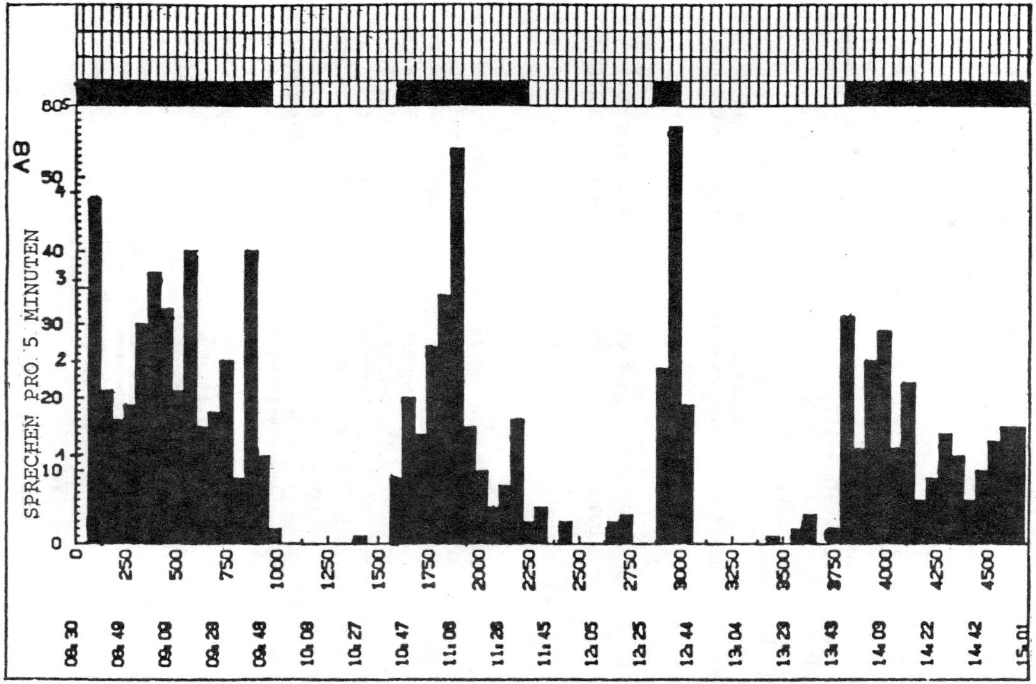

Abb. 3 : Meßprotokoll des LOGOPORTs: Gespräche einer studentischen Versuchsperson im Alltag. Erläuterung siehe Text.

Der Beobachtungszeitraum des LOGOPORTs ist ein Tag, als Beobachtungsereignisse werden Gespräche und Intervalle zwischen zwei Gesprächen ausgewählt. Aus solchen LOGOPORT-Daten lassen sich folgende Parameter bestimmen (in Klammern angegeben ist der Abstand zwischen 1. und 3. Quartil und der Median der einzelnen Meßwerte bei insgesamt 755 Gesprächen studentischer Vpn, vgl. HEIDENFELDER, 1985):

a. die Gesprächsdichte: die Zahl der Gespräche im Meßintervall (3-5 Gespräche, Median = 4 Gespräche);
b. die Gesprächsdauer: das Intervall von Beginn bis zum Ende eines Gesprächs (12 - 38 Minuten, Median = 20 min);
c. die Gesprächsbeteiligung: der Anteil des Sprechens, der innerhalb eines Gespräches von der untersuchten Person eingebracht wird (48 - 73%, Median = 61 %);
d. die gesprächsfreie Zeit: die Zeit zwischen zwei Gesprächen (20 - 93 Minuten, Median = 45 min).

Die Gesprächsdichte wird in dieser Arbeit nicht weiter beachtet, da die sozial bedeutsamen Abendkontakte nicht erfaßt werden konnten. Als intraindividuell stabil ("über die Zeit innerhalb der Person") hat sich lediglich der Parameter der Gesprächsbeteiligung erwiesen (Produktmomentkorrelation zwischen früherer Hälfte und späterer Hälfte der LOGOPORT-Daten r=.901). In den beiden instabilen Maßen der Gesprächsdauer und der gesprächsfreien Zeit schlagen offensichtlich stärker zufällige Besonderheiten des Tagesablaufes zu Buche, während die Gesprächsbeteiligung eher auf einen hohen Trait-Anteil deutet. Die interindividuelle Variation ist erwünschtermaßen hoch, wobei wiederum die Gesprächsbeteiligung der bestqualifizierte Parameter ist (vgl. HEIDENFELDER, 1985).

Die technische Gewinnung von LOGOPORT-Daten sowie ihre methodische Aufbereitung, vor allem aber die bisher vorliegenden Erfahrungen schreiben dem LOGOPORT die Voraussetzungen zu, die ein objektives Verfahren zur Evaluation von soziotropen Pharmakonwirkungen aufweisen sollte.

7.2.2.3.DIE WELTBESCHREIBUNG

Der Begriff "Weltbeschreibung" ist in Abhebung zur "Befindlichkeitsbeschreibung" zu verstehen; er will zum Ausdruck bringen, daß die Vp über ihre Wahrnehmung "der Welt draußen" berichten soll, statt "innere Zustände" zu beschreiben, daß sie in ihrem Bericht aber Auskunft über ihr Erleben und Befinden gibt (vgl. KRÜGER & KOHNEN, 1981).

Anlaß zur Entwicklung der Weltbeschreibung waren zwei Entwicklungen: zum Einen hatte der Verfasser (KOHNEN, 1979) auf grundlegende Probleme der Befindlichkeitsbeschreibung in der Pharmakopsychologie aufmerksam gemacht und herausgearbeitet, daß Kompensationsprozesse und Probleme der Zugebbarkeit von Pharmakonwirkungen bei gesunden Vpn als wichtige wirkungsmodifizierende Einflüsse der Methode der Befindlichkeitsbeschreibung gelten müssen, welche die Nachweischancen tatsächlich vorhandener Pharmakonwirkungen verringern. H.P.KRÜGER (1979) hatte zum Anderen in seinem interaktiven Zugang zur Persönlichkeit einen methodischen Weg gefunden, wie die Beschreibung von Interaktionen als diagnostische Vehikel zu nutzen sein könnten. Die Weltbeschreibung als Methode zur Befindlichkeits- und Verhaltensbeschreibung ist die Integration der Problemanalyse in der Befindlichkeitsbeschreibung in der Pharmakopsychologie und des an der Interaktion orientierten diagnostischen (und inhaltlichen) Ansatzes in der Persönlichkeitspsychologie.

Der theoretische Ansatz der Weltbeschreibung geht davon aus, daß die Dichotomie "Erleben ist subjektiv (im Phänomenalen Drinnen), Verhalten ist objektiv (im phänomenalen Draußen)" insofern unzulässig scharf formuliert ist, als Erleben ohne einen Erlebnisgegenstand, der sich im phänomenalen Draußen befindet, nicht möglich ist. Man erlebt sich selbst (wie bin ich? wie geht es mir?) nicht unmittelbar und direkt, sondern man erlebt sich "in der Welt", im phänomenalen Draußen. Der eigene Körper (der schmerzende Kopf, die Übelkeit im Magen), die Rechenaufgabe, die die Vp zur Bestimmung ihrer Leistungsfähigkeit zu lösen hat, oder der Sozialpartner, mit dem die Vp interagiert, liegen im phänomenalen Draußen, an denen sich "innere Zustände" realisieren. Erst die Realisation ist das Erleben. Deswegen ist Befindlichkeits- oder Erlebensbeschreibung keine Beschreibung "innerer Zustände", sondern eine Beschreibung "eines bestimmten Zustandes der Welt".

Einige Beispiele: Das Erleben von Lustlosigkeit kann sich daran zeigen, daß die Sozialpartner als "farblos", "langweilig", "uninteressant" u.a. beschrieben werden. Spannung wird darin erfahren, daß die Kontaktpersonen "sich aggressiv benehmen", "keine Manieren haben", daß "die Stimmung unerträglich ist". Unzufriedenheit mit sich selbst mag sich äußern in der Beobachtung, daß "der andere nichts recht macht" oder "dauernd kritisiert".

Am deutlichsten wird das Prinzip der Weltbeschreibung in einem bekannten Psychologenwitz: Es begegnen sich zwei Psychologen. Sagt der eine: "Dir geht's gut, und wie geht's mir?"

Der entscheidende Punkt ist, daß nicht zuerst ein Erleben vorliegt, das sich dann im Verhalten äußert, sondern daß Erleben und Realisation zwei Seiten derselben Sache darstellen.

Am Beispiel der depressiven Verstimmung erläutert: die Schilderung der Welt durch einen depressiven Patienten zeigt desolate äußere Zustände auf. Nur mit wenigen Menschen zu reden, nichts mehr schön, angenehm, entlastend zu empfinden, zu meinen, die anderen seien viel selbstsicherer und könnten alles viel besser, sind nicht Symptome der Depression, sondern es sind die Realisationen der depressiven Befindlichkeit, ebenso wie sie als Befinden aus der depressiven Realisation resultieren.

Als Modellvorstellung kann auf das Verstehens-Modell von KARL BÜHLER (1927/1965) zurückgegriffen werden:

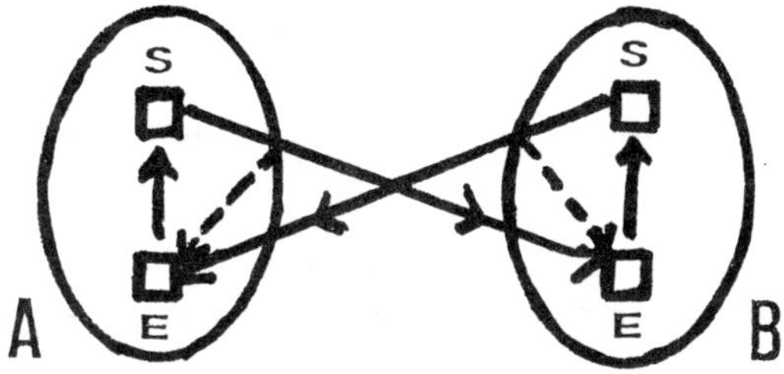

Person A kommuniziert mit B über einen Sender S. Sein "Signal" wird intern rückgekoppelt ("er nimmt seine eigene Handlung wahr"), vor allem aber nimmt er seine Wirkung an B wahr. Dasselbe gilt umgekehrt für B. Verstehen ist deswegen ein "Akt der gegenseitigen Steuerung", dessen entscheidende Merkmale folgende sind:

a. Die Steuerung, die auf A von B ausgeht (also das "Befinden" und "Verhalten" von B), erfährt A in seiner "inneren Wahrnehmung" als Wirkung an sich selbst;
b. Die Steuerung, die A an B ausübt (also das "Befinden" und "Verhalten" von A) erfaßt A in seiner "äußeren Wahrnehmung" als Wirkung an B.

Die Folgerung aus diesen Elementen der gegenseitigen Steuerung lautet: Ich erlebe mich selbst am anderen, den anderen erlebe ich an mir, oder, auf das Rückkoppelungsmodell bezogen: wenn A mit B interagiert, erfährt sich A an B und B erfährt von A durch die Interaktion. Erlebnisgegenstand ist die gemeinsame Kommunikation.

Wenn Person A die Person B beschreibt (als Teil der Welt draußen), ist in dieser Beschreibung sowohl

a. eine Komponente des Zustandes von A wie
b. eine Kompente des Zustandes von B

enthalten. Diese Komponenten können isoliert werden, wenn

a. ein A viele B's beschreibt: die Summe aller Beschreibungen ist eine Beschreibung des Zustandes (der Befindlichkeit) von A;
b. ein B durch viele A's beschrieben wird: die Summe der Beschreibungen ist eine Beschreibung des Zustandes (beobachtbarer Verhaltensäußerungen) von B.

Die Aufgabe einer "Weltbeschreibung" ist damit gestellt. Sie hat drei Charakteristika:

a. die *Beobachtungssituation:* die Beurteilung des Draußen muß für die Vp in einem sinnvollen Kontext stehen. Es soll für die Vp eindeutig sein, daß sie für die Urteilsaufgabe kompetent ist, daß ihr Urteil für die anderen Vpn oder den VL von Bedeutung ist;

b. die *Beobachtungshaltung:* die Vp muß ausdrücklich instruiert werden, daß ihr eigener Zustand den VL nicht interessiert, daß sie sich Mühe geben soll, möglichst objektiv zu urteilen, daß nur die Eigenschaften der draußen liegenden Objekte (Personen) gefragt sind;

c. der *Beobachtungsgegenstand:* der Vp müssen in der Urteilssituation "Gegenstände" vorgelegt werden, deren Eigenschaften für sie erkennbar sind und deren Eigenschaften eine Variabilität aufweisen können.

Grundsätzlich kann die Weltbeschreibung nicht nur zur Beschreibung des personalen Draußen (der Interaktion mit anderen Partnern) eingesetzt werden, sondern es kann auch das sächliche Draußen beschrieben werden. KRÜGER & KOHNEN (1981) haben diese Möglichkeit am Beispiel des Untersuchungsraumes (Wie war die Temperatur im Raum?) und der Versuchsaufgaben (Waren die Übungen eher intim?) demonstriert. Erhalten werden hier Maße der Befindlichkeit der Vp.

Die methodische Umsetzung der Prinzipien der Weltbeschreibung für die Sozio-Pharmakopsychologie muß zunächst Sorge dafür getragen werden, daß die

Vp Gelegenheit zur Interaktion mit den zu beschreibenden Partnern erhält. Anschließend wird die Vp aufgefordert, alle jene Partner, mit denen sie interagierte, anhand eines strukturierten Verfahrens zu beschreiben. In unseren Versuchen diente zur Beschreibung das Polaritätsprofil nach HOFSTÄTTER (1973). Die Indikatoren der Weltbeschreibung sind Summenurteile, wobei, wie das Schema zeigt,

a. einmal über alle Urteile von A, die er über die anderen Partner abgegeben hat, aufsummiert wird (als Aktivurteile oder Raterfaktor bezeichnet); diese Summe bildet die Befindlichkeit von A ab;
b. dann alle Urteile, die über A von den anderen abgegeben wurden, aufsummiert werden (als Passivurteile oder Rateefaktor bezeichnet); die Summe stellt ein Maß für das Verhalten von A dar.

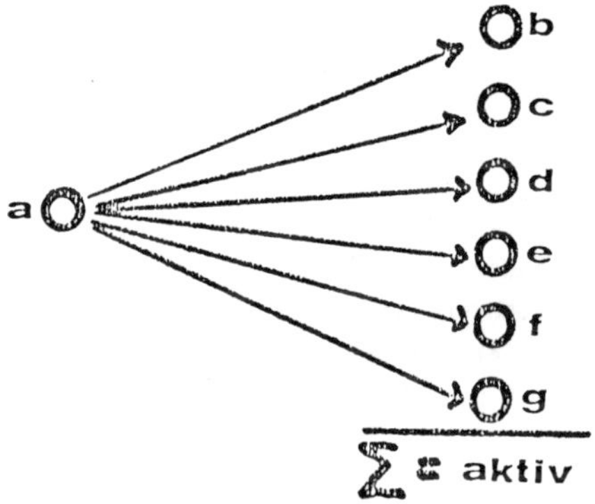

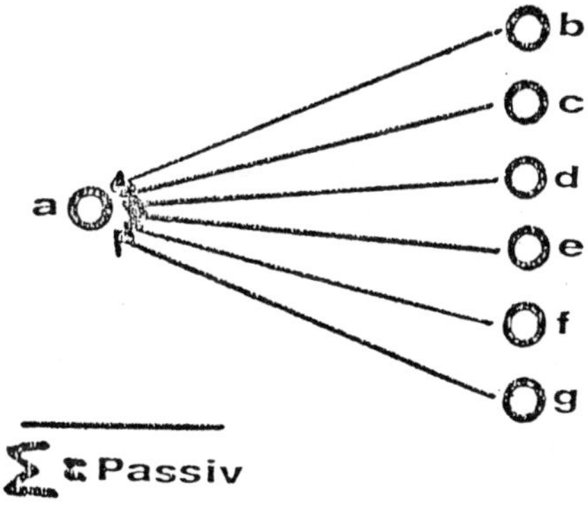

Es ist wesentlich, daß es sich bei beiden Fragestellungen um die gleichen Urteile handelt, die lediglich unterschiedlich zusammengefaßt werden. Die Doppelnatur der Beschreibung der Welt wird an diesem Vorgehen deutlich: sie ist zum einen Aussage über sich selbst wie auch Aussage über die Welt.

Der Ansatz der Weltbeschreibung bringt für die Pharmakopsychologie den Vorteil, daß die genannten wirkungsmodifizierenden Einflüsse der Kompensation und der Zugebbarkeit von Pharmakonwirkungen reduziert sind. Die Bedeutung der Methode für die Sozio-Pharmakopsychologie ist unmittelbarer: der Urteilsgegenstand ist das gemeinsame Draußen der sozialen Interaktion, in der sich die Vpn sowohl selbst wie auch die Partner erlebt. Vor allem aber eröffnet die Weltbeschreibung hier eine Möglichkeit, subjektive und Verhaltenswirkungen als (relativ) unabhängige Komponenten zu trennen und damit die Frage bearbeiten zu können, ob soziotrope Wirkungen lediglich als indirekt über vorgängige subjektive Veränderungen verstanden werden müssen.

7.2.2.4. TRADITIONELLE VERFAHREN DER BEFINDLICHKEITSMESSUNG

Sozio-pharmakologische Forschung kann und darf sich traditioneller Verfahren der Pharmakopsychologie überall dort bedienen, wo es ihr um individuelle Veränderungen geht. In unseren Studien besteht insbesondere ein Bedarf an Verfahren, die die subjektive Verarbeitung sozialer Situationen - mit und ohne Einfluß eines Pharmakons - abbilden können. Solche Methoden gehören zur sog. Befindlichkeitsbeschreibung (vgl. DEBUS, 1969; DEBUS & JANKE, 1978; KOHNEN, 1979).

Wegen der Grundlagenorientierung der hier berichteten Forschungsarbeiten interessieren allerdings weniger globale Verfahren der Befindlichkeitsmessung (z.B. Eigenschaftswörterlisten mit Skalenauswertungen), sondern ausgewählte Merkmale, deren Ausprägung mittels Skalierungsverfahren in einfacher Weise einzufangen ist.

Als psychologisches Gegenstück zur Pulsfrequenz, dem physiologischen Indikator der Aktivierung, diente die sog. psychische Anspannung, die BARTENWERFER (1969) nach DÜKER (1963) als Indikator der psychischen Aktivierung empfahl und für deren Messung er Thermometerskalen vorschlug.

Die Anwendung von Skalierungsverfahren im allgemeinen und von Verfahren zur Einschätzung der psychischen Anspannung in verschiedenen Situationen im besonderen verlangt eine sorgfältige Einübung der Vpn. In unseren Studien wurde eine Thermometerskala mit einer Ausdehnung von 0 - 50 gewählt, deren Pole verankert waren: der Wert 0 bedeutet "tiefer traumloser Schlaf", der höchste Wert 50 stellt den Zustand der "Todesangst im abstürzenden Flugzeug" dar. Der Vorgang des Einschätzens des eigenen Befindens wird in einem Instruktionsblatt ausführlich erklärt und an Übungssituationen eingeübt.

Die Anspannungsskalierungen waren in den Aufrufsituationen und in den gruppendynamisch/gruppentherapeutischen Situationen konstitutiv. In der Aufrufsituation erhielten die Vp eine Drehscheibe, aus der ein zur Eintragung bestimmtes Feld herausgeschnitten war. Das Meßblatt war in 18 Felder unterteilt, in die die Vp entsprechend der Anweisung des Vls unmittelbar nach jedem Aufruf einer Vp (insgesamt also 18 mal) ihre erlebte Anspannung eintragen sollte. Nach der schriftlichen Fixierung mußte die Vp die Scheibe weiterdrehen zum nächstfolgenden leeren Feld. Diese Anordnung trägt Sorge dafür, daß die Vp ohne Einblick in vorangegangene Skalierungen jede Situation spezifisch beurteilt (quasi-unabhängig, da ja mit Erinnerungseffekten zu rechnen ist), und sie verringert die Wahrscheinlichkeit, daß die Vp mit einer bestimmten Systematik urteilt.

Schwieriger gestaltete sich die Einschätzung der psychischen Anspannung (und weiterer Merkmale, s.u.) in der gruppendynamischen Situation. Ein Unterbrechen der sozialen Interaktionen war nicht möglich, ohne die mühsam über die Versuchsanordnung hergestellte "Natürlichkeit" der Situation wieder zu zerstören. Als Kompromißlösung zur Erreichung des Zieles, für jede Teilsituation (also z.B. die Phase des Anschauens des Gesichts des Partners, die Phase des Streichelns, die Phase der Besinnung, usw.) eine Einschätzung des jeweiligen Befindensmerkmales zu erhalten wählten wir folgendes Vorgehen: Der gesamte Instruktionstext, an dem sich der VL orientierte, wurde wortgetreu abgedruckt und den Vpn ausgehändigt. Sie sollten sich anhand des Textes in die jeweilige Situation zurückversetzen und posthoc ihre Anspannung in dieser Situation einschätzen und auf einem Registrierbogen notieren.

Neben der psychischen Anspannung waren in den gruppendynamischen Programmen Informationgen von Bedeutung, die über eher emotionale und kognitive Prozesse der Vp in verschiedenen Situationen Auskunft geben konnten. In den ersten beiden Studien (GD1, GD2) wurden die beiden Merkmale "Bewertung" und "Sicherheit" vorgegeben, in der Studie GD3 reduzierten wir den Inhalt beider Skalen zu einer Globalskala "Belastung".

Die verwendeten Skalen sind von uns selbst entwickelt. Das Merkmal "Bewertung" soll erfassen, wie angenehm oder unangenehm (+5 bis -5 mit Hybridpunkt 0) die Situation erlebt wurde, bildet also vermutlich eine kognitive Perspektive der sozialen Situationen ab. "Sicherheit" meint den Aspekt des Vorhandenseins oder Fehlens einer (sozialen) Bedrohung in der Situation; zur Skalierung stand ebenfalls eine 11-Punkte (+5 bis -5 mit Hybridpunkt 0) zur Verfügung. Diese Form der Skalierung wurde gewählt, um dem Entweder-Oder-Charakter beider Merkmale besser gerecht zu werden, während zur Einschätzung der psychischen Anspannung das Mehr-Weniger geeigneter erschien. Die Skala "Belastung" ist die Integration des Bewertungsund des Sicherheitsaspekts, wobei der emotionalen Komponente das Übergewicht gegenüber der kognitiven zukommt. Belastung wird innerhalb der Pharmakopsychologie üblicherweise überall dort verwendet, wo situative Wirkungen (z.B. Stressorwirkungen) vorhanden sind; mit dem Beurteilungsmerkmal "Belastung" soll also auch eine Annäherung an die üblichen Dimensionen der Pharmakopsychologie erreicht werden. Die Einschätzung des Befindens mit diesen Skalen geschah ebenfalls nach Ende des Programms, simultan zur Anspannungsskalierung.

7.2.3. DIE AUSWAHL DER PHARMAKA

Die Auswahl der untersuchten Substanzen orientierte sich

a. an dem Ziel, die gegenwärtig vorrangig zur Behandlung psychischer Störungen verwendeten Substanzen (Psychopharmaka) zu untersuchen, weil für diese Pharmaka bisher wenig Erfahrungswissen über soziotrope Effekte vorliegt;

b. an eigenen Vorerfahrungen mit bestimmten Substanzgruppen, woraus spezifische Erwartungen über mögliche Wirkungen der Pharmaka auf das soziale Verhalten von Menschen abzuleiten waren.

Die Berücksichtigung beider Kriterien führte zur Entscheidung für Pharmaka aus der Gruppe der Tranquilizer und für eine beta-sympathikolytische Substanz.

7.2.3.1. TRANQUILIZER

Lopirazepam (Hersteller: DEGUSSA PHARMA, GRUPPE CHEMIEWERK HOMBURG, Frankfurt) ist ein noch nicht eingeführtes Benzodiazepinderivat, das von uns in umfangreichen früheren Untersuchungen im Leistungsbereich auf seine

Tranquilizer-Eigenschaften geprüft und als tauglich befunden worden war (vgl. LIENERT et al., 1985). Die Frage nach soziotropen Wirkungen der Substanz war nicht Thema dieser Versuche. Die Entscheidung, Lopirazepam in einer sozialen Streßsituation (Studie A1) zu untersuchen, beruhte auf der Beobachtung, daß eine streßprophylaktische Wirkung der Substanz vor allem in solchen Leistungssituationen auftrat, die nicht ein passives Erdulden der Untersuchungssituation (z.B. Lärmstressor, vgl. KRÜGER & KOHNEN, 1980; KRÜGER et al., 1980) erforderte, sondern ein aktives Verhalten der Vp (z.B. über Variationen zwischen verschiedenen Aufgaben die Leistungsfähigkeit möglichst hoch zu halten, vgl. KOHNEN et al., 1980). In aktivierenden Anordnungen begünstigte Lopirazepam das Leistungsverhalten, in passivierenden hatte es sedierende und damit leistungsschwächende Wirkung.

Die Substanz soll in zwei Dosierungen, 2.5mg und 5mg, untersucht werden. Beide Dosierungen hatten in den genannten aktivierenden Situationen ähnliche Wirkungen, wobei in der Tendenz die niedrigere Dosis sich als günstiger in ihren Effekten auf das Leistungsverhalten erwies als die höhere 5mg-Dosis.

Prazepam (Handelsname DEMETRIN [R], Hersteller: GOEDECKE AG, Freiburg) ist gleichfalls ein Benzodiazepin, das die Herstellerfirma als sog. Tagestranquilizer wegen seiner geringen sedierenden Wirkung anbietet. Auch über diese Substanz lagen uns eigene Anwendungserfahrungen vor, die bei der Auswertung einer Multicenterstudie (vgl. KOHNEN et al., 1981) gewonnen wurden. In dieser Studie hatte sich ergeben, daß Prazepam tendentiell das Aggressionsniveau und die Aggressivitätsvariabilität, gemessen mit einer Selbstbeurteilungsskala über 14 Behandlungstage, erhöht.

> In unserem Auswertungsbericht (LIENERT & KOHNEN, 1979) ist die Prazepamwirkung folgendermaßen gewürdigt: "Die Prazepam-Wirkungen müssen insofern als therapeutisch wünschenswerte Tranquilizerwirkungen angesehen werden, als sie einen Teil der untersuchten Stichprobe zu einem weniger angst- und streßbelasteten Erleben ihres Alltags befähigt haben, ohne bei den Patienten allerdings die psychische Widerstandskraft, hier verstanden als person- und situationsabhängiges Aggressivitätserleben und möglicherweise auch Aggrtessionsverhalten, abzuschwächen". Prazepam wirkt daher nicht ausschließlich als "Sonnenbrille der Seele", wenn man damit auch voraussetzt, daß aggressivitätserfordernde Situationen abgelenkt oder abgeschwächt werden. Die Ergebnisse dieser Untersuchung erwecken eher den Eindruck, als wirke Prazepam als eine Art "soziale Kraftpille", da es personale Besorgnisse abbauen und soziale Durchsetzungsmechanismen freizusetzen vermag". Heute sprächen wir statt von sozialer Kraftpille wohl eher von einer "sozial enzymatischen Wirkung der Substanz.

In diesem Kommentar, der auf Selbstbeschreibungsdaten der Patienten beruht, deutet sich eine soziotrope Wirkung der Substanz an, die eher als distanz-schaffend denn als nähe-erlaubend zu charakterisieren ist. Als Kontrast zu dem nachfolgend beschriebenen Betablocker, für den eine "antiaggressive" Wirkung beschrieben ist, schien uns Prazepam mit der genannten Wirkungshypothese besonders geeignet. In Studie GD1 wird eine 10mg-Dosis (die morgendliche Dosis für therapeutische Anwendungen), in Studie GD2 werden eine 10mg- und eine 20mg-Dosis (20mg sind Tagesdosis bei Einmalgabe der Substanz im therapeutischen Kontext) untersucht.

7.2.3.2. BETA-SYMPATHIKOLYTIKUM

Im Zusammenhang mit Untersuchungen zu Betablockern stießen wir auf eine in der Erprobung befindliche Substanz, CGP 361/A (Hersteller: CIBA-GEIGY Basel/Frankfurt), die im Tierversuch positive Wirkungen auf das soziale Verhalten gezeigt hatte.

> CGP 361/A ist ein nicht-kardioselektiver Betablocker mit intrinsischer sympathomimetischer Aktivität (ISA) und seiner Potenz etwas schwächer als Oxprenolol; sie hat jedoch neben ihrer charakteristischen kardiovaskulären Aktivität bemerkenswerte Wirkungen auf das Zentrale Nervensystem, die sich in "anxiolysis and enhanced sociability without concomitant sedation" (SPINELLI, 1982) äußern könnten, wie Beobachtung an Tieren zeigten.
>
> JAEKEL (1986) hat in Rhesusaffen-Gruppen eindrucksvolle Belege für die letztgenannte Wirkungshypothese vorgelegt. In seinem "Monkey Observation Test", bei dem individuelle (Explorieren, Lokomotion, Ruheverhalten) und soziale (Putzen, Spielen, Aggressionsverhalten) Aktivitäten während der Versuchszeit in einem Großraumkäfig bestimmt werden, beobachtete er folgende Besonderheiten der Substanzwirkung:
>
> a. die Zeitdauer des sozialen Putzens war verlängert;
>
> b. die Zahl der Putzkontakte nahm deutlich zu mit der Besonderheit, daß vermehrt neue Putzkontakte zwischen nicht miteinander vertrauten Tieren auftraten, d.h. Tiere, die unter Placebo nie Putzkontakte hatten, akzeptierten Putzkontakte oder boten diese an. Abbildung 4 zeigt die Ergebnisse in einer Affengruppe unter Placebo und unter CGP 361/A; die Veränderung nach Verumgabe ist am Rand kommentiert;
>
> c. Gruppenbildungen während Individualbeschäftigungen und während des sozialen Putzens (Dreierputzen, Tandemputzen) traten vermehrt auf;

Abb. 4: Vergleich der sozialen Putzkontakte (wer mit wem) unter Placebo und CGP361/A. Nach JAEKEL, 1986 (1 — 2: 1 putzt 2)

PLACEBO | CGP361/A

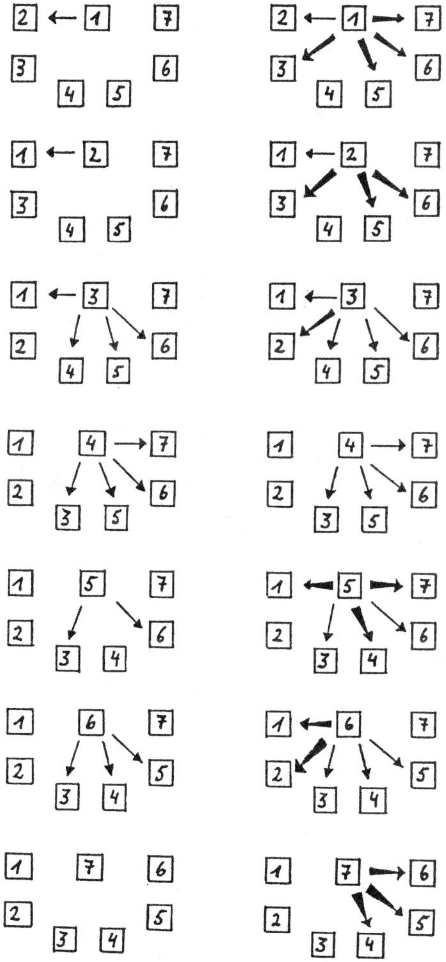

RANG + NAME DES TIERES	BEURTEILUNG
1 FERRO	Deutliche Zunahme an Kontakten + 4
2 PICO	Deutliche Zunahme an Kontakten + 3
3 ALI	Angedeutete Zunah[illegible] an Kontakten + 1
4 ARGO	Unverändertes Kontaktverhältnis ± 0
5 SAM	Deutliche Zunahme an Kontakten + 3
6 AMIGO	Deutliche Zunahme an Kontakten + 2
7 BENNY	Deutliche Zunahme an Kontakten + 3

d. aggressives Verhalten (Verhetzen eines Tieres (Drohen, Vokalisieren) mit gleichzeitiger Aufforderung an andere Gruppenmitglieder zu gemeinsamen aggressiven Handlungen gegen den Verhetzten) wie die Bereitschaft zu aggressiven Handlungen (Unterstützung des Verhetzens) war deutlich reduziert.

Jaekel deutet seine Befunde, die unter CGP 361/A deutlicher waren als unter Propranolol, einerseits als sozialisierenden Effekt, der auf der Basis einer anxiolytischen Wirkung der Substanz zustandekäme, andererseits als antiaggressive Wirkung von CGP 361/A. Bemerkenswert ist, daß die beschriebenen Wirkungen vorwiegend mit extrem niedrigen Dosierungen auftraten, sodaß am Menschen mit einem "therapeutischen Fenster" im Dosierungsbereich zwischen 4mg und 20mg zu rechnen ist.

In humanpharmakologischen Studien haben sich von unabhängigen Untersuchern bisher keine systematischen Wirkungsnachweise finden lassen, was einerseits mit der Thematik der Versuche zu tun hat (Leistungsexperimente, subjektive Wirkungen), andererseits im Mangel einer Methodik für die Durchführung soziopharmakopsychologischer Untersuchungen begründet ist. Sowohl die aus den Tierversuchen abgeleiteten Wirkungserwartungen für die Substanz wie auch die Forschungen am Menschen, welche die Tierbefunde nicht replizieren konnten, waren eine Herausforderung zum Einsatz von CGP 361/A in unseren Studien zu soziotropen Effekten.

CGP 361/A wurde in mehreren Untersuchungen in verschiedenen situativen Kontexten untersucht. Studien GD3, R1 und F1 berichten über die Prüfung soziotroper Effekte, die Studien A2 und A3 prüfen die streßprophylaktische Wirkung in der Aufrufsituation.

7.3. BESCHREIBUNG DER UNTERSUCHUNGEN

In diesem Abschnitt werden Details einer Reihe von Untersuchungen berichtet. Sie sind thematisch nach den verwendeten sozialen Situationen geordnet. Durchgeführt wurden

a. Untersuchungen in *sozialen Streßsituationen:* A1, A2, A3 (A für Aufruf);

b. Untersuchungen im *facilitativen sozialen Kontext:* GD1, GD2, GD3 (GD für Gruppendynamik) und R1 (R für Rollenspiel);

c. eine Feldstudie zum *Sprechverhalten im Alltag:* F1 (F für Feldstudie).

In den unter (a) und (b) genannten Studien interessiert die Wirkung der sozialen Situation wie die Pharmakonwirkung, weshalb die soziophysiologischen und die Skalierungsmethoden besondere Bedeutung erhalten; die Feldstudie wendet vor allem das LOGOPORT an; die Weltbeschreibung erprobten die Studien GD2, GD3 und R1.

Die Studien weisen untereinander eine Reihe von Gemeinsamkeiten auf:

a. es handelt sich durchweg um experimentelle Versuche, in denen die - mit einer Ausnahme - drei Stufen des Medikationsfaktors (Placebo gegen zwei "aktive" Dosierungen) randomisiert und doppelblind verabreicht wurden;

b. alle Versuche wurden in Gruppen zu je 4 oder 6 Vpn durchgeführt, in denen die Vpn von Beginn des Versuchs bis zu seinem Ende im gleichen Raum zusammen waren;

c. alle laborexperimentellen Untersuchungen erstreckten sich in ihrer Dauer über mehrere Stunden, das Feldexperiment über 5 Tage;

d. Vpn waren immer Studierende der Erziehungswissenschaftlichen Fakultät der Universität Erlangen-Nürnberg (also Studierende für das Lehramt an Grund- und Hauptschulen), je zur Hälfte Frauen und Männer im Alter zwischen 20 und 29 Jahren, die sich freiwillig und gegen eine geringe Aufwandsentschädigung zur Teilnahme bereit erklärt hatten;

e. in allen Studien wurden neben den hier berichteten weitere Daten erhoben; dazu gehörten vor allem Persönlichkeitsfragebogen, um differentielle Wirkungen abzuschätzen, und traditionelle Verfahren der Wirkungserfassung (Eigenschaftswörterlisten, Freie Wirkungsbeschreibung u.a.). Auf sie wird nur dort zurückgegriffen, wo sie für die Argumentation zu soziotropen Pharmakonwirkungen nützlich sind.

In früheren Untersuchungen (vgl. KOHNEN & KRÜGER, 1985) hatten wir die Beobachtung gemacht, daß die Bearbeitung umfangreicher Fragebogen von den Vp als sehr anstrengend und auch frustrierend erlebt wurde und die Motivation für die eigentliche experimentelle Aufgabe teilweise ungünstig beeinflußt haben dürfte. In den hier berichteten Untersuchungen erhielten die Vpn die Persönlichkeitsfragebogen und Erhebungsbogen zum sozialen Verhalten bei der Anmeldung (in der Regel mindestens eine Woche vor dem Versuch) zur Bearbeitung mit nach Hause. Wirkungsfragebogen wurden erst am Ende des "sozialen" Teils des Versuches ausgegeben; die Daten der hier berichteten Untersuchungen sollten weitgehend frei von Sättigungs- und Ermüdungseffekten wegen ausgiebiger paper-and-pencil-Aufgaben sein.

Nachfolgend werden die genannten Studien in ihren wesentlichen Aspekten kurz beschrieben. In zwei Fällen waren je zwei Untersuchungen gekoppelt, d.h., sie wurden an denselben Vpn nacheinander durchgeführt: A2 und GD3 sowie A3 und R1; sie werden jeweils miteinander beschrieben.

7.3.1. STUDIE A1: AUFRUF UNTER LOPIRAZEPAM

Situation:	Aufrufsituation als soziale Streßsituation (vgl. 7.2.1.1.)
Medikation:	Lopirazepam 2.5mg und 5.0mg gegen Placebo
Vpn:	N=72 (n pro Zelle=24) freiwillige, gesunde Vpn, je zur Hälfte Männer und Frauen
Methoden:	Pulsfrequenz (MONITEL1 und MEMOPORT) Skalierung der psychischen Anspannung Leistung im Kopfrechnen
Durchführung:	Zufallszuteilung der Vp zur Medikation 12 Gruppen zu je 6 Teilnehmern (3m,3w) Aufrufbeginn 2 Stunden nach Applikation
Besonderheiten:	MEMOPORT wurde von 11 Uhr vormittags bis zum Zeitpunkt des Schlafengehens getragen. Lärmversuch (Gedächtnis- und Konzentrationsleistung) im Anschluß an Aufruf
Versuchsdauer:	11 Uhr - 18.30 im Labor, bis maximal 24 Uhr im Alltag, Applikation um 13 Uhr, Aufruf von 15-15.30 Uhr

7.3.2. STUDIE A2: AUFRUF UNTER CGP 361/A

Situation:	Aufrufsituation als soziale Streßsituation (vgl. 7.2.1.1.)
Medikation:	CGP 361/A 4mg und 10mg gegen Placebo
Vpn:	N=48 (n pro Zelle=16) freiwillige, gesunde Vpn, je zur Hälfte Männer und Frauen
Methoden:	Pulsfrequenz (MONITEL1) Skalierung der psychischen Anspannung Leistung im Kopfrechnen
Durchführung:	Zufallszuteilung der Vp zur Medikation 8 Gruppen zu je 6 Teilnehmern (3m, 3w) Aufrufbeginn 2 Stunden nach Applikation
Besonderheiten:	2 Vergleichsgruppen mit Dosierungen von 10mg, 20mg und 40mg CGP 361/A zur Kontrolle der kardiovaskulären Wirkung Gruppendynamisches Programm (GD3) folgte im Anschluß an Aufrufsituation
Versuchsdauer:	11 - 18.30 Uhr, Applikation um 13 Uhr, Aufruf von 15-15.30 Uhr

7.3.3. STUDIE A3: AUFRUF UNTER CGP 361/A

Situation: Aufrufsituation als soziale Streßsituation (vgl. 7.2.1.1.)
Medikation: CGP 361/A 4mg und 10mg gegen Placebo
Vpn: N=24 (n pro Zelle=8) freiwillige, gesunde Vpn, je zur Hälfte Männer und Frauen
Methoden: Pulsfrequenz (MONITEL1)
Anspannungsskalierung
Leistung im Kopfrechnen
Durchführung: Zufallszuteilung der Vp zur Medikation
4 Gruppen zu je 6 Teilnehmern (3m, 3w)
Aufrufbeginn 10 Stunden nach Applikation
Besonderheiten: Im 3.Aufrufdurchgang sollte Vp statt Kopfrechnen von einer Zahl fortlaufend 7 abziehen (500-7=493, 493-7=486, usw), Ergebnisse dabei laut sagen
Speichelkortisolbestimmung während der Aufrufwartezeiten
Studie R1 folgte 1/2 Stunde nach Aufrufende
Versuchsdauer: 17 Uhr - 20.00, Applikation um 8 Uhr, Aufruf von 18-18.30 Uhr

Kommentar: Diese Aufrufstudie fand am Ende einer Verlaufsstudie statt, in der die Vpn insgesamt 7 mal die randomisiert zugeteilte Medikation (immer dieselbe) einnahmen (montags bis mittwochs jeweils morgens und abends, donnerstags nur morgens).

Diese Versuchsanordnung hatte ihren Anlaß in einem Untersuchungsbericht von BIECK (1981), der für CGP 361/A eine längere biologische Halbwertszeit als für Oxprenolol annimmt. In psychometrischen Verfahren fand er 4-7 Stunden nach Einnahme eine gegenüber Oxprenolol erhöhte Aktivität. Nach 6 Behandlungstagen traten keine Unterschiede gegenüber Placebo mehr auf. Die Studie A3 hatte das Ziel, unter stark erschwerten Bedingungen, also nach subchronischer Applikation und nach Abklingen des Wirkungsmaximums der zuletzt eingenommenen Charge, Wirkungen der Substanz mit soziopharmakopsychologischen Methoden aufzufinden.

7.3.4. STUDIE GD1: GRUPPENDYNAMIK UNTER PRAZEPAM

Situation: Gruppendynamisches Programm als facilitative soziale Situation (vgl. Kap.7.2.1.2.)
Medikation: Prazepam 10mg gegen Placebo
Vpn: N=24 (n pro Zelle=12) freiwillige, gesunde Vpn, je zur Hälfte Männer und Frauen
Methoden: Pulsfrequenz (MONITEL1)
Skalierungen der psychischen Anspannung
Skalierungen der Bewertung der Situation
Skalierung der Sicherheit in der Situation
Durchführung: Zufallszuteilung der Vp zur Medikation
4 Gruppen zu je 6 Teilnehmern (3m, 3w)
Beginn des Programms 2 Stunden nach Applition
Besonderheiten: Gruppendynamisches Programm mit 35 Situationen
Versuchsdauer: 14 Uhr - 19.00, Applikation um 14 Uhr, Gruppendynamik von 16 - 17.20 Uhr

7.3.5. STUDIE GD2: GRUPPENDYNAMIK UNTER PRAZEPAM

Situation:	Gruppendynamisches Programm als facilitative soziale Situation (vgl. 7.2.1.2.)
Medikation:	Prazepam 10mg und 20mg gegen Placebo
Vpn:	N=24 (n pro Zelle=8) freiwillige, gesunde Vpn, je zur Hälfte Männer und Frauen
Methoden:	Pulsfrequenz (MONITEL1) Skalierungen der psychischen Anspannung Skalierungen der Bewertung der Situation Skalierung der Sicherheit in der Situation Weltbeschreibung WB-GD1
Durchführung:	Zufallszuteilung der Vp zur Medikation 4 Gruppen zu je 6 Teilnehmern (3m, 3w) Beginn des Programms 2 Stunden nach Applition
Besonderheiten:	Gruppendynamisches Programm mit 41 Situationen
Versuchsdauer:	14 Uhr - 19.00, Applikation um 14 Uhr, Gruppendynamik von 16 - 17.30 Uhr

7.3.6. STUDIE GD3: GRUPPENDYNAMIK UNTER CGP 361/A

Situation:	Gruppendynamisches Programm als facilitative soziale Situation (vgl. 7.2.1.2.)
Medikation:	CGP 361/A 4mg und 10mg gegen Placebo
Vpn:	N=48 (n pro Zelle=16) freiwillige, gesunde Vpn, je zur Hälfte Männer und Frauen
Methoden:	Pulsfrequenz (MONITEL1) Skalierungen der psychischen Anspannung Skalierungen der Belastung der Situation Weltbeschreibung WB-GD3
Durchführung:	Zufallszuteilung der Vp zur Medikation 8 Gruppen zu je 6 Teilnehmern (3m, 3w) Beginn des Programms 3 Stunden nach Applition
Besonderheiten:	Gruppendynamisches Programm mit 60 Situationen Gruppendynamik 30 Minuten nach Aufrufstudie A2
Versuchsdauer:	11 Uhr - 19.00, Applikation um 13 Uhr, Gruppendynamik von 16 - 18.00 Uhr

7.3.7. STUDIE R1: ROLLENSPIEL UNTER CGP 361/A

Situation:	Rollenspiel als facilitative soziale Situation (vgl.7.2.1.2.)
Medikation:	CGP 361/A 10mg und 20mg gegen Placebo
Vpn:	N=24 (n pro Zelle=8) freiwillige, gesunde Vpn, je zur Hälfte Männer und Frauen

Methoden:	Pulsfrequenz (MONITEL1) Beurteilung der Gespräche Beurteilung der beiden Rollen Beurteilung des Partners Vergleich von Leistungs- und Sozialsituat. Weltbeschreibung WB-R1
Durchführung:	Zufallszuteilung der Vp zur Medikation 4 Gruppen zu je 6 Teilnehmern (3m, 3w) Beginn des Programms 11 Stunden nach Applikation
Besonderheiten:	Rollenspiel über persönliche soziale Schwierigkeiten Rollenspiel 30 Minuten nach Aufrufstudie A3 Schichtung der Vpn nach "sozial belastet" und "sozial unbelastet"
Versuchsdauer:	17 Uhr - 20.00, Applikation um 8 Uhr, Rollenspiel von 19-19.30 Uhr

7.3.8. STUDIE F1: FELDSTUDIE ZUM SPRECHVERHALTEN UNTER CGP 361/A

Situation:	Alltagssituationen der Vpn an vier normalen Wochentagen (Montag - Donnerstag) (vgl. 7.2.1.3)
Medikation:	CGP 361/A 4mg und 10mg gegen Placebo
Vpn:	N=36 (n pro Zelle=12) freiwillige, gesunde Vpn, je zur Hälfte Männer und Frauen
Methoden:	LOGOPORT Tagebuch zur Protokollierung von Alltagsgesprächen
Durchführung:	Zufallszuteilung der Vp zur Medikation 4 Gruppen zu je 6 Teilnehmern (3m, 3w) LOGOPORT-Messungen von 8-18 Uhr
Besonderheiten:	Schichtung der Vpn nach "sozial belastet" und "sozial unbelastet" 7 malige Applikation ein- und derselben Medikation
Versuchsdauer:	Montags 8 Uhr - Donnerstags 18 Uhr, Applikation Montag bis Mittwoch 8 und 18 Uhr, Donnerstag 8 Uhr

Kommentar: Die Vpn wurden morgens mit dem LOGOPORT ausgestattet und brachten es am Abend des Versuchstages zurück. Nach Abnahme des Gerätes wurden die 0/1-Daten in einen Microcomputer (HP 85) eingelesen und abgespeichert. Anschließend waren die Akkus (zur Stromversorgung) wieder aufzuladen. Morgens fand ein Funktionstest der Geräte und eine individuelle Adjustierung der Ansprechschwelle statt.

7.4. ZUSAMMENFASSUNG

In diesem Kapitel wurde über die Versuchsplanung eigener empirischer Studien berichtet. Die Aufgabe bestand darin, einerseits Versuchsanordnungen für labor- und feldexperimentelle Studien zu entwickeln, in denen sozialen Situationen die Wirkung von (a) Stressoren oder (b) Facilitatoren zukam oder in denen soziale Anläße im Alltag aufgesucht werden konnten; andererseits waren sozio-pharmakopsychologische Methoden zu konzipieren oder zu adaptieren. Ein Stressor-Modell liegt in der Aufrufsituation mit klar gegliedertem phasischen Ablauf und mehreren Durchgängen des Aufrufs vor; gruppendynamische Übungsprogramme, in denen die Nähe von Handlungen nach inhaltlichen Vorüberlegungen systematisch variiert wird, sowie eine Rollenspiel-Situation stellen Versuchsanordnungen mit dem Ziel, soziale Interaktionen zu erleichtern, dar. Neuentwickelte Methoden sind das LOGO-PORT und die WELTBESCHREISCHREIBUNG, Methodenanpassung ist in der Erhebung soziophysiologischer Daten mittels Funktelemetrie in Gruppen zu leisten. Skalierungen psychischer Merkmale sollen psychische Prozesse in den sozialen Situation abbilden. Als zu untersuchende Pharmaka wurden auf der Basis eigener Erfahrungen Substanzen aus den in der Soziopharmakologie noch nicht eingehend geprüften Pharmakonklassen der Tranquilizer und der Beta-Sympathikolytika gewählt. Die Planungsüberlegungen versuchten, den Argumenten des Kapitels 6 so gut wie möglich gerecht zu werden.

Abschließend wurden Details von insgesamt 8 Studien berichtet: in drei Studien wird die Aufrufsituation realisiert (A1, A2, A3), drei weitere Studien verwenden gruppendynamische Übungsprogramme (GD1, GD2, GD3); Studie R1 setzt die Rollenspielsituation ein und die Feldstudie F1 erhebt mit dem Logoport das Sprechverhalten der Vp in deren Alltag.

8. ERGEBNISSE

Dieses Kapitel gliedert sich in Untersuchungen sozialer Situationen (8.1) und in empirische Erfahrungen mit sozio-pharmakopsychologischen Methoden (8.2). Kapitel 8.3 diskutiert zusammenfassend den Ertrag der nachfolgend berichteten Studien.

8.1. UNTERSUCHUNGEN IN SOZIALEN SITUATIONEN

8.1.1. ÜBERLEGUNGEN ZUR AUSWERTUNG

8.1.1.1.VORBEMERKUNGEN

Es ist dem Leser nicht zuzumuten, einen ausführlichen Auswertungsbericht über 8 Verlaufsstudien mit jeweils mehreren Variablen (insgesamt wurden ca. 80000 Daten verarbeitet) zu studieren. Die Auswertung soll integrieren, wo dies möglich ist, und nur wo nötig differenzieren.

Die Argumentation der vorangehenden Kapitel hat der sozialen Situation, in der sich soziotrope Effekten von Pharmaka zeigen sollen, herausgehobene Bedeutung beigemessen. Der Beziehung zwischen situativer Wirkung und Pharmakonwirkung muß der Ergebnisbericht besonders nachgehen (8.1.2 und 8.1.3.) und dabei darauf achten, wie die einzelnen Parameter diese Beziehung abbilden. Dazu wird in Kapitel 8.1.1.2. eine Auswertungsstrategie vorgeschlagen.

Dieses Auswertungmodell impliziert eine *posthoc-Analyse* der Mehrzahl der Studien. Ein solches Vorgehen rechtfertigt sich einerseits aus versuchsplanerischen Überlegungen, die der Replikation der Wirkungen sozialer Situationen in mehreren voneinander unabhängigen Studien den Vorrang vor inferentiell gesicherten Teilergebnissen zugestehen. Andererseits ist uns in diesem Abschnitt die psychologische Grundlagenorientierung wichtiger als der Wirkungsnachweis der Pharmaka; die psychologische Position nahm erst während der einzelnen Studien Gestalt an und lag nicht schon vor dem ersten Versuch ausdifferenziert vor (vgl. dazu die Entstehungsgeschichte dieser Arbeit in Kapitel 1). Schließlich ist das post-hoc Vorgehen auch deshalb erlaubt, weil wir in Veröffentlichungen die inferentiellen Einzel--Nachweise eines Teiles der Studien bereits berichtet haben.

Folgende Publikationen liegen vor: KOHNEN & KRÜGER, 1982 zu Studie A1; KOHNEN, 1980; KOHNEN & KRÜGER, 1980; KOHNEN & KRÜGER, 1981; KRÜGER & KOHNEN, 1982 zu Studien GD1/GD2; KRÜGER, 1985 zu Studie F1. Andere Versuche sind in Diplomarbeiten und in einer Dissertation dargestellt (BARTH, 1985 und HEIDENFELDER, 1985 über Studie F1 und WINKLER, 1985 über Studien A3/R1). Über die Untersuchungen A2 und GD3 liegen bisher keine veröffentlichten Arbeiten vor. Auf die genannten Quellen wird dort Bezug genommen, wo es für die Argumentation dieses Kapitels wichtig ist.

8.1.1.2. AUSWERTUNGSPROCEDERE ZUR ANALYSE VON PHARMAKONWIRKUNGEN IN SOZIALEN SITUATIONEN

8.1.1.2.1. ZIELSTELLUNG

Die Einführung der Situation in das pharmakopsychologische Experiment (vgl. DEBUS & JANKE, 1978) hatte ganz allgemein das Ziel, dem Versuchsleiter induzierbare Varianz zur Verfügung zu stellen. Gelingt es ihm z.B., die Vp mittels eines Stressors emotional zu belasten, ist die Nachweischance für Verum-Placebo-Differenzen bei geeigneten Substanzen höher als unter Ruhebedingung (was sich statistisch als differentielle Wirkung der Situation ausdrückt).

Der Ansatz einer Testung unter Belastungsbedingung wird vom Wiener Psychologischen Institut ganz allgemein für Fragen der angewandten Psychologie erprobt. GUTTMAN (1982) hat aus der Perspektive der Ergopsychometrie (diagnostische Untersuchungen unter physiologischer oder psychologischer Belastung) die prädiktive Validität von neutralen Untersuchungsbedingungen für alltägliches Verhalten angezweifelt und gezeigt, daß unter psychischer Belastung gewonnene Testergebnisse weitaus bessere Voraussagen des tatsächlichen Verhaltens zulassen (belegt z.B. am Beispiel des "Trainingsweltmeisters").

Experimentelle Arbeiten, die die Beziehung zwischen der Untersuchungssituation und der Pharmakonwirkung aufklären wollen, brauchen die Unterscheidung verschiedener Varianzaspekte; sie müssen nachweisen, daß die Situation überhaupt eine Wirkung hat *(induzierbare Varianz)* und zeigen, wie die Situationseffekte durch das Pharmakon beeinflußt werden (*Behandlungsvarianz*); unter Reliabilitäts- wie Validitätsgesichtspunkten sollte diese Wirkung der Situation reproduzierbar sein (*reproduzierbare Varianz)*.

a. *Induzierbare Varianz*

Im Vergleich zu den klassischen Belastungsbedingungen wie Lärmbeschallung, deren Situationsvarianz als gering einzuschätzen ist (vgl. ENGEL, 1983), besteht ein allgemeiner Vorteil sozialer Situationen darin, daß sie aa. stärkere Ausschläge, vor allem in physiologischen Parametern zur Folge haben (die Peaks sind größer);

bb. eine hohe Variation aufweisen, d.h. der Ablauf einer sozialen Situation führt von Phase zu Phase (Teilaspekte der Gesamtsituation, z.B. Antizipation einer Handlung, Ausführung einer Handlung) zu deutlichen Veränderungen in psychologischen und physiologischen Maßen.

Die Grundannahme des klassischen pharmakopsychologischen Vorgehens besteht darin, über die Situation eine generelle Erregungssteigerung (oder erhöhte Hemmung) herbeizuführen. Das wurde in der Analyse der Untersuchungen von ERDMANN et al. und KOHNEN & LIENERT diskutiert. Die hier berichteten Versuche streben dagegen an, situationsspezifische Aktivierungseinflüsse zu unterscheiden; über eine Folge verschieden wirksamer Situationen soll Steigerung von Erregung und Reduktion von Erregung ausgelöst werden. Gewünscht wird eine Typisierung von Situationen mit hemmender oder erregender Wirkung.

Aus den genannten Beobachtungen (aa, bb; vgl. Kap. 6.2.2.) ist die Hypothese zu formulieren, daß die induzierbare Varianz, die dem Versuchsleiter zur Verfügung steht, in sozialen Situationen vergleichsweise hoch ist oder anders formuliert, daß die soziale Situation die Vp beobachtbar und möglicherweise sogar spezifisch beeinflußt. Es ist in der Auswertung der Nachweis zu erbringen, daß diese Hypothese zutrifft, und aufzuzeigen, für welche Situationen diese Annahme mehr (Situationen mit "*starker*" Wirkung) oder weniger (Situationen mit "*schwacher*" Wirkung) gilt (Auswertungsschritt 1).

b. Reproduzierbare Varianz

Für experimentelle soziale Situationen wurde als weiteres Positivum ins Feld geführt, daß sie alltagsnahes Verhalten der Vp auslösen. Die massive Streßwirkung der Aufrufsituation oder der Freien Rede ist nur zu verstehen, wenn die Vp regelhaft auch außerhalb des Labors in Audience-Situationen unter Belastung gerät. Die plausible, vom psychologischen Experimentieren her aber weitreichende Behauptung ist, daß Audience-Bedingungen unterschiedlicher Provenienz intra- wie interindividuell zu Erregungssteigerungen führen, daß solche situativen Kontexte reproduzierbare Varianz aufweisen. Weiter ist zu vermuten, daß die reproduzierbare Varianz methodenabhängig ist: je basaler das gemessene Merkmal, umso größer die reproduzierbare Varianz. In der Pulsfrequenz sollten sich also deutlichere

Nachweise erbringen lassen als in psychologischen Parametern; wo dies geprüft werden kann, läßt sich zwischen den psychologischen Aktivierungs- und den kognitiv/emotionalen Maßen ein Unterschied zugunsten der (basaleren) Anspannungsskalierung erwarten. Ob soziale Situationen in verschiedenen Stichproben reproduzierbare Wirkungen auslösen und welche Situationen dies sind, ist über einen Vergleich der Studien mit gleicher oder ähnlicher Versuchsanordnung zu prüfen.

Die Hypothese, daß "basalere" Merkmale besser reproduzierbar seien als "höhere", trägt der Diversifizität der sozialpsychologischen Forschung Rechnung. Die Komplexität des Gegenstandes der Sozialpsychologie ist aus der Fülle von Einflußfaktoren zu erklären, die im emotionalen und vor allem im kognitiven Bereich wirksam sind. Weil aber der biologischen Dimension in der Sozialpsychologie bisher wenig Beachtung geschenkt wurde, ist der Gedanke einer Hierarchie der Verhaltensebenen und eine sich daraus ergebende Möglichkeit zur Klassifizierung sozialer Situationen bisher nicht ausreichend geprüft.

c. Behandlungsvarianz

Die differentielle Pharmakopsychologie geht im Hinblick auf die Versuchssituation davon aus, daß die Varianz, die auf die Behandlung zurückgeführt wird, unter einer Belastungsbedingung groß sei, im neutralen Kontext dagegen gering. In unseren Versuchsanordnungen kommen keine "neutralen" = Kontroll- Bedingungen vor; anstelle von neutralen Situationen wollen wir von sog. Situationen mit "schwacher" Wirkung sprechen, die keinen homogenen Effekt auf die Vpn ausüben. In diesen Situationen ist mit einer hohen "Grundvarianz" zu rechnen, d.h. die Vpn unterscheiden sich, vermutlich wegen individuell verschiedener Interpretation einer mehrdeutigen Situation, in ihren Reaktionen erheblich voneinander. Eine Vorhersage von Medikamenteffekten ist schwer zu leisten. Möglicherweise ähneln diese Situationen den Versuchsanordnungen von NOWLIS & NOWLIS (1956) oder STARKWEATHER (1959), in welchem Falle der Nachweis einer Verum-Placebo-Differenz mißlingt oder aber paradoxe Wirkungen (von der Wirkungserwartung der Substanz nicht zu begründen) ebenso vorkommen können wie theoretisch für eine Substanz vorhersagbare Wirkungen. In anderen Worten: in den gemeinten Situationen können sowohl qualitativ wie quantitativ Unterschiede zwischen Verum und Placebo gefunden werden.

Bei "qualitativ" Unterschieden finden sich die Effekte in verschiedenen sozialen Kontexten auf unterschiedlichen Wirkungsdimensionen (z.B.

Extravertierung des Verhaltens im sozialen Kontext, Desaktierung im Einzelversuch). Kapitel 4 und 5 berichteten an einigen Stellen über derartige Befunde. Unten wird eine für Verlaufsbetrachtungen angepaßte Konzeption der qualitativen Wirkung vorgeschlagen. Mittelwertsunterschiede zwischen Verum und Placebo stellen dagegen "quantitativ" verschiedene Einflüsse des sozialen Kontextes dar (vgl. zur Diskussion dieser Aspekte KOHNEN, 1979).

Lediglich quantitative Wirkungen sind dagegen für die eindeutigen Situationen mit "starker" Wirkung zu erwarten. Eine Systematik der Reaktion, die sich in hoher induzierbarer und guter reproduzierbarer Varianz ausdrückt, kann vermutlich qualitativ nicht durch ein Pharmakon geändert werden, es ist lediglich mit einer Abschwächung oder Verstärkung des Situationseffektes zu rechnen (vgl. Kap. 7.2.).

In Auswertungsschritt 2 wird auf qualitative Effekte der pharmakologischen Behandlung geprüft, Auswertungsschritt 3 versucht der Frage nach qualitativen Änderungen der Situationswirkung nachzugehen.

8.1.1.2.2. DIE AUSWERTUNGSSCHRITTE

In diesem Abschnitt werden drei Auswertungsschritte vorgestellt. Im Sinne eines sukzessiv vorgehenden Modells streben sie an, die Wirkung des Pharmakons vor dem Hintergrund der Wirkung der sozialen Situation zu analysieren.

Dieses Auswertungsmodell ist neu, kam in allen unseren bisherigen Auswertungen noch nicht zum Einsatz. Es ist u.W. in der pharmakopsychologischen Forschung in seinem konsequenten Aufbau bisher nicht realisiert worden. Lediglich WOLF (1978) hat, wie wir später erfahren haben, den Auswertungsschritt 3 theoretisch diskutiert und statistische Verfahren vorgeschlagen.

Das Modell betrachtet nicht, wie bisher üblich, jede der k Teilsituationen einer sozialen Gesamtsituation für sich, sondern interessiert sich für die Veränderungen, die zwischen je zwei aufeinanderfolgenden Situationen auftreten. Damit paßt es sich der Versuchsplanung an, die auf das Prozeßgeschehen in sozialen Situationen angelegt ist. Der einfachste methodische Weg zur Analyse von Veränderungen besteht darin, die Folgedifferenzen zwischen einer Situation i+1 und einer vorangehenden Situation i zu berechnen (i=1 (1) k-1).

Am Beispiel der Aufrufsituation soll dieses Vorgehen veranschaulicht werden: Die Gesamtsituation des Aufrufes wurde in 16 Einzelsituationen zerlegt (vgl. 7.2.1.1.). Während die traditionelle Auswertung die Originalwerte entweder mittels Meßwiederholungsplan oder über 16 simultane Tests der Einzelsituationen verarbeitet, werden in diesem Modell zunächst alle Folgedifferenzen nach der Vorschrift D=X(i+1) - X(i) (vgl. LIENERT, 1978, S.995ff) gebildet, also die Differenz zwischen der Antizipation des 1. Aufrufes (Situation 2) und der Instruktion (Situation 1), dann die Differenz zwischen dem Aufgerufenwerden (Situation 3) und der Antizipation des 1. Aufrufes (Situation 2), und so fort. Insgesamt lassen sich aus 16 Einzelsituationen 15 Folgedifferenzen berechnen. Diese Differenzwerte gehen in die Auswertung ein. Die Möglichkeit, die 16 Situationen als eine Verlaufskurve zu betrachten und diese global mittels orthogonaler Polynome auszuwerten, wird hier nicht verfolgt: die Veränderung zwischen je zwei Situationen ist uns wichtiger als die Beschreibung eines Gesamtverlaufes.

In den folgenden Auswertungsschritten werden sowohl die Beträge der Folgedifferenzen (Auswertungsschritt 3) wie auch nur die Vorzeichen der Differenzen (Auswertungsschritte 1 und 2) herangezogen.

Auswertungsschritt 1: Die Wirkung der Situation

Die Frage nach der Wirkung der sozialen Situation (die Frage nach der induzierbaren Varianz) lautet: Gibt es eine Systematik der Situation, d.h. reagieren viele gleich? Der Situationseinfluß kann aus den Ergebnissen der Placebo-Behandlung abgeschätzt werden. Zur Erläuterung dieses Auswertungsschrittes möge folgendes fingierte Beispiel zu der Aufrufsituation dienen.

Betrachtet werden in dem Beispiel die Antizipation des Aufrufes, das Aufgerufenwerden selbst sowie die unmittelbare Nachwirkung des Aufrufes anhand von fingierten (jedoch typischen) Pulswerten.

Situation	Originalwerte	Differenzen	sgn(D)
Vor Aufruf	75		
		+45	+
Während Aufruf	120		
		-50	-
Nach Aufruf	70		

Das Aufgerufenwerden führt, verglichen zu der vorangehenden Erwartungsphase, zu einem massiven Pulsanstieg (+ 45 Schläge), der unmittelbar nach dem Hinsetzen ebenso deutlich wieder abklingt (- 50 Schläge). Als Vorzeichen der Differenzen (sgn(D)) erhalten wir für den Anstieg ein "+", für den Abfall der Pulswerte ein "-".

Wenn eine Situation zu systematischen Effekten führt, dann sollten die Folgedifferenzen aller Vpn überwiegend gleiche Vorzeichen haben. Hat eine Situation keine Systematik, sind annähernd gleiche Häufigkeiten von positiven und negativen Signaturen zu erwarten. An obigem Beispiel für mehrere Vpn verdeutlicht:

Situation	Systematik vorhanden						Systematik fehlt					
Vp:	1	2	3	4	5	6	1	2	3	4	5	6
vor Aufruf / während Aufruf	+	+	+	+	+	+	+	-	-	+	+	-

Kommen wie im linken Beispiel in einer Situation ausschließlich (oder überwiegend) gleiche Vorzeichen vor, so ist darin ein Beleg für einen systematischen Effekt der Situation zu sehen. Im rechten Beispiel ist der Fall einer unsystematischen Wirkung der Situation dadurch veranschaulicht, daß je die Hälfte der Vpn mit Pulsanstieg oder Pulsabfall reagiert.

Die statistische Prüfung darauf, ob eine Systematik der Situation vorliegt oder nicht, erfolgt mittels simultaner Binomialtests (LIENERT, 1973, S.143ff). Unter der Nullhypothese, wonach sich die Situation i+1 in ihrer Wirkung nicht von der Situation i unterscheidet, daß also Situation i+1 keine spezifische Wirkung entfaltet, sollten positive und negative Vorzeichen (Nulldifferenzen werden eliminiert) gleich häufig vorkommen oder sich lediglich zufällig in ihrer Häufigkeit unterscheiden; die erwartete Wahrscheinlichkeit für das Auftreten von positiven bzw. negativen Vorzeichen beträgt p= 1/2. Die Alternativhypothese nimmt dagegen an, daß je nach Situation positive (Pulsanstieg) oder negative (Pulsabfall) Vorzeichen in ihrer Häufigkeit signifikant von der Gleichverteilungsannahme abweichen. Wird die Alternativhypothese angenommen, so ist eine Situation als "Situation mit systematischer (starker) Wirkung" definiert.

Wird der Binomialtest über die Vorzeichen einer Folgedifferenz unter Placebobedingung signifikant (die Alternativhypothese wird angenommen), so bedeutet dies inhaltlich, daß die Veränderung zwischen Situation i+1 und Situation i als ein systematisch und spezifisch von Situation i+1 ausgelöster Effekt anzusehen ist (daß Situations-Varianz induziert wurde), weil viele oder alle Vpn in gleicher Weise auf die Situation reagiert haben.

Auswertungsschritt 2: Qualitative Veränderung der Situationsvarianz durch das Pharmakon

Aus pharmakopsychologischer Perspektive interessiert die Frage, welche Auswirkung das Pharmakon auf die Wirkung einer Situation hat. Unter qualitativen Gesichtspunkten ist zu prüfen, ob (a) durch eine Substanz eine unter Placebo vorhandene Systematik aufgelöst oder aber ins Gegenteil verkehrt wird oder ob (b) nach Verum-Gabe eine Situationssystematik auftritt, die unter Placebo nicht vorkommt.

Die unter (a) genannten Fälle wären dann gegeben, wenn eine Aktierungssteigerung, die unter Placebo während des Aufgerufenwerdens bei den meisten Vpn vorhanden ist, durch eine Substanz wie z.B. einen Betablokker bei einem Teil der Vpn (Auflösung der Systematik) oder bei allen Vpn (Umkehrung der Systematik) verhindert wird. Der unter (b) beschriebene Fall könnte sich darin äußern, daß unter Verumgabe nach dem Aufruf alle Vpn eine Aktivierungsminderung erfahren, während unter Placebo die Mehrzahl der Vpn die hohe Aktivierung des Aufgerufenwerdens unmittelbar nach seinem Ende noch nicht reduzieren kann.

Die statistische Prüfung dieser Frage kann in einfacher Weise über Vierfeldertests (2-stufiger Medikationsfaktor) oder Kontingenztests (n-stufiger Medikationsfaktor) über die Häufigkeiten positiver und negativer Vorzeichen der Folgedifferenzen vorgenommen werden.

Die folgenden fingierten und extremen Verteilungen der Vorzeichen veranschaulichen am Beispiel einer Vierfelderauswertung mit der Medikation in den Spalten und den Vorzeichen der Folgedifferenzen in den Zeilen die obigen Fälle (N1, N2 = Stichprobenumfang pro Behandlungsbedingung):

MEDIKAMENT HAT QUALITATIVE WIRKUNG	MEDIKAMENT HAT KEINE QUALITATIVE WIRKUNG

		PLA	VERUM	PLA	VERUM
VZ	+	N1	0	N1	N2
	-	0	N2	0	0

Umkehrung des Situationseffektes — Beibehaltung des Sitionseffektes

....

		PLA	VERUM
VZ	+	N1	N2/2
	-	0	N2/2

Auflösung der Situationssystematik

....

		PLA	VERUM	PLA	VERUM
VZ	+	N1/2	N2	N1/2	N2/2
	-	N1/2	0	N1/2	N2/2

Einführung eines Situationseffekts durch die Behandlung bei fehlender Situatinssystematik unter Placebo — Fehlende Situasystematik auch unter Verum

Werden die χ^2-Werte der Tafeln auf der linken Seite signifikant, so kann die Nullhypothese, daß die Wirkung der Situation unter Placebo nach Verumgabe nicht verändert wird, zurückgewiesen und die Alternativhypothese, wonach das Pharmakon die situative Wirkung qualitativ verändert, angenommen werden.

Auswertungsschritt 3: Quantitative Veränderung der Situationssystematik durch das Pharmakon

Daß quantitative Veränderungen der Wirkung einer Situation durch ein Pharmakon herbeigeführt werden, hatte sich in der Literaturübersicht mehrfach belegen lassen. Eine quantitative Veränderung der Situationssystematik bedeutet, daß die unter Placebo beobachtete Wirkung der Situation unter Verum stärker oder schwächer ausfällt.

Beispielsweise ist zu erwarten, daß ein Betablocker die aktivierende Wirkung des Aufgerufenwerdens reduziert, d.h. die Pulserhöhung fällt unter Verum-Bedingungen geringer aus als unter Placebo.

Für die statistische Prüfung des Quantitätsproblems muß auf die Beträge der Folgedifferenzen zurückgegriffen werden. Die Folgedifferenzen unter Placebobehandlung werden dabei als Normwerte verstanden, auf deren Basis die Differenzen unter Verum auszuwerten sind. Die Nullhypothese nimmt an, daß zwischen Placebo und Verum kein Lageunterschied in den Folgedifferenzen auftritt.

Methodisch ist folgendermaßen zu verfahren. Die Folgedifferenzen aller Behandlungsbedingungen werden am Median oder möglichst nahe am Median der Placebo-Behandlung dichotomiert. Für die Verum-Gruppen resultieren daraus Häufigkeiten von super- und supra- (Placebo-) medianen Werten, die dann wiederum mittels Binomialtests mit der erwarteten Wahrscheinlichkeit von p=1/2 ausgewertet werden. Die Annahme des Erwartungswertes (p=1/2) ist aus der Nullhypothese abzuleiten, wonach unter Verum von Situation i nach Situation i+1 gleiche Veränderungen auftreten wie unter Placebo. In den Studien, die zwei Dosierungen einer Substanz einsetzen, kann zunächst mittels Vierfeldertafel geprüft werden, ob sich die beiden Dosierungen in ihrer Wirkung unterscheiden. Ist dies der Fall, müssen beide Behandlungen getrennt mittels Binomialtest ausgewertet werden. Sind die Wirkungen beider Dosierungen gleich, können beide Gruppen zusammengeworfen und einem (zusätzlichen) gemeinsamen Binomialtest unterworfen werden.

Folgendes Beispiel veranschaulicht anhand fingierter Folgedifferenzen (zwischen Antizipationsphase und Aufruf) das Vorgehen für einen zweistufigen Medikationsfaktor.

Vpn	1	2	3	4	5	6	7	8
PLA	+40	+<u>30</u>	+<u>25</u>	+40	+45	+<u>24</u>	+35	+<u>29</u>
MED	+<u>34</u>	+12	+14	+21	+30	+20	+25	+28

Der Placebomedian beträgt 32.5; vier Placebo-behandelte Vpn haben supramediane, vier haben supermediane Werte (unterstrichen). Nur eine der Vpn, die Verum erhalten hatten, überschreitet den Placebo-Median des Pulsanstieges. Der Binomialtest hat also das Verhältnisvon 7:1 gegenüber einem erwarteten Verhältnis von 4:4 super- und supramedianen Pulsveränderungen zu prüfen (a=0.070).

Die Frage nach der reproduzierbaren Varianz ist im Anschluß an die Auswertung aller jeweils vergleichbaren Studien (A1, A2 und A3; GD1, GD2 und GD3) über eine inspektive Betrachtung der in den verschiedenen Auswertungsschritten gefundenen Effekte möglich.

Zusammenfassung: Konfigurale Betrachtung der drei Auswertungsschritte

Die Gesamtinformation der drei Auswertungsschritte kann in übersichtlicher Form der konfiguralen Anordnung in Tab. 2 entnommen werden.

"+" bedeutet jeweils einen signifikanten Effekt in dem jeweiligen Auswertungsschritt, "-" kennzeichnet rein zufällige Unterschiede. Die Konfiguration "+--" bedeutet also, daß die Situation zwar eine systematische Veränderung in einem Parameter herbeiführte, die Substanz jedoch keinerlei Einfluß hatte. Das Muster "---" veranschaulicht eine Situation mit "schwacher" Wirkung, in der ebenfalls Medikamenteffekte fehlen. In allen anderen Mustern sind Medikament-Effekte angezeigt. Für alle Studien sind quantitative Effekte (..+) häufiger zu erwarten als qualitative Wirkungsnachweise (.+.), allerdings stellen qualitative Veränderungen besonders interessierende Befunde dar, weil sie die Systematik der Situation (unter Placebo) umkehren oder aufheben bzw. sie erst einführen, wenn sie unter Placebo fehlt. Alle Auswertungen sollen in dieser konfiguralen Anordnung zusammengefaßt werden.

8.1.1.2.3. VEREINBARUNGEN ZUR AUSWERTUNG

Gegen die gewählte Auswertungsstrategie ist der Einwand denkbar, man könnte versuchsplanerisch die Abfolge von Situationen so gestalten, daß sich zwangsläufig zumindest Effekte in der Auswertung 1, der Suche nach systematischen Situationswirkungen, ergeben. Anders formuliert lautet die Kritik, mit diesem Auswertungsschema würden lediglich Trivialitäten aufgedeckt. Eine Entgegnung kann den Einwand zunächst einmal herumdrehen und darauf verweisen, daß er ja unterstellt, daß das Soziale enorm wirksam ist und zudem noch leicht im Experiment zu manipulieren sei. Tatsächlich ist es aber so, daß die Wirksamkeit sozialer Situationen erst einmal anhand geeigneter Indikatoren klarzumachen ist, noch dazu, wenn das Ziel darin besteht, systematische und reproduzierbare Wirkungen aufzudecken. Andererseits kann man diesem Einwand methodisch begegnen. Er besagt ja unter Verlaufsgesichtspunkten, daß aufeinanderfolgende Situa-

TAB. 2 : Die konfigurale Betrachtung der Ergebnisse der drei Auswertungsschritte (s. Kapitel 8.1.)

SITUATIONEN MIT S T A R K E R WIRKUNG

AW 1	AW 2	AW 3	BESCHREIBUNG DER KONFIGURATION
1+	2+	3+	Systematischer Situationseffekt, dessen Systematik durch das Pharmakon verändert wird; Verum-Placebo-Differenzen sind vorhanden (Lageunterschied)
1+	2+	3-	Qualitative Veränderung des systematischen Situationseffekts durch das Verum
1+	2-	3+	Quantitative Veränderung des systematischen Situationseffekts durch das Verum
1+	2-	3-	Systematischer Situationseffekt, der vom Pharmakon nicht beeinflußt wird ?

SITUATIONEN MIT S C H W A C H E R WIRKUNG

AW 1	AW 2	AW 3	BESCHREIBUNG DER KONFIGURATION
1-	2+	3+	Verum führt systematische Reaktion in der Situation herbei; damit einher geht ein Lageunterschied zu Placebo
1-	2+	3-	Verum führt systematische Reaktion in der Situation herbei
1-	2-	3+	Verum führt zu Lageunterschied gegenüber Placebo
1-	2-	3-	Situation wie Pharmakon haben keine spezifische Wirkung

tionen unmittelbar voneinander abhängig sind, also einer Autokorrelation erster Ordnung unterliegen. Die Kritik ist zu entkräften, wenn gezeigt werden kann, daß die Autokorrelation erster Ordnung niedrig ist. Für alle Verlaufsdaten werden Autokorrelationen erster und höherer Ordnung berechnet, deren Ergebnisse jeweils berichtet werden.

Als Signifikanzschranke für alle Auswertungen soll wegen des heuristischen post-hoc Charakters ein a=0.10 gewählt werden.

Mit der gewählten Auswertungsstrategie werden lediglich die Folgedifferenzen betrachtet. Eine Darstellung der Gesamtauswertung ist allerdings sehr raumfordernd. Sie kann bei Interesse vom Autor angefordert werden. Hier sollen nur die zentralen Ergebnisse diskutiert werden. Die Originaldaten sind in Kurvendarstellung zur einfacheren Veranschaulichung der Wirkung der sozialen Situationen abgedruckt. Zur besseren Vergleichbarkeit unseres Auswertungsmodells mit einer klassischen Auswertung von Originaldaten wird eine nichtparametrische Auswertung der Originaldaten mittels KRUSKAL-WALLIS-Tests bei Studien mit zwei Verum-Dosierungen (vgl. LIENERT, 1973, 263ff.) und WILCOXON-Tests bei Studien mit einer Verum-Dosierung vorgenommen. Ergebnisse der Originalauswertung werden in Petit-Schreibung in aller Kürze berichtet.

Auf bi- oder multivariate Analysen wird verzichtet. Obwohl gerade für psychosomatische Vorgänge das Zusammenspiel von physiologischer und psychischer Erregung von besonderem Interesse ist, sollen entsprechende Auswertungen hier zurückgestellt werden. Wichtiger ist es uns, den neuen Gedanken der Auswertung und die Veränderungsbetrachtung überhaupt in verständlicher Form in den Mittelpunkt zu rücken und komplexere Sichtweisen auf der Basis der Befunde dieser Arbeit erst später wieder aufzunehmen (vgl. erste Ansätze bei KOHNEN & KRÜGER, 1980; KRÜGER & KOHNEN, 1981).

Nachfolgend werden die gerade beschriebene Auswertungsstrategie auf die Aufrufsituationen (soziale Situationen als Stressoren, 8.1.2.) und die gruppendynamischen Situationen (soziale Situationen als Facilitatoren, 8.1.3.) angewandt. Zur besseren Veranschaulichung der Ergebnisse fassen wir alle drei Aufrufstudien (A1,A2,A3) und die drei gruppendynamischen Situationen jeweils in einem einzigen Gliederungspunkt zusammen.

8.1.2. SOZIALE SITUATIONEN ALS STRESSOREN

8.1.2.1. ANALYSE DER ORIGINALDATEN

Die Verläufe der Pulsfrequenzen und der Anspannungsskalierungen sind in den Abbildungen 5 bis 10 aufgezeichnet.

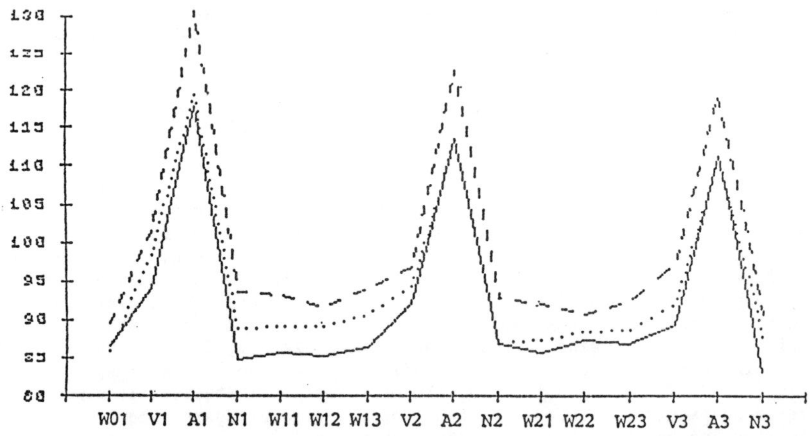

Abb. 5: Studie A1: Aufruf unter Lopirazepam. Originalwerte: Puls (——:Placebo, ...:2,5mg, ---5,0mg Lopirazepam).
W=Wartezeit, V=Vor, A=Während, N=Nach Aufruf.
i.=Durchgang, .j=Minuten-Intervall.

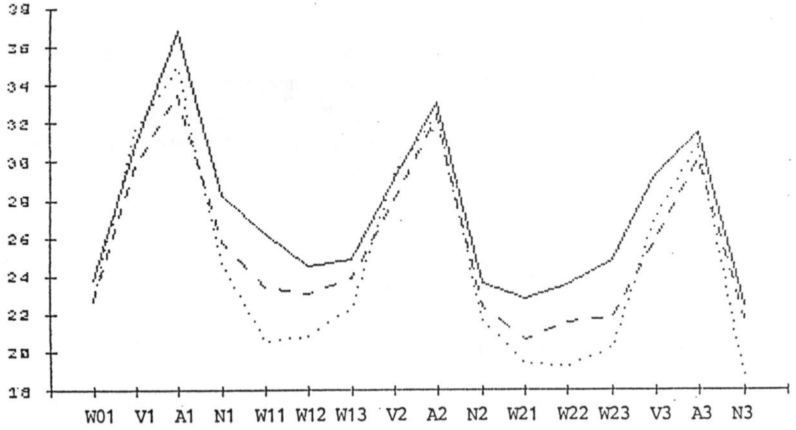

Abb. 6 : Studie A1: Aufruf unter Lopirazepam. Originalwerte: Anspannung (——:Placebo, ...:2,5mg, ---:5,0mg Lopirazepam).
W=Wartezeit, V=Vor, A=Während, N=Nach Aufruf.
i.=Durchgang, .j=Minuten-Intervall.

Die eingesetzten Präparate wirkten wie folgt:

Lopirazepam (Studie A1) erhöht in der höheren 5mg-Dosierung (strichlierte Kurve) die Pulsfrequenz (Abb. 5) gegenüber Placebo und der niedrigeren 2.5mg Dosierung (punktierte Kurve); im 1. Durchgang des Aufrufes erreicht die Pulssteigerung der höheren Dosis statistische Signifikanz (p=.044). In der Anspannung (Abb. 6) liegen beide Verum-Kurven in der Aufrufsituation leicht, in den Wartezeiten deutlicher unter der Placebo-Kurve, ohne daß jedoch dieser Unterschied als eine statistisch abgesicherte Behandlungswirkung betrachtet werden darf.

CGP361/A entfaltet in Studie A2, in der der Aufruf zwei Stunden nach Einnahme der Substanz stattfandt, seine kardiovaskuläre Wirkung. Die Pulskurven (Abb. 7) liegen zu allen Meßzeitpunkten deutlich unter der Placebokurve, zwischen niedriger (...) und höherer (---) Dosierung gibt es keinen Unterschied. In den drei Situationen des Aufgerufenwerdens wird die Placebo-VerumDifferenz signifikant, ebenfalls während der Instruktionsphase. Die Anspannungsskalierungen (Abb. 8) lassen dagegen keine Medikamentwirkung erkennen. Es fällt auf, daß unter 10mg CGP361/A (---) jeweils die Antizipationsphase die höchsten Ausprägungsgrade anzeigt, es im Aufruf selbst dagegen zu einer leichten Verringerung der Anspannung kommt. Die Anspannungswerte zeigen im Verlauf über die drei Durchgänge eine deutliche Abnahme, worin eine Anpassung an die Situation gesehen werden kann. Diese Habituation scheint präparatspezifisch zu sein, sie war unter Lopirazepam weitaus weniger ausgeprägt.

In Studie A3 ist der kardiovaskuläre Effekt von CGP361/A verschwunden. Hier fand der Aufruf ca 10 Stunden nach Einnahme der letzten Dosis statt. Weder in den Pulskurven (Abb. 9) noch in den Anspannungswerten (Abb. 10) trat eine statistisch signifikante Verum-Placebo-Differenz auf. Eine Habituation an die Situation ist nicht zu beobachten, was wohl darin begründet ist, daß im dritten Durchgang die Aufgabe wechselte (statt Addition 2-stelliger Zahlen jetzt fortlaufende Subtraktionen).

In keiner der Studien trat ein Haupteffekt der Medikation in Leistungsvariablen auf.

In allen Abbildungen sind die je drei Aufrufdurchgänge pro Studie mit bloßem Auge eindeutig durch eine massive Erhöhung der Meßwerte zu identifizieren. Unter Placebo (durchgezogene Linien) steigt der Puls im ersten Durchgang um ca. 25 bis 30 Schläge im Mittel, die Anspannung erhöht sich um 10 bis 15 Schläge. Beim Vergleich von Puls- und Anspannungskurven fällt auf, daß sich in den Anspannungswerten die Antizipation des Aufgerufenwerdens durch eine Erhöhung der Skalierungen in der Minute vor dem Aufruf ausdrückt, während dieser Effekt in den Pulskurven der Studien A1 und A2 fehlt und lediglich in der Studie A3 vorkommt. In Studie A3 wurde ein anderer VL eingesetzt als in den Studien A1 und A2 und darüberhinaus Speichelproben während der Warteminuten gesammelt, was möglicherweise den Unterschied erklären könnte.

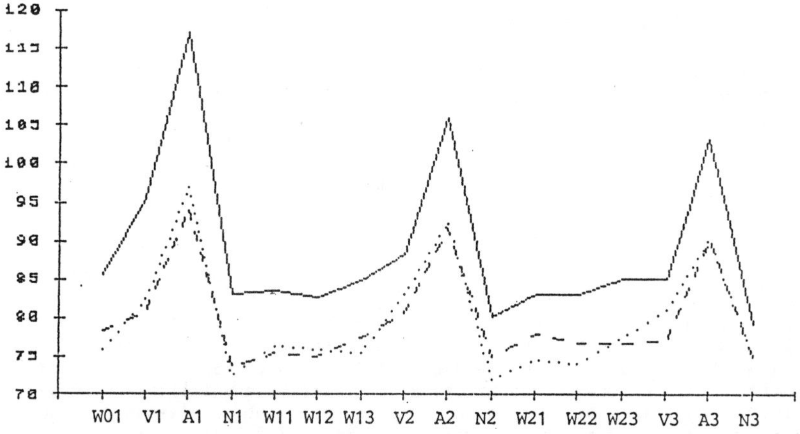

Abb. 7: Studie A2: Aufruf unter CGP361/A. Originalwerte: Puls.
(——:Placebo, ...:4mg, ---10mg CGP361/A).
W=Wartezeit, V=Vor, A=Während, N=Nach Aufruf.
i.=Durchgang, .j=Minuten-Intervall.

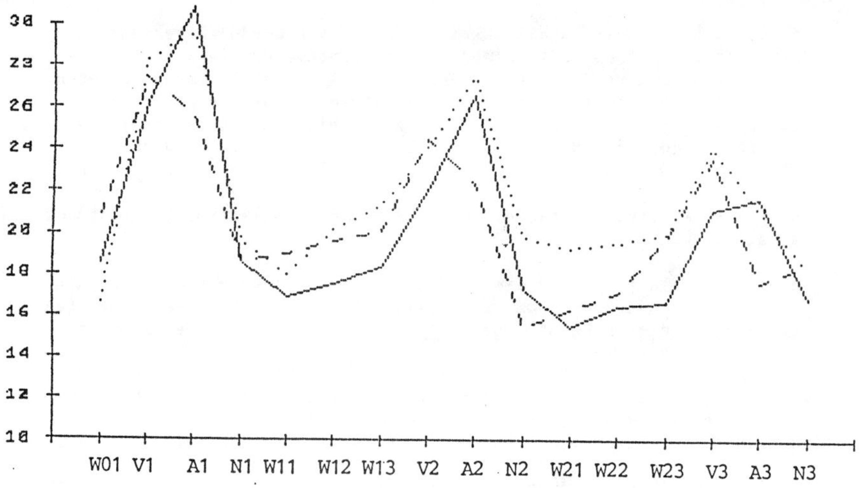

Abb. 8 : Studie A2: Aufruf unter CGP361/A. Originalwerte: Anspannung.
(——: Placebo; ...:4mg, ---:10mg CGP361/A).
W=Wartezeit; V=Vor, A=Während, N=Nach Aufruf.
i.=Durchgang; .j=Minuten-Intervall.

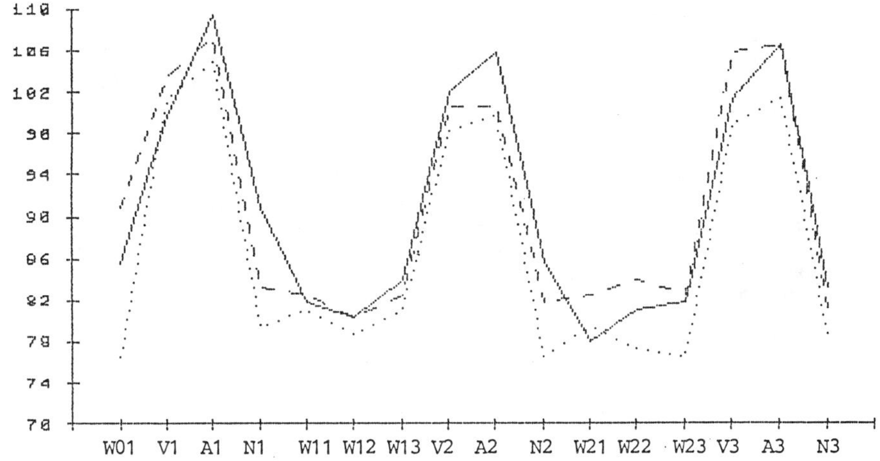

Abb.: 9 3-Aufrufdurchgänge unter CGP361/A. Studie A3: Puls
(——: Placebo, ···: 2.5mg, ---: 5mg CGP361/A)

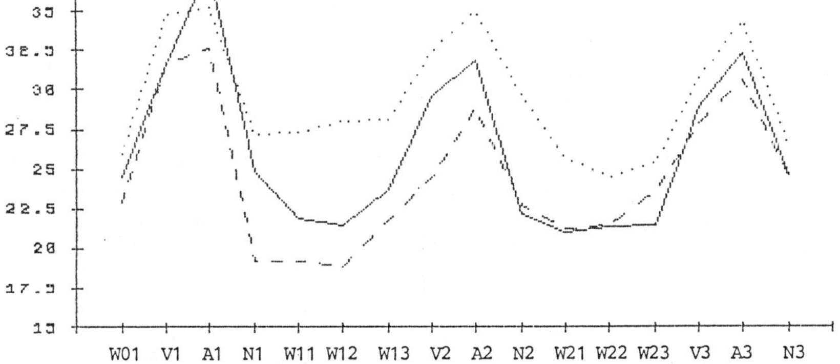

Abb. 10: Studie A3: Aufruf unter CGP361/A. Originalwerte: Anspannung.
(——: Placebo, ...:4mgCGP361/A, ---: 10mg CGP361/A).
W=Wartezeit, V=Vor, A=Während, N=Nach Aufruf.
i.=Durchgang, .j=Minuten-Intervall

Die drei Untersuchungen ergeben in der Betrachtung der Originalwerte klare Hinweise auf die aktivierende Wirkung des Aufgerufenwerdens. Sie lassen gleichzeitig eine Differenzierung verschiedener Substanzen zu und ermöglichen sogar die (grobe) Abschätzung kinetischer Prozesse. Die Befunde zu CGP361/A in Studie A2 sind vor dem Hintergrund bislang vorliegenden Ergebnisse anderer Untersucher zu sehen, die keine kardiovaskuläre Wirkung aufzeigen konnten. In diesem Sinne ist die Aufrufsituation vermutlich ein sensitives Testmodell für die Herzkreislauf-Wirksamkeit pharmakologischer Substanzen.

Alle Autokorrelationen 1. Ordnung über die Originaldaten sind nicht signifikant und erwarteterweise niedrig: für die Pulswerte ergaben sich: Studie A1: -.04; A2: -.08; A3: .17; für die Anspannungswerte: A1: .22; A2: .23; A3: .26. Die höheren Koeffizienten in den Anspannungswerten aller Untersuchungen verdeutlichen die breitere Erstreckung des Aufgerufenwerdens von der Antizipations- zur Nachwirkungsphase in dieser Dimension. Insgesamt erfüllen die Koeffizienten die für die Anwendung von Folgedifferenzen geforderte Bedingung der Unabhängigkeit aufeinanderfolgender Werte.

8.1.2.2. DIE WIRKUNG DER AUFRUF-SITUATIONEN

Auswertungsschritt 1 hat zum Ziel, über die Veränderung zwischen je zwei aufeinanderfolgenden Teilübungen *Situationen mit starker Wirkung,* welche unter Placebo im Binomialtest über die Vorzeichen der Folgedifferenzen statistisch signifikant werden, zu unterscheiden von *Situationen mit schwacher Wirkung,* die nur zufällige Veränderungen zur Folge haben. Tab. 3 faßt die signifikanten Veränderungen (positive und negative Vorzeichen für alle 15 Folgedifferenzen) der Pulswerte und Tab. 4 die der Anspannungswerte über alle drei Untersuchungen zusammen. Wie anhand der Originaldaten zu erwarten, finden sich signifikante p-Werte in den Situationen unmittelbar vor, während und nach dem Aufgerufenwerden selbst, in den Wartezeiten treten positive und negative Veränderungen annähernd gleich häufig auf und fehlen daher als nicht-signifikante Effekte in den beiden Tabellen.

In allen drei Studien führt unter Placebo-Behandlung (Tab. 3) das Aufgerufenwerden nach der Antizipationsphase bei nahezu 100% der Vpn zu Pulsanstiegen, und bei exakt 100% der Vpn sinkt der Puls nach der Aufrufphase wieder ab.

In der Lopirazepam-Studie (A1) reagieren alle 24 Vpn in allen drei Aufrufen gleich. Die Pulssteigerung durch das Aufgerufenwerden ist in den Betablocker-Studien (A2 und A3) erst im letzten Durchgang bei allen Vpn zu finden; in den ersten beiden Durchgängen bleibt ein geringer Teil in seinem Pulsverhalten gleich (0-Differenzen wurden aus der Auswertung eliminiert, weswegen die aufgeführten Vpn nicht immer den Stichproben-

TAB. 3: Situationsspezifische Veränderungen in den drei Aufrufstudien A1, A2 und A3. Ergebnisse im Auswertungsschritt 1.

SITUATION	A1		A2		A3		Summe	
Signum:	-	+	-	+	-	+	-	+
Instruktion								
---------			0	10			9	32
Vor Aufruf 1								
---------	0	24	1	11	0	6	1	41
Während Aufruf 1								
---------	24	0	14	0	8	0	46	0
Nach Aufruf 1								

Warteminute 1								

Warteminute 2								

Warteminute 3								
---------					0	7	3	31
Vor Aufruf 2								
---------	0	24	0	12			1	42
Während Aufruf 2								
---------	24	0	14	0	8	0	46	0
Nach Aufruf 2								

Warteminute 1								

Warteminute 2								

Warteminute 3								
---------					0	8	6	29
Vor Aufruf 3								
---------	0	24	0	14	0	8	0	46
Während Aufruf 3								
---------	24	0	14	0	8	0	46	0
Nach Aufruf 3								

TAB. 4: Situationsspezifische Veränderungen in den drei Aufrufstudien A1, A2 und A3. Ergebnisse im Auswertungsschritt 1: ANSPANNUNG

SITUATION	A1		A2		A3		Summe	
Signum:	-	+	-	+	-	+	-	+
Instruktion								
---------	4	18	1	9	1	7	6	34
Vor Aufruf 1								
---------	5	17			1	7	9	33
Während Aufruf 1								
---------	21	2	13	1	8	0	42	3
Nach Aufruf 1								

Warteminute 1								
---------	12	3						
Warteminute 2								

Warteminute 3								
---------	0	21	1	10	1	7	2	38
Vor Aufruf 2								
---------	5	16	1	12			8	34
Während Aufruf 2								
---------	22	1	12	0	8	0	42	1
Nach Aufruf 2								
---------	14	4						
Warteminute 1								

Warteminute 2								

Warteminute 3								
---------	3	21	0	10	0	8	3	39
Vor Aufruf 3								

Während Aufruf 3								
---------	22	1	10	2	8	0	40	3
Nach Aufruf 3								

umfang ergeben) oder erfährt sogar eine Pulsratenabschwächung. In allen drei Studien ist es bereits in der Minute vor dem Aufgerufenwerden zu einem Pulsanstieg gekommen; dieser Effekt nimmt vom ersten zum dritten Durchgang ab, was sich im Verschwinden der statistischen Signifikanz ausdrückt. Die Habituation an die Situation zeigt sich also nicht in der Belastungsphase selbst, sondern in der längerfristigen Vorbereitung auf die Situation.

Die Anspannungswerte in Tab. 4 verdeutlichen zunächst die entlastende Wirkung der Beendigung des Aufrufes durch ein Absinken der Anspannung bei der überwiegenden Mehrzahl der Vpn. Sie betonen andererseits die Bedeutung der Antizipation des Aufgerufenwerdens, wie sich aus den signifikanten Anstiegen der Skalierungen in der Antizipationsphase erkennen läßt. Die Anspannungssteigerung im Aufruf selbst wird gelegentlich signifikant, bleibt aber über die drei Durchgänge oder über die drei Studien nicht stabil.

Daß im Gegensatz zur Pulsfrequenz in der Nachwirkungsphase keine 100%-Quoten erreicht werden, mag daran liegen, daß die jeweils erzielten Leistungsergebnisse nachwirken; es könnte also durchaus sein, daß eine Vp mit subjektiv als schlecht empfundener Leistung nicht "schnell abschalten kann"; darin wäre dann vermutlich ein spezifischer Effekt der sozialen Situation zu sehen. Diese Beobachtungen bedürfen weiterer - zukünftiger - Untersuchungen.

Die Aufrufsituation als soziale Streßsituation hat das Untersuchungsziel, Varianz zu induzieren, erreicht. Die eindeutigste und über alle Parameter hinweg zu beobachtende Wirkung besteht in der Entlastung nach Beendigung des Aufgerufenwerdens. Das Aufgerufenwerden selbst führt zu systematischen Pulssteigerungen, aber auch zu Antizipationseffekten, da in der Pulsfrequenz in den ersten beiden Durchgängen, in der Anspannung durchweg bereits eine Steigerung der Werte von der vorletzten zur unmittelbar vor dem Aufruf liegenden Minute einsetzt. Diese Situationseffekte haben die Eigenschaft des Reproduzierbaren, da sie in voneinander unabhängigen Stichproben in gleicher Richtung und Stärke gefunden wurden.

8.1.2.3. QUALITATIVE PHARMAKONWIRKUNGEN IN DER SOZIALEN SITUATION

Die Prüfung darauf, ob durch die eingesetzten Pharmaka die Systematik der Situation verändert oder eine nicht vorhandene Systematik eingeführt wurde, erfolgt in Auswertungsschritt 2. Tab. 5 listet die Verteilungen positiver und negativer Veränderungen (Vorzeichen der Folgedifferenzen auf) der Pulswerte aller drei Studien, Tab. 6 die der Anspannungswerte auf.

TAB. 5 : Die Prüfung von pharmakonbedingten qualitativen Änderungen der Situationssystematik in den drei Aufrufstudien A1, A2 und A3. Ergebnisse im Auswertungsschritt 2: PULSFREQUENZ

SITUATION	PLAC	STUDIE A1 2.5mg	STUDIE A1 5.0mg	STUDIE A1 Alle	STUDIE A2 04mg	STUDIE A2 10mg	STUDIE A2 Alle	STUDIE A3 04mg	STUDIE A3 10mg	STUDIE A3 Alle	A1+A2 Alle
Instruktion											
-----------	9 32	4 18	3 16	7 34	2 10	3 6	5 16	0 8	1 6	1 14	12 50
Vor Aufruf 1											
-----------	1 41	0 24	0 24	0 48	1 11	0 12	1 23	2 4	1 6	3 8	1 71
Während Aufruf1											
-----------	46 0	23 1	24 0	47 1	13 0	14 0	27 0	8 0	8 0	16 0	74 1
Nach Aufruf 1											
.											
.											
Warteminute 3											
-----------	3 31	6 14	6 16	12 30	0 9	3 7	3 16	1 8	0 7	1 15	15 46
Vor Aufruf 2											
-----------	1 42	1 23	0 24	1 47	1 9	1 12	2 21	3 4	2 3	5 7	3 68
Während Aufruf2											
-----------	46 0	23 1	12 8	35 9	14 0	14 0	28 0	7 0	8 0	15 0	63 9
Nach Aufruf 2											
.											
.											
Warteminute 3											
-----------	6 27	3 17	6 16	9 33	3 8	4 6	7 12	0 8	0 7	0 15	16 45
Vor Aufruf 3											
-----------	2 42	0 24	0 24	0 48	0 11	0 13	0 24	2 4	3 2	5 6	0 72
Während Aufruf3											
-----------	46 0	24 0	24 0	48 0	13 0	14 0	27 0	8 0	8 0	16 0	75 0
Nach Aufruf 3											

TAB. 6: Die Prüfung von pharmakonbedingten qualitativen Änderungen der Situationssystematik in den drei Aufrufstudien A1, A2 und A3. Ergebnisse im Auswertungsschritt 2: ANSPANNUNG

SITUATION	PLAC		STUDIE A1						STUDIE A2						STUDIE A3						A1+A2	
			2.5mg		5.0mg		Alle		04mg		10mg		Alle		04mg		10mg		Alle		Alle	
Instruktion – Vor Aufruf 1	6	34	2	21	4	18	6	39	1	11	1	11	2	22	0	7	0	8	0	15	8	61
Vor Aufruf 1 – Während Aufruf1	9	33	5	17	7	15	12	32	8	6	8	6	16	12	4	3	2	5	6	8	28	44
Während Aufruf1 – Nach Aufruf 1	43	3	22	2	22	1	44	3	11	0	12	2	23	2	6	2	7	0	12	2	67	5
Nach Aufruf 1 – Warteminute 1 . Warteminute 3	25	8	17	3	13	3	30	6	8	3	5	8	13	11	4	3	2	2	6	5	43	17
Warteminute 3 – Vor Aufruf 2	2	28	0	19	0	21	0	40	1	10	2	12	3	22	2	6	1	5	3	11	3	62
Vor Aufruf 2 – Während Aufruf2	8	34	5	16	5	17	10	33	5	8	7	5	12	13	2	5	2	3	4	8	22	46
Während Aufruf2 – Nach Aufruf 2	42	1	22	0	24	0	46	0	10	2	11	2	21	4	8	0	7	1	15	1	67	4
Nach Aufruf 2 – Warteminute 1 . Warteminute 3	29	5	15	7	16	3	31	10	5	7	5	3	10	10	6	0	4	1	10	1	41	20
Warteminute 3 – Vor Aufruf 3	3	39	0	22	0	17	0	39	1	12	1	13	1	25	1	6	0	7	1	13	1	64
Vor Aufruf 3 – Während Aufruf3	14	28	6	16	5	15	11	31	8	6	10	3	18	9	1	5	2	4	3	9	29	40
Während Aufruf3 – Nach Aufruf 3	40	3	23	0	23	0	46	0	7	6	8	5	15	11	8	0	5	2	13	2	61	11

Keiner der χ^2-Kontingenztests über die Pulsfrequenzen in Situationen mit systematischen Effekten unter Placebo wird signifikant; unter Pharmakoneinfluß haben die Situationen qualitativ gleiche Wirkungen. Die Summenspalte über die beiden Studien A1 und A2 (Tab. 5), in denen der Aufruf während des Wirkungsmaximums der Substanzen stattfand, zeigt erstaunlich eindeutige Verteilungen, die denen der Placebobehandlungen (hier über Studien A1-A3 zusammengefaßt) in ihrer Größenordnung nahekommen.

Am ehesten zeigen sich Substanzwirkungen in Studie A3, wo sie am wenigsten erwartet wurden. Der einzig signifikante χ^2-Wert tritt zu Beginn der Erholungsphase nach dem 2. Durchgang auf. Er verweist darauf, daß sich der Pulsabfall unter Placebo noch länger fortsetzt, während es unter CGP361/A (vor allem nach 4mg-Gabe) bereits wieder zu einem Pulsanstieg kommt. In dieser Studie A3, wo spät nach Applikation getestet wurde und, wie an den Originaldaten gezeigt, eine kardiovaskuläre Wirkung des CGP361/A nicht mehr zu erkennen ist, wird die deutliche pulserhöhende Wirkung des Aufgerufenwerdens verwischt. Positive und negative Veränderungen, aber auch unveränderte Herzfrequenzen sind zu beobachten. In den Originalwerten trat dieser Effekt in einer von den anderen Studien abweichenden Erhöhung der Pulswerte in der Antizipationsphase zu Ta ge. Eine einleuchtende Erklärung für diesen Effekt haben wir nicht.

In den Anspannungswerten hatte sich unter Placebo die Antizipationsphase wie die Nachwirkungsphase als breiter gespannt herausgestellt (vgl. Tab. 6, linke Spalte). Wie die fehlende Signifikanz der Kontingenztests anzeigt, wird diese Systematik mit zwei Ausnahmen durch die Substanzen nicht verändert.

Während der Placebo-Effekt unter der Tranquilizer-Behandlung nahezu identisch und auch in Studie A3 zu beobachten ist, verschwindet die Klarheit der Wirkung unter der Betablocker-Behandlung in Studie A2. Vor allem im 3. Durchgang setzt eine Anspannungserniedrigung bereits während des Aufrufes ein. In dieser Studie treten auch die einzig signifikanten χ^2-Werte auf. Sie veranschaulichen Dosis-Wirkungsunterschiede, die darin bestehen, daß im 2. Durchgang in der Antizipationsphase unter der 10mg-Dosis CGP 361/A die Placebo-Systematik mit Pulssteigerung zwischen Antizipation und Aufgerufenwerden umgedreht wird (die Anspannung steigt nicht weiter, fällt bereits im Aufruf ab), während in der weiteren Nachwirkungsphase (N-W21) vor allem die 4mg-Dosis deutlich gegen die Placebo-Norm wirkt: die Anspannung fällt nicht weiter, sondern steigt bereits wieder an.

Auswertungsschritt 2 hat mit seltenen Ausnahmen Belege dafür erbracht, daß die Situationssystematik durch die untersuchten Substanzen nicht verändert wird. Diese Aussage gilt unter den Substanzen insbesondere für Lopirazepam; CGP361/A führt zu weniger klaren Verteilungen von positiven und negativen Veränderungen; darin sind Medikamentwirkungen zu sehen, die in Studie A2 den Eindruck einer Nivellierung der starken Ausschläge des Aufgerufenwerdens und seiner Nachwirkungen erwecken. Unter den Parametern ist die Pulsfrequenz stabiler und damit Placebo ähnlicher geblieben als die Anspannungsskalierung; mit der Wiederholung der Aufrufsituationen setzen offenbar psychische Prozesse ein, die substanzabhängig unterschiedlich verlaufen. Allerdings gründet sich diese Interpretation nur in zwei Fällen auf einen statistisch signifikanten Effekt; in der Mehrzahl handelt es sich um trendartige Beobachtungen.

8.1.2.4. QUANTITATIVE PHARMAKONWIRKUNGEN IN DER SOZIALEN SITUATION

In Auswertungsschritt 3, über dessen Ertrag nachfolgend berichtet wird, geht es um die Frage nach Auswirkungen der Medikation unter quantitativer Perspektive. Tab. 7 und 8 stellen die Verteilungen der supra- und supermedianen Folgedifferenzen unter den jeweils zwei Doierungen der Substanzen in den Studien A1 und A2 der Pulswerte vor, um den Auswertungsgang zu veranschaulichen. Die Pulswerte der Studie A3 sowie alle Anspannungswerte sollen lediglich inhaltlich aufgeführt werden.

In den Tabellen bedeuten Eintragungen in der Spalte p unter den Überschriften "Vierfelder-χ^2" oder "Fisher's p" unterschiedliche Wirkungen der beiden Dosierungen. Markierungen am rechten Rand deuten an, daß die Verteilungen der super- und supramedianen Häufigkeiten in den kombinierten Stichproben beider Dosierungen von der Gleichverteilungsannahme abweichen ("*": a=.05; "+": a=.10); sie drücken die gesuchten Effekte aus, auf die nachfolgend bevorzugt eingegangen wird.

In Studie A1 hat die Tranquilizer-Behandlung (keine Dosis-Wirkungsunterschiede) erst im 3. Aufruf-Durchgang eine Wirkung auf die Pulsfrequenz entfaltet (Tab. 7). Die Effekte bedeuten, daß unter beiden Dosierungen Werte über dem Placebo-Median häufiger vorkommen als Werte unter dem Placebo-Median, daß in den genannten Situationen die Pulsanstiege nach Verum-Gabe höher und die Pulssenkungen geringer ausfallen als unter Placebo. Inhaltlich besagen die Effekte, daß der Aufruf auch im dritten Durchgang unter Lopirazepam seine Wirkung noch voll entfaltet, während unter Placebo eine Anpassung an die Situation mit weniger stark aktivierender Wirkung eintrat.

Tab.: 7 Aufruf unter Lopirazepam - Pulsfrequenz.
Auswertungsschritt 3: Vierfelder - χ^2 - Tests und simultane Binomialtests über die Medikament-Behandlungen nach Dichotomie des Änderungsbetrages zwischen je zwei aufeinander folgenden Situationen am Median der Placebo-Behandlung dieser Differenzen. Auswertung von insgesamt 15 Situationen der Aufrufbedingung.

	SITUATIONEN	VIERFELDER - χ^2		BINOMIAL - 2.5 mg			BINOMIAL - 5.0 mg			
		χ^2	p	sgn-	sgn+	p	sgn-	sgn+	p	
01	Instruktion zum Aufruf									
		0.00	---	10	14	543	10	14	543	
02	Vor dem 1. Aufruf									
		2.18	---	12	12	---	7	17	064	
03	Während des 1. Aufrufes									
		0.34	---	13	11	839	15	9	308	
04	Nach dem 1. Aufruf									
		0.08	---	13	11	839	14	10	541	
05	Warteminute 1									
		0.08	---	12	12	---	13	11	839	
06	Warteminute 2									
		0.76	---	9	15	308	12	12	---	
07	Warteminute 3									
		0.78	---	13	11	839	16	8	152	
08	Vor dem 2. Aufruf									
		2.18	---	12	12	---	7	17	064	
09	Während des 1. Aufrufes									
		1.42	---	13	11	839	17	7	064	
10	Nach dem 1. Aufruf									
		2.18	---	7	17	064	12	12	---	
11	Warteminute 1									
		0.75	---	11	13	839	14	10	541	
12	Warteminute 2									
		0.00	---	7	17	064	7	17	064	*
13	Warteminute 3									
		0.10	---	7	17	064	8	16	152	+
14	Vor dem 3. Aufruf									
		1.37	---	16	8	152	12	12	---	
15	Während des 3. Aufrufes									
		0.10	---	6	18	023	7	17	064	*
16	Nach dem 3. Aufruf									

Tab.: 8 Aufruf unter CGP361/A: N=42 - Pulsfrequenz.
Auswertungsschritt 3: Vierfelder - χ^2 - Tests und simultane Binomialtests über die Medikament-Behandlungen nach Dichotomie des Änderungsbetrages zwischen je zwei aufeinander folgenden Situationen am Median der Placebo-Behandlung dieser Differenzen. Auswertung von insgesamt 15 Situationen der Aufrufbedingung.

	SITUATIONEN	VIERFELDER - χ^2 χ^2	p	BINOMIAL - 04 mg sgn-	sgn+	p	BINOMIAL - 10 mg sgn-	sgn+	p	
01	Instruktion zum Aufruf									
	------------------	0.70	---	9	4	424	11	3	057	*
02	Vor dem 1. Aufruf									
	------------------	2.19	---	10	4	179	13	1	002	*
03	Während des 1. Aufrufes									
	------------------	1.17	---	3	11	057	1	13	002	*
04	Nach dem 1. Aufruf									
	------------------	3.59	058	5	9	424	10	4	179	
05	Warteminute 1									
	------------------	0.19	---	4	10	179	3	11	057	*
06	Warteminute 2									
	------------------	4.09	043	12	2	013	7	7	---	
07	Warteminute 3									
	------------------	0.58	---	5	9	424	7	7	---	
08	Vor dem 2. Aufruf									
	------------------	0.24	---	12	2	013	11	3	057	*
09	Während des 1. Aufrufes									
	------------------	0.84	---	4	10	179	2	12	013	*
10	Nach dem 1. Aufruf									
	------------------	0.00	---	9	5	424	9	5	424	
11	Warteminute 1									
	------------------	0.16	---	10	4	179	9	5	424	
12	Warteminute 2									
	------------------	3.74	053	6	8	790	11	3	057	
13	Warteminute 3									
	------------------	0.57	---	6	8	790	8	6	790	
14	Vor dem 3. Aufruf									
	------------------	0.70	---	11	3	057	9	5	424	*
15	Während des 3. Aufrufes									
	------------------	0.00	---	1	13	002	1	13	002	*
16	Nach dem 3. Aufruf									

Eine getrennte Betrachtung beider Dosierungen bestätigt die in den Originaldaten beschriebenen drastischen Pulssteigerungen unter der 5mg-Dosis, worin ein Beleg für die Tauglichkeit des Auswertungsverfahrens zu sehen ist.

In den Anspannungsskalierungen ist kein bedeutsamer Effekt aufgetreten.

Der Betablocker (CGP361/A in Studie A2) entfaltet wegen seiner zu erwartenden (bisher aber keineswegs gesicherten) kardiovaskulären Wirkungen häufige und deutliche Effekte. Bezogen auf die Norm-Werte der Placebo-Behandlung ist der Puls-Anstieg in der Antizipations- und in der Aufrufphase geringer, der Abfall nach Beendigung des Aufrufs fällt demzufolge ebenfalls schwächer aus (vgl. Tab. 8). Die Belastungswirkung des Aufrufes wird in seiner physiologischen Komponente abgefangen, die Entlastungswirkung nach Beendigung des Aufrufes ist weniger bedeutsam. Hier könnte von einer streßprophylaktischen Wirkung der Substanz gesprochen werden. Zu Dosis-Wirkungsunterschieden kommt es in den Warteminuten, die allerdings nicht konsistent für die eine oder andere Dosierung sind. Weil keine sinnhaften Interpretationshinweise vorliegen, sollen sie hier lediglich bemerkt, aber nicht weiter kommentiert werden.

Die seltenen Effekte in der Anspannungsskalierung besagen, daß im ersten Aufruf die psychische Belastung durch das Aufgerufenwerden sich weniger deutlich äußert als unter Placebo, die Entlastungswirkung nach Beendigung des Aufrufes ist gleichfalls geringer. Dieser Effekt bleibt unter der höheren Dosis über alle drei Durchgänge bestehen, verschwindet jedoch unter 4mg CGP361/A. Die hier zu beobachtende gleiche Häufigkeit von super- und supramedianen Änderungen läßt vermuten, daß die niedrige Dosis bei einem Teil der behandelten Vpn Wirkung entfaltet hat, bei einem anderen Teil dagegen nicht.

Die höhere Dosis hat einen gemeinsamen Verlauf von Puls- und Anspannungswerten mit Unterdrückung der Belastungsspitzen der Aufrufe, für die niedrigere Dosis gilt diese Aussage lediglich im Hinblick auf die Pulswerte aller Durchgänge und die Anspannung im ersten Durchgang.

In Studie A3 (keine Dosiswirkungsunterschiede) waren wegen der im Organismus nur noch gering vorhandenen Wirkstoffmenge keine Substanzeffekte zu erwarten. Gefunden wurde in den Pulswerten eine Abschwächung der Entlastungswirkung der Pause nach dem Aufgerufensein im 1. und 2. Durchgang (neben zwei weiteren Pauseneffekten vor dem 3. Durchgang, die einen niedrigen Puls unter CGP361/A in diesen Situationen anzeigen). Die geringere Ausprägung der Entlastung tritt auch in der Anspannungsskalierung nach dem 1. Durchgang auf. Möglicherweise muß in diesen Nachweisen die langfristigere Wirkung eines Metaboliten der Substanz gesehen werden. Grundsätzlich bestätigt sich wegen der nicht vorhandenen Wirkungsnachweise in den "systematisch" wirkenden Situationen die Erwartung, daß die Substanz kardiovaskulär nicht mehr wirksam war.

Unter quantitativen Gesichtspunkten konnten sinnvolle Präparatwirkungen aufgedeckt werden. Der Betablocker unterdrückt Belastungsspitzen der Aufrufsituation, vor allem in den ersten beiden Aufrufen und erweist sich damit als streßprophylaktisch wirksam. Lopirazepam verhindert die psychophysiologische Habituation an die Situation; es hat keine prophylaktische Wirkung auf die akut einsetzende Streßwirkung des Aufgerufenwerdens. In Studie A3 traten erwartungsgemäß keine Substanzwirkungen in den eigentlichen Belastungssituationen auf.

Die Lopirazepam-Wirkung muß trotz der berichteten Befunde keinesfalls zwingend als therapeutisch ungünstig betrachtet werden. In der hier vorgetragenen Auswertung werden einzelne Dimensionen getrennt betrachtet (univariate Auswertung). Vermutlich verkürzt diese Darstellung die Gesamtwirkung der Situation. KOHNEN & KRÜGER (1982) und LIENERT et al. (1985) haben in multivariaten Auswertungen Pulswerte und Leistungswerte gemeinsam betrachtet und gefunden, daß unter der 5mg-Dosis die Streßwirkung insofern abgefangen wird, als hier die beste Leistung auftritt. Weiter wurde gefunden, daß die Erholung von der Belastungswirkung der gesamten Aufrufsituation unter Lopirazepam (5mg) am schnellsten verläuft (gemessen über Veränderungen von Neurotizismuswerten vor und nach der Aufrufsituation, vgl. LIENERT et al., 1985). Aus einer Gesamtperspektive erhalten die Lopirazepam-Wirkungen damit einen anderen Stellenwert als er der Substanz aus dem engen Blickwinkel einer psychophysiologischen Aktivierungswirkung im Verlauf der Aufrufsituation zugesprochen werden müßte.

8.1.2.5. ZUSAMMENFASSUNG DER DREI AUSWERTUNGSSCHRITTE

In Tab. 9 sind in der oben vorgeschlagenen konfiguralen Anordnung die Effekte der drei Auswertungsschritte für die Puls- und Anspannungswerte zusammengestellt.

Die starke Besetzung des Musters "+--" in den Studien A1 und A3 zeigt die systematische Wirkung der eigentlichen Aufrufsituationen, die in Studie A2 in den Pulsfrequenzen durchgängig, in den Anspannungswerten am Anfang und am Ende des Aufrufversuches quantitativ verändert wurden. Sichtbar sind auch die Qualitätsänderungen in Studie A2, die im 2. Aufrufdurchgang vorkamen, sowie die qualitative und quantitative Wirkung von CGP361/A im Anschluß an den 2. Aufrufdurchgang in Studie A3. Die Situationen mit schwacher Wirkung, in denen keine Medikamenteffekte auftraten (Muster "---"), stellen vorwiegend Wartezeiten dar.

TAB. 9: Konfigurale Zusammenfassung der drei Auswertungsschritte für die Aufrufstudien A1, A2 und A3 in den Parametern Pulsfrequenz und Anspannung

KONFIGURATION	STUDIE A1		STUDIE A2		STUDIE A3	
	Puls	Anspannung	Puls	Anspannung	Puls	Anspannung
1+ 2+ 3+					10	
1+ 2+ 3-				08		
1+ 2- 3+	13/15		01/02/03/ 08/09/ 14/15	02/03/ 15		02/ 07
1+ 2- 3-	02/03/ 07/08/09/ 14	01/02/03/05/ 07/08/09/10/ 13/15		01/ 09/ 14	02/03/ 07/09/ 13/15	01/03/ 09/ 13/15
1- 2+ 3+						
1- 2+ 3-	.			10		
1- 2- 3+	12	12	05		04/	04/ 11/12
1- 2- 3-	01/04/05/06/ 10/11	04/06/ 11/ 14	04/06/ 07/10/11/12/ 13	04/05/06/ 07/11/12/ 13	01/05/06/ 08/ 14	05/06/ 08/10/11/ 12/14

Legende: Die Zahlen in den Feldern repräsentieren Folgedifferenzen:
01: V1-Instr / 02: A1-V1 / 03: N1-A1 / 04: W11-N1/ 05: W12-W11 / 06: W13-W12/ 07: V2-W13 / 08: A2-V2/ 09: N2-A2 / 10: W21-N2 / 11: W22-W21 / 12: W32-W22/ 13: V3-W32 / 14: A3-V3 / 15: N3-A3

8.1.2.6. EXKURS: MICROANALYSE DER SITUATION DES AUFGERUFENWERDENS

In konsequenter Verfolgung der Verlaufsbetrachtung sozialer Situationen war oben vorgeschlagen worden, die Minute des Aufgerufenwerdens in ihrem Verlauf von der ersten bis zur letzten Sekunde (in 10-Sekunden-Intervallen) zu betrachten. KOHNEN & KRÜGER (1986a, vgl. LIENERT et al., 1985) hatten in einer Vergleichsstudie zwischen Lopirazepam (5mg) und Oxprenolol (40mg) gegen Placebo anhand von Pulsfrequenzverläufen festgestellt, daß sich die physiologische Belastung über die Minute des Aufgerufenwerdens unter Placebo um ca. 20 Schläge pro Minute verringert. Lopirazepam hatte auch in dieser Studie keine von Placebo verschiedene Wirkung; dagegen war die kardiovaskuläre Wirkung des Betablockers eindeutig zu beschreiben: innerhalb von 20 - 30 Sekunden nach Einsetzen der Streßwirkung des Aufrufes war die Pulsfrequenz wieder auf den Ausgangswert abgesunken (vgl. Abb. 11).

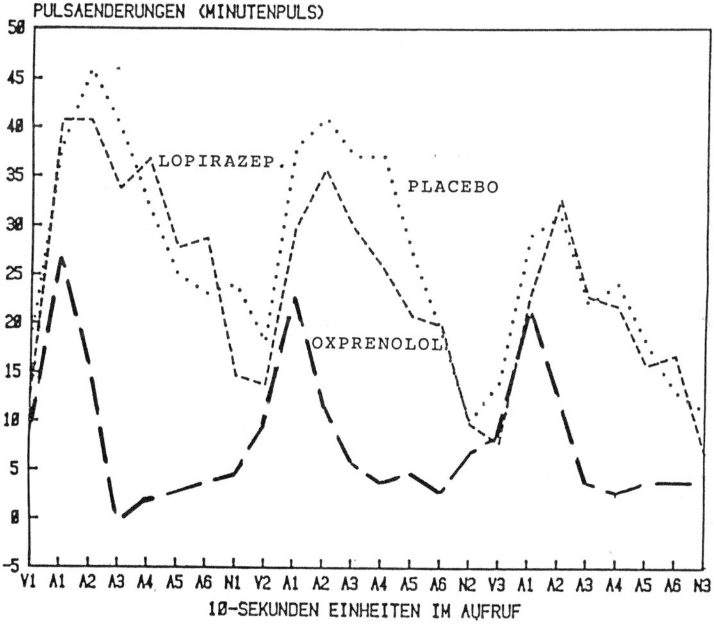

Abb. 11: Microanalyse von drei Aufrufdurchgängen. Vergleich von 5mg Lopirazepam (---), 40mg Oxprenolol (— — —) und Placebo (nach KOHNEN & KRÜGER, 1986a).

Die Pulswerte in den Aufrufsituationen der obigen Auswertung sind demnach als "mittlere" Werte zu betrachten. Ein Pulsanstieg von 30 Schlägen während der gesamten Aufrufminute setzt sich zusammen aus einer Anfangsbelastung von ca. 45 Schlägen und einem Endwert von ca 20 Schlägen mit allen Übergangsstufen. In dieser Beobachtung ist ein Beleg dafür zu sehen, daß eine statische Betrachtung (Reaktionslage vs. Ausgangslage) das Aktivierungsgeschehen nur unvollständig abbildet; die Verlaufsbetrachtung ist nicht nur unverzichtbar zur genaueren Beschreibung der Situationswirkung, sondern erlaubt vor allem auch eine Erfassung der Dynamik der Pharmakonwirkung.

Der Gedanke einer Microanalyse der eigentlichen Belastungssituation (mit unmittelbar vorangehenden bzw. folgenden Zeitabschnitten) soll nachfolgend auch in den Studien A1, A2 und A3 zur Anwendung kommen.

In den Abbildungen 12-14 sind die Verläufe der Originalwerte abgedruckt. Vergleichbare Anspannungsskalierungen liegen für diese Auswertung nicht vor. In den Originaldaten sind signifikante Effekte der K-W-Tests durch "*" kenntlich gemacht. Qualitative Wirkungen traten nicht auf. ( ) bedeutet, daß unter Substanzeinfluß die Pulssteigerung höher bzw. die Pulssenkung geringer ausfällt, ( ) zeigt umgekehrt an, daß die Pharmaka zu einer geringeren Pulserhöhung bzw. zu einer stärkeren Pulssenkung geführt haben.

In allen Placebo-Kurven (durchgezogene Linien) läßt sich der charakteristische Aktivierungsverlauf wiederfinden: nach anfänglicher Pulserhöhung sinkt die Frequenz im Laufe der Aufrufminute ab. In Studie A1 (Abb. 12) fällt die erhöhte Pulsfrequenz unter der höheren 5mg-Dosis auf, in Studie A2 (Abb. 13) sind die beiden Betablocker-Behandlungen durch eine Verschiebung der Pulskurve in Richtung eines niedrigeren Pulses zu erkennen; Studie A3 (Abb. 14) zeigt nur eine unwesentliche Erniedrigung der Pulsfrequenz durch die beiden Betablocker-Dosierungen im Vergleich zur Placebo-Kurve. Belegbar ist vor allem aber die Wirkung des Betablockers im Sinne einer rasch (nach 20 Sekunden) einsetzenden Pulssenkung.

Zur weiteren Veranschaulichung des Betablocker-Effektes sind in Abbildung 15 die Pulskurven von je vier Vpn aufgezeichnet, die im Rahmen der Studie A2 mit 10mg, 20mg und 40mg CGP361/A behandelt wurden. In allen Kurven läßt sich der rasche Eintritt der Betablocker-Wirkung erkennen. Die 40mg-Dosierung ist gegenüber den beiden niedrigeren Dosierungen jedoch deutlich abgehoben. Dieser Befund deutet darauf hin, daß CGP361/A nur in höheren Dosierungen als "klassischer" Betablokker gelten kann; in den von uns untersuchten Dosierungen ist zwar eine kardiovaskuläre Wirkung aufgetreten, die die Substanz als Betablocker ausweist; für klinische Anwendungszwecke wird dieser sympathikomimetische Effekt vermutlich nicht ausreichen.

Für die Argumentation dieser Arbeit erbringt die Vergleichsstudie mit höheren Dosierungen einen Beleg für die Sensitivität der Aufrufsituation zur Abbildung von Streßwirkungen und ihrer Modifikation durch Pharmaka. Diese Sensibilität mag späterhin zur Bestimmung von Dosis-Wirkungskurven eine sinnvolle Verwendung finden.

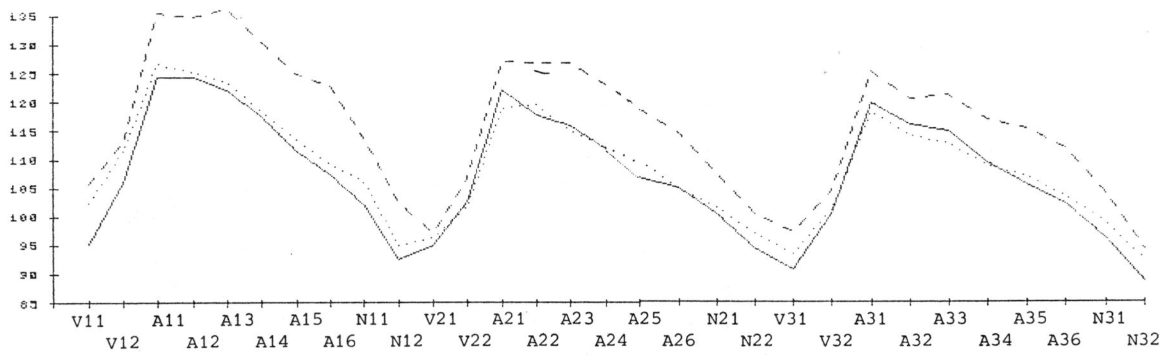

Abb. 12: Studie A1: Aufruf unter Lopirazepam: Microanalyse des Pulsverlaufes in den Aufrufminuten. (——: Placebo, ...: 2.5mg, ---: 5.0mg Lopirazepam).
V=Vor, A=während, N=Nach Aufruf. i.=Durchgang; .j=10-Sekunden-Intervall.

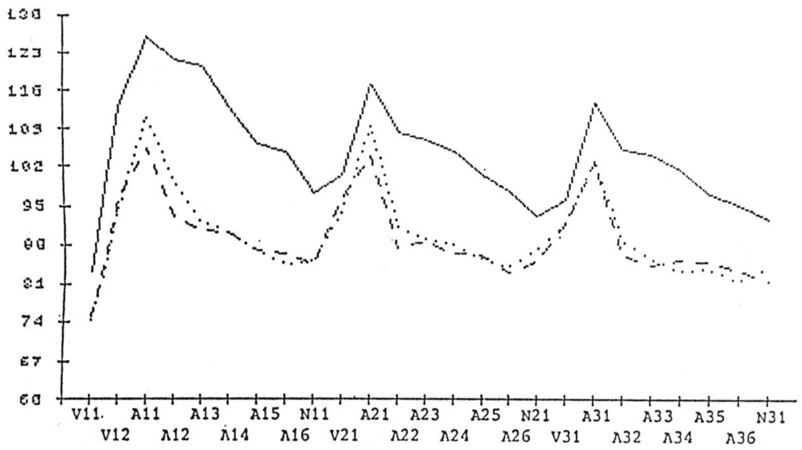

Abb.13 : Aufruf unter verschiedenen Dosierungen von CGP361/A: Microanalyse des Pulsverlaufes in den Aufrufminuten. (——: Plac., ...: 4mg, ---: 10mg CGP361/A).

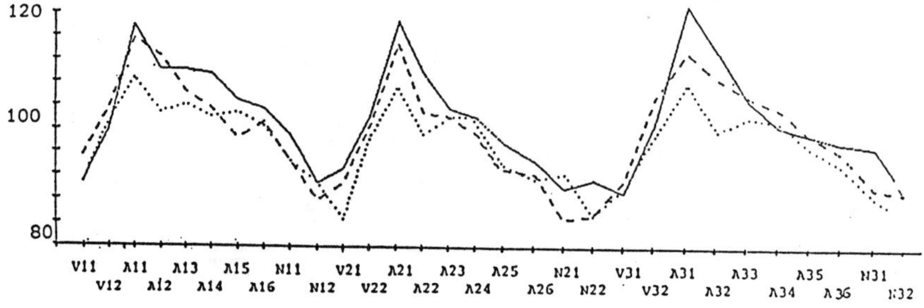

Abb. 14: Studie A3: Aufruf unter CGP361/A: Microanalyse des Pulsverlaufes in den Aufrufminuten. (——: Placebo, ...: 4mg, ---: 10mg CGP361/A). V=Vor, A=Während, N=Nach Aufruf. i.=Durchgang; .j=10-Sekunden-Intervall.

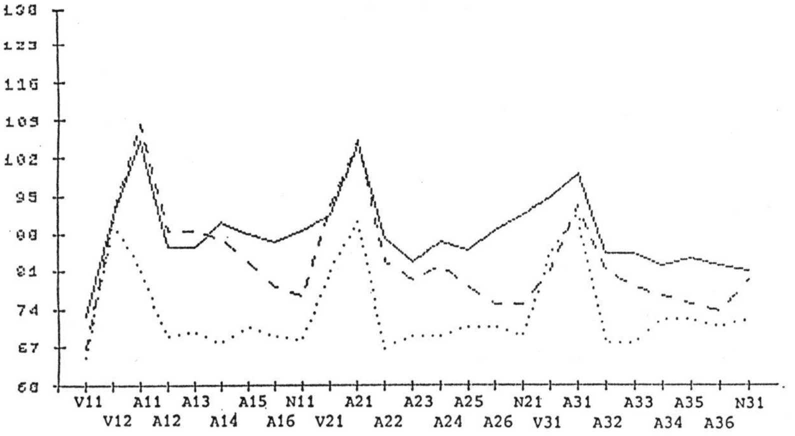

Abb. 15: Studie A2: Aufruf unter CGP361/A: Microanalyse des Pulsverlaufes in den Aufrufminuten.
(——: 10mg; ---: 20mg, ···: 40mg CGP361/A).
V=Vor, A=Während, N=Nach Aufruf. i.=Durchgang, .j=10-Sekunden-Intervall.

Der kurze Exkurs in die Microanalyse einer herausgehobenen sozialen Situation kann folgende Aspekte veranschaulichen:

a. die Stressorwirkung der Aufrufsituation im engeren Sinne hat einen charakteristischen Verlauf; in der Situation kommt es zu einer Abschwächung der initial starken physiologischen Belastung;

b. Pharmaka wirken in unterschiedlicher Weise: sie beeinflussen die Charakteristik des Verlaufs nicht oder greifen in dynamischer Weise in den situativ vermittelten Prozeß ein;

c. Wirkungserwartungen, z.B. über Dosis-Wirkungs-Beziehungen, lassen sich in einfacher Weise überprüfen und - in der Regel - auch bestätigen;

8.2.1.6. ZUSAMMENFASSUNG

Die Befunde der Analyse von drei Studien, in denen die soziale Situation als Stressor aufgefaßt wurde, lassen sich in folgenden Aussagen zusammenfassen:

a. Die Aufrufsituation induzierte systematisch Variation, die sowohl intra- (über die drei Durchgänge) wie interindividuell (über die drei Studien) replizierbar war.

b. Systematische Effekte zeigten sich in einer Aktivierungserhöhung von der Antizipationsphase zur eigentlichen Aufrufsituation und in einer massiven Entlastungswirkung nach Ende der Aufrufsituation. In der psychischen Anspannung beginnt die Erwartung des Aufrufes früher, und der Aufruf wirkt länger nach.

c. Qualitative Pharmakonwirkungen traten nicht konsistent auf; unter der Voraussetzung, daß im Aufruf Streß in massiver Form induziert wird, war dies auch nicht erwartet worden; einige wenige qualitative Effekte traten in den Warteminuten auf, ohne daß sie sinnhaft zu erklären sind. Auch solche Ergebnisse waren aufgrund einer erhöhten und in allen Auswertungen bestätigten Grundvarianz (gleiche Häufigkeiten positiver und negativer Veränderungen) erwartet worden.

d. Es konnten präparatspezifisch und in Abhängigkeit von pharmakokinetischen Überlegungen unterschiedlich viele Nachweise quantitativer Pharmakonwirkungen gefunden werden; die erwartungsgemäß deutlichsten Wirkungen traten unter CGP361/A auf, wenn es zum Zeitpunkt des Wirkungsmaximums der Substanz geprüft wurde (Studie A2); nach Abklingen der Wirkung waren gegenüber Placebo keine eindeutigen Substanzwirkungen mehr aufzuweisen (Studie A3). Lopirazepam hatte gegenüber Placebo erhöhte Pulswerte, jedoch keine verringerten Anspannungswerte erbracht.

e. Die quantitativen Präparateffekte erhalten vor dem Erfahrungswissen zu den untersuchten Substanzen herausgehobene Bedeutung. Für CGP361/A war die kardiovaskuläre Wirkung bisher nicht nachgewiesen; sie konnte aufgezeigt werden mit dem Hinweis, daß sie im Vergleich zu klinisch eingesetzten Betablockern vermutlich schwächer ausfällt. Mit den Lopirazepam-Befunden ist ein weiterer Beleg für die Wirkung von Tranquilizern in Streßsituationen vorgelegt, die an physiologischen und psychologischen Aktivierungsmaßen keine Prophylaxe vor akuten Streßbelastungen erkennen lassen.

f. Wie vermutet, traten häufigere und deutlichere Effekte in der Pulsfrequenz, dem basaleren Maß, als in der psychischen Anspannung auf. In den Studien A2 und A3 kann diese Beobachtung darin begründet sein, daß die subjektive Wirkung (ihre "Spürbarkeit") gering oder nicht vorhanden ist. Daß in der Studie A1 unter dem psychisch leichter bemerkbaren Tranquilizer am häufigsten Effekte im Anspannungsmaß vorkamen, stützt die

"Spürbarkeits"-Hypothese und verweist darauf, daß vor Anwendung solcher Beobachtungen in experimentellen und klinischen Kontexten weitere Belege erbracht werden müssen.

g. Die Mikroanalyse des Pulsverlaufes während der Aufrufsituation hat die dynamische Wirkung des CGP361/A beschrieben.Damit ist die Aufrufsituation offensichtlich ein gut geeignetes Prüfmodell für Dosis-Wirkungsbeziehungen von Präparaten wie auch für den Nachweis kardiovaskulärer Wirkungen von Substanzen.

h. Die Fragestellungen dieser Arbeit können nach den vorgelegten Beobachtungen für die soziale Situation als Stressor so beantwortet werden:

aa. die Streßwirkung der Aufrufsituation ist nachgewiesen;
bb. die Methoden der Pulsmessung und der Anspannungsskalierung bilden die Wirkung der sozialen Situation und den Einfluß von Pharmaka ab;
cc. soziotrope Effekte können CGP361/A als streßprophylaktische Wirkung in sozialen Situationen zugeschrieben werden; ob die Befunde in den Warteminuten als eine veränderte Wahrnehmung der sozialen Situation zu verstehen sind, kann anhand der vorhandenen Daten nicht belegt werden. Lopirazepam hat diese streßprophylaktische Eigenschaft im Akutversuch nicht, sondern wirkt in seiner höheren Dosierung soziopathotrop in dem Sinne, daß es die aktivierende Wirkung der Situation noch verstärkt.

8.1.3. SOZIALE SITUATIONEN ALS FACILITATOREN

Die Auswertung der gruppendynamischen Studien GD1, GD2 und GD3 erfolgte in genau der gleichen Weise, wie dies in den Aufrufstudien geschah. Im Prinzip könnte auch die Beschreibung der Ergebnisse in der Form der Aufrufstudien vorgenommen werden. Allerdings würde dieses Vorgehen die Arbeit gewaltig aufblähen, weil die Zahl der Situationen beträchtlich größer ist und die Vergleiche zwischen den Studien wegen z.T. unterschiedlicher Inhalte schwieriger zu beschreiben sind.

Da davon ausgegangen werden kann, daß der Leser nach der Erläuterung der Auswertungsprozedur und ihrer Anwendung in den Aufrufstudien mit der Analyse der Daten bereits vertraut ist, sollen die Ergebnisse vor allem durch graphische Hilfsmittel in den Tabellen und Abbildungen herausgehoben werden, um damit ausführliche verbale Erläuterungen zu umgehen.

In den Kurvendarstellungen der Originaldaten sind statistisch signifikante Unterschiede in den KRUSKAL-WALLIS-Tests pro Situation über den

Kurven durch ein Sternchen kenntlich gemacht ("*"). Treten in Auswertungsschritt 1 Effekte auf, die dann systematische Wirkungen der Situation darstellen, so zeigt ein Pfeil zwischen den jeweiligen Situationen an der Abszisse der Abbildung den Effekt an. Im folgenden Text werden die Befunde zusammenfassend dargestellt und an einzelnen Beispielen kommentiert. Wir hoffen, damit einen griffigen Bericht vorzulegen und eine zügige Lektüre zu ermöglichen.

8.1.3.1. ANALYSE DER ORIGINALDATEN

Die Originaldaten sind in folgenden Abbildungen dargestellt: Pulsfrequenz und Anspannung sind, in der Folge GD1, GD2, GD3, in den Abbildungen 16 bis 21 dargestellt;. Über die Ergebnisse in den übrigen Skalen Bewertung, Sicherheit und Belastung wird lediglich verbal berichtet.

Die Pulskurven der Placebo-Behandlung liegen über den Gesamtverlauf hinweg im Bereich zwischen 70 und 90 Schlägen und variieren um den sog. experimentell gemessenen Ruhepuls. Erstaunlich ist in allen Kurven die hohe Variabilität des Pulses. Aktivierungsspitzen liegen, an Studie GD3 (Abb. 20) veranschaulicht, in der Situation des sog. Sozialaufrufes (Sit. 57-63, in der jede Vp zu jedem Partner gehen und durch eine Körperberührung ihr persönliches Gefühl seiner Person gegenüber ausdrükken sollte), sie finden sich häufig zu Beginn oder am Ende einer Übungssequenz: Situationen 14-16 veranschaulichen die 1. Partnersuche, Situation 50 stellt das Ende der Umarmungsübung dar.

Der mögliche Einwand, die Variation der Pulskurven bilde nichts anderes als die motorische Aktivität der Vpn während der Übungen ab, trifft zwar auf den ersten Blick für einige Situationen zu (z.B. Situationen 29, 41 und 56) und hat hier auch seine Berechtigung; andererseits zeigen andere Situationen mit ebenfalls primärer motorischer Aktion keine vergleichbar großen Veränderungen (z.B. Situationen 23 und 37); ein Gegenargument liefert auch Situation 58, die Antizipationsphase des Sozialaufrufs: hier ist eine massive Pulserhöhung eingetreten, die anschließende motorische Bewegung (im Kreis herumlaufen) reduziert dagegen sogar die Pulsfrequenz. Die Situationen, in denen motorische Aktivitäten vorkamen, waren immer am Anfang oder am Ende einer Sequenz; sie sind damit konfundiert mit einer antizipatorischen Erregung, die sich auf die Neuheit der Aufgaben in der folgenden Übung richtet; daraus ist die Legitimation zu ziehen, diese Situationen auch als soziale Erwartungssituationen zu definieren und sie keineswegs als rein motorische Aktivitäten aus der Analyse auszuklammern.

Pulstäler liegen in der Meditationsübung (9-12), in der Händeübung in der Gruppe (30-34) und in der Streichelsituation (37, 41).

Auffallend ist an den Pulskurven, daß auch unter Medikament-Bedingungen die Form des Kurvenverlaufs nicht wesentlich verändert, sondern in der Regel nur parallel verschoben wird. In Abbildung 22 sind vergleichbare Teile der drei Studien ineinander gezeichnet; die Zeichnung veranschaulicht die Stabilität des Verlaufs über verschiedene Untersuchungen hinweg in eindrucksvoller Weise.

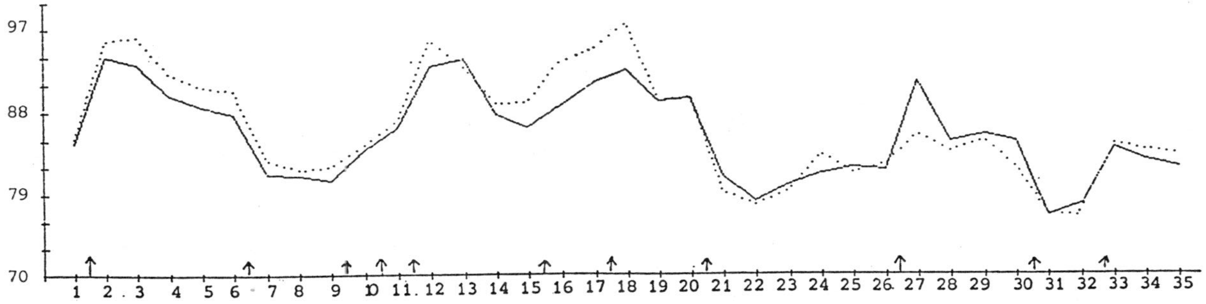

Abb.16 : Studie GD1: Gruppendynamik unter Prazepam. Originalwerte: Puls.
(——Placebo, ...10mg Prazepam).

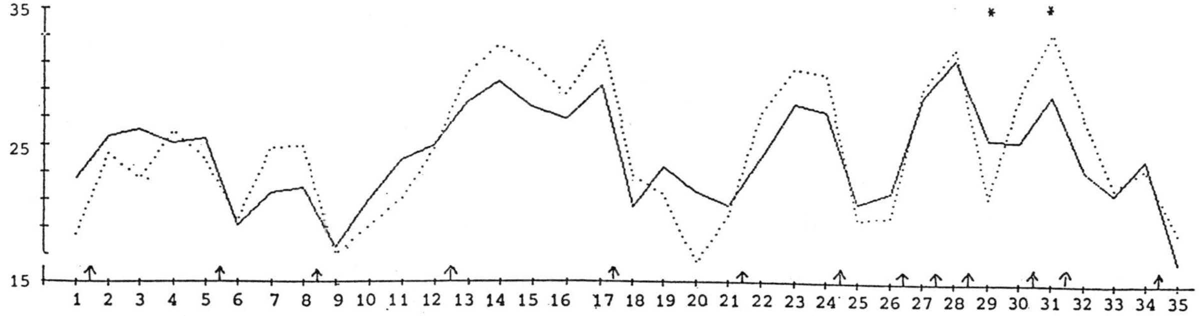

Abb. 17: Studie GD1: Gruppendynamik unter Prazepam. Originalwerte: Anspannung.
(——:Placebo, ...: 10mg Prazepam).

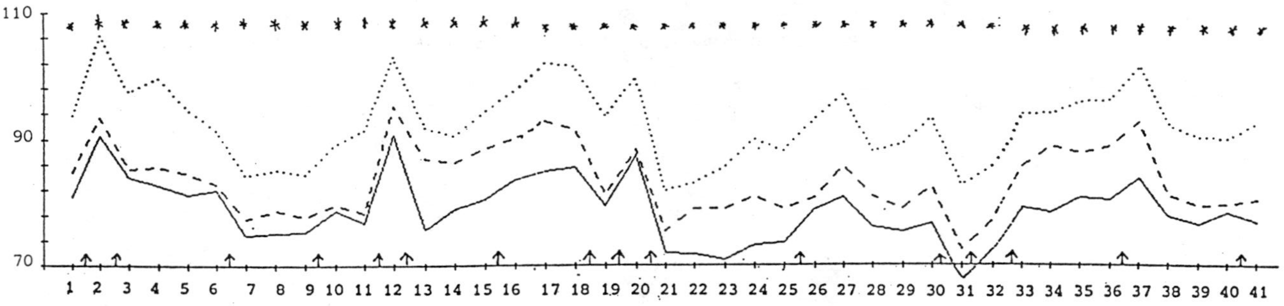

Abb. 18: Studie GD2: Gruppendynamik unter Prazepam. Originalwerte: Puls
(——:Placebo, ...:10mg, ---20mg Prazepam).

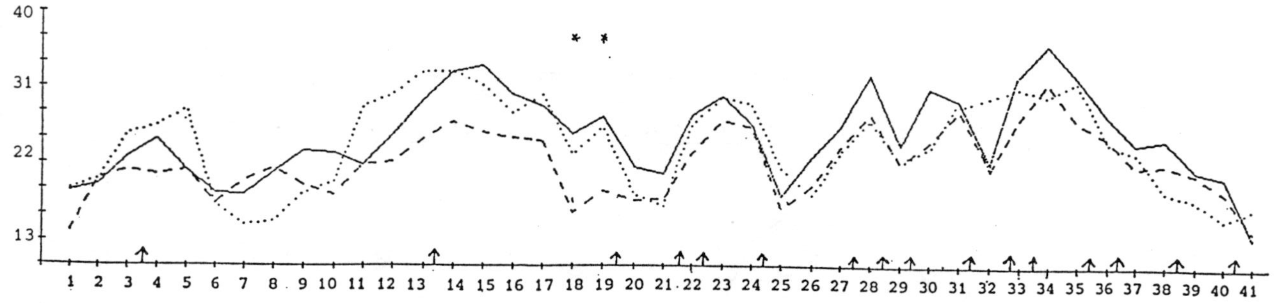

Abb. 19: Studie GD2: Gruppendynamik unter Prazepam. Originalwerte: Anspannung.
(——:Placebo, ...:10mg, ---:20mg Prazepam).

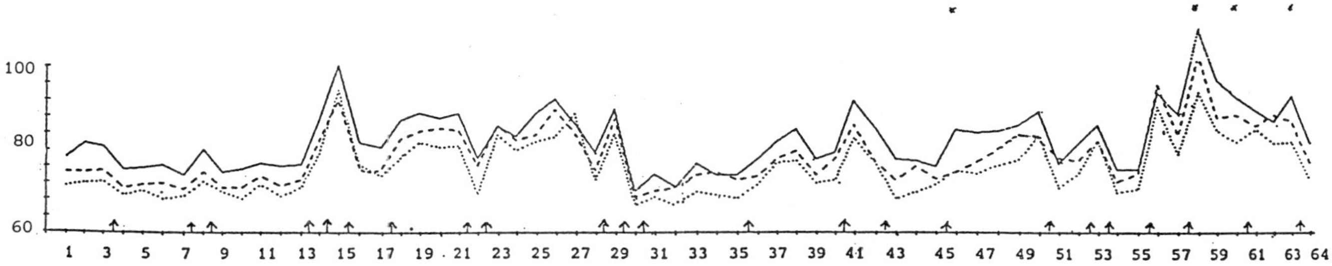

Abb. 20: Studie GD3: Gruppendynamik unter CGP361/A. Originalwerte: Puls.
(——:Placebo, ...:4mg, ---10mg CGP361/A).

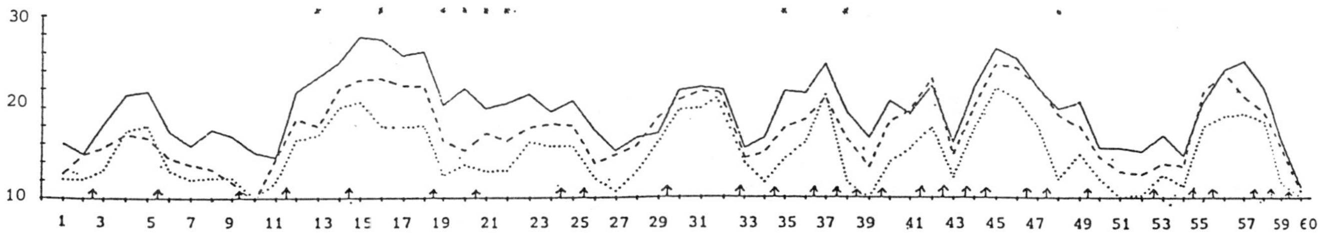

Abb. 21: Studie GD3: Gruppendynamik unter CGP361/A. Originalwerte: Anspannung.
(——: Placebo; ...: 4mg; ---: 10mg CGP361/A)

Für die Anspannungsskalierungen können die Aussagen zu den Pulskurven wiederholt und intensiviert werden: die Spannweite ist mit ca. 20 Punkten (von 10-30) hoch, die Variabilität des Verlaufs ist erstaunlich und die Konstanz über die Behandlungen hinweg in der Form erhalten. Deutlich lassen sich die einzelnen Übungen erkennen; die psychische Aktivierung verläuft gegenüber der Pulsfrequenz sichtlich ganzheitlicher.

Die Einschätzung der Belastungswirkung der Situation bewegt sich durchgängig im positiven Bereich auch in diesem Parameter ist die Variation über die sozialen Situationen hinweg vorhanden, allerdings ist sie eingeschränkter als in den beiden Aktivierungsmaßen.

Behandlungswirkungen sind in allen Studien gefunden worden. Herausragend ist die Pulserhöhung durch Prazepam in Studie GD2, die wegen der drastischen Steigerung unter der 10mg Dosis über das gesamte Programm hinweg erhalten bleibt. In diesem Effekt drücken sich keineswegs Ausgangswertunterschiede aus: der KRUSKAL-WALLIS-Test über den Ruhepuls wird nicht signifikant. Sie ähneln der Frequenzsteigerung unter Lopirazepam in Studie A1. Daß unter der gleichen Dosis in Studie GD1 Prazepam den pulserhöhenden Effekt nicht hat, kann im Sinne der NOWLIS'schen Befunde erklärt werden: die Einführung der höheren 20mg-Dosis hat über die Veränderung des "Gruppenklimas" möglicherweise die 10mg-Wirkung modifiziert. Zur empirischen Untermauerung dieser Vermutung reichen die vorhandenen Daten jedoch nicht aus.

CGP361/A hat in der Pulsfrequenz lediglich in den aktivierenden Situationen des Sozialaufrufes sowie in der zwischenmenschlich schwierigen Augenkontakt-Situation im Anschluß an die Streichelübung Wirkungen gezeigt und dabei die Frequenzerhöhung unter Placebo reduziert. In allen mittel oder wenig aktivierenden Situationen erbrachte die Substanz keine Effekte.

Die seltenen Effekte in den psychischen Maßen folgen in allen drei Studien keiner klaren Systematik und sollen hier noch nicht weiter kommentiert werden.

Die Betrachtung der Originalwerte hat das gruppendynamische Programm in allen Parametern der drei Studien als variationsreiche Abfolge verschiedener Situationen ausgewiesen. Die über die Teilübungen eingeführte Variabilität hat sich dabei als über die Studien hinweg stabil erwiesen, womit in inspektiver Betrachtungsweise der Anspruch der Reproduzierbarkeit eingelöst ist.

Die Autokorrelationskoeffizienten 1. Ordnung liegen für alle Parameter hö her als in den Aufrufstudien. Für die Pulswerte errechneten sich: Studie A1: .27; A2: .39; A3: .37; Anspannung: A1: .55; A2: .53; A3: .53; Bewertung: A1: .36; A2: .38; Sicherheit: A1: .37; A2: .38; Belastung: A3: .48.

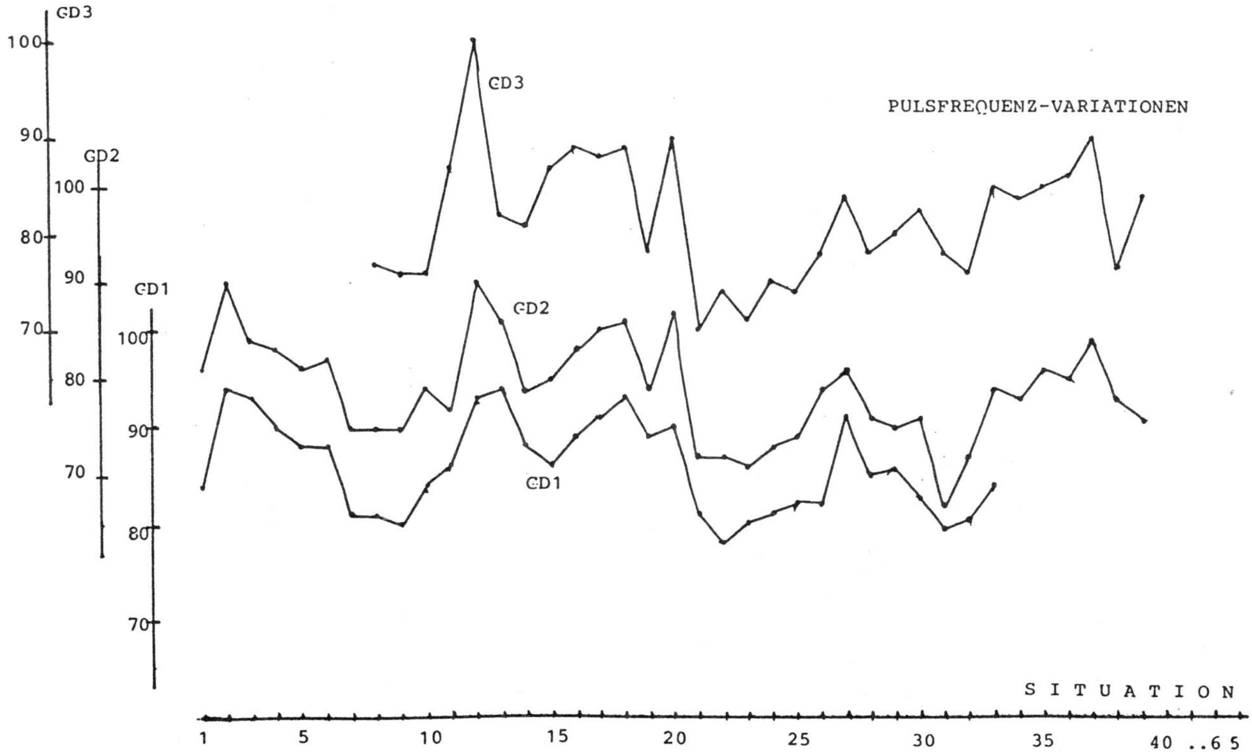

Abb. 22: Vergleich der drei gruppendynamischen Studien GD1, GD2 und GD3 anhand gemeinsamer Übungsteile. Aufgezeichnet ist die Pulsfrequenz pro Minute. Die Situationen sind der Tabelle 1 zu entnehmen.

8.1.3.2. DIE WIRKUNG DER GRUPPENDYNAMISCHEN SITUATIONEN

Auswertungsschritt 1 verfolgt wiederum das Ziel, die an den Originalkurven beschriebene Variabilität der gruppendynamischen Situationen anhand von Veränderungen zwischen je zwei aufeinanderfolgenden Teilsituationen zu beschreiben. Wieder soll ein Screening Situationen mit "starker" Wirkung, die bei der Mehrzahl der Vpn gleiche Veränderungen auslösen, und Situationen mit "schwacher" Wirkung, in denen positive und negative Folgedifferenzen annähernd gleich häufig vorkommen, herausfinden.

Im zusammenfassenden Überblick sind folgende Effekte zu beschreiben: In der Pulsfrequenz treten systematische Veränderungen häufig auf, wenn eine neue Übung im Rahmen des Programms begonnen wurde. Als wichtigste Ausnahme von dieser allgemeinen Charakterisierung kann die Streichelsituation angesehen werden, die unten genauer beschrieben wird. Die Anspannungswerte zeigen Veränderungen dagegen vor allem in zwischenmenschlich eher schwierigen Situationen an: in der Erwartung einer Aufgabe, die mit dem Partner zu erfüllen ist, in Augenkontakt-Situationen oder in gegenseitigen Körperberührungen steigt die psychische Anspannung an, in den Besinnungsphasen am Ende der Übungen fällt sie in der Regel ab. Die Bewertung der Situation und die Einschätzung des selbst erlebten Sicherheitsgefühls erbringen zwar Hinweise, daß in der Aufgabe, einen Partner zu suchen oder ihm in die Augen zu schauen, ohne dabei reden zu dürfen, unangenehme Situationen zu sehen sind, allerdings kom- men diese Effekte zu selten vor, um sie verallgemeinern zu dürfen. Wie die meisten anderen Situationseffekte in den genannten Skalen auch, sind sie eher aus der Übungsabfolge erklärbar.

Unter allen Situationen fällt die Streichelübung und in GD2 und GD3 die anschließende Umarmungs-Situation am stärksten durch eine Häufung der Effekte in der Pulsfrequenz und der Anspannungsskalierung auf. Sie wird in Tab. 10 genauer analysiert.

In Tab. 10 sind die beiden Aktivierungsmaße aus allen drei Studien einander gegenübergestellt. Dabei ist zu beachten, daß Studie GD3 differenzierter ausgewertet wurde, ihre Befunde also nicht direkt mit den beiden anderen Studien zu vergleichen sind.

Die Situation des aktiven Streicheln (die Vp streichelt den Partner, der die Augen geschlossen hat, mit einer Hand im Gesicht) führt in allen Studien bei ca. 75% der Vpn zu einer Pulsfrequenzerniedrigung nach der vorhergehenden Phase der Antizipation des Streichelns, während die psychische Anspannung bei einem noch größeren Teil der Vpn von der Antizipation zur Streichelhandlung ansteigt, um dann in der nachfolgenden Besinnungsphase wieder abzufallen. Der Verlauf der Anspannungswerte ist auch typisch für das passive Gestreicheltwerden (die Vp sitzt mit geschlossenen Augen da; ihr Gesicht wird in der Antizipationsphase vom

TAB. 10: Analyse der Streichelübung in den drei gruppendynamischen Studien GDI, GD2 und GD3 sowie der Umarmungsübung in GD2 und GD3 anhand von Puls- und Anspannungswerten.

SITUATION	PULSFREQUENZ						ANSPANNUNG					
	GD3		GD2		GD1		GD3		GD2		Gd1	
Signum	-	+	-	+	-	+	-	+	-	+	-	+
Gruppen-Diskussion												
	3	9	2	5	2	10	0	11	2	4	1	10
Partnersuche 3/A												
	6	6										
Antizipation Streicheln												
	11	4	6	2	9	3	2	12	0	7	1	11
Streicheln aktiv												
	4	6	3	4	5	6	15	0	7	0	10	1
Besinnung												
	3	12					11	1				
Rückkehr zum Platz												
	11	4	3	4	4	8	2	10	1	7	4	5
Partnersuche 3/B												
	10	3					5	4				
Antizipation Streicheln												
	7	6	7	0	11	1	2	12	3	5	0	9
Streicheln passiv												
	6	7	1	7	3	9	14	0	6	0	9	0
Besinnung												
	2	10	1	7			2	13	0	8		
Augenkontakt												
	2	4	5	2			1	14	0	5		
Antizipation Umarmung												
	6	4	2	6			5	7	5	1		
Umarmung												
	4	8	3	3			10	3	6	0		
Augen zu												
	3	8	1	7			9	2	5	0		
Zurückziehen												
	14	1	6	1			8	5	4	4		
Partner-Diskussion												

Partner (sie weiß nicht, welcher der drei möglichen vor ihr sitzt) genau studiert, danach wird sie im Gesicht gestreichelt); der Pulsverlauf entspricht dem aktiven Streicheln nur in den Studien GD1 und GD2; in GD3 führt bereits die Antizipationsphase zu einer Pulserniedrigung, das Gestreicheltwerden und die anschließende Besinnungsphase lösen keinen systematischen Effekt mehr aus.

Die Umarmungs-Situation erbringt in der Pulsfrequenz lediglich in der Blickkontakt-Phase am Anfang (die Personen, die gerade im Streichelkontakt waren, sehen sich ohne zu sprechen an) und am Ende der Umarmung systematische Pulsfrequenzsteigerungen; in der Partnerdiskussion fällt der Puls dagegen bei fast allen Vpn. In der psychischen Anspannung haben nahezu alle aufeinanderfolgenden Sequenzen systematische Veränderungen herbeigeführt; bemerkenswert ist, daß die Körperberührung bei der Umarmung im Gegensatz zum Streicheln keine systematische Wirkung auslöst.

Die Streichelsituation zeichnet sich im Vergleich zu allen anderen Situationen dadurch aus, daß im Prinzip etwas "unmögliches" verlangt wird: eine nahe Handlung an einer fernen, weil bisher fremden Person auszuführen. Erstaunlich an den Effekten ist, daß sich die Unmöglichkeit der Handlung wohl auf der psychischen Seite zeigt, nicht aber im Puls: das Herz reagiert auf die Handlung, nicht aber auf die Situation, in der sie abläuft. Möglicherweise ist die Streichelsituation damit als ein Prototyp des systematisch ablaufenden sozialen Verhaltens ausgewiesen, weil sie - als beruhigende Geste - auf phylo- oder ontogenetisch alten Erfahrungen beruht. Die Umarmungssituation hat in ihrer somatischen Wirkung diesen systematischen Effekt nicht; auf psychischer Seite veranschaulicht aber auch diese Aufgabe die Belastungswirkung einer nahen Handlung an fremden Personen.

Die berichteten Befunde belegen auch für facilitativ wirkende Situationen die Hypothese, daß soziale Situationen induzierbare Varianz zur Verfügung stellen. Die Streichelsituation verdient vor allem deshalb besondere Aufmerksamkeit, weil die physiologische und die psychische Reaktion nicht gleich-, sondern gegeneinanderlaufen: die somatisch beruhigende Wirkung tritt trotz einer erlebten psychischen Aktivierungssteigerung auf.

Auch eine Analyse der Situationen, die über die drei Studien hinweg zu reproduzierbaren Effekten führten, stützt die Bedeutung der Streichelsituation als basale, d.h. wenig komplexe soziale Aufgabe. Breiter als in den Streßversuchen möglich, liefern die gruppendynamischen Studien Hinweise dafür, daß systematische physiologische und psychische Veränderungen durch unterschiedliche soziale Kontexte ausgelöst werden. Pulsfrequenzänderungen sind überwiegend am Ende (Absinken) oder am Anfang (Ansteigen) von Übungskomplexen aufgetreten; sie deuten auf einen Wechsel von physiologischer Bereitstellungsreaktion im sozialen Miteinander zur physiologischen Entspannung in der beendeten oder geklärten (d.h. der weitere Verlauf der Situation ist vorhersehbar und z.B. nicht bedrohlich) Sozialsituation hin. Die psychische Reaktion läuft dagegen sehr viel spezifischer ab: die Erwartung und die Ausführung einer nahen sozialen Handlung, vor allem unter Einbezug körperlicher Berührungen, lösen systematische Aktivierungssteigerungen aus.

Die Skalen Bewertung und Sicherheit, die eher den kognitiven und den emotionalen Anteil an der Verarbeitung der Situation erfassen, haben wenige und nicht verallgemeinerbare Effekte gebracht. Die Hypothese, daß sich Effekte umso leichter reproduzieren lassen, je basaler das erfaßte Merkmal sei, gilt für die gruppendynamischen Studien nur im psychischen Bereich, wo die Anspannung ungleich häufigere Effekte erbracht hat, als es die beiden Skalen Bewertung und Sicherheit taten. Andererseits ist das Merkmal der psychischen Anspannung der Herzfrequenz in der Zahl der Nachweise überlegen, womit die generelle Gültigkeit der Hypothese nicht aufrechtzuerhalten ist.

In der Reproduzierbarkeit der Effekte ist zunächst eine Bestätigung für die Planung des Versuches mit einem standardisierten Programm zu sehen: es ist offensichtlich möglich, soziale Kontexte über verschiedene Gruppen und Studien hinweg mit vergleichbaren Effekten zu schaffen. Intergruppenunterschiede, die z.B. im Ausmaß der gegenseitigen Sympathie der Gruppenmitglieder begründet sein können, haben weniger zu Buche geschlagen, als dies apriori zu erwarten war.

8.1.3.3. QUALITATIVE PHARMAKONWIRKUNG IN DER FACILITATIVEN SITUATION

Die Frage nach qualitativen Änderungen der unter Placebo beobachteten Effekte der Situation wird in Auswertungsschritt 2 beantwortet In allen Untersuchungen sind signifikante Effekte (a=.10) in den Kontingenz- bzw. Vierfeldertafeln gefunden worden. Sie treten regelhaft in den psychischen Parametern und gelegentlich in der Pulsfrequenz bei Übergangssituationen im Programm auf, in denen mit Partnern oder in der Gruppe zu diskutieren ist, in denen Partner gesucht werden sollen, in denen der Körperkontakt zum Partner aufgenommen wird, oder sie charakterisieren das Ende des Programms als wichtige soziale Situation.

An den deutlichsten Effekten (a=.05) soll diese Aussage belegt werden: In Studie GD1 steigt die Anspannung nach dem Kontrollierten Gespräch 2 zur Partnerdiskussion (Sit. 5/6) systematisch an (10+/0-), unter 10mg Prazepam berichten 4 Vpn eine geringere Anspannung in der Partnerdiskussion (7+/4-). In Studie GD2 fällt insbesondere der Übergang von der letzten Übung zum Ende (Sit. 40/41) in mehreren Parametern auf: die Pulsfrequenz sinkt hier unter Placebo systematisch ab (0+/ 6-), sie steigt unter der 10mg-Prazepam-Dosierung deutlich (5+/2-) und in der 20mg-Dosis merklich (4+/4-) an; in der Anspannungsskalierung, die auch hier unter Placebo einen systematischen Effekt aufweist (0+/7-), bleibt der Situations-Effekt in der 20mg-Dosis erhalten (0+/7-), unter 10mg beschreiben 4 von 8 Vpn eine erhöhte psychische Anspannung (4+/3-). Während sich das Sicherheitserleben unter Placebo kaum ändert (1+/ 2-), tritt unter beiden Dosierungen des Tranquilizers ein positiveres Sicherheitsgefühl auf (4/0 bzw. 5/0). Auch in Studie GD3 hat der Schluß des Programms eine besondere Bedeutung (Sit. 59/60): die Anspannung sinkt unter Placebo systematisch ab (1+/14-), tut dies auch unter 10mg CGP361/A (0+/12-), nicht aber unter der geringeren Dosis von 4mg (5+/7-), in der ein Drittel der Vpn eine erhöhte Anspannung berichtet.

Die geschilderten Präparateffekte sind schwer in allgemeiner Form zu beurteilen, zumal sie z.T. dosisabhängig unterschiedlich sind. Während die durchgängig vorhandenen systematischen Placebo-Effekte in den genannten Situationen auf ein Nachlassen der Anspannung, etwa im Sinne einer Erschöpfung oder eines Ausruhens deuten, erlauben es die vorhandenen Wirkungen unter Verum, eher auf eine weiterbestehende Bereitschaft zur Aktion oder auf ein positives Nachwirken des Programms schließen. Die Präparateffekte lassen das Bild entstehen, als würden unter Verum gerade in den eher "informellen" sozialen Situationen vorhandene soziale Cues wahrgenommen, die unter Placebo nicht beachtet werden. Diese Interpretationen sind (noch) nicht mehr als Spekulation. Wichtiger ist, daß in den genannten Übergangssituationen (wie auch in den anderen, hier nicht diskutierten Aufgaben) soziale Kontexte aufgedeckt wurden, die in zukünftigen Untersuchungen auf ihre Eignung zur Aufdeckung qualitativer Pharmakonwirkungen - u.U. in der genannten soziotropen Richtung einer höheren Sensibilität für soziale Hinweisreize - gezielt geprüft werden könnten.

Qualitative Wirkungen traten in den eher informellen Situationen des Programms oder an seinem Ende auf, in denen keine soziale "Leistung" zu erbringen war; es sind dies Kontexte, die Passivität erlaubten, was von den Placebo-behandelten Vpn auch genutzt wird. Diese Effekte kamen selten in den angeleiteten Übungsteilen vor, in denen es darauf ankommt, den Anweisungen des Versuchsleiters möglichst gut nachzukommen, weil dies z.B. auch der Partner erwartet: hier blieb die Situationssystematik, so vorhanden, unverändert. Präparatspezifische Unterschiede fielen aus qualitativer Perspektive nicht auf.

8.1.3.4. QUANTITATIVE PHARMAKONWIRKUNGEN IN FACILITATIVEN SITUATIONEN

Es ist eine überraschende Fülle von quantitativen Effekten aufgetreten. Um einen ersten Überblick zu gewinnen, ist in Tab. 11 einfach die Häufigkeit der Wirkungsnachweise pro Parameter ausgezählt und auf die Zahl der Übungen pro Studie bezogen.

TAB. 11 : Absolute und prozentuale Häufigkeiten von Wirkungsnachweisen in den drei Auswertungsschritten. Analyse aller Verlaufsparameter der gruppendynamischen Studien GD1, GD2 und GD3.

PARAMETER	AUSWERTUNGSSCHRITT 1						AUSWERTUNGSSCHRITT 2						AUSWERTUNGSSCHRITT 3					
	GD1		GD2		GD3		GD1		GD2		GD3		GD1		GD2		GD3	
	f	%	f	%	f	%	f	%	f	%	f	%	f	%	f	%	f	%
Pulsfrequenz	11	32	16	40	23	36	1	3	0	0	2	3	5	15	18	45	20	31
Anspannung	13	38	16	40	29	49	1	3	5	13	8	13	3	9	12	30	16	27
Bewertung	6	18	2	5			2	6	3	8			3	9	12	30		
Sicherheit	5	15	3	8			3	9	4	10			3	9	8	20		
Belastung					10	17					2	3					20	34

Der Vollständigkeit halber sind auch die Effekte der Auswertungsschritte 1 und 2 mit aufgenommen; da zwischen den Studien keine bemerkenswerten Unterschiede vorkommen, brauchen diese nicht weiter kommentiert werden.

In Auswertungsschritt 3 fällt Studie GD1 dadurch auf, daß hier weniger Effekte vorkommen als in den beiden anderen Studien. Untersuchung GD2 hat in der Pulsfrequenz die höchste Zahl von signifikanten Effekten; damit ist gezeigt, daß sich nicht nur die Lage der Pulskurven (s. Originaldaten-Auswertung) unterscheidet, sondern daß auch die Veränderungen zwischen aufeinanderfolgenden Situationen dosisspezifisch sind. In den Anspannungsskalierungen und Bewertungseinschätzungen sind in einem Drittel der Differenzen Unterschiede gegenüber Placebo aufgetreten. In Studie GD3 traten in allen drei Parametern in ca 30% der Differenzen Wirkungsnachweise auf.

Die Zahl der Effekte ist angesichts der seltenen Befunde in der Auswertung der Originaldaten (Ausnahme: Pulsfrequenz in GD2) überraschend; sie stützt unsere Ausgangsüberlegung, daß in der Verlaufsbetrachtung des Übergangs von einer sozialen (Teil-) Situation zur anderen die Wirkung der Situation und die Veränderung dieser Wirkung durch das Pharmakon adäquater abgebildet werden können als durch eine Statusbetrachtung.

Die gefundenen Effekte folgen keiner auffindbaren Systematik in dem Sinne, daß sie z. B. überwiegend in Situationen der Körperberührung, der Diskussion, der Besinnung oder auch des Situationswechsels vorkommen würden. Am folgenden Beispiel des Übungskomplexes "Raumerforschen", der ersten Sequenz, in der Körperkontakt mit einem Partner (über die Hände) gefordert war, soll eine Wirkungshypothese erläutert werden.

In Tab. 12 sind anhand der Puls- und Anspannungswerte der Studien die Verteilungen positiver und negativer Änderungen gegenüber den Placebo-Normwerten aufgelistet. Die Tabelle zeigt, daß mit einer Ausnahme (Anspannung GD2, Veränderung von der Situation des schweigenden in die Augen-Schauens zur ersten Berührung der Hände) alle systematischen Effekte der Situation, wie sie unter Placebo beschrieben wurden, erhalten geblieben sind. Substanzeffekte kommen dort vor, wo unter Placebo gleiche Häufigkeiten der Änderungsrichtungen typisch sind. In Abb. 23 wurden für die Studien GD2 und GD3 (nur sie haben Wirkungsnachweise erbracht) die Häufigkeiten super- und supramedianer (Placebo-Median) Signaturen unter den kombinierten Behandlungsbedingungen gegenüber der Placebo-Behandlung als Null-Linie aufgetragen. In Studie GD3 sind steilere Anstiege bzw. ein geringerer Abfall der Pulsfrequenz zu Beginn der Sequenz zu beobachten, während die Anweisung, die Augen zu schließen und den persönlichen Raum zu erforschen, eine stärkere Pulssenkung bzw. eine geringere Pulssteigerung als unter Placebo auslöst. Der sinusförmige Kurvenverlauf erweckt den Eindruck, daß die Vp sich zu Beginn aktivational auf die neue Situation einstellt, um dann die spielerischen Angebote der nun bekannten Aufgabe im entspannteren Zustand erleben zu können. In der Anspannung bilden sich dagegen Anweisungen, die eine

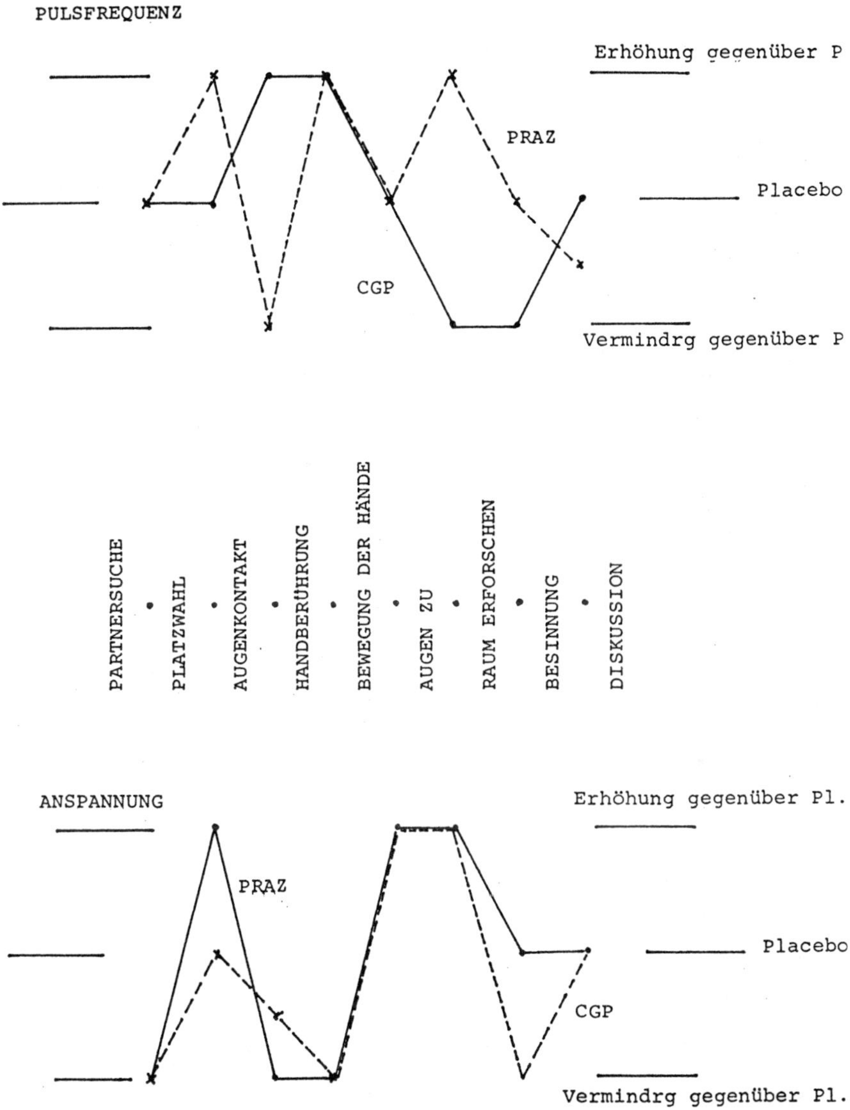

Abb. 23. Vergleich von Änderungen der Pulsfrequenz und der Anspannung in den Teilsituationen der Übung "Raumerforschen" aus den Studien GD2 (Prazepam) und GD3 (CGP361/A). Erläuterung im Text.

TAB. 12 : Quantitative Pharmakonwirkungen (Auswertungsschritt 3) in der Pulsfrequenz und der Anspannungsskalierungen innerhalb der Übung "Raumerforschen" (Zeile VER). Zum Vergleich ist die Situationssystematik unter Placebo (PLA) im Auswertungsschritt 1 angegeben.

SITUATION	Signum	PULSFREQUENZ GD3 −	PULSFREQUENZ GD3 +	PULSFREQUENZ GD2 −	PULSFREQUENZ GD2 +	PULSFREQUENZ GD1 −	PULSFREQUENZ GD1 +	ANSPANNUNG GD3 −	ANSPANNUNG GD3 +	ANSPANNUNG GD2 −	ANSPANNUNG GD2 +	ANSPANNUNG GD1 −	ANSPANNUNG GD1 +
Partnersuche													
----------------	PLA	3	10*	0	8*	2	10*	2	6	1	6	2	5
----------------	VER	17	15	8	8	6	6	*21	11	*12	4	4	8
Platzwahl im Raum													
----------------	PLA	14	0*	8	0*	7	4	3	8	2	5	0	8*
----------------	VER	16	16	*3	13	7	5	*10	22	6	10	6	6
Augenkontakt													
----------------	PLA	7	4	2	6	8	3	3	10*	1	7*	4	6
----------------	VER	*10	22	*12	4	5	7	*25	7	11	5	7	5
Handberührung													
----------------	PLA	1	10*	3	5	7	4	6	6	1	3	6	2
----------------	VER	12	21	*4	12	3	9	*22	10	*12	4	8	4
Bewegung der Hände													
----------------	PLA	3	7	1	7*	2	10*	7	4	5	3	5	3
----------------	VER	15	17	10	6	4	8	*11	21	*2	14	7	5
Augen zu													
----------------	PLA	6	7	3	5	3	9	7	6	4	1	2	7
----------------	VER	*22	10	*3	13	9	3	*10	22	5	11	7	5
Raum erforschen													
----------------	PLA	5	7	2	5	1	8*	14	0*	6	1	10	0*
----------------	VER	*22	10	10	6	7	5	16	16	*14	2	5	7
Besinnung													
----------------	PLA	11	2*	7	0*	8	4	4	9	1	4	2	7
----------------	VER	14	18	11	5	6	6	19	13	9	7	8	4
Partner-Diskussion													

Änderung der Situation mit zunächst nicht bekannten Folgen (in die Augen schauen, die Augen schließen) beinhalten, in gegenüber Placebo erhöhten Werten ab; wird die folgende Aufgabe jedoch genannt, sinkt die Anspannung in sozial einfachen Situationen (Hände berühren, ein Spiel mit den Händen veranstalten) oder steigt sie in sozial schwierigeren Situationen (den persönlichen Raum um den Partner zu erforschen bzw. seinen eigenen persönlichen Raum vom Partner erforschen zu lassen). Die Qualitätsänderung der Placebo-Wirkung durch CGP361/A besteht darin, daß sich unter Placebo die Aufforderung, die Hände zu berühren, als anspannungssteigernd auswirkt, während sie unter Verum als anspannungsmindernd erlebt wird. Die (spekulative) Erklärung spricht wiederum dafür, daß das Herz auf die Handlung reagiert (der sozial anstrengende Kanal des nonverbalen Kontakts über die Augen wird abgeschaltet, was als Entlastung erlebt wird), die Anspannung spricht dagegen auf die Bedeutung der Handlung, auf die vorgegebene Nähe zwischen den Partnern, an: wenn man so will, kann in der Aufgabe, den persönlichen Raum zu erkunden, eine Situation der ALTMAN'schen Privacy gesehen werden, in der sehr genau auf die persönlichen Grenzen (boundary) zu achten ist. In diesem Sinne hätte CGP361/A eine enorm sozial sensibilisierende Wirkung, weil es die Wahrnehmung der Inhalte einer Situation als "soziale" Situation verschärft.

In Studie GD2 erweckt der Pulsverlauf den Eindruck hektischer Veränderungen: von Situation zu Situation weicht die Herzfrequenz in positiver und negativer Richtung von der Placebo-Normkurve ab. Gegenüber Placebo erhöhte Pulsfrequenzen treten in Situationen auf, die eine aktive Gestaltung seitens der Vp verlangen (in die Augen schauen (und den Kontakt nonverbal gestalten); die Hände bewegen; den Raum erforschen); gegenüber Placebo erniedrigte Pulswerte kommen in Situationen mit eher ruhigem und passivem Charakter vor (sich an den Händen berühren (das Phänomen des beruhigenden Händchen-Haltens?), Augen schließen; die Besinnungsphase am Ende). Diese Beobachtung stimmt mit allgemeinen Befunden überein, die LIENERT et al. (1985) für Lopirazepam berichtet haben: in Situationen, die eine aktive Bewältigung von der Vp fordern, wirkt der Tranquilizer physiologisch aktivierend (vgl. auch die Studie A1); in Monotonie-Situationen tritt eine physiologisch entspannende Wirkung auf. Im Unterschied zu CGP361/A entsteht nicht der Eindruck einer ganzheitlichen physiologischen Reaktion; die Prazepamwirkung ist stärker bezogen auf die je spezifischen Charakteristika jeder Teilsequenz. Die Skalierung der psychischen Anspannung ähnelt in ihrem Verlauf den Veränderungen unter CGP361/A, allerdings sind die Unterschiede gegenüber Placebo seltener vorhanden.

Die zwingende Frage ist nun: sind die beschriebenen Effekte als soziotrope Wirkungen zu verstehen? Die Antwort muß vorausschicken, daß derzeit noch keine klaren Erwartungen dazu formuliert werden können, wie sich denn eine soziotrope Wirkung in einer solchen gruppendynamischen Situation in der Pulsfrequenz und der Anspannungsskalierungen ausdrücken soll; diese Arbeit will eher Hypothesen gewinnen als sie stützen. In der Pulsfrequenz wirkt Prazepam weniger auf die sozialen Cues als vielmehr auf aktivationale Charakteristika, während sich unter CGP361/A der Effekt der "Kanalabschaltung" im Sinne einer ganzheitlichen Rhythmik eher auf den sozialen Aspekt der Situation bezog. In anderer Sichtweise könnte der Pulsverlauf als Aufeinanderfolgen der Phasen einer aktivierenden

Kontaktaufnahme und, daran anschließend, eines entspannten Erlebens des Kontaktes mit dem Partner gedeutet werden. Nach den Ergebnissen der Anspannungsskalierung scheint CGP361/A die Sensibilität für soziale Prozesse (als Boundary-Prozesse im Sinne ALTMAN's verstanden) gegenüber Placebo - und auch, weniger deutlich, gegenüber Prazepam - geschärft zu haben.

Die vorgenannten Überlegungen lassen sich unmittelbar umsetzen in neue, zukünftige Versuchsanordnungen. Diese sollten intensiver als die bisherigen Programme die Frage der genutzten Kanäle der Kommunikation variieren (Sprache, Augenkontakt, Körperkontakt, jeweils erlaubt/nicht erlaubt); sie sollten den Ablauf von der Kontaktaufnahme über ein möglicherweise entspanntes Erleben des Kontakts hin zur Beendigung des Kontakts detailliert aufgliedern und in die Länge ziehen; sie haben schließlich die Aufgabe, die Abgrenzungsthematik stärker zu betonen, z.B. Oberkörperberührungen mit einbeziehen.

Die Analyse eines einzelnen Übungskomplexes hat Überlegungen zu einem Verständnis der gefundenen Effekte vorgelegt. Die Interpretationen über die sozial sensibilisierenden Effekte des CGP361/A und die eher auf Aktivierungsänderung bezogenen Wirkungen des Prazepam sind in gewissem Sinn beliebig, selbst wenn sie dem Leser sinnvoll erscheinen sollten. Wichtig ist im Zusammenhang mit der Fragestellung dieser Arbeit, daß mit dem gewählten Auswertungsvorgehen Wirkungsunterschiede zwischen Verum und Placebo aufgedeckt werden konnten, die einen Nachweis dafür darstellen, daß sich der Ablauf der Situation unter Verum quantitativ anders gestaltet als unter Placebo. Der Unterschied besagt, daß in der Regel in Situationen mit schwacher Wirkung unter Verum die Auslenkungen in allen Parametern (nach oben und unten) stärker und über die Vpn homogener sind als unter Placebo: die Substanzen führen eine Systematik der Situation ein. In Situationen mit starker Wirkung, mit systematischen situativen Effekten also, treten Verum-Placebo-Unterschiede vorwiegend im Sinne einer Abschwächung oder Steigerung der Placebo-Reaktion auf.

In den Wirkungsnachweisen stecken eine Reihe weiterer interessanter Befunde. Beispielsweise führt die Aufgabe, sich an die Aufrufsituation (Studie A2) zu erinnern, unter CGP361/A im Vergleich zur Placebo-Norm zu einer Abbildung des Originalverlaufes: die Pulsfrequenz steigt an, wenn die Erinnerung von der Antizipationsphase zur Aufrufphase läuft, und sie fällt ab, wenn sich die Vp nach der Aufrufphase in die Situation nach dem Aufgerufenwerden hineinversetzt. Diese Beobachtung deutet auf ein anderes Erleben der sozialen Aufrufsituation unter Verum.

Ein anderes bemerkenswertes Ergebnis stellt die Pharmakonwirkung im sog. Sozialaufruf (Studie GD3) dar. Die starken Pulsanstiege werden - vergleichbar dem Aufruf in der Leistungssituation - durch den Betablocker signifikant reduziert.

8.1.3.5. ZUSAMMENFASSUNG

Die Ergebnisse der Analyse von drei Studien, in denen die soziale Situation als Facilitator gestaltet ist, lassen sich wie folgt zusammenfassen:

a. Das gruppendynamische Programm induzierte systematisch Variation; in ca. einem Drittel der Übungen jeder Studie wurden in den Pulsfrequenz- und den Anspannungswerten homogen unter den Vpn auftretende Veränderungen zwischen je zwei aufeinanderfolgenden Situationen gefunden. Belegt werden konnte auch, daß die Situationseffekte reproduzierbar über verschiedene Studien hinweg waren.

b. Die systematischen Effekte der sozialen Situationen sind parameterabhängig unterschiedlich. Die Pulsfrequenz verdeutlicht einen Kontrast zwischen der aktivierenden Wirkung des aktiven Miteinanderumgehens und der entspannenden Wirkung der Einschnitte zwischen verschiedenen Übungen. Dieser Kontrast war als physiologische Bereitstellungsreaktion im beginnenden oder sozial schwierigem Kontakt und als physiologische Entspannung in der geklärten oder beendeten Situation interpretiert worden.

   In der psychischen Anspannung bilden sich Ankündigung oder Ausführung einer sozial nahen Handlung durch Anstieg der Werte ab. Die Dimensionen der Bewertung einer Situation als angenehm/unangenehm oder des Erlebens von Sicherheit/Unsicherheit bzw. Belastung haben vergleichsweise wenig Hinweise auf systematische Wirkungen der Situationen erbracht.

c. Qualitative Pharmakonwirkungen traten insbesondere in den Anspannungsskalierungen auf. Dabei erwiesen sich die sog. informellen sozialen Situationen, die am Ende einer angeleiteten Übungssequenz (Diskussionen) oder am Schluß des Programms vorkamen, als sensitiv. Während Placebobehandelte Vpn hier das Angebot der Passivität nutzen und ihre psychische Anspannung als verringert beschreiben, bleibt sie unter Verum-Bedingungen, insbesondere unter CGP361/A, bei einem erheblichen Teil der Vpn hoch.

d. Quantitative Wirkungen der Pharmaka waren in den Studien, die jeweils zwei Dosierungen der Substanz verwendeten, bei ca. 30% der Folgedifferenzen in den Parametern der Pulsfrequenz, der Anspannung und der Bewertung bzw. der Belastung aufgetreten. Eine Zuordnung der Effekte zu bestimmten Typen von Situationen (Körperberührung, Erwartungssituationen, Diskussionen usw.) gelang nicht. Die Effekte bedeuten, daß die Variation der gemessenen Merkmale unter Verum größer und homogener ist als unter Placebo.

e. Ein Wirkungsunterschied zwischen dem Tranquilizer und CGP361/A konnte empirisch nicht geprüft werden. Interpretativ wurden dem CGP361/A soziotrope Effekte im Sinne einer höheren Sensibilität für soziale Hinweisreize zugesprochen. Für Prazepam typisch ist eine Sensibilität für Aktivität fordernde oder Passivität erlaubende Situationen; in ersteren wirkt die Substanz aktivierend, in letzteren entspannend.

f. Zwischen den beiden Dosierungen konnten nur in seltenen Ausnahmen Wirkungsunterschiede festgestellt werden. Der Vergleich der Studien GD1 und GD2 verweist in den zahlreichen Effekten in Studie GD2 auf die Bedeutung der pharmakologischen Komposition der Untersuchungsgruppen. Die Einführung der höheren Dosis von Prazepam in Studie GD2 hat die Wirkung der 10mg-Dosis in Richtung einer Aktivierungssteigerung beeinflußt. Die Befunde belegen Beobachtungen von NOWLIS & NOWLIS (1956) und STARKWEATHER (1959), ohne sie allerdings von der Versuchsanordnung her empirisch untermauern zu können.

g. Die Parameter der Pulsfrequenz und der psychischen Anspannung waren deutlich sensitiver in der Abbildung von Verum-Placebo-Differenzen als die stärker kognitiv oder emotional ausgerichten Dimensionen der Bewertung und Sicherheit bzw. der Belastung. In der Interpretation einiger Befunde wurde darauf hingewiesen, daß in den verschiedenen Dimensionen unterschiedliche Aspekte des sozialen Verhaltens erfaßt werden: die Pulsfrequenz reagiert eher auf die Handlung selbst, die Anspannung bildet dagegen die Bedeutung einer sozialen Situation als neu, bedrohlich oder geklärt und entspannend ab.

h. Die Fragestellungen dieser Arbeit können für die soziale Situation als Facilitator zusammenfassend so beantwortet werden:

   aa. die Situationen des konkreten Miteinander-Umgehens weisen eine hohe Variabilität auf; Anspannung und Entspannung - als allgemeine Dimension - kommen in teilweise deutlichen Veränderungen zwischen aufeinanderfolgenden Situationen vor;

   bb. die soziophysiologische Messung hat die Veränderung über die Situationen anschaulich abgebildet. Die posthoc-Skalierungen werden der Variabilität der gruppendynamischen Programme gerecht, wobei die Dimension der psychischen Anspannung sich als besonders geeignet erwiesen hat;

cc. soziotrope Effekte können CGP361/A in dem Sinne einer erhöhten Sensibilität für soziale Hinweisreize zugesprochen werden; dagegen wirkt Prazepam anscheinend spezifischer auf situationsbedingte Aktivierungsreize.

8.1.4. ZUSAMMENFASSENDER KOMMENTAR ÜBER DIE UNTERSUCHUNG VON PHARMAKA IN SOZIALEN SITUATIONEN.

An dieser Stelle soll vorerst auf die methodischen Fragestellungen, die in Abschnitt 8.1. formuliert sind, eingegangen werden. Die psychologische Interpretation und die Bewertung der Ergebnisse bringt Kapitel 9.

Die berichteten Untersuchungen sollten die These belegen, daß in sozialen Situationen deutliche Veränderungen im Verhalten zu induzieren sind. Daß dieser Nachweis in beiden Situationstypen, dem Stressor- und dem Facilitator-Konzept, gelang, ist zunächst das herausragende Ergebnis. Die Variation der gemessenen Parameter ist in den Aufrufstudien punktuell (im Aufruf und seiner Antizipations- und seiner Nachwirkungsphase), in den gruppendynamischen Situationen über das gesamte Programm erstaunlich hoch. Beide Konzepte erfüllen die Forderung, Varianz zu induzieren, in hervorragendem Maße. Besonderes Gewicht erhält die Tatsache, daß die Situationsvarianz häufig reproduzierbar war, d.h. daß über die jeweils drei Studien hinweg und in den Streßsituationen auch innerhalb jeder Studie gleiche Situationen ähnliche Reaktionen bei der Mehrzahl der Vpn auslösten.

Die vorgeschlagene Unterscheidung in Situationen mit "starker" und solche mit "schwacher" Wirkung hat sich vor allem vor dem Hintergrund der Frage nach der Behandlungsvarianz als sinnvoll erwiesen. Pharmakonbedingte Qualitätsänderungen systematischer Situationseffekte kamen nur in seltenen Fällen vor; die Nachweise quantitativer Effekte sind dagegen zahlreich. In den Aufrufstudien traten die Präparateffekte spezifisch als quantitative Veränderungen der systematischen Reaktion auf; in den gruppendynamischen Situationen wurden quantitative Effekte vor allem in Situationen mit schwacher Wirkung unter Placebo gefunden, obwohl, wie das Beispiel des Sozialaufrufes zeigt, massiv aktivierende Situationswirkungen in gleicher Weise wie im Aufruf durch den Betablocker beeinflußt werden. Die unterschiedliche Prävalenz von Präparateffekten in den beiden Situationskonzepten belegt unsere Überlegung zur Versuchsplanung, daß soziotrope Effekte nicht ausschließlich unter sozialer Belastung zu erfassen sind, sondern, vermutlich sogar überwiegend, in Situationen auftreten, die eine Anpassung im mittleren oder niedrigen Aktivierungsbereich erforderlich machen.

Die Charakteristik des Sozialen als eines stetigen Prozesses des Aufeinandereinwirkens von Sozialpartnern war in dem Ansatz der Betrachtung von Veränderungen aufgefangen worden. Der Vergleich mit dem Ertrag der Auswertung von Originaldaten belegt einfach schon in der Zahl von Wirkungsnachweisen dieses Vorgehen. Die Validität dieses Auswertungsganges wurde an inhaltlichen Überlegungen mehrfach diskutiert und gerade für Verlaufsbetrachtungen empfohlen. Viele Beobachtungen deuten darauf hin, daß anstelle von Einzeldifferenzen die Verwendung von Folgedifferenz-Mustern den Interaktionsprozeß besser abbilden könnte. Um die Arbeit nicht zu überladen, vor allem aber, weil die Verlaufsanalyse via Differenzbildung überhaupt erst auf ihre Eignung zu überprüfen war, wurde hier auf eine Muster-Auswertung verzichtet.

Ausführliches Tabellenmaterial zu den hier stark verkürzt dargestellten Auswertungen kann vom Autor von Interessenten auf Anfrage erhalten werden. In der Original-Habilitationsschrift findet sich auch eine Darstellung der Veränderungen in Form von Box- and Whisker-Plots, u.E. die dem Auswertungsmodell angemessenste Form der Abbildung. Auch diese Graphiken können zur Verfügung gestellt werden.

8.2. UNTERSUCHUNGEN MIT SOZIO-PHARMAKOPSYCHOLOGISCHEN FORSCHUNGSMETHODEN

Nachfolgend werden Erfahrungen mit den sozio-pharmakopsychologischen Forschungsmethoden berichtet, die in Kapitel 7.2.2. beschrieben sind. Der Abschnitt gliedert in 1. soziophysiologische Messungen der Herzfrequenz; 2. das LOGOPORT; und 3. die Weltbeschreibung; tradtionelle Verfahren der Pharmakopsychologie sind bereits in Kapitel 8.1 beschrieben.

8.2.1. SOZIOPHYSIOLOGISCHE MESSUNGEN DER HERZFREQUENZ

In den Untersuchungen in sozialen Situationen (Kapitel 8.1) waren laborexperimentelle Ableitungen der Herzfrequenz mit dem telemetrischen System MONITEL1 vorgenommen worden. Diese Methode hat sich für die Detailanalyse sozialer Situationen gut bewährt.

Die Ausfallquote war nach ausgiebigen Vorversuchen generell niedrig. Aufgetretene Übertragunsstörungen konnten umgehend behoben werden, so daß lediglich bei einigen wenigen Vpn in einem zeitlich eng begrenzten Intervall "missing data" vorlagen. Die wesentliche Anforderung der gruppendynamischen Versuche, eine "natürliche" Interaktion durch technische Erfordernisse nicht zu behindern, erfüllte das System zur vollsten Zufriedenheit. Die Urteile der Vpn darüber, wie störend die Elektroden und der Sender für sie während der Versuche waren, schwankten auf einer 5-stufigen Skala mit den Polen "gar nicht störend" (=1) bis "sehr störend" (=5) zwischen den Stufen 1 und 2.

In diesem Abschnitt wird über Erfahrungen mit dem tragbaren EKG-Recorder MEMOPORT berichtet. Dieses System erlaubt soziophysiologische Messungen im Alltag der Vpn. In Studie A1 sollte mit dieser Methode überprüft werden, ob Pulsreaktionen, die im Laborexperiment mit der Aufrufbedingung beobachtet werden, spezifisch für die Untersuchungssituationen sind oder aber einen generellen Medikationseffekt darstellen. Zur Lösung dieser Aufgabe wurde ein Meßintervall von ca. 11 Uhr vormittags bis zum Ablegen des Geräts zum Zeitpunkt des Schlafengehens der Vpn gewählt, in das die eigentliche Untersuchungszeit eingebettet ist (15 Uhr bis 17.30 Uhr). Auswertbar ist ein allen Vpn gemeinsamer Zeitraum von 11 Uhr bis 21.30 Uhr.

Der technische und methodische Ablauf war wie folgt: Die Tonbänder des MEMOPORT-Systems wurden über eine eigene Auswertungsanlage eingelesen und ausgewertet. Es resultierte pro Vp jeweils eine Verlaufskurve der Pulsfrequenz über den Tag hinweg. Als Meßwerte ging der Median des Pulses pro 10-Minuten-Intervall in die weitere Auswertung ein.

Wegen technischer Schwierigkeiten konnten nicht alle MEMOPORT-Kurven ausgewertet werden; Daten liegen nur für 60 der 72 Vpn vor. Dabei handelte es sich um rein technische Defekte (z.B. Elektroden lösten sich von der Haut), die in keinem Zusammenhang zur Medikation stehen (etwa sog. Abbrecher).

In dem folgenden Ergebnisbericht wird als Schichtungsvariable das Geschlecht der Vpn eingeführt, um nach etwa vorhandenen differentiellen Medikamentwirkungen zu suchen. Abb. 24 zeigt den Verlauf der Mediane der Pulsfrequenzen.

Abgetragen sind standardisierte T-Werte, d.h., der zu Beginn des Experiments gemessene Ruhepuls wurde gleich 50 gesetzt und der Puls pro 10-Minuten-Intervall auf diesen Ausgangswert bezogen. Dieses Verfahren erlaubt eine bessere Vergleichbarkeit der Verläufe der Pulskurven innerhalb von und zwischen Behandlungsgruppen.

In der Zeitachse am Kopf der Abbildung ist durch einen Balken die eigentliche Versuchszeit eingetragen:

a. zwischen 13 Uhr und 13.30 erfolgte die Einnahme der Charge; die Vpn verließen anschließend das Labor;

b. in der Zeit von 15 Uhr bis 17.30 befanden sich die Vpn im psychologischen Labor zur Erledigung verschiedener experimenteller Aufgaben. Die Aufrufsituation fand zwischen 15.30 und 16.00 Uhr statt;

c. nach 17.30 Uhr verließen die Vpn das Labor und gestalteten den Abend nach eigenem Belieben.

Die Balken zwischen den Kurven der Frauen (oben) und denen der Männer (unten) stellen die Zeiträume dar, in denen eine Interaktion Medikation x Geschlecht in einer varianzanalytischen Auswertung pro Meßzeitpunkt gefunden werden konnte.

Bei der Erläuterung dieser Darstellung fällt auf, daß die Wechselwirkung Medikation x Geschlecht dominant in dem eigentlichen Versuchsintervall vorkommt, d.h. also in der Zeit, in der sich die Vpn im Labor befanden und den Aufrufversuch und ein anschließendes Lärmexperiment ausführten (15 - 17.30 Uhr). Ein zweites "Effekt"-Intervall liegt in der Zeit zwischen 19 und 20 Uhr, wo sich die meisten Vpn ihren eigenen Angaben in einem Tagebuch zufolge nach Hause begeben hatten und das Abendessen einnahmen. Die Wechselwirkung besagt:

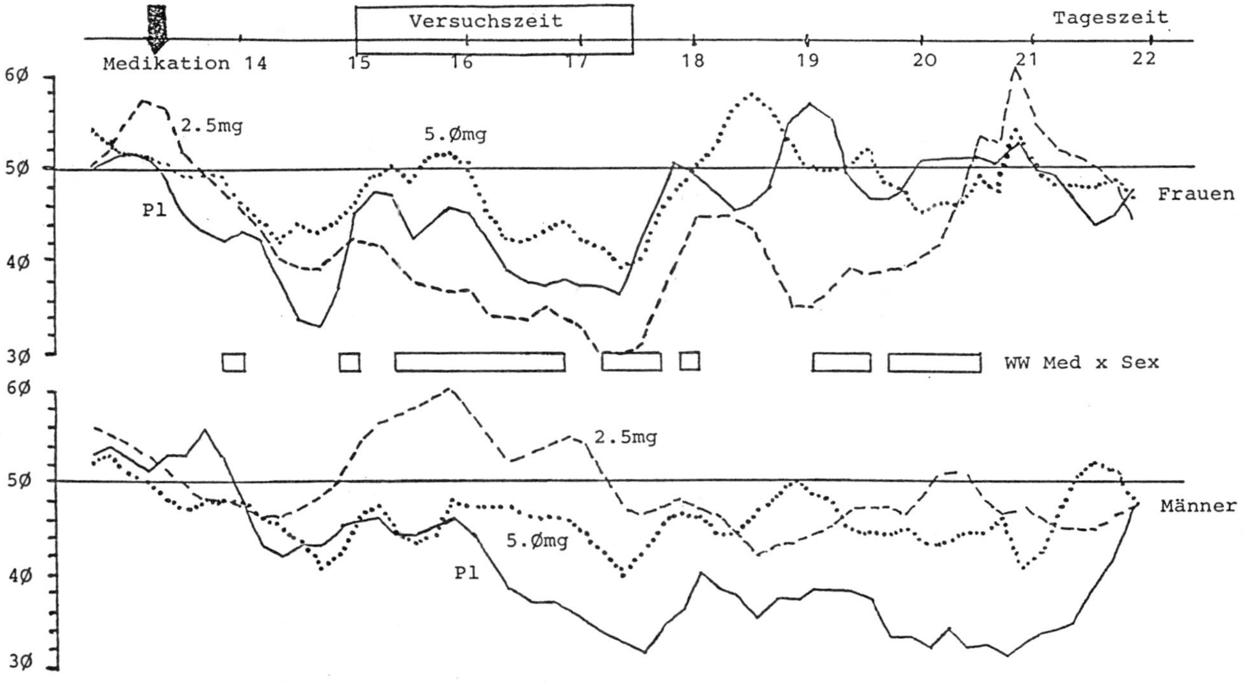

T-Werte
Pulsmedian

ABB. 24: VERÄNDERUNGEN DER PULSFREQUENZ IM TAGESVERLAUF IN ABHÄNGIGKEIT VON MEDIKATION UND GESCHLECHT: MEDIANE AUS 10-MINUTEN-INTERVALLEN.
WW MED X SEX: GESCHLECHTSSPEZIFISCHE WIRKUNG DER MEDIKATION (ANOVA).

a. die 5mg-Dosis von Lopirazepam führt bei Frauen zu den vergleichsweise höchsten Pulsen, die 2.5mg-Dosis hat die eindeutig niedrigsten Pulsfrequenzen zur Folge. Dies gilt insbesondere auch für den frühen Abend. Auffallend ist allerdings, daß dieser Effekt der 2.5mg-Dosis am späten Abend wieder verloren geht und sich die Pulse dieser Gruppe denen der beiden anderen Gruppen wieder angleichen;

b. die 2.5mg-Dosis bewirkt bei Männern die deutlichsten Pulserhöhungen während der Versuchszeit, die Placebo-Behandlung hat den stärksten pulssenkenden Effekt, der auch am Abend noch anhält.

In Kapitel 8.1.2. war die 5mg-Dosis ohne Berücksichtigung des Geschlechts durch Pulserhöhung gegenüber Placebo und der 2.5mg-Dosis aufgefallen. Der Unterschied zwischen 5mg-Dosis und Placebo bleibt während der Versuchszeit bei beiden Geschlechtern in der Richtung erhalten. Die Wirkung der 2.5mg-Dosis ist dagegen geschlechtsspezifisch deutlich verschieden und mittelt sich bei Zusammenfassung über beide Geschlechter zu einem dem Placebo-Niveau vergleichbaren Wert. Die globale Auswertung in 8.1.2. erfaßt also nicht die geschlechtsabhängige Modifikation der 2.5mg-Wirkung.

Die Interpretation der soziophysiologischen Messungen im Tagesverlauf muß auf situationsspezifische Anforderungen des Experiments und bestimmter sozialer Aktivitäten abheben. Die Intervalle, in denen kein Effekt in der ANOVA auftrat, waren, wie die Tagebücher ergaben, vorwiegend mit nicht-sozialen, d.h. alleine ausgeführten Tätigkeiten gefüllt. Dazu gehören auch motorische Aktivitäten wie zum Labor laufen und von ihm aus sich nach Hause begeben. Die Tranquilizer-Wirkung führt also lediglich zu einer Anpassung an situative Anforderungen sozialer Kontexte. Die Wirkungsnachweise am Abend verdeutlichen dabei, daß offenbar nicht nur die Dysstress-Belastungen des Experiments (so es solche waren) einen Einfluß auf die Substanzeffekte hatten, sondern auch die eher als Eustreß zu bezeichnenden Konstellationen des sozialen Miteinanders mit vertrauten Personen.

Zur heuristischen Prüfung dieser Interpretation sozialer Kontexte wurden alle im Tagebuch berichteten Situationen des Tagesablaufes der Placebobehandelten Vpn danach sortiert, ob die Vp alleine war, mit einer anderen (zu zweit) oder mit mehreren anderen Personen zusammen war. Abb. 25 zeigt den Pulsmedian sowie Beurteilungen der Situation in den Skalen Anspannung, Bewertung und Sicherheit (die Urteile wurden ins Tagebuch eingetragen). Alle Maße kovariieren über die verschiedenen sozialen Bedingungen und stellen die Zweier-Situation als den am meisten aktivierenden und beanspruchenden Kontext heraus.

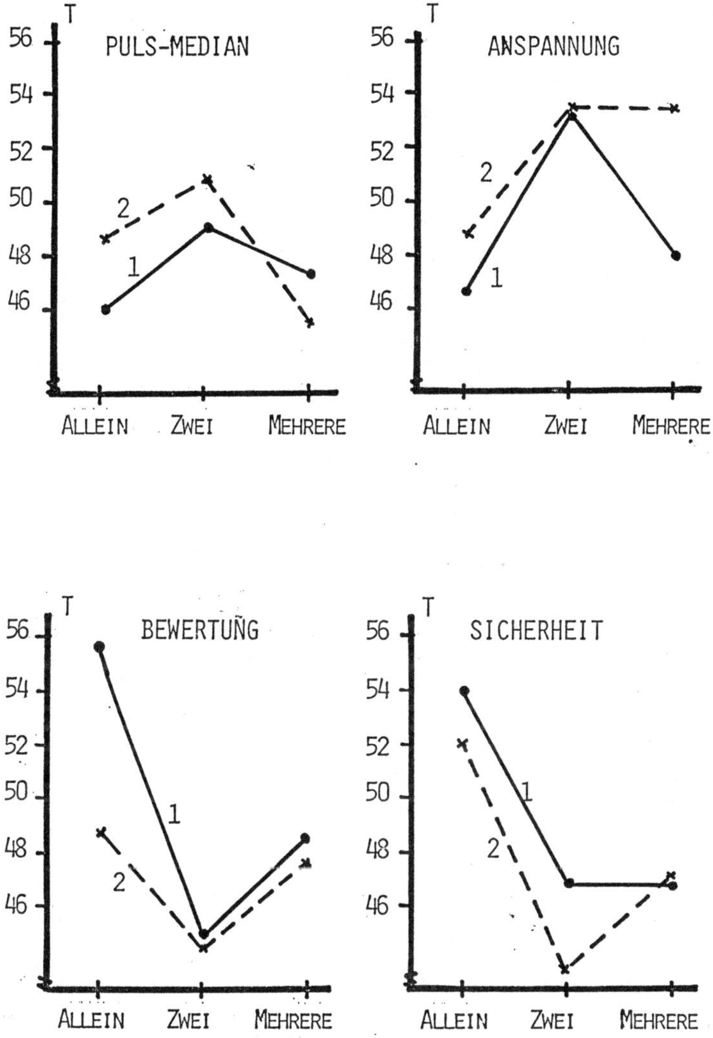

Abb. 25: Studie A1; Beobachtungen im Tagesverlauf.
T-Werte der Pulsmediane und Skalierungen psychischer Merkmale der placebo-behandelten Vpn in Abhängigkeit von verschiedenen situativen Kontexten.
(1=Mann, 2=Frau, allein=Einzelsituation, zwei=Partnersituation, mehrere=Gruppensituation).

Die Ergebnisse stellen nicht mehr dar als ein Screening von situativen Kontexten, und sie vermitteln lediglich einen Eindruck, daß in sozialen Situationen (wie der des Gruppenexperiments) die Substanzwirkung anders ausfällt als in nicht-sozialen Kontexten. Die physiologisch aktivierende Wirkung des Tranquilizers unter sozialen Bedingungen kann als Anlaß genommen werden, über pharmakopsychologische Wirkungsvorstellungen zu dieser Substanzgruppe neu nachzudenken.

Anxiolyse als Wirkungsqualität von Benzodiazepinen ist konnotativ verbunden mit entspannender Wirkung, und entspannende Wirkungen sollten sich somatisch manifestieren. Entspannung im Sinne von Reduktion der psychophysiologischen Aktivierung haben wir in keinem unserer Versuche beobachtet, sondern regelhaft Aktivierungssteigerungen (zumindest in jeweils einer Dosierung der Substanz). LADER (1978) hat in einem Interpretationsvorschlag von Tranquilizer-Wirkungen ähnliche Beobachtungen verarbeitet. Möglicherweise ist der Anxiolyse-Ansatz zu allgemein und legt zuviel Gewicht auf ein passivistisches Resultat der Behandlung. Eine alternative Interpretation müßte aktionistisch auf substanzbedingte Veränderungen der Reagibilität von Personen in Alltagssituationen abheben. Dabei kommen Charakteristika der Situation besondere Bedeutung zu. KOHNEN & KRÜGER (1981) haben z.B. den Herausforderungsgehalt von Situationen als wirkungsdifferenzierendes Merkmal vorgeschlagen. Über Studien, die mehrere Dosierungen einer Substanz verwenden und unterschiedliche Situationen realisieren, ließe sich eine Hypothese spezifisch untersuchen.

In diesem Zusammenhang scheint uns eine passager gemachte Beobachtung wichtig. Die Vpn waren gebeten worden, die MEMOPORT-Geräte erst zum Zeitpunkt des Schlafengehens abzulegen und die entsprechende Uhrzeit zu notieren. Eine Varianzanalyse der "Ausschaltzeit" erbringt eine Hauptwirkung Medikation (a=0.05): je höher die der Vp verabreichte Lopirazepam-Dosis, umso früher legten sie die Geräte ab und gingen schlafen. Diese Beobachtung ist als sedierende Wirkung der Substanz zu deuten, die belegt, daß die Tranquilizer-Wirkung nicht paradoxerweise als stimulierender Effekt mißzuverstehen ist, sondern daß die beobachteten Aktivierungssteigerungen als situativ ausgelöst aufzufassen sind.

Der Wert der soziophysiologischen Messungen im Alltag kann zusammenfassend darin gesehen werden, daß sie eine Vielzahl unterschiedlicher Situationen erfassen, die Einfluß auf die Medikamentwirkung nehmen können. In unserer Erhebung wurden Situationen mit sozialen Kontakten gegenüber nicht-sozialen Kontexten, aber auch gegenüber motorischer Aktivität als besonders bedeutsam für die Provokation aktivierungssteigernder Wirkung von Tranquilizern mit signifikanten Placebo-Verum-Differenzen herausgestellt.

Die Bedeutung dieser Untersuchung besteht darin, daß sie die Anwendbarkeit der soziophysiologischen Methode zum Screening verschiedener situativer Kontexte demonstrierte. Daraus haben sich viele inhaltliche Fragen ergeben, deren Beantwortung offen blieb oder lediglich interpretativ vorgenommen wurde. Die Argumentation sollte allerdings deutlich machen, daß durch soziophysiologische Daten grundsätzliche Überlegungen über die Auswahl experimenteller Untersuchungsbedingungen und über Wirkungsvorstellungen zu den Substanzen erforderlich werden.

8.2.2. DAS LOGOPORT

Studie F1, in der das LOGOPORT als Sprechaufzeichnungsgerät zum Einsatz kam, hatte die Befunde JAEKELs (1986) als Ausgangsbasis. JAEKEL hatte in Affengruppen beobachtet, daß die Häufigkeit des sozialen Putzens bei ranghohen und rangniedrigen Tieren unter CGP361/A zunahm (vgl. Kapitel 7.2.3.2.).

JAEKELs Beobachtungen verweisen darauf, daß CGP361/A sozialisierende Effekte hat, die vermutlich differentiell vorkommen (weniger bei Tieren in mittleren Rangpositionen). Als erste Annäherung einer humanpsychologischen Überprüfung dieser Befunde sollten Veränderungen in Parametern des Sprechverhaltens bei ausgewählten Vpn beobachtet werden. Gesucht wurden - per Aushang in der Universität - Personen, die a. entweder Schwierigkeiten im Umgang mit ihren Mitmenschen hatten ("*Belastete*") oder b. besonders gut mit anderen Personen in sozialen Kontakten zurechtkamen ("*Unbelastete*").

Daß sich dieser Zugang über sog. "symptomatic volunteers" (GOLDSTEIN & BRAUZER, 1971) gut zur Anwerbung des interessierenden Klientels eignete, belegen diagnostische Vergleiche mit dem Freiburger Persönlichkeitsinventar (FPI; FAHRENBERG et.al., 1978) und mit dem Unsicherheitsfragebogen (UFB; ULLRICH & ULLRICH DE MUYNCK, 1979). Die Belasteten unterschieden sich von den Unbelasteten in den Skalen Geselligkeit und Extraversion des FPI und in allen sechs Skalen des UFBs zumindest auf dem 0.01%-Niveau in WILCOXON-U-Tests. Die belasteten Vpn beschreiben sich als weniger gesellig, mit Ängsten vor öffentlicher Beachtung und dem sozialen Kontakt, als schüchtern und selbstunsicher. Unterschiede auf der Neurotizismus-Skala traten nicht auf, sodaß geschlossen werden darf, daß mit dem Auswahlverfahren spezifische Unterschiede der Personen in Merkmalen des sozialen Verhaltens, z.B. der sozialen Kompetenz, angesprochen wurden.

Die LOGOPORT-Parameter (Gesprächsbeteiligung, Gesprächsdauer, Dauer zwischen zwei aufeinanderfolgenden Gesprächen= Gesprächspausen) wurden als Mittelwerte aus den vollständigen Registrierungen aller Gespräche, die die Vpn in ihrem normalen (Studien-) Alltag an vier aufeinanderfolgenden Versuchstagen führten, berechnet.

Die LOGOPORT-Parameter sind nicht normalverteilt und wurden deshalb mit KRUSKAL-WALLIS-Tests für beide Gruppen (Belastete und Unbelastete) getrennt ausgewertet. Placebo-Verum-Differenzen (Verum war CGP361/A in den Dosierungen 10mg und 20mg) kamen bei den unbelasteten Vpn nicht vor, traten bei den Belasteten aber in allen Parametern auf. Um die Wirkung von CGP361/A zu veranschaulichen, werden seine Effekte bei den belasteten Personen mit den Placebo-Werten der Unbelasteten verglichen (Abb. 26).

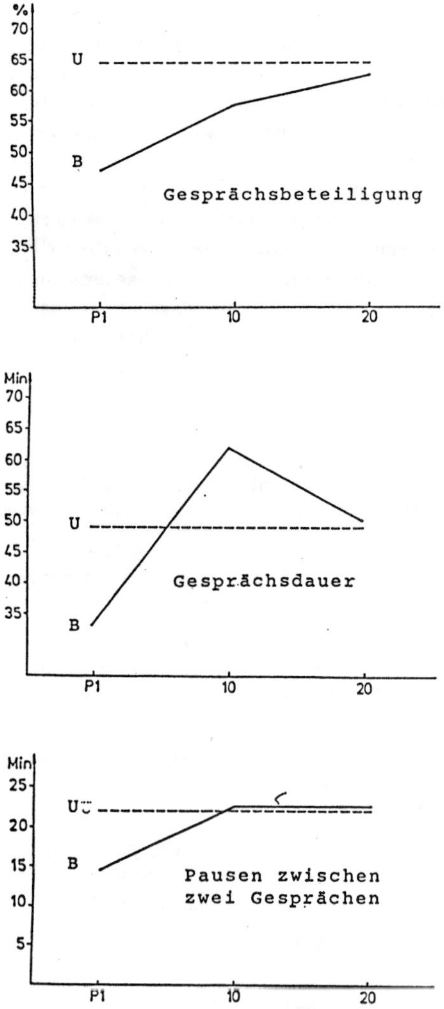

Abb.26 : Ergebnisse in den LOGOPORT-Parametern bei Unbelasteten (U) und Belasteten (B) Vpn.

Die beiden Gruppen unterschieden sich signifikant in ihrer Gesprächsbeteiligung unter Placebo (a=0.01, WILCOXON-Test). Wie zu erwarten, waren die unbelasteten Vpn stärker in Gesprächen engagiert als die belasteten: während erstere 63% der Gesprächszeit bestritten, war die Beteiligung am Gespräch bei den letztgenannten Vpn mit 47% deutlich niedriger. Die CGP361/-A-Behandlung erhöht, wie Abb. 26a zeigt, die Gesprächsbeteiligung der belasteten Vpn auf das Placebo-Niveau der Unbelasteten. Unter 10mg sprechen die Belasteten zu 58%, unter 20mg zu 63% der Gesprächszeit. Die Verum-Placebo-Differenz in der Teilstichprobe der Belasteten wird im KRUSKAL-WALLIS-Test hochsignifikant (a=0.001).

Vergleichbare Ausgangsbefunde und Substanzeffekte ergaben sich auch in den beiden anderen LOGOPORT-Parametern Gesprächsdauer (Abb.26b) und Länge der Pausen zwischen Gesprächen (Abb. 26c). Die mittlere Dauer der Gespräche wird bei den Belasteten von 14 Minuten unter Placebo auf 23 Minuten unter beiden CGP361/A-Dosierungen verlängert (a=0.05 im K-W-Test) und erreicht damit den Placebo-Wert der Unbelasteten (die Ausgangswerte beider Gruppen unterscheiden sich im U-Test auf dem 5%-Niveau). Das Pausenintervall zwischen zwei aufeinander folgenden Gesprächen verlängert sich bei den belasteten Vpn von 33 Minuten unter Placebo auf 62 Minuten unter 10mg und 50 Minuten unter 20mg (a=0.10); die Unbelasteten hatten unter Placebo-Behandlung einen Referenzwert von 49 Minuten (Abb. 26c). Auch in dem Parameter der Gesprächspausen waren im Ausgangswert signifikante Unterschiede (a=0.05, U-Test) zwischen beiden Gruppen aufgetreten.

Die Erläuterung der Ergebnisse muß mit einer Charakterisierung der belasteten Personen beginnen. Sie werden durch das LOGOPORT als eher hektisch beschrieben: verglichen zu Unbelasteten sind ihre Unterhaltungen eher kurz und mit geringerer Beteiligung geführt, andererseits beginnt das nächste Gespräch relativ bald nach Beendigung des vorangehenden Kontakts. Man mag daraus schließen, daß die Gespräche für die belasteten Personen selbst oder aber ihre Gesprächspartner eher unbefriedigend verlaufen und deshalb von dem einen oder dem anderen schnell beendet werden. CGP361/A verändert dieses als ungünstig für das soziale Miteinander beschriebene Gesprächsverhalten und ermöglicht es den belasteten Personen, Unterhaltungen in gleicher Weise (sc. in den mit dem LOGOPORT erfaßten Merkmalen) zu führen wie Personen, die an sich keine (auffälligen) Beeinträchtigungen ihres sozialen Verhaltens beobachten.

<u>In diesen CGP361/A-Wirkungen sehen wir soziotrope Medikamenteffekte, weil sie das soziale Verhalten bei Personen mit ungünstigen Voraussetzungen positiv beeinflussen. Mit JAEKEL können diese Wirkungen als Erhöhung des</u>

affiliativen Verhaltens bezeichnet werden. Keine Aussagen können mit den LOGOPORT-Daten dazu gemacht werden, wie diese Wirkung zustandekommt; die Substanz könnte sowohl direkt Hirnregionen beeinflussen, die an der Steuerung des sozialen Verhaltens beteiligt sind, oder sie könnte ein latent vorhandenes, aber gehemmtes Verhaltensrepertoire freigelegt haben. Schließlich wäre als Wirkungshypothese auch ein ganz indirekter Effekt denkbar, der darin besteht, daß über Änderungen der Befindlichkeit die Bereitschaft zu sozialen Kontakten verändert wird.

Die Indikatoren der Veränderung des sozialen Verhaltens sind beim Menschen (nonverbale Aspekte des verbalen Verhaltens) und beim Tier (Grooming-Verhalten) Verhaltensmerkmale, nicht Urteile über das Verhalten. Daß in der berichteten Untersuchung erstmals genuin soziotrope Effekte einer Substanz berichtet werden konnten, gibt dem LOGOPORT und seinen Parametern eine herausgehobene Bedeutung unter den sozio-pharmakopsychologischen Methoden.

8.2.3. DIE WELTBESCHREIBUNG

Das Verfahren der Weltbeschreibung verlangt von den Vpn die Beschreibung der Interaktionen mit allen anderen Gruppenmitgliedern. Durch Zusammenfassung aller Urteile, die eine Person über andere abgibt (Aktivurteile), erhält man ein Maß für die Befindlichkeit der urteilenden Person; der Mittelwert über alle Urteile, die von anderen über ein Gruppenmitglied abgegeben werden (Passivurteile), stellt eine Beschreibung des Verhaltens der beurteilten Person dar (vgl. 7.2.2.3.).

Die Weltbeschreibung wurde in den Studien GD2, GD3 und R1 eingesetzt. Nach den gruppendynamischen Übungen in GD2 und GD3 bzw. im Anschluß an die Rollenspielsituation erhielten die Vpn für jeden Partner ein Polaritätsprofil, auf dem sie die Interaktion mit ihm beschreiben sollten (s. die Vorlagen im Anhang "Material"). Die Mittelwerte der Aktiv- und Passivurteile wurden Itemweise oder auf Skalenebene ausgewertet.

> Am ausführlichsten sind die Möglichkeiten der Weltbeschreibung in Studie GD2 ausgelotet. Sie soll hier relativ umfassend dargestellt werden, obwohl ihre Ergebnisse in der Arbeit von KRÜGER & KOHNEN (1981) bereits berichtet wurden. Daß sie hier noch einmal referiert werden, hat damit zu tun, daß in der Studie GD2 mit dem Benzodiazepin ein deutlich "effektiveres", d.h. in seiner Wirkung breit streuendes und von den Vpn "gespürtes" Medikament untersucht wurde; in den beiden anderen Studien wurde CGP361/A in den Dosierungen von 4mg und 10mg verabreicht, das subjektiv in keinem von zahlreich eingesetzten Verfahren der Befindlichkeitsbeschreibung einen Wirkungsnachweis erbracht hat. Anders ausgedrückt, der exemplarische Wert der bereits publizierten Arbeit ist höher als in den später von uns durchgeführten Studien.

8.2.3.1.STUDIE GD2: GRUPPENDYNAMIK UNTER PRAZEPAM

Jede Vp beurteilte im Anschluß an das gruppendynamische Programm jeweils die 3 andersgeschlechtlichen Mitglieder ihrer Versuchsgruppe, mit denen sie eine der Gesprächs- oder Körperkontaktübungen ausgeführt hatte, auf den 25 Polaritäten des Semantischen Differentials nach HOFSTÄTTER (1963). Die Instruktion für die Beschreibung lautete:

"Da es schwierig ist, die Gruppenmitglieder als Ganzes zu beurteilen, finden Sie auf den folgenden Blättern einige Fragen zu den Gruppenmitgliedern, mit denen Sie Kontakt hatten (3 Personen des anderen Geschlechts). Bitte versetzen Sie sich jeweils in die Situation mit dieser Person zurück und beschreiben Sie die Person, wie diese auf Sie gewirkt hat. Es geht nicht darum, daß Sie die Persönlichkeit Ihres Partners beschreiben. Sie sollen lediglich beschreiben, wie sein Verhalten in dieser Situation war".

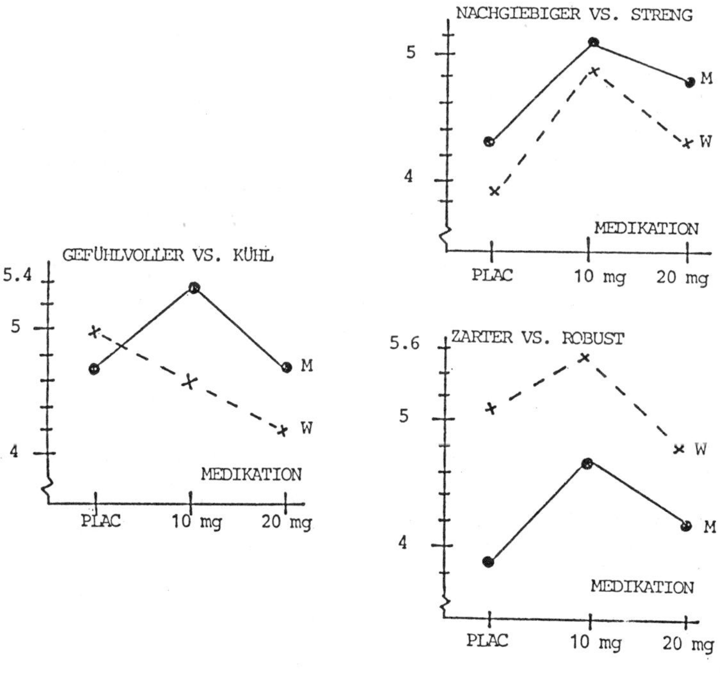

Abb. 27 ; Studie GD2: Aktivurteile der Weltbeschreibung. Auswertung auf den Items des Differentials. (M=Mann, W=Frau).

Die Auswertung der Daten differenziert nach dem Geschlecht der Vpn, der Medikation des Urteilers und der Medikation des Beurteilten; als statistisches Verfahren dient eine 2x3x3-faktorielle Varianzanalyse (Geschlecht x Medikation Rater x Medikation Ratee mit den drei Stufen: Placebo, 10mg, 20mg Prazepam der Medikationsfaktoren). Der Faktor "Medikation Rater" erfaßt die Aktivurteile, die Passivurteile enthält der Faktor "Medikation Ratee", der auswertungstechnisch als Meßwiederholungsfaktor zu verstehen ist.

8.2.3.1.1. AUSWERTUNG AUF ITEM-EBENE

Die Weltbeschreibungsdaten wurden einer varianzanalytischen Auswertung mit den Faktoren Geschlecht, Medikation Rater und Medikation Ratee für jede einzelne Polarität (Auswertung auf Itemebene) unterzogen. Haupteffekte auf dem Faktor Geschlecht besagen, daß Männer die Frauen als weicher, hilfsbereiter, friedlicher und zarter beschreiben als Frauen die Männer.

Die dosisabhängigen Veränderungen bei den Urteilern sind in Abbildung 27 dargestellt (a=0.05). Im Unterschied zu Placebo sehen Männer und Frauen unter beiden Dosierungen die jeweils andersgeschlechtlichen Partner - unabhängig von deren eigenen pharmakologischen Behandlung - als gefühlvoller, nachgiebiger und zarter (weniger robust). Hatten die Vpn selbst Verum bekommen, beschrieben sie ihre Interaktionspartner insgesamt als "weicher" (die entsprechende Polarität ist auf dem 10%-Niveau signifikant).

Die Veränderungen bei den Beurteilten bestehen darin, daß Verumbehandelte Vpn als friedlicher, nachgiebiger und unterwürfiger (weniger herrisch) erlebt werden, mit zunehmender Dosis aber auch vermehrt müde, verschwommen (statt klar) und mißmutig (vgl. Abb. 28).

Die geschilderten Effekte sind für den Partner in der Interaktion beobachtbar. Sie können nur dann zu einem signifikanten Nachweis in der ANOVA führen, wenn sie an mehreren Personen einer Behandlungsbedingung, somit unabhängig von der Individualität der Beurteilten, auftreten. Daß in diesen Passivurteilen Verhaltensänderungen zu sehen sind, die lediglich auf das Medikament zurückzuführen sind, verdeutlichen die Effekte in den Items müde, verschwommen und mißmutig: mit zunehmender Dosierung steigt das Ausmaß an Sedierung, die von den Interaktionspartnern wahrgenommen wird.

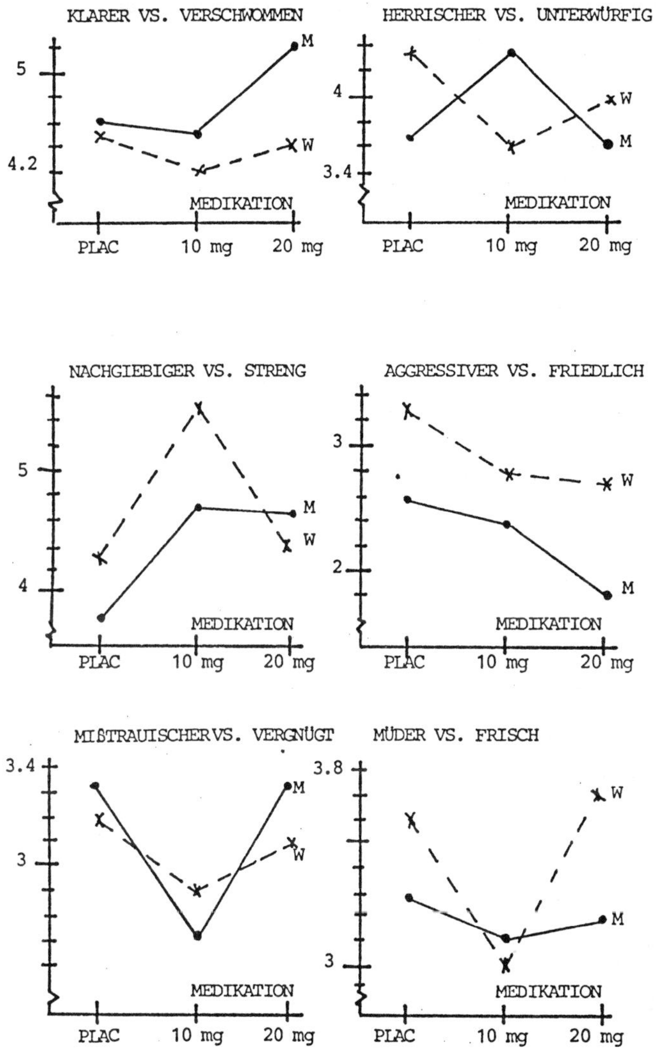

Abb. 28: Studie GD2: Passivurteile der Weltbeschreibung.
Auswertung auf den Items des Differentials.
(M=Mann; W=Frau).

Die Wechselwirkungen Medikation Rater x Medikation Ratee oder Geschlecht x Medikation Rater x Medikation Ratee erreichen nicht das 5%-Niveau. Die eigene Befindlichkeitsbeschreibung ist unabhängig von der Beschreibung des Verhaltens seitens der anderen.

8.2.3.1.2. AUSWERTUNG AUF BEGRIFFS-EBENE

HOFSTÄTTER (1963) hatte zur Bestimmung des Semantischen Raums ein Set von repräsentativen Begriffen erarbeitet, die mit dem oben erwähnten Differential beurteilt wurden. Die Faktorisierung der damit erhaltenen Profile lieferte eine vierdimensionale Lösung, die vom Autor wie folgt bezeichnet wurden:

a. Faktor 1: Weiblich
b. Faktor 2: Männlich
c. Faktor 3: Innenwendung vs. Außenwendung
d. Faktor 4: Triebhaftigkeit.

Aus den Weltbeschreibungsdaten wurden nun für jede der 6 Versuchsgruppen (Geschlecht x Medikation) ein mittleres Profil der aktiven wie der passiven Beurteilungen gebildet und in den Originaldatensatz von HOFSTÄTTER eingefügt. In einer Faktorenanalyse mit Zielrotation auf die HOFSTÄTTER'sche Lösung erhielt jedes der 2x6=12 Gruppenprofile je vier Ladungen auf den 4 Faktoren zugeordnet. Diese Ladungen zeigt Tabelle 13.

TAB. 13: Ladungen der Profile (Aktiv und Passiv) der Versuchsgruppen auf den ersten vier Faktoren des Semantischen Raumes

G R U P P E			F 1	F 2	F 3	F 4
AKTIV	MÄNNLICH	PLACEBO	.820	.140	-.412	.208
AKTIV	MÄNNLICH	10 MG	.976	.044	-.028	.003
AKTIV	MÄNNLICH	20 MG	.916	.048	-.218	.115
AKTIV	WEIBLICH	PLACEBO	.811	.432	.029	.031
AKTIV	WEIBLICH	10 MG	.952	-.010	.054	.076
AKTIV	WEIBLICH	20 MG	.854	.081	-,181	.169
AKTIV	MÄNNLICH	PLACEBO	.777	.408	.037	.130
AKTIV	MÄNNLICH	10 MG	.961	.141	-.103	-.004
AKTIV	MÄNNLICH	20 MG	.811	-.144	-.259	.193
AKTIV	WEIBLICH	PLACEBO	.907	.219	-.147	-.050
AKTIV	WEIBLICH	10 MG	.939	-.093	-.163	.098
AKTIV	WEIBLICH	20 MG	.879	.085	-.328	-.171

Weit über 60% (bis zu 95%) der Varianz von Aktiv- und Passiv-Profilen schöpft der Faktor 1 "Weiblich" ab; die Varianzanteile auf dem Faktor 2 "Männlich" erreichen nur für Placebo-Behandlungen ein der Bemerkung wertes Niveau, die Ladungen auf den beiden anderen Faktoren sind kaum erwähnenswert. Abbildung 29 zeigt die Ladungen der Aktiv- und Passivprofile der 6 Gruppen auf dem Faktor "Weiblich".

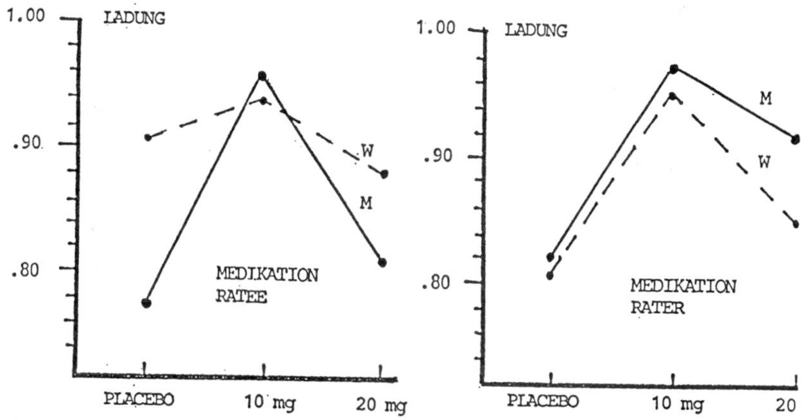

Abb. 29 : Studie GD2: Ladungen der Gruppenprofile auf dem Faktor "Weiblich" in HOFSTÄTTERs (1963) Lösung. (Medikation Rater: Aktivurteile, Medikation Ratee: Passivurteile, M=Mann, W=Frau)

Die Versuchsgruppen haben in der aktiven wie der passiven Beurteilung Polaritätsprofile, die denen der Begriffe auf dem Pol des Faktors "Weiblich" sehr ähnlich sind. In Abbildung 30 sind die Ladungen der Versuchsgruppen in den semantischen Raum, der durch die beiden Hauptebenen Weiblich - Männlich in HOFSTÄTTERs System aufgespannt wird, eingezeichnet, um diese Aussage inhaltlich zu verdeutlichen. Begriffe wie "Geborgenheit", "Mutter", "Liebe", "Glück" und "Heiterkeit" kennzeichnen die soziale Atmosphäre, die in den Profilen der Versuchsgruppen eingefangen ist, als emotional positiv getönt, angstfrei und entspannt. Die Situation ist, wie die niedrigen Ladungen auf dem Faktor "Männlich" anzeigen, ohne Leistungsanspruch. Die niedrigsten Ladungen auf dem Faktor "Weiblich" haben die Placebo-behandelten Versuchsgruppen, die höchsten Ladungen erbringt die 10mg-Dosierung.

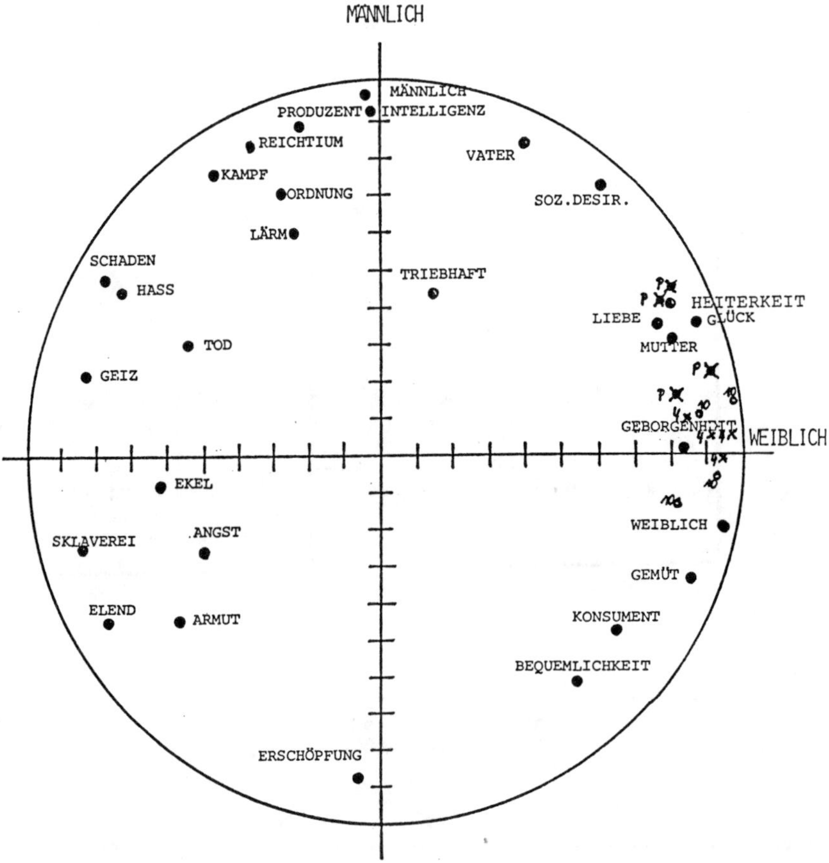

Abb. 30 : Begriffe in den ersten beiden Hauptebenen "Weiblich" und "Männlich" des Semantischen Raumes (nach HOFSTÄTTER) sowie Ladungen der Versuchsgruppen:

P X = Aktiv- und Passivurteile Placebo
4 X = Aktivurteile 4mg und 10mg CGP361/A
10 o = Passivurteile 4mg und 10mg CGP361/A

Männer werden von Frauen in einer Weise beurteilt, die ebenfalls dem Profil des Begriffs "Weiblich" entspricht. Daß hier also keine Geschlechtsunterschiede auftreten, weist darauf hin, daß nicht Personen beurteilt wurden, sondern instruktionsgemäß die Interaktionen zwischen Personen. Diese Interaktionen waren allerdings über das ganz auf Sensitivität sich selbst und den anderen gegenüber angelegte gruppendynamische Programm deutlich "weiblich" (im semantischen Sinne) eingefärbt. Urteilsgegenstand war also ein spezifisch ausgestalteter sozialer Kontakt, die Urteilsaufgabe haben die Vpn in idealer Weise bearbeitet.

8.2.3.1.3.ZUSAMMENFASSUNG UND KOMMENTAR

Die Betrachtung der Weltbeschreibungsdaten hat auf Item- wie auf Begriffsebene einheitliche Ergebnisse erbracht: der soziale Kontakt wird aus beiden Perspektiven, von dem Aktiv- und dem Passivurteil her, als emotional positiver unter Verum als nach Placebo dargestellt. Die Bedrohlichkeit der sozialen Situation in den gruppendynamischen Übungen, für die Belege aus den Puls- und Anspannungsskalierungen der Auswertungen in Kapitel 8.1.3. sprechen, ist entschärft, wenn der Interaktionspartner als "weicher" gesehen werden kann. Der Tranquilizer hat eine ausgesprochene Entlastungsfunktion, die dazu führt, daß die Vpn mit dieser Wirkung reagibler auf das soziale Angebot werden.

Dabei ist die geschilderte Medikamentwirkung dosisspezifisch zu gewichten. Die eindeutig positivsten Wirkungen auf das soziale Miteinander - die klarsten soziotropen Effekte - hat die niedrige 10mg-Dosierung. Der höheren 20mg-Dosis müssen sedierende Effekte zugesprochen werden, die zu weniger günstigen, wenngleich immer noch vorhandenen soziotropen Veränderungen führen. Diese Beobachtungen legen es nahe, eine optimale Passung zu postulieren zwischen einer geeigneten Dosierung eines Benzodiazepins und der Möglichkeit, Angebote der Situation nicht nur als wenig bedrohlich wahrzunehmen, sondern sie auch zu nützen. In der Tranquilizer-Literatur ist diese Dosis-Wirkungs-Beziehung in der Unterscheidung von anxiolytischen Effekten eher niedriger Wirkstoffmengen und sedierenden (schlafbegünstigenden) Wirkungen höherer Dosierungen bekannt.

Die oben begonnene Diskussion zur Anxiolyse kann hier fortgeführt werden. Anxiolyse heißt nicht nur (so überhaupt) unspezifische Angstminderung, sondern meint die veränderte Fähigkeit, sich mit einer angstbesetzten Situation auseinandersetzen zu können, sich ihr zu stellen und sie u.U. zu bewältigen. Diese Annahme einer für Tranquilizer typischen Verbesserung der Anpassungsfähigkeit an die Situation impliziert einerseits eine Verminderung der generellen Belastung einer Person (sei sie persönlichkeitsspezifisch oder "krankheits-" bzw. situationsbedingt; letztere Möglichkeit gilt wohl für unseren Versuch), andererseits eine Erhöhung der situationsspezifischen Aktivation (vgl. dazu auch KOHNEN &

LIENERT, 1980). Beide Implikationen werden von der 10mg-Dosis eingelöst: die entlastende Wirkung zeigt sich in der Weltbeschreibung, die situationsspezifisch erhöhte Aktivation in den höheren Pulswerten dieser Dosierung (vgl. 8.1.3.1.).

8.2.3.2. STUDIE GD3: GRUPPENDYNAMIK UNTER CGP361/A

In Studie GD3 wurde ein selbstkonstruiertes semantisches Differential eingesetzt, in das vor allem solche Merkmale aufgenommen sind, die zur Beschreibung des sozialen Verhaltens im Alltag bevorzugt angewandt werden. Die Itemauswahl beruht auf umfangreichen Vorarbeiten von KRÜGER (1978). Die Instruktion war annähernd gleichlautend wie in Studie GD2 (s. oben). Die Auswertung erfolgte aus EDV-technischen Gründen getrennt für Aktiv- und Passivurteile in Varianzanalysen mit den Faktoren Geschlecht und Medikation (Placebo, 4mg, 10mg CGP361/A).

In den Varianzanalysen über die Aktivurteile traten erwartungsgemäß eine Reihe von Geschlechtsunterschieden auf (Männer beurteilen Frauen als offener, verschwommener und nachgiebiger als Frauen Männer). Ein differentieller Medikationseffekt ist in dem Item "schön - häßlich" zu finden; wie Abb. 31a zeigt, ist der Nachweis der niedrigen 4mg-Dosis zuzuschreiben: Männer beurteilen unter dieser Behandlungsbedingung im Vergleich zu Placebo Frauen als schöner, umgekehrt beschreiben Frauen Männer als weniger schön. Lediglich auf dem 10%-Niveau signifikant ist eine Hauptwirkung Medikation, wonach im Vergleich zu Placebo unter beiden Verumbedingungen die Kontaktpartner als klarer beschrieben werden.

Auch in den Passivurteilen dominieren Hauptwirkungen des Schichtmerkmals Geschlecht: Frauen werden von Männern als weicher, schöner, weniger ernst, als impulsiver und weniger kühl beschrieben als Männer von Frauen. Der deutlichste Medikament-Haupteffekt trat in dem Item "nervös-ruhig" auf. Im Vergleich zu Placebo sind vor allem 4mg-behandelte Vpn, aber auch, weniger deutlich, Personen mit der 10mg-Dosis als weniger nervös beurteilt. Die 5%-Schranke wird knapp von dem Item "aggressiv - friedlich" verfehlt: dieser Wirkungstrend ist darauf zurückzuführen, daß mit zunehmender Dosis die Vpn als weniger aggressiv beurteilt werden. Die genannten Effekte sind in Abbildung 31b dargestellt.

Beide Items laden (neben weiteren Items wie "hektisch" und "impulsiv") hoch auf einem von drei Faktoren, die sich aus einer Faktorenanalyse über die gesamten Urteile der Vpn (48 x 3 = 144 beurteilte Personen) extrahieren ließen. Dieser Faktor kann als "soziale Entspanntheit vs. soziale Erregtheit" benannt werden. Abbildung 31c zeigt den Haupteffekt in den Passivurteilen: unter beiden Dosierungen von CGP361/A ist das Ausmaß an sozialer Erregtheit verringert bzw. das der sozialen Entspanntheit erhöht.

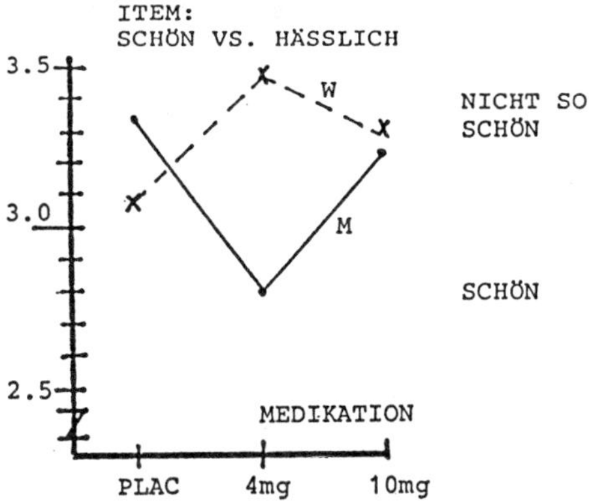

Abb.31a
Aktivurteile auf Itemebene

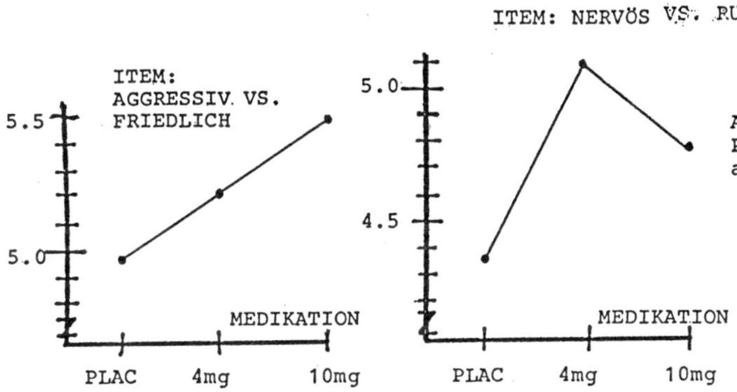

Abb. 31b
Passivurteile auf Itemebene

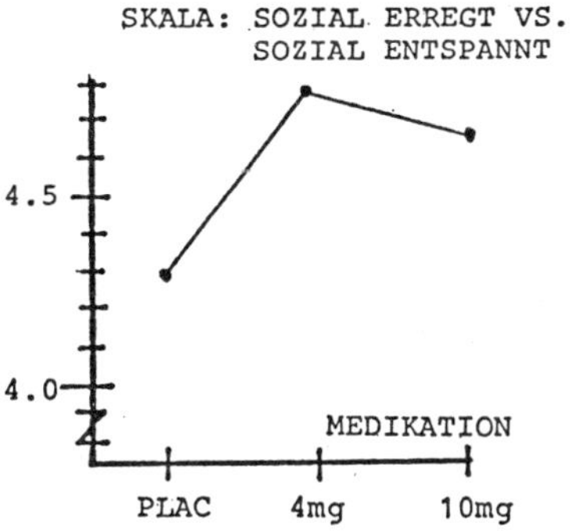

Abb. 31c
Passivurteile Skalenebene

Abb. 31 : Studie GD3. Aktiv- und Passivurteile der Weltbeschreibung auf Items- und Skalen des Nürnberger Differentials.
Hohe Skalenwerte entsprechen der rechtsstehend Polarität. (M=Mann, W=Frau).

Es war dies der einzige Effekt, der auf Skalenebene gefunden wurde. In den beiden anderen Faktoren, die mit "soziale Aktivität vs. soziale Passivität" und "große vs. geringe soziale Nähe" bezeichnet werden können, kamen keine Wirkungsnachweise vor, was ja bereits aus den fehlenden Signifikanzen in den auf ihnen ladenden Items zu erwarten war.

Die Wirkungsnachweise in der Studie GD3 traten deutlich seltener auf als in Studie GD2. Das ist sicherlich darauf zurückzuführen, daß die eingesetzten Dosierungen des Betablockers wesentlich weniger starke Auswirkungen auf das allgemeine Befinden und auch auf das Verhalten der Vpn hatte als die Tranquilizer-Dosen. Die Spürbarkeit der Substanzen ist bei CGP361/A ungleich geringer als bei Prazepam, und von sedierenden Wirkungsqualitäten kann keine Rede sein.

Andererseits erscheinen die vorhandenen Effekte in den Passivurteilen keineswegs als beliebig. JAEKEL (1986) hatte in seinen Tierstudien eine als "antiaggressiv" gekennzeichnete Wirkung der Substanz beschrieben. Wenn wir davon ausgehen, daß der Faktor "soziale Entspanntheit vs. soziale Erregtheit" und die darin enthaltenen Items "nervös - ruhig" und "aggressiv - friedlich" als Schätzer für aggressives Verhalten gelten können, dann sind in den gefundenen Nachweisen sehr selektive Wirkungen der Substanz aufgedeckt, die sich mit JAEKELs Beobachtungen an Affengruppen decken.

Allerdings ziehen wir es vor, statt von antiaggressiven Wirkungen lieber von sozial entspannenden Effekten zu sprechen. Nicht die aversive Ausprägung soll betont werden, sondern die sozial förderliche. Betrachtet man sich die Bedeutung der positiven Polaritäten der Skala - friedlich, ruhig, gemütlich, überlegt -, so entsteht das Bild eines sozial stabilen, vertrauenserweckenden Sozialpartners, an den man sich anlehnen ("kuscheln") kann. Er ist nicht nur nicht bedrohlich, sondern hat eben auch die genannten positiven Qualitäten, die einen Partner ermutigen können, auf ihn zuzugehen und eine offene und entspannte Interaktion zu erleben.

Wir fassen die relevante Dimension bipolar auf, während JAEKEL, was von seinen Tiermodellen her naheliegt, unipolar denkt: das Tier droht und zeigt aggressives Verhalten oder es tut dies nicht. Versucht man andererseits, sich den Prozess in JAEKELs Affengruppe vorzustellen, in denen vor allem auch die rangniedrigsten Tiere an Bewegungsspielraum gewannen, so müssen fast zwangsläufig auch Signale seitens der ranghöheren Tiere vorhanden sein, die mitteilen, daß die Grenzen gelockert sind und das rangniedere Tier aktiver werden darf. Diese Signale könnten ein aktives Verhalten der Tiere darstellen, für das geeignete Beobachtungskategorien im "Monkey Observation Test fehlen; in ihnen sehen wir die entscheidende Wirkung von CGP361/A.

Wiederum sind die Konzepte der Verhaltensforschung gut zur Beschreibung dieser Wirkung geeignet: es sind von der CGP361/A behandelten Person harmonische Botschaften - "immediacy" (MEHRABIAN, ANDERSEN) - eher zu erwarten als dissonante Beiträge zur Interaktion. In ALTMAN's Modellen sollte sie wenig sozial penetrieren, aber auch sich nur in geringem Maße von anderen abschließen - "privacy".

8.2.3.3.STUDIE R1: ROLLENSPIEL UNTER CGP361/A

Die Interaktionen, die der Weltbeschreibung in Studie R1 zugrundeliegen, unterscheiden sich von denen der bisher berichteten Untersuchungen. Die Vpn trafen sich an vier Tagen jeweils morgens und abends, um gemeinsam die einzunehmenden Chargen abzuholen. Sie waren sich damit weniger fremd als die Vpn der Studien GD2 und GD3, die sich erstmals im Labor trafen. Die Instruktion forderte zwar, die Interaktionen zu beschreiben, die in der experimentellen Einheit am Abend des 4. Versuchstages abliefen, jedoch kann nicht ausgeschlossen werden, daß das "Bild" von den anderen in die Beschreibung einfloß. Diese Annahme nährt auch der Umstand, daß die direkten Interaktionen zwischen den Vpn begrenzt waren: nur jeweils zwei Personen spielten das Rollenspiel miteinander, mit den anderen war keine Interaktion im versuchsplanerischen Sinne vorgekommen.

Als Beurteilungsinstrument wählten wir den Stuttgarter Bogen - SB (LERMER & ERMANN, 1976), der zur Beschreibung von Veränderungen im Selbsterleben von (Therapie-) Gruppenmitgliedern entwickelt wurde. Seine Brauchbarkeit in psychotherapeutischen Gruppen ist belegt (vgl. z.B. HERMES & VOLK, 1982). Faktorenanalytische Auswertungen erbrachten drei Skalen: "Reaktive und fremdbezogene Emotionalität" (RE), "Aktivität" (A) und "Selbststärke" (S). Die Entscheidung, diesen Bogen in der Studie R1 einzusetzen, beruhte in dem Wunsch, Erfahrungswissen zur Weltbeschreibung mit einem erprobten Verfahren der Gruppenpsychotherapieforschung zu sammeln.

Die Auswertung erfolgte auf Item- und Skalenebene mit getrennten Varianzanalysen der aktiven und passiven Urteile der Vpn über alle 5 anderen Mitglieder der Versuchsgruppe. Als Faktoren wurden wiederum das Geschlecht und die Medikation (Placebo, 4mg, 10mg CGP361/A) festgelegt.

In den Aktivurteilen sind Medikationswirkungen (nur sie werden hier besprochen) in zwei Items aufgetreten, die auf dem Faktor "Aktivität" des Stuttgarter Bogens laden (vgl. Abb. 32): verglichen mit Placebo sehen Vpn unter 4mg und 10mg CGP361/A die anderen Vpn als weniger vertraut (eher fremd), die 4mg-Dosis führt zudem zu Beurteilungen, wonach die anderen Vpn weniger lebhaft (eher nachdenklich) waren. Der Effekt auf der Skala "Aktivität" entspricht den Befunden auf Itemebene: Gegenüber Placebo sehen Vpn, die mit

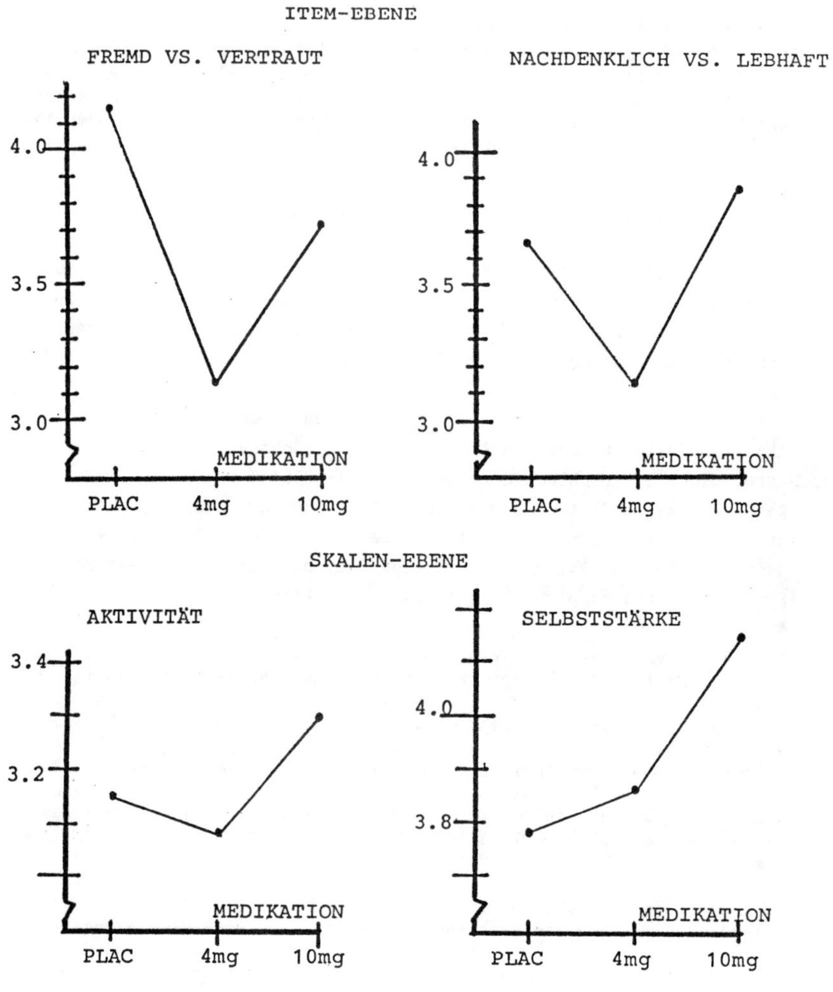

Abb. 32: Studie R1. Aktivurteile der Weltbeschreibung mit dem Stuttgarter Bogen (Items/Skalen). Hohe Skalenwerte entsprechen positiver Ausprägung.

4mg behandelt wurden, die anderen als weniger aktiv, Vpn unter 10mg beurteilen die übrigen Versuchsteilnehmer als aktiver. Der zweite Nachweis auf der Skala "Selbststärke" erbringt eine lineare Dosis-Wirkungsbeziehung: Mit zunehmender Dosierung werden die anderen Vpn als "selbststärker" gesehen; der Unterschied zwischen der 4mg und der 10mg-Dosis ist massiv.

Die Effekte in den Passivurteilen sind insgesamt zahlreicher. Die Dosis-Wirkungsbeziehung hat in den Items, für die signifikante Unterschiede zwischen den Medikationsstufen gefunden wurden (resigniert-hoffnungsvoll, nachdenklich-lebhaft) und in der Skala "Selbststärke" (a=0.072) gleiche Form (s. Abb. 33). Im Vergleich zu Placebo werden Vpn unter 4mg von den anderen Teilnehmern als hoffnungsvoller, lebhafter und von höherer Selbststärke beschrieben, Personen, die mit 10mg behandelt wurden, dagegen als resignierter, nachdenklicher und von geringerer Selbststärke. Der differentielle Effekt in der Skala "Aktivität" bestätigt die gleiche Dosis-Wirkungsbeziehung für Männer: unter 4mg werden sie als aktiver, unter 10mg als weniger aktiv beurteilt; Frauen unterscheiden sich in den Beurteilungen, die sie erhalten, nur wenig von Placebo: sie werden unter 4mg als weniger aktiv, unter 10mg als aktiver gesehen. Auch in der Passivbeurteilung ist der Niveauunterschied zwischen der 4mg und der 10mg-Dosis am deutlichsten.

Ein Vergleich der Abbildungen zu den Aktiv- und Passivurteilen enthüllt eine frappante Spiegelbildlichkeit, wie sie bisher nicht gefunden wurde: die Personen, die die anderen als aktiv, selbstsicher sehen, werden selbst von den übrigen Teilnehmern als eher unsicher und passiv in ihrem Verhalten beschrieben, und vice versa. Mehr als in den anderen Weltbeschreibungen der Studien GD2 und GD3 entsteht der Eindruck, daß Interaktionen dargestellt sind, nicht aber Persönlichkeit charakterisiert ist, da in diesem Datensatz eine gute Übereinstimmung zwischen beiden Perspektiven festgestellt werden kann.

Wie sehen die Behandlungswirkungen nun inhaltlich aus? Die Effekte in den Items und den Skalen "Aktivität" und "Selbststärke" drücken in der 4mg-Dosierung eine Stimulation des sozialen Verhaltens aus, die von der Person selbst als ein Gefühl der Souveränität und Überlegenheit (zwei Items der Skala "Selbststärke") und von den Partnern als positiv getönte Lebhaftigkeit erfahren wird. 10mg CGP361/A hat die genau gegenteilige Wirkung: Unterlegenheit und Hilflosigkeit als Befindensveränderung, passivistische Resignation als Verhaltenscharakteristikum. Keine Effekte sind in beiden Dosierungen in der Emotionskala RE aufgetreten (mit Items wie behaglich-unbehaglich, pudelwohl-elend u.a.).

SB - ITEMS

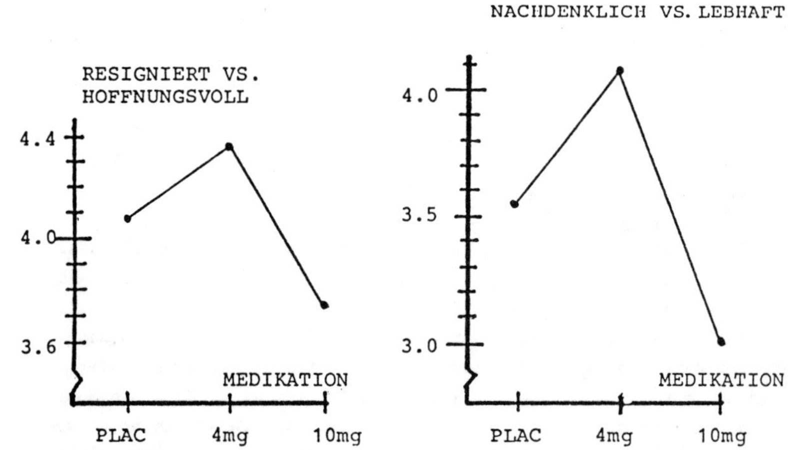

SB-SKALEN

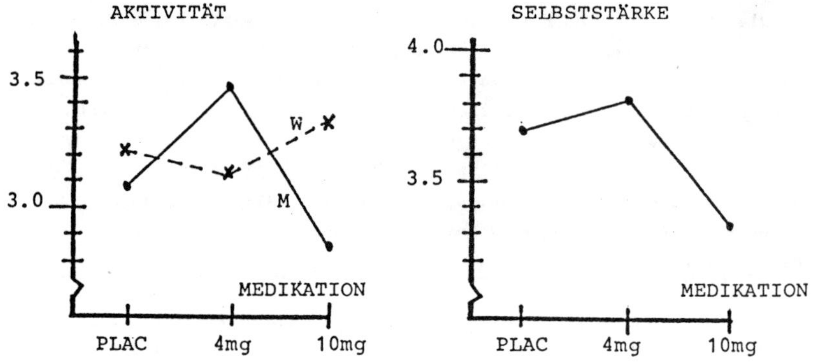

Abb. 33: Studie R1. Passivurteile der Weltbeschreibung mit dem Stuttgarter Bogen (Items/Skalen). Hohe Skalenwerte entsprechen positiver Wirkung (M=Mann, W=Frau)

Diese Beobachtungen könnten zunächst so interpretiert werden, daß die Interaktionen zwischen verschiedenen Vpn einen aktiv-dominanten und einen passiv-submissiven Partner hatten, wobei die Verhaltensmuster dosisspezifisch beeinflußt sind. In den Studien GD2 und GD3 wäre diese Annahme einleuchtend, weil tatsächlich verschiedene Partnerkonstellationen realisiert wurden. In dieser Studie R1 wurden einerseits alle Gruppenmitglieder, also auch die des gleichen Geschlechts, beschrieben, andererseits fand nur eine konkrete Partnerinteraktion statt, die zudem von je zwei Vpn gestaltet wurden, die dieselbe Behandlung erhalten hatten. Daher reicht die Erklärung nicht aus. Alles deutet darauf hin, daß in den Weltbeschreibungsmaßen ein allgemeiner Behandlungseffekt zu sehen ist, der im Falle der 4mg-Dosis als soziotrop, in der 10mg-Dosis als eher soziopathotrop zu kennzeichnen ist.

Der massive Dosis-Wirkungs-Unterschied, vor allem aber die soziopathotrope Wirkung der 10mg-Dosis traten nach den bisherigen Wirkungserfahrungen mit CGP361/A, über die in dieser Arbeit berichtet wurden, unerwartet auf. Zu erklären sind beide Aspekte wohl nicht aus dem situativen Kontext der experimentellen Untersuchung, der sich als positiv getönte facilitative Situation nach dem Urteil der Vpn beschreiben läßt (vgl. WINKLER, 1985). Näher kommt den Effekten wohl eher die Annahme, daß die subchronische Verabreichung (insgesamt 7 Dosierungen an 4 Tagen) zu dem Unterschied gegenüber anderen Untersuchungen beigetragen hat. Stärker als im Akutversuch würde mit unseren Ergebnissen eine persönliche Mitteilung JAEKELs bestätigt, der das soziotrope "Fenster" der Substanz als sehr eng auf extrem niedrige Dosierungen (2-4mg) bezogen betrachtet.

> SPINELLI (1982) hatte in humanpharmakologischen Studien beobachtet, daß CGP361/A in stärkerem Maße in der Leber metabolisiert wird als z.B. Oxprenolol, die Frage jedoch offen gelassen, welche therapeutischen Auswirkungen dieser Tatbestand haben könnte. Möglicherweise sind die von uns beobachteten Effekte als Auswirkungen eines "langlebigen" Metaboliten zu verstehen, da ja die eigentliche Substanzwirkung nach ca. 10 Stunden im Körper abgeklungen sein dürfte. Sollte diese Hypothese zutreffen, wäre die Substanz eher kritisch zu betrachten, solange noch nicht angegeben werden kann, durch welchen Bestandteil ihre Effekte ausgelöst werden.

Nicht von der Hand zu weisen ist allerdings auch das Argument, daß sich in den Ergebnissen untersuchungsspezifische Besonderheiten ausdrücken. Dazu zählt der verwendete Urteilsbogen, dessen Items eher zur Beschreibung intensiver Gruppenprozesse geeignet sein dürften als zur Beurteilung von lockeren sozialen Beziehungen. Andererseits muß auch mit einer Vermischung von globalen Eindrücken aus dem Alltagsverhalten und Beobachtungen der Person im experimentellen Kontext gerechnet weren. Mit spezifischen Befragungen unmittelbar nach dem Rollenspiel war der negative Effekte der 10mg-Dosis jedenfalls nicht feststellbar.

WINKLER (1985) hat eine Reihe von situationsspezifischen Fragebogen zu der Rollenspiel-Situation ausgewertet . Bei der Beschreibung des Rollenverhaltens als Ratsuchender bzw. Berater haben 10mg und 4mg vergleichbare selektive Effekte, die darin bestehen, daß sich die Vpn sicherer in der Beschreibung von Problemen oder in der Beratungsfunktion fühlten. Bei der Aufgabe, das eigene Verhalten mit dem des Partners zu vergleichen, trat eine für die Wirkungsinterpretation interessante Medikations-Hauptwirkung auf: mit zunehmender Dosis fühlen sich die Vpn weniger gehemmt als ihr Partner. In einem Bogen, mit dem die Wirkung der Situation beschrieben werden sollte, ergab sich, daß die Vpn durch die Situation umso weniger gefordert waren, je mehr an Medikament sie erhalten hatten. WINKLER folgert zu CGP361/A, daß es mehr "Distanz" zur Situation ermögliche, den Vpn es damit erlaube, sich gelöst zu erleben und gefühlsmäßige Reaktionen wahrzunehmen.

Die Untersuchung R1 hat in dreifacher Weise Bedeutung für unsere Fragestellungen:

a. sie regt dazu an, Untersuchungen mit chronischer Applikation und Akutstudien durchzuführen und in ihren Erträgen für den Nachweis soziotroper Effekte zu vergleichen;

b. sie macht darauf aufmerksam, daß laborexperimentelle Befunde und Eindrücke vom Alltagsverhalten nicht korrespondieren müssen;

c. sie hat - unabhängig von Ähnlichkeit oder Unterschiedlichkeit der beiden Dosierungen der untersuchten Substanz - pharmakologische Veränderungen des sozialen Verhaltens aufgezeigt.

8.2.3.4. ERTRAG DER WELTBESCHREIBUNGS-STUDIEN

Als Ertrag aus den berichteten Studien, in denen die Weltbeschreibung zur Anwendung kam, kann übergreifend festgehalten werden:

a. die Methode differenziert: es sind in den einzelnen Studien unterschiedlich viele, aber inhaltlich plausible Effekte aufgetreten;

b. die Veränderungen kommen auf der Passiv-Seite sind in der Regel häufiger vor als auf der Aktiv-Seite: die Substanzwirkungen sind eher im Verhalten denn im Befinden aufzufinden;

c. es treten mit den Haupteffekten Medikation in den Aktiv- und Passiv-Urteilen relativ wenige differentielle Effekte auf; diese seltene Beobachtung innerhalb der pharmakopsychologischen Forschung bestätigt den Anspruch der Weltbeschreibung, Probleme der Kompensation oder der Zugebbarkeit von Pharmakonwirkungen zu verringern. Inhaltlich stützt der Befund fehlender Wechselwirkung den Bericht des Kapitels 5, in dem persönlichkeitsspezifische Veränderungen soziotroper Effekte bisher nicht zu belelegen waren.

d. Die Wirkungsnachweise der untersuchten Pharmaka können als soziotrope Effekte gedeutet werden. Für den Tranquilizer wurde eine generelle Entlastung der Vpn mit situationsspezifischer Aktivierung postuliert, dem Betablocker konnten genuine Auswirkungen auf das soziale Verhalten zugesprochen werden, die einerseits in einer höheren sozialen Entspanntheit, andererseits in einer sozialen Stimulation bzw. einer Auflösung gehemmten Verhaltens bestehen.

e. Alle Studien haben Dosis-Wirkungsunterschiede aufgedeckt: die günstigsten Wirkungen hatte jeweils die niedrigere Dosis. Neben pharmakologischen Erklärungen (enges "soziotropes" Wirkungsfenster) scheint die Komposition der Behandlung der Versuchsgruppen zur Erklärung beitragen zu können.

8.2.4. ZUSAMMENFASSENDER KOMMENTAR ÜBER DIE ERFAHRUNGEN MIT SOZIO-PHARMAKOPSYCHOLOGISCHEN METHODEN

Kapitel 8.2. hatte das Ziel, über neuentwickelte Methoden zur Erfassung soziotroper Pharmakonwirkungen wie das LOGOPORT und die Weltbeschreibung zu berichten und die Adaptation bzw. die Erprobung klassischer Methoden der Pharmakopsychologie wie physiologische Messungen im sozialen Kontext oder Skalierungen psychischer Merkmale (vgl. 8.1.) zu beschreiben.

Gezeigt wurde die Sensibilität aller methodischen Zugänge für pharmakonbedingte, auch dosisabhängige Variationen der untersuchten Merkmale. Die Methoden haben differenziert. Sie schließen damit teilweise die Lücke im pharmakopsychologischen Instrumentarium, die in dieser Arbeit mehrfach als ausschlaggebend für die gegenwärtig noch geringe Bedeutung soziopharmakologischer und sozio-pharmakopsychologischer Forschung betrachtet wurde. Auf allen Indikatorebenen des Sozialen liegen nunmehr Vorschläge zur Evaluation von Pharmakonwirkungen vor, die einen breiteren Forschungszugang eröffnen könnten.

Die Bedeutung der soziophysiologischen Messungen im Labor und im Alltag besteht vor allem darin, daß Erfahrungswissen über die Wirkungen sozialer Kontexte und ihrer Modifikation durch Pharmaka gesammelt werden kann. Sie erlauben ein Screening von Situationen und schaffen die Voraussetzung, theoriegeleitete Forschung zu betreiben. Der inhaltliche Gewinn der soziophysiologischen Studien ist darin zu sehen, daß sie die Trennung sozialer und nichtsozialer Settings unterstützen und den sozialen Situationen als Provokatoren von spezifischen Pharmakonwirkungen besonderes Gewicht zuweisen.

Die Anwendung von Skalierungsverfahren hat auf die Notwendigkeit hingewiesen, die Auswahl geeigneter Merkmale sehr sorgfältig zu betreiben. Die psychische Anspannung hat sich als hervorragendes Pendant zur Pulsfrequenz erwiesen: mit ihr erschließt sie Wege der aktivierungstheoretischen Forschung zum sozialen Verhalten. Die spezifischeren Dimensionen der Bewertung von Situationen oder des Erlebens von Situationen (als sicher/unsicher bzw. belastend/nicht belastend) differenzierten deutlich weniger. Mit den Erfahrungen der Weltbeschreibung, die nur für ausgewählte Items Wirkungsnachweise erbrachten, kann aus diesen Befunden geschlossen werden, daß Pharmaka das soziale Verhalten eher selektiv denn global beeinflussen. Mit gleichem Recht könnte man aber auch folgern, daß die Dimensionen zur Beschreibung des sozialen Verhaltens und seiner Veränderungen noch nicht gefunden sind oder - so vorhanden - von uns nicht eingesetzt wurden.

Unsere Hypothese, daß basalere Dimensionen konsistentere Ergebnisse liefern als Merkmale, die in höheren Hirnregionen vermittelt werden, kann insofern aufrechterhalten werden, als Pulsfrequenz und psychische Anspannung mehr Effekte lieferten (also homogener bei den Vpn verändert wurden) und diese besser zu reproduzieren waren als dies in den übrigen Skalierungsverfahren der Fall war.

Das LOGOPORT und die Weltbeschreibung erfassen eher globale Einheiten des sozialen Verhaltens. Die Quantifizierung des Gesprächsverhaltens in seinen nonverbalen Ausschnitten hat inhaltlich sehr anschauliche soziotrope Wirkungen bei ausgewählten Vpn aufgezeichnet. Bisher liegt mit dieser Methode nur die eine berichtete Studie vor. Die gleichfalls positiven Erfahrungen der BALTIMORE-Gruppe um GRIFFITHS, STITZER und BIGELOW und von FELDSTEIN und SIEGMAN ermutigen dazu, eine eigene LOGOPORT-Forschung innerhalb der Sozio-Pharmakopsychologie zu beginnen. Die enorme Möglichkeit, mit dem LOGOPORT auch Mikroeinheiten der gegenseitigen sozialen Beeinflussung zweier oder mehrerer Interaktionspartner ("Comotions" im Sinne von KRÜGER, 1986) zu beschreiben, sind bisher ungenutzt.

Die Weltbeschreibung macht vor allem den Sozialpartner als Datenquelle der Sozio-Pharmakopsychologie nutzbar, indem sie ihn sowohl als kompetenten Beurteiler der Interaktion einsetzt als auch als Objekt zur Erfassung der Befindlichkeit verwendet. Mehr als alle anderen Verfahren hat die Weltbeschreibung ein Bild von der Wirkung der untersuchten Pharmaka gestaltet, das anschaulich und detailliert Auskunft über ausgelöste Veränderungen vermittelt. Die erhobenen Daten untermauern die Annahme, daß der methodische Weg über die Befindlichkeitsbeschreibung im sozialen Bereich wenig ergiebig ist und betonen die Verwendung von Verhaltensmaßen. BARTH (1985) und WINKLER (1985) haben eine Reihe von klassischen subjektiven Verfahren (STAI, Eigenschaftswörterlisten, Freie Wirkungsbeschreibung) in Sozialstudien eingesetzt, ohne auffallende Befunde feststellen zu können. Vor diesem Hintergrund muß der Ertrag der Weltbeschreibung besonders positiv betrachtet werden. Als ein Problem dieses Ansatzes gilt die Auswahl von Beurteilungsbogen. Notwendig ist ein geeigneter Itempool, der zur Beschreibung des sozialen Verhaltens auch in sehr oberflächlichen Interaktionen geeignet ist. Der Stuttgarter Bogen hat sich weniger bewährt als HOFSTÄTTERs oder unser eigenes Semantisches Differential.

Alle Verfahren haben eine Reihe soziotroper Wirkungen der eingesetzten Substanzen aufgezeigt. Dabei wurde für die Veränderung in Aktivierungsmaßen auf die Schwierigkeit hingewiesen, diese als soziotrop zu verstehen. Auf diesen Ebenen sind Validierungsstudien dringend erforderlich. Dem Tranquilizer konnten in allen Verfahren vor allem eine Beeinflussung der psychophysischen Aktivierung zugesprochen werden; in gleicher Weise war diese Substanzgruppe auch in Abschnitt 8.1. charakterisiert worden. CGP361/A hat demgegenüber spezifische Veränderungen des sozialen Verhaltens bewirkt, die sich in günstigerem Sprechverhalten ebenso zeigten wie in Beschreibungen eines sozial förderlichen Verhaltens durch die Sozialpartner.

8.3. SYNOPSE DER ERGEBNISSE

Der Anspruch unserer empirischen Studien bestand darin,

a. soziotrope Effekte von Pharmaka aufzuzeigen;

b. Prüfmodelle zu entwickeln und

c. Prüfmethoden zu erproben.

Ihr Ertrag wird nachfolgend summarisch zusammengefaßt.

8.3.1. SOZIOTROPE EFFEKTE

Kapitel 4 hatte einen Mangel an Erfahrungswissen über die therapeutisch zur Behandlung von psychischen Störungen meist benutzten Pharmaka wie z.B. Tranquilizer beklagt. Diesem Mangel ist - eher exemplarisch denn systematisch - abgeholfen.

Die Wirkung der untersuchten Tranquilizer liegt konsistent in der Veränderung von Aktivierungsprozessen. Sie wurde einerseits interpretiert als Auslösung einer generellen - unspezifischen - Entlastung bzw. Verringerung der Basis-Belastung aus einer Situation, andererseits als situationsspezifische Aktivierungssteigerung. Diese Interpretation entstammt den Weltbeschreibungsdaten, sie integriert jedoch auch die Wirkungen in den Situationen des Kapitels 8.1.. Dort war in der Aufrufsituation eine im Vergleich zu Placebo überschießende Aktivierung festgestellt worden, in den gruppendynamischen Übungen wurde gezeigt, wie unter Prazepam auf Änderungen der Situation durch Anpassung der Aktivierung reagiert wird. Zieht man hinzu, daß in dem Aufrufstreßversuch die Leistung trotz der hohen Aktiviertheit am besten ausfiel und die Erholungswirkung von der Belastung schneller als unter Placebo eintrat, entsteht ein insgesamt positives Bild der Tranquilizerwirkung: die behandelte Person wird reagibler auf das soziale Angebot.

Die Wirkungsbeobachtungen stehen im Einklang mit LADERs (1978) These, daß nach Tranquilizergabe Erhöhungen der Angstwerte bei Patienten auftreten können. LADER hatte vermutet, daß Tranquilizer verfestigte Angstmechanismen aufbrechen und die bisher abgewehrten Angstinhalte zur Bearbeitung freisetzen. Diese Wirkung setzt voraus, daß sich der Patient der angstbesetzten Situation stellt und sie nicht länger vermeidet bzw. sich durch Restriktionen seines Sozialverhaltens aus ihnen herausrettet. LADERs Vermutung ist in den sozialen Situationen unserer Versuche in einem empirischen Zugang mit gesunden Vpn belegt, wenn wir mit gutem Recht, wie die Anspannungswerte zeigen, annehmen, daß sowohl die Aufrufsituation wie auch die facilitativen Situationen auch für die gesunde Vpn eine erhebliche Belastung darstellen. Der wesentliche Gewinn für anxiolytische Wirkungsvorstellungen sensu LADER besteht gegenüber den meisten bisherigen Ansätzen darin, daß angstbesetzte oder zumindest belastende Situation in der Versuchsanordnung explizit eingeführt werden. Auch die Tagesverlaufsbeobachtungen mit soziophysiologischen Messungen belegen die These, daß nicht nur ein veränderter Zustand - die Aktivierung per se - herbeigeführt wird, sondern daß sich Verarbeitungsprozesse in Situationen ändern.

Für die Wirkung des Betablockers reicht ein aktivierungstheoretisches Erklärungsmodell nicht aus. Zwar sind kardiovaskuläre Wirkungen aufgezeigt, die die Belastungwirkung sozialer Situationen verringern und zu einer veränderten psychischen Verarbeitung der Situation beitragen. Die soziotropen Effekte sind damit nicht zu erklären. In den Befindens- und Verhaltensdaten haben sich wenige Effekte auf Items, die Aktivierungs- und emotionale Prozesse erfassen, beobachten lassen. Dagegen wurden Merkmale verändert, die interpersonales Verhalten im engeren Sinne betreffen. Wir haben von sozialer Entspanntheit, von sozialer Stimulation oder dem Abbau von Hemmungen im Verhalten gesprochen, um diese Wirkungen zu charakterisieren. Wie sie - pharmakologisch oder psychologisch - zu erklären sind, muß offen bleiben.

8.3.2. SOZIALE SITUATIONEN

Soziale Situationen hatten in unseren Versuchen zweierlei Funktion. Zum einen waren sie in ihren Wirkungen auf verschiedene Merkmale interessant, um prüfen zu können, ob und wie Pharmaka sie verändern. Sowohl Streß- wie auch facilitative Situationen konnten danach unterschieden werden, ob sie systematische, für eine Vielzahl von Vpn gleiche Wirkungen auslösen oder unsystematisch die einen mehr, die anderen weniger beeinflußten. In systematischen Situationen waren - falls überhaupt - regelhaft quantitative Pharmakonwirkungen zu beobachten, die die Systematik nicht veränderten, sondern die Placebowirkung verringerten oder verstärkten. Dagegen haben Situationen mit "schwacher" Wirkung sowohl qualitative wie quantitative Wirkungen von Pharmaka beobachten lassen.

Zum anderen lieferten soziale Situationen das Beobachtungsmaterial für globalere Urteilsverfahren; sie waren in diesem Sinne als Interaktionsaufgabe der Gegenstand, an dem sich die Pharmakonwirkung entfalten konnte.

Die Forderung, neben dem Belastungsaspekt sozialer Situationen auch solche Kontexte im Labor zur Verfügung zu stellen, die die aktive Gestaltung von Interaktionen erforderlich machte, konnte in den facilitativen Situationen überzeugend eingelöst werden. Die Wirkungsmaße schreiben ihnen eine positiv getönte, "weiche" Atmosphäre zu. WINKLER (1985) hat in einem Vergleich der Aufruf- und der Rollenspielsituation gefunden, daß sich trotz der unterschiedlichen Tönung der Streß- und der facilitativen Situation - negativ die eine, positiv die andere - beide Kontexte als gleichermaßen fordernd für die Vpn erwiesen haben. Die positive Tönung der kontaktfördernden Situation bedeutet also keineswegs, daß sie von den Vpn weniger ernst genommen wurde als die Aufrufsituation, oder anders ausgedrückt, die situativ vermittelte Nähe zu einer anderen Person kann in gleicher Weise beanspruchen wie die Bedrohungswirkung einer Versagenssituation.

In den gruppendynamischen Situationen wurde die Beobachtung gemacht, daß informelle Situationen, in denen die Vp vom Versuchsleiter wenig geleitet ist, sondern nach eigenem Ermessen die Situation gestalten kann (z.B. Diskussionen) deutliche Pharmakoneffekte zur Folge hatte. Damit im Einklang stehen die Befunde der Alltagssituationen, die wichtige Kontexte zur Evaluation soziotroper Pharmakonwirkungen darstellen. Bereits BABOR (1978) hatte berichtet, daß informelle Kliniksituationen in ähnlicher Weise wie formelle Versuchssituationen geeignete Anordnungen zur Wirkungsprüfung darstellen. Die Möglichkeiten, soziale Situationen zu gestalten, sind bei weitem noch nicht ausgereizt; was in dieser Arbeit vor allem gezeigt wurde, ist der Ansatz, ein breites Spektrum des Miteinanderumgehens in standardisierter Form vorzugeben.

Nicht bearbeitet ist die interessante Beobachtung von NOWLIS & NOWLIS bzw. STARKWEATHER, daß die soziale Situation die Pharmakonwirkung verändert. Es wurde mehrmals vermutet, daß die Komposition der Pharmaka, die in einer Gruppe verabreicht werden, die beobachten Wirkungen erklären kö nnte. Eine systematische Untersuchungsstrategie, die dazu beitragen könnte, solche Interpretationen empirisch zu belegen, steht nach wie vor aus. Allerdings ist ihrer Entwicklung zugearbeitet, weil Untersuchungssituationen mit bekannten Wirkungsqualitäten nunmehr bekannt sind. Im Gegensatz etwa zu NOWLIS, der seine Beobachtungen in globalen Situationen machte, kann die Frage jetzt als *Wechselwirkungsproblem* aufgefaßt werden; methodisch sind Situationen mit systematischen Effekten (z.B. Raumerforschen, Streichelübung, Aufrufsituation) und solche mit unsystematischen Wirkungen (Diskussion, Meditation) in ihren Auswirkungen auf Pharmakoneffekte zu untersuchen.

8.3.3. SOZIO-PHARMAKOPSYCHOLOGISCHE METHODEN

Die von uns entwickelten oder adaptierten Methoden haben durchweg differenziert, d.h. Placebo-Verum-Differenzen abgebildet.

In Kapitel 8.1. wurden zur Analyse von situativen Wirkungen und ihren Veränderungen durch Pharmaka traditionelle Verfahren der Pharmakopsychologie benutzt: physiologische Ableitungen der Herzfrequenz und Skalierungsverfahren zur Erfassung psychischer Merkmale. Der besondere Beitrag dieser Arbeit kann hier darin gesehen werden, daß sie mit diesen Verfahren soziale Prozesse in individuumsorientierter Perspektive beschrieben hat. Bis in die Mikroanalyse einer Einzelsituation hinein konnte die Bedeutung der Verlaufsaspekte - im Sinne von Anpassungen an die Situation - betont werden. Die Methoden und Parameter eignen sich dazu, der Besonderheit des sozialen Verhaltens als eines rückgekoppelten Prozesses gerecht zu werden.

Die Verfahren, die in Kapitel 8.2. in eher globaler Weise soziale Interaktionen erfassen sollten, sprechen dafür, bevorzugt Verhaltensparameter auszuwählen. Die Wirkung von CGP361/A ist in subjektiven Parametern mit hoher Wahrscheinlichkeit nicht aufzudecken, hat sich aber in Verhaltensmaßen relativ konsistent und inhaltlich überzeugend beschreiben lassen. Als erfolgversprechende methodische Zugänge gelten das LOGOPORT als direkter Indikator des Verhaltens in sozialen Kontexten und die Weltbeschreibung als Schätzer des Verhaltens einer Person über die Urteile ihrer Sozialpartner.

T e i l 4

Verallgemeinerungen

9. DISKUSSION UND AUSBLICK

Die vorliegende Arbeit hat in ihrem ersten Teil (Kapitel 2-5) eine Bestandsaufnahme des vorhandenen Wissens über die Wirkungen von Pharmaka auf das soziale Verhalten vorgenommen. Aus dieser Analyse ergab sich die Aufgabenstellung eigener empirischer Forschungsarbeiten: sie führte systematisch soziale Situationen ein, entwickelte neue Prüfmethoden und suchte an ausgewählten Substanzen noch soziotropen Effekten. Der Ertrag dieser Beiträge ist in den zusammenfassenden Teilen der einzelnen Kapitel diskutiert und wird hier nicht wiederholt.

Offen ist die Frage nach der allgemeinen Bedeutung unserer Untersuchungsergebnisse für die Sozio-Pharmakopsychologie im Besonderen und die Pharmakopsychologie bzw. die Psychopharmakologie im Allgemeinen (in der prägnanten amerikanischen Formulierung lautet sie: so what?).

Die zwei Gesichter der Sozio-Pharmakopsychologie, nämlich Grundlagenfach und angewandte Disziplin zu sein (vgl. DEBUS & JANKE, 1978; s. Kapitel 6.1.), ordnen die allgemeinen Überlegungen im folgenden Text.

9.1. ZUR GRUNDLEGENDEN BEDEUTUNG DER ERGEBNISSE

9.1.1. DIE FRAGE NACH DER STEUERUNG DES SOZIALEN VERHALTENS

Das Beeindruckende an Gesprächen mit Tierpharmakologen ist für einen Psychologen, daß sie zu den Problemen der Untersuchung der Wirkungen von Pharmaka auf soziales Verhalten (und nicht nur dazu) sehr schnell eine Versuchsanordnung vorschlagen können, in denen eine empirische Antwort zu suchen wäre. Konzepte wie das der Dominanz/Submissivität oder das Wissen um Auslöser für aggressives, affiliatives und ängstliches Verhalten reichen aus, um bestimmte soziale Verhaltensmuster zu provozieren oder doch zumindest spezifische Wirkungsqualitäten von Pharmaka aus dem natürlichen Verhalten zu erschließen. Dieses Wissen beruht vorwiegend auf einer funktionalen Betrachtungsweise des Gesamtorganismus in seiner Interaktion mit der Umwelt unter der spezifischen Fragestellung von Anpassungsprozessen sowohl ultimativer (genetischer) wie proximaler (verhaltensmäßiger) Art. Dazu gehört auch der explizite Einbezug der Population als Beobachtungseinheit und daraus resultierend die Beachtung von Funktionsweisen des Individuums im Sozialverband (vgl. z.B. EIBL-EIBESFELDT, 1976).

Die funktionale Sichtweise ist der Psychologie weitgehend noch fremd (sieht man einmal von einigen Ansätzen in der Klinischen Psychologie ab). Sie denkt eher bedingungsanalytisch, z.B. ätiologisch und orientiert sich selbst als "biologische" Psychologie überwiegend am Status quo: Kognitionen, Aktivierungszustände, Emotionen oder somatische Zustände übernehmen die Regelung des sozialen Verhaltens. Fast zwingend resultiert daraus die Schwierigkeit, die Frage nach Prüfmodellen für soziotrope Pharmakonwirkungen nicht ähnlich prägnant beantworten zu können wie Tierpharmakologen oder Ethologen: die Einflußfaktoren addieren oder multiplizieren sich sogar zu einem nicht oder nur schwer vorhersagbaren Endresultat: dem sozialen Verhalten.

Unsere Versuchsanordnungen der sozialen Situationen - als Stressoren wie Facilitatoren - haben in gewisser Weise versucht, den funktionalen Gesichtspunkt zu berücksichtigen. Man kann in der Aufrufsituation die Anpassung an eine bedrohliche Situation sehen, die von den anderen durch ihre Anwesenheit geschaffen wird, oder sie als kompetitiven Kontext auffassen, in dem eine Rangordnung vergeben wird. Einige gruppendynamische Übungen könnten die Vpn dazu veranlaßt haben, ihr persönliches Territorium gegen zu hohe Nähe der anderen zu verteidigen oder um den andersgeschlechtlichen Partner zu werben. Ob man sich dieser Deutung der Situationen anschließt oder nicht: die Einheitlichkeit der Reaktionen, vor allem im physiologischen Bereich, bei allen oder dem größten Teil der Vpn in bestimmten Situationen wie der des Aufgerufenwerdens oder der des Streichelns spricht dafür, sehr basale Steuerungsprozesse am Werk zu sehen. Aus den Beobachtungen ist zu folgern, daß bestimmte soziale Handlungen bestimmte somatische Zustände provozieren, die unabhängig sind von ihrer kognitiven Verarbeitung. Daß die Systematik dieser Reaktionen durch Pharmaka nicht verändert wird, stützt das funktionale Argument: unabhängig vom psychophysischen Zustand lösen gleiche Situationen gleiche Reaktionen aus. Die Wirkung der Substanzen besteht dann in einer Beeinflussung der Anpassung an die Situation (quantitativer Effekt).

Auch die deutlichen und als soziotrop klassifizierten Wirkungen können in ihren funktionalen Konsequenzen erörtert werden. Welche Implikationen hat es zum Beispiel, wenn durch CGP361/A das menschliche Sprechverhalten verändert wird? Die Vermutung liegt nahe, das der kommunikative Signalcharakter verschiedener Parameter des Sprechens betroffen ist. Die grundwissenschaftlichen Antworten auf einfache Fragen stehen noch aus, wie z.B.: Welche sozialen Informationen werden durch welche Variationen von Sprechcharakteristika weitergegeben? Wie werden sie verstanden? Welche Konsequenzen hat dies für die Reaktion des Partners? Die Frage nach der Funktionsweise und dem adaptiven Wert individuellen Verhaltens im Sozialverband ist auch (ist nur?) verstehbar unter phylogenetischer Betrachtung.

Fragen dieser Art gehören in der biologischen Terminologie zu den Problemen der "*geschlossenen Programme*" (mit genetischer Fixierung), die nach MAYR (1974) insbesondere im innerartlichen Verhalten zu finden sind: "Since much of the behavior directed toward other conspecific individuals consists of formal signals, and since there is a high, selective premium for these remarks to be unmistakable, the essential components of the phenotype of such signals must show low variability and must be largely controlled genetically" (1974, 657). Die traditionelle Sozialpsychologie hat sich demgegenüber bis heute fast ausschließlich mit den "*offenen Programmen*" des Lernens, der Sozialisation und der Enkulturation beschäftigt und kann damit notwendigerweise nur einen begrenzten Beitrag zur Erklärung von Sozialverhalten leisten.

Mit der Integration solcherart biologischer Modellbildungen kann die Sozio-Pharmakopsychologie nicht nur der Biologischen Psychologie wichtige Impulse geben, indem sie die bislang vorherrschende Einseitigkeit der Zentrierung auf Physiologie und Ökologie (d.h. physikalische Beschreibung von Verhaltensantezedentien) überwinden hilft und die funktionale Betrachtungsweise fördert; sie überbrückt damit gleichzeitig das konzeptuelle Gefälle zwischen Pharmakologie und Psychologie, wenn sie z.B. versucht, tierethologische Modelle der Kommunikation auf den Menschen zu übertragen.

Traditionelle Ansätze der kognitiv orientierten Sozialpsychologie wie aber auch der physiologisch orientierten Aktivations- und Emotionstheorien reichen nicht aus, um den theoretischen Rahmen für die Erklärung soziotroper Effekte zu liefern, wie die Befunde mit CGP361/A gezeigt haben. Daß keine Nachweise für deutliche Veränderungen der Befindlichkeit, der Aktivierung oder emotionaler Zustände erbracht werden konnten, spricht für eine *direkte Beeinflussung* (u.U. über einen Metaboliten) des sozialen Verhaltens und damit für die Unabhängigkeit dieser Wirkung von (vorgängigen) subjektiven Veränderungen. Zu deuten sind diese Effekte als Veränderungen der Signale, die an andere abgesandt werden, aber auch als modifizierte Aufnahme und Wirkung der Rückmeldung der anderen.

Die sozio-pharmakopsychologische Forschung, dies ist die Folgerung aus unseren Überlegungen und Befunden, kann sich nicht auf die klassischen Theorien der Pharmakopsychologie begrenzen. Diese sind personal (kognitiv, physiologisch usw.) ausgerichtet. Sie muß diese Ansätze ergänzen (oder ersetzen?) durch das Soziale, das dadurch ausgezeichnet ist, daß zumindest zwei Personen daran beteiligt sind. Der von der Ethologie herkommende funktionale Ansatz ist nur ein, von uns in Zukunft weiter verfolgter theoretischer Zugang, für den z.B. in ALTMAN's Theorie der Privacy oder der Social Penetration konkrete, wenn auch unter funktionalen Gesichtspunkten nicht hinreichende Vorschläge vorhanden sind. Andere Zugänge sind denkbar, wozu Rückkoppelungsmodell (z.B. WELFORD, 1984), vor allem aber behaviorale Ansätze wie die der Immediacy-Forschung (vgl. ANDERSEN, 1985) zu rechnen wären.

9.1.2. ÜBER DIE BEDEUTUNG VON AKTIVIERUNGSPROZESSEN

Ist in den vorangehen den Überlegungen der Suche nach neuen, auf das interaktive Geschehen zugeschnittenen theoretischen Ansätzen das Wort geredet, so folgt daraus nicht, daß traditionelle Modelle der Pharmakopsychologie (und der Biologischen Psychologie) außer Acht zu lassen wären. Auch in dieser Arbeit sind Veränderungen der Reaktionen in sozialen Situationen und Pharmakonwirkungen in aktivierungstheoretischen Begriffen beschrieben worden, und ein wesentlicher Teil unserer Ergebnise beruht auf Aktivierungsmaßen.

> Auch innerhalb der Sozialpsychologie liegt eine Reihe von Theorien vor, die soziales Verhalten (Immediacy) über Arousal-Prozesse gesteuert sehen. Dazu zählen die Theorie des affiliativen Konflikts (ARGYLE & DEAN, 1965); das Erwartungsnorm-Theorien (BAKKEN, 1978; BURGOON & JONES, 1976); die Arousal-Labelling-Theorie (PATTERSON, 1976) oder die Diskrepanz-Arousal-Theorie (CAPPELLA & GREEN, 1982).

Der versuchsplanerische Zugang, Aktivierungsprozesse statt Aktivierungszustände zu beschreiben, hat u.E. eine wichtige Ergänzung des Aktivierungskonzepts erbracht. Im Gefolge von EYSENCK (1957) wird bisher die Wirkung von psychotropen Substanzen in einer Veränderung von *generellen* Erregungs- bzw. Hemmungsprozessen der kortikalen Aktivität gesehen. Ein erheblicher Teil unserer Befunde hat jedoch gezeigt, daß in bestimmten Situationen Pharmaka die Aktivierung *spezifisch* beeinflussen.

Diese Aussage gilt ganz besonders für die Effekte bei Tranquilizern, denen üblicherweise eine Kreislauf-Neutralität zugeschrieben wird. Beispielsweise können die Pulsfrequenzsteigerungen in Situationen, die für die Vpn neu und in ihren Anforderungen nicht vorhersehbar sind, als spezifische somatische Reaktion auf die Situation betrachtet werden. Der hohe Ausschlag der Herzrate im Aufruf unter Lopirazepam und der darauf folgende extrem tiefe Abfall in der Ruhephase nach dem Aufruf veranschaulichen am deutlichsten die gegenüber Placebo hohe Reagibilität tranquilizer-behandelter Personen auf situative Änderungen. Insgesamt sind die Beobachtungen überraschend einheitlich: in Aktivität-fordernden Situationen war unter Tranquilizer im Vergleich zu Placebo regelhaft eine Aktivierungssteigerung zu beobachten, während Passivität-erlaubende Kontexte keine Placebo-Verum-Differenzen erbrachten.

Dagegen war für CGP361/A gerade in informellen Situationen eine Wirkung konstatiert worden; in den gruppendynamischen Übungen schrieben wir der Substanz Effekte zu, die eher auf die Situation als ganze denn auf Veränderungen einzelner Sequenzen bezogen waren, also eine situationsangepaßte, rhythmische Wirkungsweise.

Wenn diese Beschreibungen der Wirkungen verschiedener Substanzen zutreffen, könnte eine für die psychopharmakologische und die pharmakopsychologische Forschung höchst bedeutsame Folgerung gezogen werden: für verschiedene Klassen von Pharmaka sind als Prüfmodelle an Gesunden unterschiedliche Situationen mit je spezifischen aktivierenden Anforderungen zu wählen. Der Streßversuch, in dem die Vp, durch welche Anordnung auch immer, aktiviert werden soll, ist demnach nicht für alle Substanzen in gleicher Weise zur Wirkungsprüfung geeignet.

Am häufigsten kamen Streßanordnungen wie etwa der Lärmversuch, aber auch die Redeangst-Situation in Tranquilizer-Untersuchungen zum Einsatz. Diese situativen Bedingungen sind nach unseren Überlegungen durchaus zur Auslösung tranquilizer-typischer Veränderungen geeignet: sie erfordern aktives Verhalten der Vp und verhindern Passivität. Die differentiellen Pharmakoneffekte in Belastungs- und Kontrollsituationen sind erklärbar; sich der belastenden Wirkung einer Situation zu stellen und sie nicht zu vermeiden, war oben als anxiolytische Wirkung der Benzodiazepine bei Patienten gedeutet worden.

Daß jedoch andere Substanzgruppen wie z.B. Antidepressiva sich als wenig ergiebig in pharmakopsychologischen Streßversuchen oder sonstigen Versuchsanordnungen erwiesen haben, kann daran liegen, daß ganz einfach ungeeignete situative Kontexte gewählt werden. Um es noch einmal am Betablokker zu veranschaulichen: die interessanten Wirkungen des CGP361/A sind weniger aus einer Statusbetrachtung in einzelnen Situationen zu entnehmen (hier am ehesten in den randständigen informellen Situationen), sondern aus der Analyse des Prozesses der Anpassung an eine Situation. Eine Orientierung an lediglich aktivierenden Kontexten würde den Wirkungsnachweis verfehlen. Es ist nicht auszuschließen, daß auch für Antidepressiva Versuchsanordnungen gefunden werden können, die in spezifischer Weise die genuine, therapeutisch genutzte Wirkung dieser Substanzen provozieren (etwa in Situationen großer Nähe?).

Die Annahme einer generellen Aktivierungsänderung durch Pharmaka soll mit diesen Ausführungen nicht grundsätzlich in Frage gestellt werden; vorgeschlagen wird lediglich eine stärkere Gewichtung situativer Einflüsse mit dem Zusatz, daß diese spezifisch mit verschiedenen Pharmakagruppen interagieren. Bereits in einer früheren Arbeit (KOHNEN & KRÜGER, 1982) wurde dazu ein erster Ansatz vorgelegt, wobei zwischen einer pharmakonbedingten generellen Aktivierungsänderung und einer Aktualaktivierung, die über die Situation geregelt wird, unterschieden ist. In dem Konzept der "differentiellen Stressoren" (KOHNEN & KRÜGER, 1981) ist die Aktualaktivierung abhängig von Persönlichkeitsmerkmalen gesehen, in dem hier gemachten Vorschlag wird sie pharmakonspezifisch aufgefaßt.

Zugearbeitet ist diesen Überlegungen bereits in DÜKERs Konzept der "Reaktiven Anspannungssteigerung" (1963). Dort wurde die Passung der Dosierung psychotroper Substanzen (Alkohol) mit situativen Anforderungen (Leistungsaufgaben) herausgestellt. Hier wird die Adäquanz von Situation und Pharmakonklasse gefordert. Weitere Forschungsaktivitäten, die der Frage nach situationsspezifischer Erregung bzw. Hemmung gezielt nachgehen wollen, können aus sozialen Situationen einen breitgestreuten Pool von Kontexten mit unterschiedlichen Anforderungen und Wirkungsqualitäten ziehen.

9.2. ZUR ANWENDUNGSRELEVANZ DER UNTERSUCHUNGEN

Als vorrangigste Aufgabe der sozio-pharmakopsychologischen Forschung war die Entwicklung von Prüfmodellen und Prüfmethoden vorgegeben. Unsere Arbeit hat die nachfolgend beschriebenen Beiträge zu diesen Problemen geliefert.

9.2.1. DIE ENTWICKLUNG VON PRÜFMODELLEN

Es ist zu vermuten, daß soziale Situationen, wie sie in unseren Versuchen realisiert wurden, deshalb in der psychologischen Forschung bisher so selten zur Anwendung kamen, weil die Schwierigkeiten des versuchsplanerischen Handlings als zu hoch eingeschätzt werden. Die Forderung nach standardisierten, d.h. über verschiedene Gruppen hinweg einander maximal ähnlichen Untersuchungsbedingungen scheint schwer einzulösen zu sein, weil Gruppenprozesse als stark beeinflußbar durch die Aktivität der Gruppenmitglieder gelten. Gegenseitige Sympathie oder Antipathie, Cliquenbildung, das Ausmaß an sozial relevanten Persönlichkeitsmerkmalen wie z.B. Extraversion/Introversion und unterschiedliche soziale Kompetenz bei den Teilnehmern einer Gruppenuntersuchung werden als unwägbare Einflußfaktoren auf das Verhalten der Vpn betrachtet. Erschwerend für die Konzeption solcher Sozial-Studien wirken auch die Befunde früherer Studien der Soziopharmakologie, in denen tatsächlich Gruppenunterschiede gefunden wurden (SICE et al., 1975) und sogar die Modifikation von Pharmakonwirkungen durch die jeweilige Behandlung der einzelnen Mitglieder gezeigt werden konnte (NOWLIS & NOWLIS, 1956; STARKWEATHER, 1959).

Diese Arbeit hat solche Besorgnisse gering geschätzt, weil in der Anwendung standardisierter Übungsprogramme ein Weg zur Kontrolle der genannten Einflußfaktoren gesehen wurde. Eine Reihe von reproduzierbaren Effekten, die in verschiedenen Studien mit unterschiedlichen Substanzen in gleicher Form auftraten, belegt diese Überzeugung. Darüberhinaus haben statistische Auswertungen der verschiedenen Studien mit den Versuchsgruppen als experimentellem Faktor keine signifikanten Haupt- oder Wechselwirkungen erbracht.

Solch erfreuliche Ergebnisse sind sicherlich auf die Auswahl der Übungen und interpersonalen Aufgaben zu begründen. Wenn es zutrifft, wie wir vermuten, daß die Aufrufsituation und einige gruppendynamische Situationen sehr basal gesteuerte Verhaltensweisen auslösen, ist die Ähnlichkeit der Wirkungen in verschiedenen Gruppen nicht weiter verwunderlich. Im Einsatz solcher Situationen ist auch der entscheidende Unterschied zu den früheren Arbeiten zu sehen, die die soziale Interaktion frei laufen ließen und damit die Gruppenprozesse sehr viel mehr von individuellen Beiträgen der Gruppenmitglieder abhängig machten. Vermutlich ist in sog. informellen sozialen Kontexten mit einer größeren Intergruppen-Varianz zu rechnen.

Der entscheidende Beitrag für die Effektivität der untersuchten Situationen besteht jedoch darin, daß <u>nicht Zustände des Verhaltens in verschiede-</u>

nen Situationen betrachtet werden, sondern Veränderungen verschiedener Merkmale von Situation zu Situation. Der Verlaufsgedanke gehört zwingend zum Sozialen, weil das interaktive Geschehen nur als ein fortlaufender Prozess von Veränderungen zu verstehen ist. Die Änderungsrichtung des Verhaltens war in den Anordnungen des Programms so weit als nur möglich vorgegeben, sie hat sich in erstaunlich vielen Situationen als intra- bzw. interindividuell stabil erwiesen.

Die Ergebnisse der Untersuchungen qualifizieren soziale Situationen als extrem wirksam. Im Vergleich zu experimentellen Standardsituationen des Einzelversuchs können sowohl massive Aktivierungsveränderungen - Steigerung wie Minderung - wie auch stark variierende aktivationale Prozesse der Anpassung an stetig wechselnde Situationen beobachtet werden. Bedenkt man die Schwierigkeiten der Aktivationsforschung, Vpn tatsächlich "unter Streß" zu setzen, so überrascht die erstaunliche Variabilität der Aktivierung, die über das Soziale eingeführt werden kann. Berichte der Vpn, daß sie gerade in den interaktiven Aufgaben psychisch gefordert waren, erlauben es, auch die facilitativen Situationen im Sinne von Stressoren zu interpretieren; zur Unterscheidung von Belastungssituationen mit negativer Tönung, wie z.B. die Aufrufsituation, sollten die gruppendynamischen Kontexte wegen der positiven Gefühle der Vpn als Eustreß-Modelle bezeichnet werden.

Die Möglichkeiten solcher formellen sozialen Situationen für die Untersuchung von Pharmakonwirkungen sind bereits in Kapitel 9.1.2. vom Blickwinkel der Aktivierungstheorie angesprochen. Nachzutragen ist ihre Bedeutung für die Untersuchung soziotroper Pharmakonwirkungen. Die Ergebnisse dieser Arbeit haben vielfältige Belege dafür erbracht, daß sich soziotrope Effekte eher im Verhalten denn im Befinden äußern. Sie brauchen einen Gegenstand, an dem sie sich erst entfalten können. Dieser Gegenstand sind soziale Interaktionen, sei es in experimentellen Kontexten im Labor, sei es im natürlichen interpersonalen Geschehen des Alltags. Das Verhalten in dem konkreten Mit- bzw. Gegeneinander ist der direkten Erfassung (z.B. mit dem LOGOPORT) oder der Beurteilung - durch die Sozialpartner oder seitens nichtbeteiligter Beobachter - zugänglich. Als entscheidend wichtiger Gedanke ist dabei festzuhalten, daß die sozialen Kontakte nicht im Sinne der Wirkungsmodifikation verstanden werden dürfen, sondern wie die Leistungsaufgabe zur Erfassung psychotroper Pharmakonwirkungen als Adressaten soziotrop wirksamer Substanzen gelten. Aus dieser Perspektive können auf einer globaleren Ebene auch informelle Sozialsituationen in der Sozio-Pharmakopsychologie genutzt werden.

9.2.2. PRÜFMETHODEN

In mehreren Abschnitten dieser Arbeit wurde beklagt, daß Methoden der sozio-pharmakopsychologischen Forschung fehlten oder nicht hinreichend auf ihre Eignung geprüft seien. Der entscheidende Mangel lag in Methoden der Verhaltenserfassung und in Verfahren, die den Sozialpartner einbeziehen.

Mit dem LOGOPORT wurde eine Methode vorgestellt, die automatisch Aspekte des Sprechverhaltens erfaßt. Die ausgewerteten Parameter haben sich in einer ersten Erprobung als sensibel für differentialdiagnostische Unterscheidungen und zur Abbildung von Placebo-Verum-Differenzen erwiesen. Allerdings sind damit die Möglichkeiten dieses Geräts bei weitem nicht ausgeschöpft. Gerade eine funktionale Betrachtungsweise bedarf einer Analyse des Gesprächsverhaltens im Mikrobereich, um jenen Signalen und Variationen der Sprechcharakteristika auf die Spur zu kommen, die zur Erklärung soziotroper Effekte von Pharmaka wie CGP361/A nötig sind. Gleichermaßen wichtig ist es, daß Aufeinandereinwirken zweier oder mehr Sozialpartner anhand von Sprechmerkmalen (z.B. der Verteilung von Sprechzeit und Pausen) zu erfassen, um so dem Rückkoppelungscharakter der sozialen Interaktion (z.B. als Synchronizität/ Asynchronizität) gerecht zu werden. Die technischen Möglichkeiten zur Bearbeitung beider Aspekte sind nunmehr geschaffen.

Der Einbezug der Sozialpartner ist in der Weltbeschreibung insofern angegangen, als sie zu kompetenten Beurteilern des Verhaltens einer Vp in der Interaktion herangezogen werden. Dieses Verfahren hat sich inhaltlich als sehr aussagekräftig für die Interpretation der Pharmakonwirkungen erwiesen und Wirkungsqualitäten der Substanzen aufgedeckt, die mit keinem anderen Verfahren gefunden werden konnten. Dennoch sind auch hier weitere Entwicklungsarbeiten nötig: dazu gehört vorrangig die Frage nach geeigneten Items des Beschreibungsinstruments.

Als quasi-soziometrisches Verfahren ist die Weltbeschreibung darauf angewiesen, daß immer mehrere Beurteiler vorhanden sind. Die konkrete Interaktion zwischen zwei einzelnen Partnern verschwindet im Mittelwert. Diese Interaktionen haben für sich selbst jedoch eine eigenständige Bedeutung, die nicht über den Weltbeschreibungsansatz einzufangen ist. Um das Urteil des einzelnen Sozialpartners als diagnostisches Datum zu nützen, sind eigene Meßverfahren zu entwickeln. Auch hier ist ein angemessener Itempool erforderlich.

Letztlich stellt sich die Frage nach den Dimensionen des sozialen Verhaltens auch für Skalierungsverfahren, die zur Beschreibung der Wirkung sozialer Situationen und damit zur Abschätzung von Pharmakoneffekten eingesetzt werden. Die von uns verwendeten Merkmale (Bewertung, Sicherheit, Belastung) waren zwar inhaltlich plausibel, haben jedoch wenig differenziert. Möglicherweise helfen hier sehr viel spezifischere Merkmale weiter ("Ich wollte, daß die Situation sehr viel eher zu Ende gewesen wäre - sehr viel länger gedauert hätte").

Die posthoc-Skalierung selbst hat, wie das Merkmal der psychischen Anspannung erkennen läßt, mit der Unterstützung durch den Programmtext einen Weg erschlossen, der Befindensmerkmale ohne Beeinträchtigung der Situation erheben läßt. Die Anspannungsskalierung macht zusammen mit der technisch problemlosen soziophysiologischen Messung der Pulsfrequenz zumindest die Erhebung von aktivierungstheoretisch bedeutsamen Merkmalen in sozialen Situationen schon heute möglich.

Mit den hier vorgestellten und empirisch überprüften Methoden sind die Meßzugänge zum sozialen Verhalten bei weitem nicht erschöpft. ANDERSEN (1985) zählt eine Reihe für die Sozio-Pharmakopsychologie höchst interessanter nonverbaler Parameter auf, für deren Erhebung z.T. ebenfalls automatisierte Methoden zur Verfügung stehen. Bedeutsam erscheinen uns auch Beobachtungsverfahren, in denen unabhängige Beurteiler das Verhalten in sozialen Kontexten erfassen.

Die allgemeine Bedeutung unserer Methoden ist darin zu sehen, daß sie (a) die Diskussion über soziale Situationen und die Wirkung von Pharmaka in diesen Kontexten anhand des Aktivierungskonzepts, das gegenwärtig in der Pharmakopsychologie dominiert, ermöglichen und (b) ein Screening von soziotropen Wirkungen verschiedener Pharmaka erlauben. Sie stellen damit eine noch schmale, aber begehbare Brücke dar, die die Anbindung der soziopharmakopsychologischen Forschung an die Pharmakopsychologie, die Psychopharmakologie und die Pharmakopsychiatrie gewährleistet.

9.2.3. ZUM AUSWERTUNGSMODELL

Aus der Notwendigkeit, einerseits mit Veränderungsmeßwerten zu arbeiten, andererseits Wirkungen der sozialen Situation von Pharmakoneffekten zu unterscheiden, ist ein neuer Auswertungsansatz entstanden, der erstaunlich effektiv gearbeitet hat. Für die Grundlagenforschung bedeutsam, konnten Situationen mit starker Wirkung (systematische Situationseffekte) von Kontexten mit schwacher Wirkung (zufällige Situationseffekte) differenziert werden. Die Normierung der Veränderungen unter Verum an den Placebo-Befunden erlaubte die Trennung von quantitativen und qualitativen Pharmakonwirkungen. Auf die Schwierigkeit dieser Aufgbe, aber auch auf ihre erwartete Ergiebigkeit war im Laufe unseres Literaturberichts mehrfach hingewiesen worden. Die Ergebnisse zeigen, daß qualitative Wirkungen von Pharmaka in Situationen mit starker Wirkung so gut wie nicht vorkommen, wohl aber in Situationen mit schwacher Wirkung. Hier führen Medikamente eine systematische Reaktion auf die Situation ein, die unter Placebo nicht vorhanden ist. Alle Literaturbefunde lassen sich in diese Aussage einordnen. Bezeichnenderweise sind die von NOWLIS beobachteten Qualitätsänderungen in Situationen mit vermutlich schwacher Wirkung (informeller Kontext) aufgetreten.

Dieses Modell kann allgemeine diagnostische Bedeutung beanspruchen. Pathologische Auffälligkeiten wie differentiell-psychologische Unterschiede sollten sich beispielsweise darin zeigen, daß die allgemeine systematische Reaktion einer Referenzgruppe bei bestimmten Patienten/Personen nicht auftritt. Kann etwa das charakteristische Phänomen der Streichelsituation mit Pulsfrequenzminderung und Anspannungssteigerung bei einer Person nicht gefunden werden, so könnte dies u.U. auf eine neurotische Entwicklung deuten oder vielleicht sogar als Prädiktor für psychosomatische Erkrankungen dienen. Diese Schlußfolgerung ist gegenwärtig lediglich eine Spekulation, die eine Erprobung im klinischen und diagnostischen Bereich braucht.

9.3. AUSBLICK

Diese Arbeit hat zeigen wollen, daß Pharmaka Auswirkungen auf soziales Verhalten haben und zusammengetragen, in welchen Situationen sie mit welchen Methoden erfaßt werden können. Sie hat sich damit wissenschaftlichen Grundfragen der Sozio-Pharmakopsychologie gestellt und erste Antworten vorgelegt.

Vieles ist offen geblieben. So war es nicht unser Anspruch, ein theoretisches Modell zur Erklärung soziotroper Pharmakonwirkungen vorzulegen. Einen solchen Beitrag kann die Sozio-Pharmakopsychologie alleine sicher nicht liefern; sie braucht die Grundlagenforschung der Ethologie, der Biologie, der Neuropsychologie, der Pharmakologie, der Sozialpsychologie und anderer einschlägig arbeitender Disziplinen. Das Grundlagenwissen reicht gegenwärtig zur Formulierung von Theorien zur zentralnervösen Steuerung des sozialen Verhaltens noch nicht aus.

Es ist darüberhinaus fraglich, ob eine Theorie zur Erklärung soziotroper Wirkungen unterschiedlicher Pharmakongruppen genügen wird. In unseren eigenen Untersuchungen konnte gezeigt werden, daß die Wirkungsweise der eingesetzten Substanzen unterschiedlich aufzufassen ist. Die Tranquilizer beeinflussen danach vorwiegend Aktivierungsprozesse, der Betablocker (oder einer seiner Metaboliten) scheint eher direkte Wirkungen auf das soziale Verhalten zu haben. Keine deutlichen Belege konnten für sekundär vermittelte soziotrope Effekte, also z.B. über eine Beeinflussung der Stimmung, gefunden werden, welche Wirkungshypothese zunächst die naheliegendste war.

Mit Ausnahme von MCGUIRE et al. (1982) hat keine der berichteten Literaturarbeiten einen Erklärungsversuch soziotroper Effekte unternommen, und es war uns weder möglich noch schien es uns erlaubt, posthoc die Ergebnisse im Lichte verschiedener Theorien zu reinterpretieren. Allerdings sollten in Zukunft vermehrte Anstrengungen einer theoriegeleiteten Forschung über die Wirkungen von Pharmaka auf soziales Verhalten unternommen werden, sei es im Gefolge eines aktivierungstheoretischen Ansatzes, sei es in der funktionalen Betrachtungsweise (in einer an ethologischen Konzepten orientierten Ausrichtung) oder auch entlang kognitiver Konzepte.

Daneben wird zunächst ein Screening etablierter Psycho-Pharmaka nötig, um die Frage beantworten zu können, welche Substanzen welche Wirkungen auf soziales Verhalten haben. Im Unterschied zu der im ersten Teil der Arbeit dargestellten kasualistischen Forschung sollten für diese Aufgabe in aller Sorgfalt geeignete Prüfmodelle, vor allem aber sinnvolle Prüfmethoden ausgewählt werden. Ein solcherart gesammeltes Erfahrungswissen kann seinerseits vermutlich die Theoriebildung in der Sozio-Pharmakopsychologie befruchten.

Als wesentliche fachpolitische Aufgabe stellt sich die Zusammenarbeit mit der Medizin (Psychiatrie, Pharmakologie) und der Gesundheitspsychologie (Health psychology). Mit der medizinischen Forschung ist zu klären, welche Personen einen Wirkungsbedarf für soziotrope Pharmakoneffekte haben: wie heißen die Indikationen für Sozio-Pharmaka? Aus einem individuumsorientierten Psychopathologie-Modell ist so schnell wohl keine eindeutige Antwort zu erwarten. Vermutlich können Psychosomatiker, Depressive, Phobiker u.a. auch von soziotropen Substanzwirkungen im Sinne ihrer Gesundung profitieren; die Primärtherapie dieser Störungen erfolgt jedoch - so überhaupt pharmakotherapeutisch - über Psychotropika. Vermutlich werden systemisch ausgerichte Krankheitsmodelle, die psychische Störungen als Abhängigkeitsprobleme, Schwierigkeiten in der gegenseitigen Abgrenzung von Systemmitgliedern (Familie) oder als Anpassungsprobleme auffassen, einen umfassenderen und spezifischeren Bedarf für soziotrope Wirkungen erbringen. Auch in der Indikationsfrage für Sozio-Pharmaka bzw. soziotrope Pharmakonwirkungen kann die Tatsache nicht umgangen werden, daß zum Sozialen mindestens zwei Personen gehören.

Vom gesundheitspsychologischen Standpunkt aus könnte die zukünftige Entwicklung unserer Gesellschaftsordnung ganz neue Erfordernisse für soziotrope Effekte erbringen. KELVIN (1980) prognostiziert das Ende der protestantischen Ethik mit ihren Implikationen für die Leistungsorientierung unserer Kultur. Vermehrte arbeitsfreie Zeit nach der Jahrtausendwende bedeutet aber vor allem vermehrte Sozialzeit (vgl. auch MARCUSE, 1971). Es werden im Sinne dieser Voraussagen jene Menschen um Hilfe nachsuchen, die die Fähigkeiten zur Gestaltung sozialer Aktivitäten nicht genügend ausgebildet haben. Um nicht falsch verstanden zu werden: wir sehen in Sozio-Pharmaka keinen Ersatz für soziale Kompetenz; sie könnten aber - nach ausführlicher Erforschung vor allem am Patienten - als Vehikel zur beschleunigten Beseitigung von Defiziten im sozialen Verhalten oder zur Veränderung von Hemmungen im konkreten interpersonalen Miteinander sinnvoll eingesetzt werden. Die Vorstellung einer "enzymatischen" Wirkung von Sozio-Pharmaka kommt unserem gegenwärtigen Erfahrungswissen am nähesten: das Pharmakon setzt interaktive Prozesse in Gang, es regt soziales Verhalten an, daß dann durchaus nach seinen eigenen - psychologischen - Prinzipien ablaufen mag.

L I T E R A T U R

ABRAMSON, H.A.; HEWITT, M.P.; LENNARD, H.; TURNER, W.J.; O'NEILL, F.J. & MERLIS, S. The stablemate concept of therapy as affected by LSD in schizophrenia. J. Psychol., 45, 1958, 75-84.

ABRAMSON, L.Y. & SELIGMAN, M.E.P. Modeling psychopathology in the laboratory: History and rationale. In: J.D.MASER & M.E.P.SELIGMAN (Hgg.) Psychopathology: Experimental models. San Francisco: W.H.Freeman & Co, 1977, 1-26.

APFELBACH, R. & DÖHL, J. Verhaltensforschung. 3.Aufl. Stuttgart: Fischer, 1980.

ALBERT, D.J. & CHEW, G.L. The septal forebrain and the inhibitory modulation of attack and defence in the rat. A review. Behav. Neurol.Biol., 30, 1980, 357-388.

ALLPORT, F.H. Social Psychology. Boston: Houghton Mifflin Company, 1924.

ALTMAN, I. Reciprocity of interpersonal exchange. J. Ther. Soc. Behav., 3, 1973, 249-261.

ALTMAN, I. The environment and social behavior: Privacy, personal space, territory and crowding. Monterey: Brooks & Cole, 1975.

ALTMAN, I. Privacy as an interpersonal boundary process. In: M.VON CRANACH; K.FOPPA; W.LEPENIES & D.PLOOG (Hgg.) Human ethology. Cambridge: Cambridge University Press, 1979, 95-132.

ALTMAN, I. & TAYLOR, D.A. Social Penetration: The development of interpersonal relationsships. New York: Holt, 1973.

ALTMAN, I.; VINSEL, A. & BROWN, B.B. Dialectic conceptions in social psychology: An application to social penetration and privacy regulation. Adv. Exp. Soc. Psychol., 14, 1981.

ANDERSEN, P.A. Nonverbal immediacy in interperson communication. In: A.W. SIEGMAN & S.FELDSTEIN (Hgg) Multichannel integrations of nonverbal behavior. Hillsdale, N.J.: Earlbaum, 1985, 1-36.

ANDERSEN, J.F.; ANDERSEN, P.A. & JENSEN, A.D. The measurement of nonverbal immediacy. J. Appl. Commun. Res., 7, 1979, 153-180.

ANNIS, H.M. & COONS, W.H. Subject-situational interaction in response to tranquillizing medication. Canad.J.Behav. Sci., 1, 1969, 282-297.

ANTONS, K. Praxis der Gruppendynamik. 3.Aufl. Göttingen: Hogrefe, 1975.

AMAREL, M. & CHEEK, F.E. Some effects of LSD on communication. Unveröffentliches Manuskript. 1965

ANGRIST, B.M. & GERSHON, S. The phenomenology of experimentally induced amphetamine psychosis. Preliminary observations. Am. J. Psychiat., 126, 1970, 95-107.

ARGYLE, M. Social behaviour as a function of situations. In: G.P.GINSBURG (Hg) Emerging strategies in social psychological research. New York: Wiley, 1979, 11-37.

ARGYLE, M. The development of applied social psychology. In: R.GILMOUR & S.DUCK (Hgg). The development of social psychology. London: Academic Press, 1980, 81-106.

ARGYLE, M. & DEAN, J. Eye Contact, distance, and affiliations. Sociometry, 28, 1965, 289-304.

ARGYLE, M.; FURNHAM, A. & GRAHAM, J.A. Social Situations. Cambridge: Cambridge University Press, 1981.

AUSUBEL, D.P. Drug Addiction: Physiological, Psychological, and Sociological Aspects. New York: Random House, 1958.

BABOR, T.F. Studying social reactions to drug self-administration. In: N.A. KRASNEGOR (Hg). Self-Administration of Abused Substances. Washington: U.S. Government Printing Office, 1978, 149-179.

BABOR, T.F.; ROSSI, A.M.; SAGOTSKY, G. & MEYER, R.E. Group behaviour: patterns of smoking. In: J.H.MENDELSON; A.M. ROSSI & R.E. MEYER (Hgg). The Use of Marihuana: A Psychological and Physiological Inquiry. New York: Plenum Press, 1974a, 47-59.

BABOR, T.F.; ROSSI, A.M.; SAGOTSKY, G. & MEYER, R.E. Group behaviour: verbal interaction. In: J.H.MENDELSON; A.M. ROSSI & R.E. MEYER (Hgg). The Use of Marihuana: A Psychological and Physiological Inquiry. New York: Plenum Press, 1974b, 61-72.

BABOR, T.F.; MENDELSON, J.H. & KUEHNLE, J.C. Marihuana and human physical activity. Psychopharmacol., 50, 1976, 11-19.

BABOR, T.F.; MEYER, R.E.; MIRIN, S.M.; DAVIES, M.; VALENTINE, N. & RAWLINS, M. Interpersonal behavior in a small group setting during the heroin addiction cycle. Int. J. Addict., 11, 1976a, 513-523.

BABOR, T.F.; MEYER, R.E.; MIRIN, S.M.; MCNAMEE, H.B. & DAVIES, M. Behavioral and social effects of heroin self-administration and withdrawal. Arch. Gen. Psychiat. 33, 1976b, 363-367.

BABOR, T.F.; MENDELSON, J.H.; GALLANT, D. & KUEHNLE, J.C. Interpersonal behavior in group discussion during marijuana intoxication. Int. J. Addict., 13, 1978, 89-101.

BABOR, T.F.; MENDELSON, J.H.; GREENBERG, I. & KUEHNLE, J. Experimental analysis of the 'happy hour': Effect of purchase price on alcohol consumption. Psychopharmacology, 58, 1978a, 35-41.

BABOR, T.F.; MENDELSON, J.H.; UHLY, B. & KUEHNLE, J. Social effects of marijuana use in a recreational setting. Int. J. Addict., 13, 1978b, 947-959.

BACK, K.W. & BOGDONOFF, M.D. Buffer conditions in experimental stress. Behav. Sci. 12, 1967, 384-390.

BACK, K.W.; OELFKE, S.R.; BREHM, M.L.; BOGDONOFF, M.D. & NOWLIN, J.B. Physiological and situational factors in psychopharmacological experiments. Psychophysiology, 6, 1970, 749-760.

BACKMAN, C.W. The premature abandonment of promising research. In: R.GILMOUR & S.DUCK (Hgg). The development of social psychology. London: Academic Press, 1980, 163- 179.

BAKKEN, D. Behavioral adjustment in nonverbal immediacy. A methodological note. Pers. Soc. Psychol. Bull., 4, 1978, 300-303.

BALES, R.F. Interaction process analysis: A method for the study of small groups. Reading/Mass.: Addison-Wesley, 1950.

BARNES, T.R.E.; MILAVIC, G.; CURSON, D.A. & PLATT, S.D. Use of the Social Behaviour Assessment Schedule (SBAS) in a trial of maintenance antipsychotic therapy in schizophrenic outpatients: pimozide versus fluphenazine. Soc. Psychiatry 18, 1983, 193-199.

BARTENWERFER, H. Einige praktische Konsequenzen aus der Aktivierungstheorie. Z. Exp. Ang. Psychol., 1969, 196-222.

BARTH, K.-P. Eine Untersuchung zur Veränderung von Sozialverhalten durch ein Psychopharmakon. Universität Erlangen-Nürnberg: Unveröffentlichte Diplomarbeit, 1985.

BATTEGAY, R.; SPIEGEL, R. & ABT, K. Comparative Pharmacopsychological study of the effects produced by psychopharmaceuticals on verbal interaction in a group of students. Sep. Experientia, 26, 1970, 924-927.

BATTEGAY, R.; ABT, K.; BOGDAN-PATAKI, N.; BURGER, H. & SPIEGEL, R. Vergleichende Untersuchungen der verbalen Interaktionen in einer Gruppe von gesunden Probanden unter der Wirkung von Psychopharmaka. Schweizer Archiv Neurol., Neurochir. Psychiat., 114, 1974, 339-350.

BEECHER, H.K. Nonspecific forces surrounding disease and the treatment of disease. In: S.M.FARBER (Hg.) Conflict and creativity. New York: McGraw-Hill, 1963, 101-110.

BELL, D.S. The experimental reproduction of amphetamine psychosis. Arch. gen. Psychiat., 29, 1973, 35-40.

BENKERT, O. & HIPPIUS, H. Psychiatrische Pharmakotherapie. 2.Aufl. Berlin: Springer, 1976.

BICKMAN, L. & HENCHY, T. Beyond the laboratory: Field research in social psychology. New York: McGraw-Hill, 1972.

BIECK, P. Vergleichende humanpharmakologische Untersuchung von CGP 361 A, Oxprenolol und Placebo. Tübingen: Unveröffentlichter Forschungsbericht, 1981.

BIERHOFF, H.W. Sozialpsychologie. München: Kohlhammer, 1984.

BIGELOW, G.; GRIFFITHS, R. & LIEBSON, I. Experimental models for the modification of human drug self-administration: methodological developments in the study of ethanol selfadministration in alcoholics. Fed. Proc., 34, 1975, 1785-1792.

BIGELOW, G.; GRIFFITHS, R. & LIEBSON, I. Experimental human drug self-administration: methodology and application to the study of sedative abuse. Pharmacol. Rev., 27, 1976, 523-531.

BLÖSCHL, L. Psychosoziale Aspekte der Depression. Bern: Huber, 1978.

BOUCSEIN, W. & WENDT-SUHL, G. An experimental investigation of elements involved in the anticipation of public speaking. Arch.Psychol., 133, 1980, 149-156.

BRANTIGAN, C.O.; BRANTIGAN, T.A. & JOSEPH, N. Effect of beta blockade and beta stimulation on stage fright. Am. J. Med., 72, 1982, 88-94.

BRYANT, B. & TROWER, P. Social difficulty in a student population. Brit. J.Educ.Psychol., 44, 1974, 13-21.

BUCK, R. & PARKE, R.D. Behavioral and physiological response in the presence of a friedly or neutral person in two types of stressful situations. J. Pers. Soc. Psychol, 24, 1972, 143-153.

BÜHLER, K. Die Krise der Psychologie. 1.Aufl.: 1927. Stuttgart: Fischer, 1965 (3.Aufl.)

BUNGARD, W. Die "gute" Versuchsperson denkt nicht. Artefakte in der Sozial psychologie. München: Urban & Schwarzenberg, 1980.

BURGOON, J.K. & JONES, S.B. Toward a theory of personal spaces expectations and their violations. Human Communic. Res., 2, 1976, 131-146.

CAPPELLA, J.N. & GREENE, J.O. A discrepancy-arousal explanation of mutual influence in expressive behavior for adult and infant-adult interaction. Communic. Monogr., 49, 1982, 89-114.

CARLSON, R. Where is the person in personality research? Psychol. Bull., 75, 1971, 203-219.

CARLSON, R. What's social about social psychology? Where's the person in personality research? J.Pers.Soc.Psychol., 47, 1984, 1304-1309.

CARPENTER, J.A. & ARMENTI, N.P. Some effects of ethanol on human sexual and aggressive behavior. In: B.KISSIN & H.BEGLEITER (Hgg). The biology of alcoholism. Bd.2: Physiology and behavior. New York: Plenum Press, 1972, 509-543.

CAUDILL, B.D. & MARLATT, G.A. Modeling influences in social drinking: An experimental analogue. J.Consult.Clin.Psychol., 43, 1975, 405-415.

CAUDILL, B.D. & LIPSCOMB, G.A. Modeling influences on alcoholics' rates of alcohol consumption. J. Appl.Behav. Anal., 13, 1980, 355-365.

CHEEK, F.E. Exploratory study of drugs and social interaction. Arch. gen. Psychiat., 9, 1963, 566-574.

CHEEK, F.E. & HOLSTEIN, C.M. Lysergic and diethylamide tartrate (LSD-25) dosage levels, group differences, and social interaction. J.nerv. ment. Dis., 153, 1971, 133-147.

CHEIN, I.; GERARD, D.L.; LEE, R.S. & ROSENFELD, E. The Road to H. New York: Basic Books, 1964.

CLARKE, A. & FILE, S.E. Selective neurotoxin lesions of the lateral septum: Changes in social and aggressive behaviours. Pharm. Biochem. Behav. 17, 1982, 623-628.

COLE, J.O.; FREEDMAN, A.M. & FRIEDHOFF, A.J. Psychopathology and Psychopharmacology. Baltimore: John Hopkins University Press, 1973.

COLLARD, J. Pimozide in the treatment of some 'social maladjustments' in 'personality disorders'. Acta psychiat. belg., 79, 1979, 686 - 703.

COOK, T.D. & CAMPBELL, D.T. The design and conduct of quasi-experiments and true experiments in field settings. In: M.D.DUNETTE (Hg.) Handbook of industrial and organizational psychology. Chicago: Rand McNally, 1976, 223-326.

COONS, W.H.; BOYD, B.A. & WHITE, J.G. Chlorpromazine, trifluoperazine, and placebo with long-term mental hospital patients. Canad.Psychiat. Assoc.J., 1962, 7, 159-163.

VON CRANACH, M.; FOPPA, K.; LEPENIES, W. & PLOOG, D. Human Ethology. Claims and Limits of a new Discipline. Cambridge: Cambridge University Press, 1979.

CROWLEY, T.J.; STYNES, A.J.; HYDINGER, M. & KAUFMANN, I.C. Ethanol, methamphetamine, pentobarbital, morphine, and monkey social behavior. Arch. gen. Psychiat., 31, 1974, 829-837.

DALY, R.J. & KANE, F.J.Jr. Two severe reactions to benzodiazepine compounds. Am.J.Psychiat., 122, 1965, 577-578.

DAVIES, W. Three years' hard labour: The road to devaluation. London: Deutsch, 1968.

DEBUS, G. Experimentelle Untersuchungen zur Methodik der Befindlichkeitsbeschreibung. Gießen: Inauguraldissertation, 1969.

DEBUS, G. & JANKE, W. Psychologische Aspekte der Psychopharmakotherapie. In: L.PONGRATZ (Hg). Handbuch der Psychologie. Bd. 8/II: Klinische Psychologie. Göttingen: Hogrefe, 1978, 2161-2227.

DELGADO, J.M.R.; GRAU, C.; DELGADO-GARCIA, J.M. & RODERO, J. M. Effects of diazepam related to social hierarchy in rhesus monkeys. Neuropharm. 15, 1976, 409-414.

DERRICO, D.A. & GARLINGTON, W.K. The effect of modeling and disclosure of experimenter's intent on drinking rate of college students. Addict. Behav., 2, 1977, 135-139.

DERRICO, D.A. & NIEMANN, J.E. In vivo effects of peer modeling on drinking rate. J.Appl.Behav.Anal., 13, 1980, 149-152.

DIETHELM, O. & BARR, R.M. Psychological interviews and alcohol intoxication. Quart. J. Study Alcoh., 23, 1962, 243-251.

DIMASCIO, A. The effects of benzodiazepines on aggression: Reduced or increased? Psychopharmacol. 30, 1973, 95-102.

DIMSDALE, J.E. & MOSS, J. Short-term catecholamine response to psychological stress. Psychosom. Med., 42, 1980, 493- 497.

Docter, R.F. & BERNAL, M.E. Immediate and prolonged psychophysiological effects of sustained alcohol intake in alcoholics. Quart. J. Stud. Alcoh., 25, 1964, 438-450.

DSM-III: Diagnostic and statistical manual of mental disorders. Am.Psychiat.Assoc. (Hg.). Washington,D.C., 1980.

DOWRICK, P.W. Single dose medication to create a self model film. Child Behav. Ther. 1, 1979, 193-198.

DÜKER, H. Die Bedeutung experimentell-psychologischer Methoden für die Wirkungsprüfung von Psychopharmaka. Psych. Rundschau, 1, 1949/50, 37-46.

DÜKER, H. Über reaktive Anspannungssteigerung. Z. exp. ang. Psych., 10, 1963, 46-73.

EIBL-EIBESFELDT, I. Menschenforschung auf neuen Wegen. Wien: Molden, 1976.

EKEHAMMAR, B.; MAGNUSSON, D. & RICKLANDER, L. An interactionist approach to the study of anxiety. Scand. J. Psychol., 15, 1974, 4-14.

EKEHAMMAR, B.; SCHALLING, D. & MAGNUSSON, D. Dimensions of stressful situations. Multiv. Behav. Res., 10, 1975, 155-164.

ELLGRING, J.H. Nonverbale Kommunikation im Verlauf der Depression. Universität München: Habilitationsschrift, 1983.

ELMS, A.C. The crisis of confidence in social psychology. Am.Psychol., 30, 1975, 967-976.

EMMELKAMP, P.M.G. Phobic and obsessive-compulsive disorder: Theory, research and practice. New York: Plenum Press, 1982.

ENDLER, N. The case for person-situation interactions. Canad. Psychol. Rev., 16, 1975, 1-6.

ENDLER, N. & OKADA, M. A multidimensioinal measure of trait anxiety: The S-R inventory of general trait anxiousness. J. Consult. Clin. Psychol., 43, 1975, 319-329.

ENGEL, R.R. Psychophysiologische Aktivierungs- und Emotionsforschung. Universität München: Habilitationsschrift, 1983.

ENGLISH, H.B. & ENGLISH, A.C. A comprehensive dictionary of psychological and psychoanalytical terms. New York: Longmans, Green, 1958.

ENKE, H. & TEUFEL, R. Gruppenpsychotherapie-Situationsforschung: Psychologisch-physiologische Kovarianz. In: D. CZOGALIK, W.EHLERS & R.TEUFEL (Hgg). Perspektiven der Psychotherapieforschung: Einzelfall-Gruppe-Institution. Freiburg: Hochschulverlag, 1985, 268-278.

ERDMANN, G. Zur Beeinflußbarkeit emotionaler Prozesse durch vegetative Variationen. Weinheim: Beltz, 1983a.

ERDMANN, G. Autonomic drugs as tools in differential psychopharmacology. In: W.JANKE (Hg.) Response variability to psychotropic drugs. Oxford: Pergamon Press, 1983b, 275- 292.

ERDMANN, G.; JANKE, W.; KÖCHERS, S. & TERSCHLÜSSEN, B. Comparison of the emotional effects of a beta-adrenergic blocking agent and a tranquilizer under different situational conditions. I. Anxiety-arousing situations. Neuropsychobiology, 12, 1984a, 143-151.

ERDMANN, G.; JANKE, W. & BISPING, R. Wirkungen und Vergleich der Wirkungen von vier experimentellen Belastungssituationen. Z. exp. ang. Psych., 31, 1984b, 521-543.

EYSENCK, H.J. Drugs and personality: I. Theory and methodology. J.Ment.Sci. 103, 1957, 119-131.

FABRE-NYS, C.; MELLER, R.E. & KEVERNE, E.B. Opiate antagonists stimulate affiliative behaviour in monkeys. Pharm. Biochem. Behav., 16, 1982,653-659.

FELDSTEIN, S. & WELKOWITZ, J. A chronography of conversation. In defense of an objectiv approach. In: A.W.SIEGMAN & S.FELDSTEIN (Hgg). Nonverbal Behavior and Communication. Hillsdale/N.J.: Earlbaum, 1978, 329-378.

FELDSTEIN, S. & WEINGARTNER, H. Speech and psychopharmacology. In: J.K.DARBY (Hg). Speech Evaluation in Psychiatry. New York: Grune Stratton, 1981, 369-396.

FILE, S.E. Animal models for predicting clinical efficiacy of anxiolytic drugs: Social behaviour. Neuropsychobiol., 13, 1985, 55-62.

FIRESTONE, I.J.; KAPLAN, K.J. & RUSSEL, J.C. Anxiety, fear, and affiliation with similar-state versus dissimilar-state others: Misery sometimes loves nonmiserable company. J. Pers. Soc. Psychol., 26, 1973, 409-414.

FISKE, D.W. The situational test as a method for studying drug effects. In: L.UHR & J.G.MILLER (Hgg). Drugs and Behavior. New York: Wiley, 1960, 313-325.

FLANAGAN, J.C. Some considerations in the development of situation tests. Personnell Psych., 7, 1954, 461-464.

FROMKIN, H.W. & STREUFERT, S. Laboratory experimentation. In: M.D.DUNETTE (Hg.) Handbook of industrial and organizational psychology. Chicago: Rand McNally, 1976, 415-465.

FOULKS, E.F. & EISENMAN, R. An analysis of peer network using psychedelic drugs. Psychiat. Quart., 43, 1969, 389-395.

FOX, D.W. & SIMON, S.J. Alcoholic drinking topography as a function of solitary versus social context. Addict. Be- hav., 3, 1978, 39-41.

FRANK, D.R. Differentielle Pharmakopsychologie. Weinheim: Beltz, 1982.

FRASER, H.F.; VAN HORN, G.D.; MARTIN, W.R.; WOLBACH, A.B. & ISBELL, H. Methods for evaluating addiction liability. J. Pharmacol. Exp. Ther., 133, 1961, 371-387.

FRASER, H.F.; JONES, B.E.; ROSENBERG, D.E. & THOMPSON, A.K. Effects of addiction to intravenous heroin on patterns of physical activity in man. Clin. Pharmacol. Ther. 4, 1963, 188-196.

GANTT, H.W. Effects of alcohol on sexual reflexes of normal and neurotic male dogs. Psychosom. Med. 14, 1952, 174- 181.

GARLINGTON, W.K. & DERICCO, D.A. The effect of modeling on drinking rate. J.Appl.Behav.Anal., 10, 1977, 209-211.

GERGEN, K.J. Social psychology and history. J.Pers.Soc.Psychol.,26,1973, 309-320.

GILMOUR, R. & DUCK, S. The Development of Social Psychology. London: Academic Press, 1980.

GLASS, D.C.; GORDON, A. & HENCHY, T. The effects of social stimuli on psychophysiological reactivity to an aversive film. Psychonom. Sci., 20, 1970, 255-256.

GOLDSTEIN, B.J. & BRAUZER, E. Symptomatic volunteers - A new patient treatment model. In O.VINAR, Z.VOTAVA & P.B. BRADLY (Hgg.) Advances in Neuropsychopharmacology. Amsterdam: North Holland Comp., 1971,375-387.

GORDON, A. Friends, strangers, and manipulated stress. University of Columbia, 1970.

GOTTSCHALK, L.A. Effects of certain benzodiazepine derivatives on disorganization of thought as manifested in speech. Curr. Ther. Res.,21, 1977, 192-206.

GOTTSCHALK, L.A.; GLESER, G.C.; WYLIE, H.W. & KAPLAN, S.M. Effects of imipramine on anxiety and hostility levels. Psychopharmacol.,7,1965,303-310.

GOTTSCHALK, L.A. & GLESER, G.C. The Measurement of Psychological States through the Contenct Analysis of Verbal Behavior. Berkeley: University of California Press, 1969.

GRIFFITH, J.D.; FANN, W.E. & OATES, J.A. The amphetamine psychosis: Experimental manifestations. In: E.H.ELLINWOOD & S.COHEN (Hgg). Current Concepts on Amphetamine Drug Abuse. Washington: U.S. Government Printing Office, 1972, 177-184.

GRIFFITHS, R.R.; BIGELOW, G.E. & LIEBSON, I. Assessment of effects of ethanol self administration on social interactions in alcoholics. Psychopharmacol., 38, 1974, 105-110.

GRIFFITHS, R.R.; BIGELOW, G.E. & LIEBSON, I. Effect of ethanol self administration on choice behavior: Money vs. socializing. Pharmac. Biochem. Behav., 3, 1975, 443-446.

GRIFFITHS, R.R.; STITZER, M.; CORKER, K.; BIGELOW, G.E. & LIEBSON, I. Drug produced changes in human social behavior: Faciliation by d-amphetamine. Pharmac. Biochem. Behav. 7, 365-372, 1977.

GRITZ, E.R. & JARVIK, M.E. Psychoactive drugs and social behavior. In: K.R. HAMMOND & C.R.B.JOYCE (Hgg.) Psychoactive drugs and social judgment: theory and research. New York: Wiley, 1975, 7-45.

GROLL-KNAPP. E. Die Messung physiologischer Aktivierungsindikatoren. In: W.SCHÖNPFLUG (Hg) Methoden der Aktivierungsforschung. Bern: Huber, 1969, 239-287.

GUILD, A.L. & DUNN, A.J. Dopamine involvement in ACTH-induced grooming behavior. Pharmac. Biochem. Behav. 17, 1982, 31-36.

GUTTMANN, G. Lehrbuch der Neuropsychologie. 3. Aufl. Bern: Huber, 1982.

GUTTMANN, G. Ergopsychometry. In R.J.CORSINI (Hg.) Encyclopedia of Psychology. Bd.1. New York: Wiley, 1982, 238.

GUY, A.P. & GARDNER, C.R. Pharmacological Characterisation of a modified social interaction model of anxiety in the rat. Neuropsychobiology, 13, 1985, 194-200.

HAERTZEN, C.A. & HOOKS, N.T. Changes in personality and subjective experience associated with the chronic administration and withdrawal of opiates. J. Nerv. Ment. Dis., 148, 1969, 606-613.

HALL, E.T. The silent language. Garden City, N.Y., Doubleday, 1959.

HAMMOND, K.R. & JOYCE, C.R.B. Psychoactive drugs and social behavior. New York: Wiley, 1975.

HANEY, C.; BANKS, C. & ZIMBARDO, P.G. Interpersonal dynamics in a simulated prison. Int. J. Criminoly & Penology, 1973, 1, 69-79.

HARRE, R. & SECORD, P.F. The explanation of social behavior. Oxford: Basil Blackwell, 1972.

HARTLEY, L.R.; UNGAPEN, S.; DAVIE, I. & SPENCER, D.J. The effect of beta-adrenergic blocking drugs on speakers' performance and memory. Br. J. Psychiat. 142, 1983, 512- 517.

HEIDENFELDER, K.H. Objektive Registrierung des Sprechverhaltens. Allgemeinpsychologische und differentielle Sensibilitäten des LOGOPORT. Universität Würzburg: Inauguraldissertation, 1985.

HENDRICKS, R.D.; SOBELL, M.B. & COOPER, A.M. Social influences on ethanol consumption in an analogue situation. Addict.Behav., 3, 1978, 253-259.

HERMAN, B.H. & PANKSEPP, J. Effects of morphine and naloxone on separation distress and approach attachment: Evidence for opiate mediation of social affect. Pharm. Biochem. Behav., 9, 1978, 213-220.

HERMES, M. & VOLK, W. Hinweise zur Brauchbarkeit des Stuttgarter Bogens (SB) in psychotherapeutischen Gruppen. Gruppendyn., 13, 1982, 173-177.

HIPPIUS, H. & ÜBERLA, K. (Hgg.). Das Plazebo-Problem. Stuttgart: Fischer, 1986.

HOFFMEISTER, F. & WUTTKE, W. On the actions of psychotropic drugs on the attack- and aggressive-defensive behaviour of mice and cats. In: S.GARRATINI & B.SIGG (Hgg.) Ag- gressive behaviour. New York: Wiley, 1969, 273-280.

HOFSTÄTTER, P.R. Einführung in die Sozialpsychologie. 3. Aufl. Stuttgart: Kröner, 1963.

HOFSTÄTTER, P.R. Sozialpsychologie. 5.Aufl. Berlin: De Gruyter, 1973.

HOMANS, G.C. Social behavior. Its elementary forms. New York: Harcourt, Brace & World, Inc., 1961.

HONIGFELD, G. Non-specific factors in treatment: 1. Review of placebo reactions and placebo reactors. Diseas.Nerv. Syst., 25, 1964, 145-156.

HURST, F.M.; RADLOW, R.; CHUBB, N.C. & BAGLEY, S.K. Drug effects upon choice behavior in mixed motive games. Behav. Sci. 14, 1969, 443-452.

IRLE, M. (Hg.) Texte aus der experimentellen Sozialpsychologie. 2.Aufl. Neuwied: Luchterhand, 1973.

IRLE, M. Lehrbuch der Sozialpsychologie. Göttingen: Hogrefe, 1975.

INNES, J.M. Fashions in social psychology. In: R.GILMOUR & S.DUCK (Hgg).The development of social psychology. London: Academic Press, 1980, 137-162.

ITIL, T.M. & WADUD, A. Treatment of human aggression with major tranquilizers, antidepressants, and newer psychotropic drugs. J. Nerv. Ment. Dis., 166, 1975, 83-99.

JACOBS, I.A. & KOWALSKI, C. A method for inducing stress in a laboratory setting. Quelle verschüttet, Kopie beim Verfasser.

JAEKEL, J. Einfluß ausgewählter Psychopharmaka auf Kommunikationsabläufe bei Rhesusaffen. In: W.KEUPP (Hg) Biologische Psychiatrie. Berlin: Springer, 1986. 29-38.

JAFFE, J. & FELDSTEIN, S. Rhythms of Dialogue. New York: Academic Press, 1970.

JAFFE, J.; DAHLBERG, C.C.; LURIA, J.; BRESKIN, S.; CHOROSH, J. & LORICK, E. Speech rhythms in patient monologues: the influence of LSD and dextroamphetamine. Biol. Psychiat., 4, 1972, 243-246.

JAMES, I.M.; GRIFFITH, D.N.W.; PEARSON, R.M. & NEWBY, P. Effect of oxprenolol on stage-fright in musicians. Lancet, 2, 1977, 952-954.

JAMES, I.M.; BURGOYNE, W. & SAVAGE, I.T. Effect of pindilol on stress-re lated disturbances of musical performance: Preliminary communication. J. R. Soc. Med. 76, 1983, 194-196.

JANKE, W. Experimentelle Untersuchungen zur Abhängigkeit der Wirkung psychotroper Substanzen von Persönlichkeitsmerkmalen. Frankfurt: Akademische Verlagsanstalt, 1964.

JANKE, W. (Hg.) Response variability to psychotropic drugs. Oxford: Pergamon Press, 1983.

JANKE, W. & DEBUS, G. Die Eigenschaftswörterliste - EWL.Göttingen: Hogrefe, 1978.

JASINSKI, D.R. Assessment of the dependence liability of opiates and sedative-hypnotics. In: L.GOLDBERG & F. HOFFMEISTER (Hgg.) Psychic Dependence. Bayer Symposium IV. New York: Springer, 1973, 160-176.

JASINSKI, D.R. Assessment of the abuse potentiality of morphine-like drugs (methods used in man). In: W.R.MARTIN (Hg.) Drug addiction I: Morphine, sedative/hypnotics and alcohol dependence. New York: Springer, 1977, 197-258.

JEGER, A.M. & GOLDFRIED, M.R. A comparison of situation tests of speech anxiety. Behav.Ther., 7, 1976, 252-255.

JOHANSON, C.E. & UHLENHUT, E.H. Drug self administration in humans. In: N.A.KRASNEGOR (Hg.) Self administration of abused substances: Methods for study. Natl. Inst. Drug Abuse Res. Monogr. 20, 1978, 68-85.

JONES, R.T. Tetrahydrocannabinol and the marihuana-induced social "high", or the effects of the mind on marihuana. Ann. N.Y. Acad. Scienc., 191, 1971, 155-165.

JOYCE, C.R.B.; PAN, L. & VARONOS, D.D. Some effects of alcohol upon human cooperation: An experimental approach. 1970. Quelle verschüttet, Kopie beim Verfasser.

KALANT, O.J. The Amphetamines: Toxicity and Addiction. Toronto: University of Toronto Press, 1973.

KALTSCHMIDT, H. Telemetrische Datenübertragung. Medizinal-Markt/Acta Medio technica, 22, 1974, Heft 11 und 12.

KALVERBOER, A.F. Human ethology: The possible use of direct, systematic observation in human psychopharmacology. Vortrag vor der interdisziplinären Gesellschaft für Biologische Psychologie, Amsterdam, 1976.

KAPLAN, H.W.; BURCH, N.R. & BLOOM, S.W. Physiological covariation and sociometric relationships in small peer groups. In: P.H.LEIDERMAN & D.SHAPIRO (Hgg.) Psychobiological approaches to social behavior. Stanford: Stanford University Press, 1964, 92-109.

KELLEY, W.R. Social facilitation and coping with stress. Unveröffentlichtes Manuskript, 1973. Zitiert nach Lauth, 1981.

KELLY, D. Betablocker in der Psychiatrie - eine klinische Übersicht. In: P.KIELHOLZ (Hg). Der therapeutische Zugang zur Psyche über das beta-adrenerge System: Bern: Huber, 1978, 35-54.

KELVIN, P. The basis of social behaviour. London: Holt, Rhinehart & Winston, Ltd., 1969.

KELVIN, P. The psychological bases and implications of structural unemployment. In R.GILMOUR & S.DUCK (Hgg.) The development of social psychology. London: Academic Press, 1980, 293-316.

KEUCHEL, I. & KOHNEN, R. Eine experimentelle Untersuchung zum Sozialverhalten Depressiver. Unveröffentlichtes Manuskript. Nürnberg, 1981.

KIELHOLZ, P. (Hg) Der therapeutische Zugang zur Psyche über das beta-adrenerge System. Bern: Huber, 1978a

KIELHOLZ, P. (Hg) Betablocker und Zentralnervensystem. Bern: Huber, 1978b.

KISSEL, S. Stress-reducing properties of social stimuli. J. Pers. Soc. Psychol., 8, 1965, 378-384.

KJELLBERG, B. & RANDRUP, A. Disruption of social behavior of vervet monkeys by low doses of amphetamines. Pharmakopsychiat. Neuro-Psychopharmak. 6, 1973, 287-293.

KÖLTZOW, R. Herzfrequenzkoalitionen und Befindlichkeit bei Teilnehmern einer Gruppenpsychotherapie. München: Profilverlag, 1985.

KOHNEN, R. Die Freie Wirkungsbeschreibung - Eine neue Forschungsmethode der Pharmakopsychologie. Erlangen-Nürnberg: unveröffentlichte Inauguraldissertation, 1979.

KOHNEN, R. Hemmen oder fördern Tranquilizer die Psychotherapie? In W.SCHULZ & M.HAUTZINGER (Hgg.) Klinische Psychologie und Psychotherapie. Bd. 3. Tübingen: DGVT und GwG, 1980, 193-205.

KOHNEN, R. & LIENERT, G.A. Defining tranquilizers operationally by non additive effect in experimental stress situations. Psychopharmacology, 68, 1980, 291- 294.

KOHNEN, R. & KRÜGER, H.P. Evaluierung gruppentherapeutischer Prozesse durch physiologische Parameter und Selbsteinschätzungen. In W.SCHULZ & M.HAUTZINGER (Hgg.) Klinische Psychologie und Psychotherapie. Bd.5. Tübingen: DGVT und GwG, 1980, 337-351.

KOHNEN, R.; KRÜGER, H.P. & LIENERT, G.A. Aufgabenvariation als Aktivationsparameter in Tranquilizer-Untersuchungen. Arzneimittelforschung (Drug Res.), 30, 1980, 1232.

KOHNEN, R. & KRÜGER, H.P. Soziale Situationen als experimentelle Bedingungen der Pharmakopsychologie. In W.MICHAELIS (Hg.) Bericht über den 32. Kongreß der DGfP in Zürich 1980. Göttingen: Hogrefe, 1981, 614-616.

KOHNEN, R. & LIENERT, G.A. Pharmakopsychologie versus Psychopharmakologie. Ein Experiment zur Prävention von Streßwirkungen durch Tranquilizer. In L.TENT (Hg.). Erkennen-Handeln-Wollen. Festschrift für Heinrich Düker. Göttingen: Hogrefe, 1981, 389-403.

KOHNEN, R.; KRÜGER, H.P. & LIENERT, G.A. Drei Forderungen zur Prüfung der Homogenität von Zentren bei Multicenter- Studien. In: N.VICTOR; J.DUDECK & E.P.BROSZIO (Hgg) Therapiestudien. Proceedings der 26. Jahrestagung der GMDS in Gießen 1981. Berlin: Springer, 1981, 299-308.

KOHNEN, R. & KRÜGER, H.P. Tranquilizer effects in an experimental analog of verbal examinations. Int. Pharmacopsychiat., 17, 1982, 293-302.

KOHNEN, R. & KRÜGER, H.P. Drug effects on human social behavior: Changes in talking activities induced by a betablocking drug. Pharmakopsychiat., 19, 1986, 186-187.

KOHNEN, R. & KRÜGER, H.P. Kurzfristige Wirkungen von Psychopharmaka - gezeigt am Vergleich eines Benzodiazepins und eines Betablockers. In: W. JANKE & P.NETTER (Hgg.) Psychopharmaka und Angst. Stuttgart: Kohlhammer, 1986a.

KOHNEN, R.; SCHWARZ, H. & SCHIEL, D. Variations of saliva cortisol under stress conditions. Manuskript zur Publikation vorbereitet, 1986.

KLERMAN, G.L. Assessing the influence of the hospital milieu upon the effectiveness of psychiatric drug therapy: problems of conceptualization and of research methodology. J.Nerv.Ment.Diseas., 137, 1963, 143-154.

KNOWLES, E.S. An affiliative conflict theory of personal and group spatial behavior. In: P.B.Paulus (Hg.) Psychology of group influence. Hillsdale, N.J.: Earlbaum, 1980, 133- 188.

KRAEPELIN, E. Über die Beeinflussung einfacher psychischer Vorgänge durch Psychopharmaka. Jena 1892.

KRAUTH, J. & LIENERT, G.A. Die Konfigurationsfrequenzanalyse und ihre Anwendung in Psychologie und Medizin. Freiburg: Alber, 1973.

KRISHNAN, G. Oxprenolol in the treatment of examination nerves. Scot. Med. J., 20, 1975, 288-289.

KROPE, P.; KOHRS, A.; OTT, H; WAGNER, W. & FICHTE, K. Evaluating mepindolol in a test model of examination anxiety in students. Pharmacopsychiatria, 15, 1982, 41-47.

KRUEGER, L. & PRIBRAM, K.H. Functions of the 'olfactory brain'. N.Y. Acad. Sci., 58, 1954, 109-138.

KRÜGER, H.P. Die personale Dimension der sozialen Interaktion. Universität Würzburg: unveröffentlichte Habilitationsschrift, 1978.

KRÜGER, H.P. Was ist Sprechen? Objektive Registrierung des Sprechverhaltens im Alltag mit dem Logoport. In: D.CZOGALIK, W.EHLERS & R.TEUFEL (Hgg). Perspektiven der Psychotherapieforschung: Einzelfall-Gruppe-Institution. Freiburg: Hochschulverlag, 1985, 349-361.

KRÜGER, H.P. Nonverbal characteristics of verbal behavior. A biological approach to personality and syntality. Vortragsmanuskript. Würzburg, 1986.

KRÜGER, H.P. & KOHNEN, R. Wirkungen von Psychopharmaka auf das Lärmerleben. Z. Exp. Ang. Psychol., 27, 1980, 428-444.

KRÜGER, H.P.; KOHNEN, R. & LIENERT, G.A. Lautstärke ungleich Lautheit. Wirkungen von Psychopharmaka auf das Lärmerleben. Arzneimittelforschung (Drug Res.), 30, 1980, 1238- 1239.

KRÜGER, H.P. & KOHNEN, R. Eine neue Methode zur Prüfung der Wirkung von Psychopharmaka - Die "Weltbeschreibung". Psychol. Beitr., 23, 1981, 467-495.

KRÜGER, H.P. & KOHNEN, R. Tranquilizer effects in an experimental analog of group psychotherapy. Int. Pharmacopsychiatry, 17, 1982, 303-313.

LADER, M.H. Stress und Angstmechanismen. In: P.KIELHOLZ (Hg.). Betablocker und Zentralnervensystem. Bern: Huber, 1978, 47-52.

LANGFELDT, T. & URSIN, H. Differential action on flight and defensive behavior of the cat. Psychopharmacologia, 19, 1971, 61-66.

LATIES, V. Modification of affect, social behavior and performance by sleep deprivation and drugs. J. Psychiat. Res., 1, 1961, 12-25.

LAUTH, G. Soziale Streßreduktion, dominierende Bedingungen und Prozesse. Z. Sozialpsychol., 11, 1980, 85-100.

LAUTH, G. Der Einfluß sozialen Kontaktes und verbaler Kommunikation in der Streßverarbeitung. Psychol. Beitr., 23, 1981, 513-528.

LEGEWIE, H. Indikatoren von Kreislauf, Atmung und Energieumsatz. In: W. SCHÖNPFLUG (Hg) Methoden der Aktivierungs- forschung. Bern: Huber, 1969, 157-194.

LEIDERMAN, P.H. & SHAPIRO, D. (Hgg). Psychobiological Approaches to Social Behavior. Stanford: Stanford University Press, 1964.

LENNARD, H.L. A proposed programm of research in sociopharmacology. In P.H. LEIDERMAN & D.SHAPIRO (Hgg). Psychobiological Approaches to Social Behavior. Stanford: Stanford University Press, 1964, 127-137.

LENNARD, H.L.; EPSTEIN, L.J. & KATZUNG, B.G. Psychoactive drug action and group interaction process. J. Nerv. Ment. Dis., 145, 1967, 69-78.

LERMER, S.P. & ERMANN, G. Der Stuttgarter Bogen (SB) zur Erfassung des Erlebens in der Gruppe. Gruppendyn. 7, 1976, 133-139.

LERSCH, P. Der Mensch als soziales Wesen. München: Barth, 1964.

LEWIN, K. Field theory and experiment in social psychology: concepts and methods. Am.J.Sociol., 44, 1939, 868-897.

LEWIN, K. Feldtheorie in den Sozialwissenschaften. Bern: Huber, 1951/1963.

LIDEN, S. & GOTTFRIES, C.G. Beta-blocking agents in the treatment of catecholamine-induced symptoms in musi- cians. Lancet, 2, 1974, 529-531.

LIEBEWITZ, M.R.; GORMAN, J.M.; FYER, A.J. & KLEIN, D.F. Social Phobia: Review of a neglected anxiety disorder. Arch., Gen. Psychiat. 42, 1985, 729-736.

LIED, E.R. & MARLATT, G.A. Modeling as a determinant of alcohol consumption: Effect of subject sex and prior drinking history. Addict.Behav., 4, 1979, 47-54.

LIENERT, G.A. Verteilungsfreie Methoden in der Biostatistik. Meisenheim: Hain, Bd.1: 1973, Bd2: 1978.

LIENERT, G.A. & KOHNEN, R. Verlaufsuntersuchung mit der Erlanger Angst-Aggressivitäts-Skala. Nürnberg: Unveröffentlichter Forschungsbericht, 1979.

LIENERT, G.A.; KOHNEN, R. & KRÜGER, H.P. Bericht über Lopirazepam in psychologischen Untersuchungen an Gesunden. Nürnberg: unveröffentlichter Forschungsbericht, 1985.

LIPPER, S. & MCNAIR, D.M. Simulated public speaking and anxiety. J.Exp.Res. Pers., 6, 1972, 237-240.

VAN LOMMEL, R.; DOM, R. & BARO, F. Interaction between neuroleptic therapy and sociotherapeutic approach. Pharmacopsychiat., 5, 1972, 94-104.

LUCE, R.D. & RAIFFA, H. Games and Decisions. Introduction and Critical Survey. New York: Wiley, 1957.

LÜCK, H.E. Soziale Aktivierung. Köln: Wison, 1970.

MAGNUSSON, D. & EKEHAMMAR, B. Anxiety profiles based on both situational and response factors. Multiv. Behav. Res., 10, 1975, 27-43.

MAGNUSSON, D. The situation in an interactional paradigm of personality research. In: V.SARRIS & A.PARDUCCI (Hgg.). Perspectives in psychological experimentation: toward the year 2000. Hillsdale, N.J.: Earlbaum, 1984, 211-233.

MANZ, W. Gefangen im Gefangenendilemma? Zur Sozialpsychologie der experimentellen Spiele. In W.BUNGARD (Hg.) Die 'gute' Versuchsperson denkt nicht. München: Urban & Schwarzenberg, 1980, 145 - 166.

MARCUSE, H. Triebstruktur und Gesellschaft. Frankfurt: Suhrkamp, 1971.

MARKS, I.M. Cure and care of neurosis. New York: Wiley, 1981

MARKS, I.M. & GELDER, M.G. Different ages of onset in varieties of phobia. Am. J. Psychiat., 123, 1966, 218-221.

MARTORANO, R.D. Mood and social perception in four alcoholics. Effects of drinking and assertion training. Quart. J. Stud. Alcohol., 35, 1974, 445-457.

MARTIN, W.R. & FRASER, H.F. A comparative study of physiological and subjective effects of heroin and morphine adminstered intravenously in postaddicts. J. Pharmacol. Exp. Ther. 133, 1961, 388 - 399.

MAJOR'S COMMITTEE ON MARIHUANA. The Marihuana Problem in the City of New York. Lancaster/Pa: Jacques Cattell Press, 1945.

MAYR, E. Behavior Programs and evolutionary strategies. Am. Scient., 62, 1974, 650-659.

MCGRATH, J.E. (Hg) Social and psychological factors in stress. New York: Holt, Rhinehart and Winston, Inc., 1970.

MCGRATH, J.E. & KRAVITZ, D.A. Group Research. Ann. Rev. Psychol., 33, 1982, 195-230.

MCGUIRE, M.T.; STEIN, S. & MENDELSON, J.H. Comparative psychosocial studies of alcoholic and nonalcoholic subjects undergoing experimentally induced ethanol intoxication. Psychosom. Med., 28, 1966, 13-26.

MCGUIRE, W.J. The yin and yang of progress in social psychology: Seven koan. J.Pers.Soc.Psychol.,26, 1973, 446-456.

MCGUIRE, M.T.; RALEIGH, M.J. & BRAMMER, G.L. Sociopharmacology. Ann. Rev. Pharmacol. Toxicol., 22, 1982, 643-661.

MCNAMEE, H.B.; MELLO, N.K. & MENDELSON, J.H. Experimental analysis of drinking patterns of alcoholics: concurrent psychiatric observations. Amer. J. Psychiat., 124, 1968, 81-87.

MEHRABIAN, A. Immediacy: An indicator of attitudes in linguistic communication. J. Pers., 34, 1966, 26-34.

MENDELSON, J.H. (Hg). Experimentally induced chronic intoxication and withdrawal in alcoholics. Quart. J. Stud. Alcohol. Suppl. 2, 1964.

MENDELSON, J.H.; BABOR, T.F.; KUEHNLE, J.C.; ROSSI, A.M.; BERNSTEIN, J.G.; MELLO, N.K. & GREENBERG, I. Behavioral and biological aspects of marijuana use. Ann. NY Acad. Sci. 282, 1976, 186-210.

MESCHKE, H. & KRÜGER, H.P. Wer gewinnt bei Monopoly? - Zur diagnostischen Validität von interpersonalen Beurteilungen. Unveröffentlichtes Manuskript. Würzburg, 1981.

METZGER, W. Psychologie. 5.Aufl. Darmstadt: Steinkopf, 1975.

MEYER, R.E.; MIRIN, S.M.; ALTMAN, J.L. & MCNAMEE, H.B. A behavioral paradigm for the evaluation of narcotic antagonists. Arch. gen. Psychiat., 33, 1976, 371-377.

MICZEK, K.; WOOLLEY, J.; SCHLISSERMAN, S. & YOSHIMURA, H. Analysis of amphetamine effects on agonistic and affiliative behavior in squirrel monkeys. Pharmac. Biochem. Behav., 14, 1981, 103-107.

MILES, C.G.; CONGREVE, G.R.; GIBBINS, R.J.; MARSHMAN, J.; DEVENYI, P. & HICKS, R.C. An experimental study of the effects of daily cannabis smoking on behaviour patterns. Acta Pharmac. Toxicol.,34, Suppl.1,1974; 1-44.

MILHAUD, C.; KLEIN, M. & CHAPOUTIER, G. Le comportment social de jeu des chimpanzes en tant que test psychopharmacologique. Psychopharm., 32, 1973, 293-300.

MILGRAM, S. Obedience to authority. New York: Harper & Row, 1974.

MINAS, J.S.; SCODEL, A.; MARLOW, D. & RAWSON, H. Some descriptive aspects of two-person non-zero-sum games II. J. Confl. Resol. 4, 1960, 193-197.

MILLER, R.E. & DECTS, A.C. Delta-9-THC and nonverbal communication in monkeys. Psychopharmacology 48, 1976, 53-58.

MÜNZEL, K. Verhaltensbeobachtung bei Sozialangst. In: W. SCHULZ & M.HAUTZINGER (Hgg.) Klinische Psychologie und Psychotherapie. Bd. 2: Indikation, Diagnostik, Psychotherapieforschung. Tübingen: DGVT und GwG, 1980, 217-226.

MURPHY, G. & KOVACH,J.K. Historical introduction to modern psychology. 6. Aufl. London: Routledge & Kegan Paul Lim., 1972.

NATALE, M.; DAHLBERG, C.C. & JAFFE, J. The effect of psychotomimetics on therapist-patient matching of speech "rhythms". J. Comm. Disord. 12, 1979, 45-52.

NATHAN, P.E.; TITLER, N.A.; LOWENSTEIN, L.M.; SOLOMON, P. & ROSSI, A.M. Behavioral analysis of chronic alcoholism. Interaction of alcohol and human contact. Arch. gen. Psychiat., 22, 1970, 419-430.

NATHAN, P.E. & O'BRIAN, J.S. An experimental analysis of the behavior of alcoholics and nonalcoholics during prolonged experimental drinking: A necessary precursor of behavior therapy? Beh. Ther., 2, 1971, 455-471.

NATHAN, P.E.; O'BRIAN, J.S. & NORTON, D. Comparative studies of the interpersonal and affective behavior of alcoholics and nonalcoholics during prolonged experimental drinking. In N.K.MELLO & J.H.MENDELSON (Hgg) Recent Advances in Studies of Alcoholism. Washington: U.S. Government Printing Office, 1971, 619-646.

NATHAN, P.E.; GOLDMAN, M.S.; LISMAN, S.A. & TAYLOR, H.A. Alcohol and alcoholics: A behavioral approach. Trans. N.Y. Acad. Sci. 34, 1972, 602-627.

NEFTEL, K.A.; ADLER, R.H.; KAPPELL, L.; ROSSI, M.; DOLDER, M.; KASER, H.E.; BRUGGESSER, H.H. & VORKAUF, H. Stage fright in musicians: A model illustrating the effect of beta blockers. Psychosom. Med. 44, 1982, 461-469.

NICHOLS, K.A. Severe social anxiety. Brit. J. Med. Psychol., 47, 1974, 301-306.

NOWLIS, V. & NOWLIS, H.H. The description and analysis of mood. Ann. N.Y. Acad. Sci., 65, 1956, 345-355.

NOWLIS, V. On the use of drugs in the analysis of complex human behavior with emphasis on the study of mood. In: R.GLASER, J.ZUBIN, D.B.LINDSLEY & V.NOWLIS (Hgg) Current Trends in the Description and Analysis of Behavior. Pittsburgh/Pa: University of Pittsburgh Press, 1958, 92-119.

NOWLIS, V. Methods for the objective study of drug effects on group functioning. In L.UHR & J.G.MILLER (Hgg). Drugs and Behavior. New York: Wiley, 1960, 563-581.

ÖHMAN, A. & DIMBERG, U. An evolutionary perspective on human social behavior. In: W.M.WAID (Hg). Sociophysiology. New York: Springer, 1984, 47-86.

OLNJANSKAJA, 1950. Zitiert nach FOPPA, K. Lernen Gedächtnis Verhalten. Köln: Kiepenheuer & Witsch, 1969, S.24.

PATTERSON, M.L. An arousal model of interpersonal intimacy. Psychol. Rev., 83, 1976, 235-245.

PAULUS, P.B. (Hg). Psychology of Group Influence. Hillsdale, N.J.: Earlbaum, 1980.

PEPITONE, A. Toward a normative and comparative biocultural social psychology. J.Pers.Soc.Psychol., 34, 1976, 641- 653.

PFLANZ, M.; BASLER, H.-D., SCHWOON, D. Use of tranquilizing drugs by a middle-aged population in a West German city. J. Health Soc Behav., 18, 1977, 194-205.

PLINER, P. & CAPPELL, H. Modification of affective consequences of alcohol. J. Abnorm Psychol. 83, 1974, 418-425.

PÖLDINGER, W. Kompendium der Psychopharmakotherapie. Basel: Editiones Roche, 1982.

PUGLISI-ALLEGRA, S. & OLIVIERO, A. Social Isolation: Effects on Pain Threshold and Stress-Induced Analgesia. Pharm. Biochem. Behav., 19, 1983, 679-681.

RAPAPORT, A. & ORWAND, C. Experimental games: A review. Behav. Sci, 7, 1962, 1-37.

RENSBERGER, B. Amphetamines used by a physician to lift moods of famous patients. New York Times, 4.12.1972, 1.

REISS, D. & SALZMAN, D. Resilience of family process. Arch. gen. Psychiat., 28, 1973, 425-433.

RICHARDSON, F. & TASTO, D. Development and factor analysis of a social anxiety inventory. Behav. Ther., 7, 1976, 453-462.

RICHTER, H.E. & BECKMANN, D. Herzneurose. 2.Aufl. Stuttgart: Thieme, 1973.

RICKELS, K.J. Psychopharmacologic Agents: A clinical psychiatrist"s individualistic point of view: patient and doctor variables. J.Nerv.Ment.Dis., 136, 1963, 540-549.

RICKELS, K. Non-specific factors in drug-therapy of neurotic patients. IN: K.RICKELS (Hg.) Non-specific factors in drug therapy. Springfield: Thomas, 1968, 3-26.

ROSCH, M. Verhalten im sozialen Kontext: Soziale Förderung und Unterdrückung von Verhalten. In: D.FREY & M.IRLE (Hgg.) Theorien der Sozialpsychologie. Bd. II: Gruppen- und Lerntheorien. Bern: Huber, 1985, 11-37.

RUSSEL, R.W. Drugs as tools in behavioral research. In L.UHR & J.G.MILLER (Hgg). Drugs and Behavior. New York: Wiley, 1960, 19-40.

SALTZMAN, C.; KOCHANSKY, G.E. & SHADER, R.I. Chlordiazepoxide-induced hostility in a small group setting. Psychopharm. Bull., 10, 1974, 19-20.

SALTZMAN, C.; VAN DER KOLK, B.A. & SHADER, R.I. Marijuana and hositility in a small group setting. Am. J. Psychiat., 133, 1976, 1029-1033.

SARNOFF, J. & ZIMBARDO, P.G. Anxiety, fear and social affiliation. J. Abnorm. Soc. Psychol., 62, 1961, 356-363.

SASSENRATH, E.M. & CHAPMAN, L.F. Primate social behavior as a method of analysis of drug action: studies with THC in monkeys. Fed.Proc., 35, 1976, 2238-2244.

SCHACHTER, S. The psychology of affiliation. Stanford: University Press, 1959.

SCHACHTER, S. & SINGER, J.E. Cognitive, social, and physiological determinants of emotional state. Psychol. Rev., 69, 1962, 379-399.

SCHAFFLER, K. & RIMKUS, U. Messen - Übertragen - Auswerten. Rechnerunterstützte Auswertung von biotelemetrisch gewonnenen Meßdaten. Technik in der Medizin, 7, 1977, 88- 91.

SCHERER, K.R. Methods of research on vocal communication. Paradigms and parameters. In: K.R.SCHERER & P.EKMAN (Hgg.) Handbook of methods in nonverbal behavior research. Cambridge: Cambridge University Press, 1982.

SCHIORRING, E. Changes in individual and social behavior induced by amphetamine and related compounds in monkeys and man. In E.H.ELLINWOOD & M.M. KILBESY (Hgg). Cocaine and other Stimulants. New York: Plenum Press, 1977, 481-522.

SCHIORRING, E. Psychopathology induced by 'speed drugs'. Pharmac. Biochem. Behav., 14, Suppl.1, 1981, 109-122.

SCHLEMMER, F.R.; TYLER, C.B.; HEINZE, W.J.; NARASIMHACHARI, N.; DAVIES, J.M. The effect of serotonin antagonists on 5-methoxy N, N-dimethylhyltryptamine induced behavioral changes in primate social colonies. Pharmacologist, 21, 1979, 152-158.

SCHÜTZENBERGER, A. Einführung in das Rollenspiel. Stuttgart: Klett, 1976.

SCODEL, A.; MINAS, J.S.; RATOOSH, P. & LIPETZ, M. Some descriptive aspects of two-person non-zero sum games. J. Confl. Resol., 3, 1959, 114-119.

SHAPIRO, D. & CRYDER, A. Psychophysiological approaches in social psychology. In: G.LINDZEY & E.ARONSON (Hgg) Handbook of social psychology. Reading, MA: Addison-Wesley, 1969.

SHAW, M.E.; CORSINI, R.J.; BLAKE, R.R. & MOUTON, J.S. Role Playing. San Diego: University Associates, 1980

SHERIF, M. The psychology of social norms. New York: Harper, 1936.

SHERMAN, L.J. The significant variables in psychopharmaceutic research. Am.J.Psychiat., 116, 1959, 208-214.

SICE, J.; LEVINE, H.D.; LEVIN, J.J. & HAERTZEN, C.A. Effects of personal interactions and setting on subjective drug responses in small groups. Psychopharm. 43, 1975, 181-186.

SIITONEN, L. & JANNE, J. Effect of beta-blockade during bowling competition. Ann. Clin. Res, 8, 1976, 393-398.

SLATER, P.E.; MORIMOTO, K. & HYDE, R.W. The effects of LSD upon group interaction. Arch. Gen. Psychiat., 8, 1963, 564-571.

SMITH, R.C.; PARKER, E.S. & NOBLE, E.P. Alcohol's effect on some formal aspects of verbal social communication. Arch. Gen. Psychiat., 32, 1975, 1394-1398.

SMITH, E.O. & BYRD, L.D. d-Amphetamine induced changes in social interaction patterns. Pharm. Biochem. Behav., 22, 1985, 135-139.

SOBELL, L.C. & SOBELL, M.B. Effects of alcohol on the speech of alcoholics. J Speech Hear Res. 15, 1972, 861-868.

SPIEGEL, R. & AEBI, H.J. Psychopharmakologie. Stuttgart: Kohlhammer, 1981.

SPIEGEL, R.; BATTEGAY, R. & ABT, K. Comparative study of the effects produced by psychotropic drugs on verbal interaction in a group of students. In: O.VINAR, Z.VOTAVA & P.B.BRADLEY (Hgg). Advances in Neuropsychopharmacology. Amsterdam: North Holland Publishing Company, 1971, 353 - 360.

SPINELLI, F. Report on human-pharmacology studies with CGP 361/A. Basel: unveröffentlichter Forschungsbericht, 1982

STARKWEATHER, J.A. Individual and situational influences on drug effects. In R.M. FEATHERSTONE & A.SIMON (Hgg). A pharmacologic apprach to the study of mind. Springfield: C.C.Thomas, 1959, 165 - 171.

STARKWEATHER, J.A. & HARGREAVES, W.A. The influence of sodium pentobarbital on vocal behavior. J. abnorm. soc. Psychol., 69, 1964, 123-126.

STEFANSKI, W. Objektive und subjektive Bedingungen sozialer Aktivation. Universität Würzburg: Unveröffentlichte Diplomarbeit, 1985.

STERN, R.M. & RAY, W.J. Methods in sociophysiology. In: W.M. WAID (Hg) Sociophysiology. New York: Springer, 1984, 21- 45.

STEVENS, J.O. Die Kunst der Wahrnehmung. München: Kaiser, 1975.

STITZER, M. Verbal responding under a fixed-interval schedule. Effects of d-amphetamine. Pharm. Biochem. Behav., 21, 1984, 676-72.

STITZER, M.L.; GRIFFITHS, R.R. & LIEBSON I. Effects of d-Amphetamin on speaking in isolated humans. Pharm. Biochem. Behav., 9, 1977, 57-63.

STITZER, M.L.; GRIFFITHS, R.R., BIGELOW, G.E. & LIEBSON, I. Human social conversation: Effects of ethanol, secobarbital and chlorpromazine. Pharm. Biochem. Behav., 13, 1981a, 353-360.

STITZER, M. L.; GRIFFITHS, R.R., BIGELOW, G.E. & LIEBSON, I. Social stimulus factors in drug effects in human subjects. Natl. Inst Drug Abuse Res Monogr. 37, 1981b, 130-154.

STITZER, M.L.; MCCAUL, M.E.; BIGELOW, G.E. & LIEBSON, I.A. Hydromorphone effects on human conversational speech. Psychopharm., 84, 1984, 402-404.

STIX, A.H. Chlordiazepoxide (Librium): The effects of a minor tranquilizer on strategic choice behavior in the prisoner's dilemma. J. Confl. Resol., 18, 1974, 373-394.

SUOMI, S.J.L SEAMAN, S.F.; LEWIS, J.K.; DELIZZIO, R.D. & MCKINNEY, W.T. Effects of imipramine-treatment of separation-induced social disorders in rhesus monkeys. Arch. gen. Psychiat., 35, 1978, 321-325.

TAGGART, P.; CARRUTHERS, M. & SOMERVILLE, W. Electrocardiogram, plasma catecholamines and lipids, and their modification by oxprenolol when speaking before an audience. Lancet, 2, 1973, 341-346.

THIERRY, B.H.; MILHAUS, C.L. & KLEIN, M.J. Effect of d-amphetamine and diazepam on the greeting behavior of rhesus monkeys. Pharm. Biochem. Behav., 21, 1984, 191-195.

THORNTON, C.C.; ALTERMAN, A.I.; SKOLODA, T.E. & GOTTHEIL, E. Drinking and socializing in 'introverted' and 'extraverted' alcoholics. Ann. N.Y. Acad. Sci., 273, 1976, 481-487.

TOMASCEWSKI, R.J.; STRICKLER, D.P. & MAXWELL, W.A. Influence of social setting and social drinking stimuli on drinking behavior. Addict.Behav., 4, 1980, 235-240.

TOMAN, W. Einführung in die Allgemeine Psychologie. 2 Bände. Freiburg: Rombach, 1973.

TUASON, V.B. & GUZE, S.B. The effect of psychopharmocologic agents on behavior measured by the interaction chronograph. Clin. Pharm. Therap., 2, 1961, 153-156.

ULLRICH DE MUYNCK, R. & ULLRICH, R. Das Assertiveness-Trainings-Programm ATP. Einübung von Selbstvertrauen und sozialer Kompetenz. München: Pfeiffer, 1977.

VINEY, L.L. The assessment of psychological states through content analysis of verbal communications. Psychol. Bull., 1983, 542-563.

WAID, W.M. (Hg.) Sociophysiology. New York: Springer, 1984.

WASKOW, I.E. The effects of drugs on speech: A review. In K.SALZINGER & S.SALZINGER (Hgg) Research in verbal behavior and some neurophysiological implications. New York: Academic Press, 1967, 355-381.

WEISS, B. & LATIES, V.G. Enhancement of human performance by caffeine and the amphetamines. Pharmac. Rev., 14, 1962, 1-36.

WEISSMAN, M.M.; KLERMAN, G.L.; PAYKER, E.S.; PRUSOFF.B. & HANSON, B. Treatment effects on the social adjustment of depressed patients. Arch.Gen. Psychiat., 30, 1974, 771- 778.

WEISSMAN, M.M.; KASL, S.V. & KLERMAN, G.L. Follow-up of de- pressed women after maintenance treatment. Am.J.Psy- chiat, 133, 1976, 757-760.

WELKER, Ch. Zur Sozialstruktur der Primates. Anthrop. Anz., 43, 1985, 97-164.

WENDLANDT, W. Rollenspiel in Erziehung und Unterricht. München: Reinhardt, 1977.

WILLEMS, L.F.; VAN GELDEREN, M.H. & DEFARRES, P.B. Angst, Affiliatiebehoefte en sociaal contact. Nederl. Tijdsch. Psychol. Grensgeb., 27, 1972, 221-246.

WINKLER, W.G. Eine psychologische Untersuchung zur Wirkung eines Betablockers in einer Leistungs- und in einer sozialen Situation. Universität Erlangen-Nürnberg: unveröffentlichte Diplomarbeit, 1985.

WISH, M. & KAPLAN, S.J. Toward an implicit theory of interpersonal communication. Sociometry, 40, 1977, 234-246.

WISPE, L. Positive forms of social behaviour. An overview. J.Soc.Issues, 28, 1972, 1-20.

WITTE, W. Einführung in die mathematische Behandlung psychologischer Probleme. In F.DORSCH (Hg.) Psychologisches Wörterbuch. 8.Aufl. Hamburg: Meiner, 1970, 525-594.

WOLF, G.K. Untersuchungen und verteilungsfreie Ansätze zur Effizienzsteigerung bei kontrollierten therapeutischen Versuchen. Universität Heidelberg: Unveröffentlichte Habilitationsschrift, 1978.

WOLKOWITZ, O.M.; TINKLENBERG, J.R. & WEINGARTNER, H. A psychopharmacological perspective of cognitive functions. I. Theoretical overview and methodological considerations. Neuropsychobiology, 14, 1985a, 88-96.

WOLKOWITZ, O.M.; TINKLENBERG, J.R. & WEINGARTNER, H. A psychopharmacological perspective of cognitive functions. II. Specific pharmacological agents. Neuropsychobiology, 14, 1985, 133-156.

WOOD, L.A.; MIKLOWITZ, A. & CHAPMAN, E.D. The effect of phenothiazine on the interactional behavior of schizophrenic patients. Am J. Psychiat., 117, 1961, 825-829.

YERKES, R.M. & DODSON,J.D. The relation of strength of stimulus to rapidity of habit formation. J.Comp.Neurol.Psychol., 18, 1908, 459-482.

ZAJONC, R.B. Social facilitation. Science, 149, 1965, 269- 274.

ZAJONC, R.B. Compresence. In: P.B.PAULUS (Hg.) Psychology of group influence. Hillsdale, N.J.: Earlbaum, 1980, 35-60.

ZIMBARDO, P.G. Transforming experimental research into advocacy for social change. In: M.DEUTSCH & H.A.HORNSTEIN (Hgg). Applying social psychology. Hillsdale, N. J.: Erlbaum, 1975, 33-66.

ZIMBARDO, P.G. Psychology and life. 10.Aufl. Glenview, Ill.: Scott, Foresman and Comp., 1979.

ZIMBARDO, P.G. & FORNICA, R. Emotional comparison and self-esteem as determinants of affiliation. J. Pers., 31, 1963, 141-162.

PSYCHOLOGIA UNIVERSALIS

Forschungsergebnisse aus dem Gesamtgebiet der Psychologie

Herausgegeben von
Gustaf Adolf Lienert, Viktor Sarris,
Hans-Joachim Steingrüber und Hans Thomae

Band 42
Karin Wichmann
Aktivation und Aufmerksamkeit im auditiven und visuellen CEP
1981. 116 Seiten, kart.
ISBN 3-445-02148-1

Band 43
Eberhard Bay
Untersuchungen zur Kommunikationsentwicklung im Vorschulalter
1981. 167 Seiten, kart.
ISBN 3-445-02159-7

Band 44
Friedhelm Meier
Studentisches Arbeiten als Prozeß
1981. 160 Seiten, kart.
ISBN 3-445-02227-5

Band 45
Georg Jungnitsch
Vergleichende Untersuchung bei vollsinnigen und geburtsblinden Personen an einer Form der Symmetrietäuschung
1984. 244 Seiten, kart.
ISBN 3-445-02342-5

Band 46
Rudolf Bisping
Gedächtnisübertragung bei Goldfischen
1985. 108 Seiten, kart.
ISBN 3-445-02362-X

Band 47
Bernhard Gierlatzek
Entwicklungspsychologische Experimente zur Urteilsstabilität
1985. 188 Seiten, kart.
ISBN 3-445-02361-1

Band 48
Wolfgang Klosterhalfen
Experimenteller Streß und Adjuvans-Arthritis
Ein Beitrag zur Psychoimmunologie
Etwa 180 Seiten, kart.
ISBN 3-445-02511-8
Erscheinungstermin: April 1987

Band 49
Wolfram Zimmermann
Prozeßdiagnostik prosozial-kooperativer Lernfähigkeit
Ein neuer Ansatz in der Persönlichkeitsdiagnostik des Kindes
Etwa 256 Seiten, kart.
ISBN 3-445-02512-6
Erscheinungstermin: April 1987

athenäum
Savignystr. 53 · 6000 Frankfurt am Main 1